Baedeker

Allianz Reiseführer

Piemont

www.baedeker.com

Verlag Karl Baedeker

TOP-REISEZIELE ★★

Noch bevor die Italiener angefangen haben, sich für das Piemont zu interessieren, war die Region in Europa für ihre exzellenten Weine, ihre hervorragende Küche, die mittelalterlichen Burgen, die imposanten Gebirgsketten und die harmonischen Hügellandschaften der Langhe und des Monferrato bekannt. Manchem Reisenden gilt sie als die Toskana Norditaliens.

1 ★★ Lago Maggiore
Vor der Kulisse schneebedeckter Alpengipfel liegt der Lago Maggiore. Wahre Perlen des Sees sind die Borromäischen Inseln, Oasen vollkommener Schönheit. ▶ **Seite 227**

2 ★★ Borromäische Inseln
Die kunstsinnige Familie Borromeo verwandelte die Inseln des Lago Maggiore in prächtige Paradiesgärten. ▶ **Seite 144**

3 ★★ Monte Rosa
Mit seinen 4633 m Höhe ist der Monte Rosa das zweithöchste Alpenmassiv. ▶ **Seite 92**

4 ★★ Sacro Monte di Varallo
Der heilige Berg ist eines der berühmtesten und wichtigsten »Heiligtümer« Italiens. Hier verbinden sich eindrucksvoll Religion, Geschichte und Kunst. ▶ **Seite 357**

DIE BESTEN BAEDEKER-TIPPS

Aus allen Baedeker Tipps in diesem Buch haben wir hier die interessantesten für Sie zusammengestellt! Erleben und genießen Sie das Piemont von seiner schönsten Seite.

! Das Trüffelfest von Alba
Eine hervorragende Gelegenheit, die berühmten Trüffel der Langhe zu kosten, ist die Fiera nazionale del tartufo bianco di Alba, die jedes Jahr im Oktober stattfindet.
▶ **Seite 94**

! Ein Faible für Schmuck?
Im Frühling und im Herbst organisiert die Associazione orafa valenzana eine der weltweit wichtigsten Schmuckausstellungen, die »Valenza gioielli«. ▶ **Seite 106**

! Leckeres auf der Piazza
In Asti feiert man die piemontesische Küche mit verschiedenen Festen: mit Cucina & Cantina, der regionalen Trüffelmesse, mit Gusta dom, Prodottima »Douja d'or«.
▶ **Seite 116**

! Holzkunsthandwerk
Die Schule für Holzschnitzkunst in Melezet gehört zu den besten der Welt. Die regionalen Kunsthandwerker fertigen unter anderem Obstkompositionen, die zuerst aus Holz geschnitzt und danach farbenfroh bemalt werden.
▶ **Seite 125**

! Wandern und Essen im Barolo
Ende August organisiert La Morra die Mangialonga, eine der wichtigsten gastronomischen Wanderungen mitten durch das Gebiet des Barolo. ▶ **Seite 126**

! Der Tempel des »Bollito«
Wer qualitätvolles Fleisch schätzt, sollte unbedingt zur Fiera del Bue Grasso gehen, die seit fast 100 Jahren in Carrù stattfindet.
▶ **Seite 131**

Gaumenfreuden
Agnolotti mit Trüffeln: ein Leckerbissen aus dem Piemont

Schlösser und Weinberge
kann man im Piemont in fast jedem Dörfchen entdecken.

! Schnecken für jeden Geschmack
In Cherasco findet jährlich eine Schnecken-Messe statt, zu der Menschen aus der ganzen Welt anreisen. ▶ **Seite 171**

! Offene Burgen
An den Sonntagen im Sommer ermöglicht die Initiative »Castelli Aperti« den Besuch von circa 60 Burgen, Schlössern und Palästen, die in großer Zahl in den Langhe und im ganzen niederen Piemont erhalten sind.
▶ **Seite 218**

! Die Weinstraße
Für jeden Weinliebhaber dürfte die »Strada del Vino astesana«, die Weinstraße im hohen Monferrato des Asti, von größtem Interesse sein. ▶ **Seite 237**

! Aus Omas Küche
»Bonet« ist ein Schokoladenpudding, eine der köstlichsten Nachspeisen der piemontesischen Küche, die Italiener an das Naschwerk aus Großmutters Küche erinnern.
▶ **Seite 280**

! Eine Schwindel erregende Reise
Statt mit dem Auto kann man Superga auch bequem mit der Drahtseilbahn erreichen. Sie fährt alle 30 Min. ▶ **Seite 344**

! Provenzalisches Mittelalter
Das Espaci Occitan in Dronero organisiert gemeinsam mit der Berggemeinde Val Varaita Führungen zu den Kirchen in den provenzalisch geprägten Tälern und den schönsten Orten des Musikfestivals Mistà. Dabei kann man den alten Balladen der Troubadours lauschen.
▶ **Seite 356**

Typische Produkte aus Albugnano
▸ Seite 368

HINTERGRUND

PRAKTISCHE INFORMATIONEN VON A BIS Z

Atemberaubende Aussicht auf den Monte Rosa
▸ Seite 92

Der Lago Maggiore und die Borromäischen Inseln
▶ Seite 144, 227

TOUREN

REISEZIELE VON A BIS Z

Glücksgefühl im Tiefschnee bei Alagna Valsesia
▶ Seite 90

Bunte Vielfalt:
Paprika aus dem Astigiano
▸ Seite 119

Preiskategorien

▶ Hotels

Luxus: ab 120 €
Komfortabel: 75–120 €
Günstig: unter 75 €
(Übernachtung im Doppelzimmer mit Frühstück)

▶ Restaurants

Fein & Teuer: ab 30 €
Erschwinglich: 20–30 €
Preiswert: unter 20 €
(Dreigängiges Menü ohne Getränke)

Volksfeste: Karneval von Ivrea
▸ Seite 212

Ein architektonisches Meisterwerk: die Galleria di Diana (Venaria Reale)
▸ Seite 348

Hintergrund

DIE HÖCHSTEN BERGE EUROPAS, WUNDERSCHÖNE SEEN, ARCHITEKTONISCHE UND STÄDTEBAULICHE SEHENSWÜRDIGKEITEN: LESEN SIE NACH, WAS MAN ÜBER DAS PIEMONT WISSEN SOLLTE.

WILLKOMMEN IM PIEMONT!

Noch bevor die Italiener angefangen haben, sich für das Piemont zu interessieren, war die Region bereits in Europa für ihre exzellenten Weine, ihre hervorragende Küche, die mittelalterlichen Burgen und die imposanten Gebirgsketten bekannt. Die harmonischen Hügellandschaften der Langhe und des Monferrato erinnern viele Reisende an die Toskana.

Die Italiener sehen im Piemont vor allem die Region, in der die Einigung Italiens erkämpft wurde. Von den Bewohnern der Region heißt es, sie seien emsig und ein wenig reserviert. Das wachsende Interesse vieler Touristen für die Wein- und Esskultur und die Suche nach neuen, unentdeckten Reisezielen haben die Zahl der Besucher in den vergangenen Jahren spürbar steigen lassen. Heute kann man sogar von einem kleinen touristischen Boom im Piemont sprechen. Dieser Reiseführer möchte zur Entdeckung der faszinierenden Region mit ihren kleinen und großen Geheimnissen beitragen. Drei Hauptattraktionen dieses schönen Fleckens Erde haben wir bereits genannt: die Landschaft, die Weine und die kulinarische Tradition.

Sinn für Genuss *Im Piemont versteht man es, gut zu leben.*

Die Kunst

Daneben gibt es zahlreiche architektonische und städtebauliche Sehenswürdigkeiten, die zum größten Teil sorgfältig restauriert wurden und inzwischen leicht zugänglich sind. Dazu gehören die Residenzen der Savoyer, das Fort von Fenestrelle, die Sacra di San Michele, die Schlösser und Burgen der Langhe, von Manta und Masino, die alten Stadtkerne von Cherasco, Savigliano, Alba und Ivrea sowie die prachtvollen Villen und Gärten am Lago Maggiore und am Lago d'Orta. Doch auch abseits der bekannten Kunststätten lässt sich so mancher Schatz entdecken: Es gibt im Piemont kaum eine Hügellandschaft, die nicht von einem Castello oder Gehöft bekrönt wird, und fast jeder kleine Ort besitzt seine Parocchiale, seine Pfarrkirche, in der farbenprächtige Kapellen, Reste von Fresken, Ölbilder, Skulpturen oder kunstvoll geschnitzte Altäre den Geist vergangener Epochen bewahren.

Die Berge
Im Piemont findet man die höchsten Berge Europas – ein wahres Paradies für Liebhaber schöner Wanderungen und des Wintersports.

Die Seen
Die Piemonteser Seen sind besonders schön. Kein Wunder, dass der Lago Maggiore und der Lago d'Orta zu den beliebtesten Reisezielen gehören.

Erholsame Natur
Wer die Ruhe sucht, sollte lange Spaziergänge oder Fahrradtouren durch das weite und erholsame Piemonteser Land unternehmen.

Die ländliche Küche
Wer kann schon einem der berühmten Weine des Piemont widerstehen, erst recht, wenn dieser einen Teller leckere Antipasti begleitet?

Große Meisterwerke
Kunstliebhaber und Geschichtsinteressierte haben die Qual der Wahl unter den zahlreichen Bauwerken und Museen des Piemont.

Feste und Folklore
Ob heilig oder profan, historisch oder gastronomisch – die folkloristischen Feste bieten eine ausgezeichnete Gelegenheit, um die Piemonteser besser kennen zu lernen.

Die Berge

Das Piemont ist die Region mit den höchsten Bergen Europas, der Gran Paradiso und der Monte Rosa sind mehr als 4000 m hoch. Außerdem liegen hier menschenleere, dicht bewaldete Täler wie die Valle Maira, die Val Varaita und die Val Grande. Neben unberührter Natur und Stille findet man im Piemont äußerst lebendige Touristenzentren mit großen Hotels, Restaurants, Boutiquen und natürlich unzähligen Skipisten für jeden Geschmack: Hier heißt es fast das ganze Jahr: »Ski und Rodel gut«, und auch Snowboarder und Langläufer werden mit den Bedingungen zufrieden sein. Das Gebiet von Sestriere und das der Via Lattea sind längst Traumziele für Wintersportler und die olympischen Winterspiele 2006 werden ohne Zweifel dafür sorgen, dass Piemonteser Pisten in aller Welt bekannt werden.

Die Stadt

Turin, die Hauptstadt
Das Murazzi-Viertel, einer der lebendigsten Orte des Turiner Nachtlebens.

Für die Hauptstadt Turin wie auch für die gesamte Region gaben die Olympischen Winterspiele den Anstoß für eine seit längerer Zeit notwendige städtebauliche und kulturelle Erneuerung. Was sich 2005 noch geheimnisvoll hinter Baugerüsten verbarg, erstrahlt im Olympiajahr in frischem Glanz, den es zu entdecken gilt.

Das gilt natürlich in erster Linie für die grandiose barocke Stadtanlage mit ihren schnurgeraden Straßenachsen, den imposanten Palästen und den malerischen Arkadengängen. Hier findet man in unmittelbarer Nachbarschaft von Lebensmittelgeschäften und Bars noble Schuhgeschäfte, Modeboutiquen sowie die für Italien typischen, wohlsortierten Fachgeschäfte. Nachts pulsiert das Leben bei den Murazzi am Po und den Docks des Doraflusses, man bummelt entlang der eleganten, strahlend beleuchtete Fußgängerzone oder besucht eine Veranstaltung im Lingotto.

Tagsüber locken zahlreiche Kultureinrichtungen, darunter das Ägyptische Museum oder die spektakuläre Galleria d'Arte moderna mit zeitgenössischer Kunst. Das kulturelle Angebot lässt sich in ein, zwei Wochen kaum bewältigen – ein guter Grund, Turin und das Piemont immer wieder zu besuchen.

Fakten

Warum wirken die Alpen im Piemont so steil und unerklimmbar? Seit wann wird in der Ebene Reis angebaut? Wie hat sich die Wirtschaft der Region in den vergangenen Jahrzehnten entwickelt? Hier erfahren Sie es.

Naturraum

Berg- und Hügellandschaften

Die Berge

Die heutige Region Piemont ist aus einer Vielzahl kleinerer Subregionen entstanden, die sich untereinander geografisch sowie historisch teilweise stark unterscheiden. Politische Ereignisse, insbesondere die Expansion des **Hauses Savoyen** auf der italienischen Seite der Alpen, haben aus den Gebieten ein Ganzes gemacht. Das dominante geografische Merkmal, das die ganze Region prägt, sind die imposanten Berge. Nirgends in Italien oder auch in ganz Europa ist die Alpenkette so steil und scheint so unüberwindbar wie im Piemont: Denn anders als in der Lombardei oder Venetien fehlen hier die Voralpen, so dass die Hauptgebirgskette wie eine riesige Wand unmittelbar über der Ebene emporragt. Trotz der Alpen kommt das Piemont in der Reihenfolge der bergigsten Regionen Italiens allerdings nur an achter Stelle.

? WUSSTEN SIE SCHON ...?

- Das Piemont kann sich rühmen, den höchsten von (geländegängigen!) Fahrzeugen legal befahrbaren Pass zu besitzen: den 3050 m hohen Col de Someiller im Mont-Cenis-Massiv.

Die Hügel

Doch nicht nur schroffe Felsen, auch liebliche Hügel findet man im Piemont, und zwar in den **Langhe** und im **Monferrato**, das sich bis zu den Turiner Hügeln zieht. Die Kuppen bilden wunderbare Aussichtsterrassen, von denen man auf die Berggipfel und die Ebene schauen kann. Die Hügelkette liegt in der Mitte der Region und wird zu drei Vierteln von der Ebene umgeben. Die höchsten Erhebungen, der Colle della Maddalena gleich bei Turin und die Hügel bei Mombarcaro in den südlichen Langhe, erreichen 716 bzw. 896 m. Die Hügel bei Turin sind dicht bewaldet, die des Monferrato und der Langhe dienen dagegen dem Weinanbau. Einen imposanten Anblick gewähren die Moränen-Amphitheater: Unmittelbar vor dem Aosta- und dem Susa-Tal haben Gletscher während des Quartärs zwei der spektakulärsten **Alpenmoränen** gebildet. Diese geologische Sehenswürdigkeit kann man von der Canavese-Ebene nördlich von Turin aus gut überblicken: Die Serra d'Ivrea bildet eine klare Linie, die sich 25 km lang Richtung Ebene zieht und von einer Höhe von 940 m auf 226 m absteigt. Die andere große Moräne liegt am Ende des Susa-Tals und bildet die bewaldete Hügelkette von Rivoli–Avigliana–Giaveno.

← *Im Piemont wachsen die Trauben, aus denen die berühmtesten Weine Italiens gewonnen werden.*

Die Insel San Giulio von Orta aus gesehen, einem Städtchen am gleichnamigen See.

Die Ebene Die Ebene liegt in Form eines Halbkreises am Fuße der Alpen. Sie zieht sich um die Hügellandschaft von Turin: Der höher gelegene Teil westlich von Cuneo fällt leicht ab und ist reich an Quellen und Gewässern, auf der östlichen Ebene nördlich des Po reihen sich die Reisfelder aneinander, in dem tief liegenden Teil des Alessandrino wird Getreide angebaut.

Flüsse und Täler

Die Hauptflüsse Die westlichen Alpen bilden im Piemont einen Halbkreis, den die Flüsse wie ein Strahlenkranz durchziehen. Po und Tànaro sind die beiden Hauptachsen dieses »Wassernetzes«, in das die meisten Flüsse münden.

Der **Po** ist mit 652 km der längste Fluss Italiens. Er entspringt am Monviso, die Hauptquelle tritt auf dem Piano del Re zutage. Die wichtigsten alpinen Zuflüsse des Po sind der Dora Riparia (125 km), der in Turin zufließt, der Dora Baltea (160 km), der wichtigste Fluss im großen Aosta-Tal, der Sesia, der sich aus den Gletschern des Monte Rosa und aus den Wasserläufen des Biellese speist, und schließlich der Toce (83 km), der die Val d'Ossola durchquert, um dann in den Lago Maggiore zu münden. Der **Ticino**, der in den Lago Maggiore hinein- und wieder herausfließt, ist der wichtigste Zufluss des Po. Über eine lange Strecke markiert er die Grenze zwischen Piemont und Lombardei. Der **Tànaro** bildet den anderen Hauptzufluss. Parallel zum Po fließt er durch ein breites Tal. Der Scrivia und der Tànaro münden an etwa derselben Stelle direkt in den Po.

Die Quellen

Die durchlässigen Kieselböden der oberen Poebene nehmen viel Wasser auf. Dort, wo es auf undurchlässige Erdschichten stößt, bilden sich riesige unterirdische Flüsse. Zusammengenommen bilden sie einen gigantischen See, der ungefähr so groß wie die ganze Ebene ist und etwa 30 m unterhalb der Erdoberfläche liegt. Ein Teil dieser enormen Wassermengen kommt an der Grenze zwischen der höheren und der niederen Ebene wieder an die Oberfläche. Das Wasser, das aus diesem **Quellstreifen** entspringt, wird für die Bewässerung der Felder und in der örtlichen Futtermittelindustrie verwendet.

! *Baedeker* TIPP

Panoramen
Von Bossolasco (757 m) hat man eine besonders gute Sicht auf die weite Landschaft der Langhe: Die runden, dicht aneinandergeschmiegten Hügelkuppen wirken wie eine riesige Herde schlafender Dickhäuter, auf deren Rücken die Weinberge geometrisch verspielte Muster hinterlassen.

Seen

Lago Maggiore

Mit der Lombardei teilt sich das Piemont den Lago Maggiore (oder Verbano). Er ist einer der drei großen voralpinen Seen und der zweitgrößte Italiens nach dem Lago di Garda. Seine Oberfläche misst 216 km² und er ist 372 m tief. Zum Piemont gehört das westliche Ufer bis kurz hinter Cannobio, wo die Schweizer Grenze verläuft. In den Lago Maggiore fließen der Ticino, der bei Sesto Calende wieder abfließt, und der Toce, der aus der Val d'Ossola kommt. Die große Wassermenge, deren Oberflächentemperatur im Schnitt um die 22 °C beträgt, sorgt auch in den Wintermonaten für ein **mildes und feuchtes Klima**, so dass eine mediterrane und subtropische Flora hier leicht gedeiht. Der Lago Maggiore ist vor allem unter Deutschen seit Jahrzehnten ein beliebtes Ferienziel.

Lago d'Orta

Der Lago d'Orta (oder Cusio), 13,4 km lang, 18 km² groß und 143 m tief, gehört zum Flussbecken des Lago Maggiore und ist der westlichste der Voralpen-Seen. Anders als die übrigen Voralpen-Seen fließt das Wasser des Lago d'Orta nicht nach Süden, sondern nach Norden. Vor Orta liegt die Insel San Giulio. Über dem östlichen Ufer ragt der Mottarone empor, während auf der westlichen Seite mächtige Berge den See von der Valsesia trennen.

Berg- und Moränenseen

Aus der Eiszeit stammen nicht nur die großen Voralpen-, sondern auch die **Moränenseen**, kleinere Wasserbecken, die idyllisch zwischen Hügeln und Wäldern liegen. Nordöstlich von Ivrea glitzern fünf einsame, von Felsen umgebene Seen. Hunderte solcher Binnenbecken finden sich auch in den hohen Bergen, dort, wo einst Gletscher waren. Zahlreiche winzige Seen liegen auch zwischen dem Colle di Tenda und dem Colle dell'Argentera zwischen 1500 und 2770 m Höhe.

Flora

Seltene und schöne Pflanzen

In den Berggegenden bis zu 800 m Höhe wachsen in erster Linie Kastanienbäume, oberhalb der 800-m-Grenze dagegen Buchen und Kiefern, noch höher Fichten und Lärchen. In den Alpi Graie verläuft die Baumgrenze bei etwa 2200 m. Darüber liegt eine Art Übergangszone zu den Weiden, in der Rhododendron, Wacholder, Blaubeeren, Heidekraut und Azaleen wachsen. Zu den seltenen Pflanzen, die oberhalb von 3000 m blühen, gehören der kurzblättrige Enzian, Gletscher-Hahnenfuß und Felsennelken. Die Hügellandschaft hat sich durch die Landwirtschaft im Laufe der Jahrhunderte stark verändert; nur an wenigen Stellen findet man noch die ursprüngliche Vegetation. In der Ebene stehen einige Abschnitte unter Naturschutz. Pappelhaine haben sich in den vergangenen Jahren enorm verbreitet. Eine Ausnahme der beschriebenen Vegetation bildet das Areal um den Lago Maggiore und um den Lago d'Orta, wo der Geschmack der reichen Villenbesitzer der Landschaft einen exotischen Touch verliehen hat.

Weite Landstriche des Piemont stehen unter Naturschutz.

Fauna

In den piemontesischen Alpen sind seltene und interessante **Tierarten** zu Hause, so zum Beispiel der Steinbock, zu dessen Schutz der Parco nazionale del Gran Paradiso eingerichtet worden ist. Oberhalb von 1500 m finden sich auch Gämsen, in den Wäldern leben Rehe, Eichhörnchen, Füchse und Marder. Die Berggewässer bevölkern Forellen, Saiblinge und Alpenmolche. In der Luft sieht man Goldadler, Schwarzspechte, Alpendohlen und Fasane. Im Apennin hat die seltene Art des **Rotrebhuhns** überlebt, auf die man in anderen Bergregionen Italiens kaum noch stößt. In der Ebene trifft man mit etwas Glück auf Hirsche. Im Winter ziehen die Reisfelder unzählige Wasservogelarten an.

Naturschutzgebiete

Naturschutz

Im Piemont ist man, was den Naturschutz angeht, sehr fortgeschritten und ambitioniert. Fast 13% der Region stehen unter Schutz. Es gibt zwei nationale Naturparks (Gran Paradiso und Val Grande) und an die 60 regionale Naturschutzgebiete (dazu kommt noch der Lago

Candia, der unter dem Schutz der Provinz steht). Außerdem ist der Parco naturale regionale dell'Argentera mit dem französischen Nationalpark von Mercantour verbunden worden. Es ist das erste Beispiel einer grenzüberschreitenden Kooperation in Sachen Naturschutz.

Bevölkerung · Wirtschaft

Von der Industrialisierung zur Neuorientierung

Im 20. Jh. hat das Piemont eine führende Rolle in der **industriellen Entwicklung** Italiens gespielt. Dank der großen Wasservorkommen und der Nähe zum expandierenden Markt Oberitaliens konnte die Region voll auf die Industrie setzen. Lange Zeit identifizierte sie sich mit ihren Fabriken, vor allem mit der im Umkreis von Turin angesiedelten Autoindustrie. Im Laufe des letzten Jahrhunderts hat die Region massenhaft Arbeit Suchende aus anderen Gegenden angezogen, so dass die Einwohnerzahl in den 1980er-Jahren von 3 auf über 4 Millionen gestiegen ist. Heute leben wegen des industriellen Rückgangs weniger als 4,2 Millionen Menschen im Piemont. In den vergangenen 20 Jahren hat der industriell und wirtschaftlich stark entwickelte Teil der Region eine große Krise durchlebt, von der er sich derzeit durch eine Diversifikation der Produktion langsam erholt. Turin ist immer weniger eine Industriestadt und wird immer mehr zu einer neuen, auch für Investoren interessanten Metropole, in der auf wissenschaftliche Forschung und auf Tourismus gesetzt wird – eine Entwicklung, die für andere zum Vorbild werden könnte.

Landwirtschaft

Die Provinzen von Asti und von Cuneo gehörten vor nicht mehr als 30 Jahren zu den unterentwickelten Landstrichen des Piemont. Heute sind sie besonders rege Regionen, in denen vor allem Landwirtschaft und Lebensmittelindustrie blühen. Hauptsächlich baut man hier Reis, Getreide, Mais und Wein an. Im Zuge des **Agroturismo** werden gerade diese ländlichen Gegenden zunehmend für den Fremdenverkehr erschlossen.

> **i Das Piemont in Zahlen**
>
> - Fläche: 25 399 km²
> - Einwohner: 4 166 402
> - Provinzen: Alessandria, Asti, Biella, Cuneo, Novara, Torino (Hauptstadt der Region), Verbania, Vercelli

Industrie

Heute liegen 38 % der Arbeitsplätze im Bereich der Industrie, die auf die Produktion von Fahrzeugen, Maschinen, Elektrotechnik, Elektronik, Textilien, Milchprodukten, **Schokolade und Wein** spezialisiert ist. Kaum eine Rolle mehr spielt inzwischen die Herstellung von Schreibmaschinen, Rechenmaschinen und Computern, die einst der Stolz von Ivrea und des Canavese war.

Geschichte

Menschen der Eisenzeit, keltische und ligurische Stämme, Römer, Franken, Langobarden und viele andere haben im Piemont ihre Spuren hinterlassen: Ein Streifzug durch die Geschichte der Region.

Von der Eisenzeit zu den alten Römern

Die Kultur von Golasecca

Die Kultur von Golasecca, die im Piemont und in der Lombardei während der Eisenzeit blühte, ist uns heute durch zahlreiche **Nekropolen** südlich des Lago Maggiore und oberhalb des Lago d'Orta bekannt. In den Gräbern fand man neben Urnen auch zahlreiche Kleidungsstücke, offenbar Gaben für die Verstorbenen. Im 5. Jh. v. Chr. erlebte diese Zivilisation ihren Höhepunkt; die Menschen besiedelten auch die Ebene, in der Tonverarbeitung wurde die Töpferscheibe eingeführt. Aus dieser Zeit stammen die ersten Inschriften in etruskischem Alphabet.

? WUSSTEN SIE SCHON ...?

- Der etymologische Ursprung des Namens »Piemonte« ist recht nahe liegend: Ad pedes montium, also »zu Füßen des Berges«.

Ligurer und Gallier

Die ursprüngliche ligurische Bevölkerung vermischte sich mit gallischen und keltischen Stämmen, die während der Eisenzeit in das Piemont zogen. Die Invasionen betrafen in erster Linie den nordöstlichen Teil, die Gegend südlich des Po blieb dagegen unberührt. Erst für die Zeit nach dem 3. Jh. ist es möglich, die vielen keltischen, ligurischen oder gemischten Stämme zu unterscheiden und zu benennen, die hier lebten.

Die Römer

Zwischen Mitte des 3. Jh.s und Ende des 1. Jh.s v. Chr., als das gesamte Gebiet schon erobert und von Kaiser Augustus administrativ neu gegliedert war, drang die römische Kultur schubweise in die Region ein: Siedlungen und Kolonien wurden gegründet, Theater und Tempel gebaut. Die Integration in das Römische Reich kam zügig voran. Viele der wichtigen Städte stammen aus römischer Zeit, so auch **Turin** (Augusta Taurinorum), das im 1. Jh. v. Chr. als Militärlager gegründet wurde und dessen rechtwinkliger Straßenverlauf bis heute an diese Zeit erinnert. **Susa** stellt eine Ausnahme dar, denn sie war bereits die Hauptstadt eines kleinen keltisch-ligurischen Reiches, das sich unter Julius Cäsar mit Rom verbündete. Erst ein Jahrhundert später wurden die Stadt und ihr Hoheitsgebiet Teil des Imperium Romanum. Die Region südlich des Po wurde der *IX. regio augustea* (Liguria) zugeschlagen, während der hauptsächlich von Galliern besiedelte Teil nördlich des Flusses die *X. regio* bildete, die Transpadana genannt wurde.

← *Giuseppe Garibaldi (1807–1882) war einer der wichtigsten Wegbereiter der italienischen Einigung.*

Das Mittelalter

Langobarden und Franken

Im 5. Jh. fielen zuerst die Vandalen, später die Goten in die Region ein. Im 6. Jh. wurde Turin unter der Herrschaft Agilulfs, Ehemann der Theodelinde, Sitz eines wichtigen langobardischen Herzogtums. Zur selben Zeit besetzten Franken die Alpentäler, um von hier aus den Zugang zur Halbinsel zu kontrollierten. Mitte des 8. Jh.s kam es zu ersten Konflikten zwischen Langobarden und Franken. Die Niederlage von Desiderius gegen Karl dem Großen im Jahre 773 bei der Chiusa di San Michele in der Valle di Susa leitete den Verfall der langobardischen Herrschaft ein. Von nun an übernahmen Bischöfe und Mönche die Macht in der Region. Im Zuge des Niedergangs des Karolingischen Reiches entstand im 10. Jh. eine Vielzahl kleiner Machtzentren, die unter der Führung der jeweils militärisch stärksten Feudalherren standen.

Freie Stadtrepubliken und Markgrafschaften

Zu Beginn des 11. Jh.s gab es im Piemont drei bedeutende Lehnsherren: Die Aleramischen Markgrafen von Monferrato, Olderico, Markgraf von Turin, und Arduino von Ivrea, der das Projekt eines geeinten italienischen Königreiches verfolgte, das er den Machtansprüchen des deutschen Kaisers entgegenstellen wollte. Gleichzeitig trat ein neuer Protagonist auf den Plan: Umberto Biancamano, Lehnsherr des Königs von Burgund, der Ambitionen auf die Ländereien unterhalb der Alpen hatte. Sein Sohn, Oddone, heiratete Adelaide, Erbin der Markgrafschaft von Turin. Mit dieser Heirat begann die allmähliche Expansion der Savoyer zur Po-Ebene hin. In dieser Zeit entstanden auch freie Stadtrepubliken, die bald in Konflikt mit der kaiserlichen Macht gerieten. Asti entwickelte sich zu einem wichtigen Handels- und Finanzzentrum. Von der Mitte des 13. bis zur Mitte des 14. Jh.s bestimmte das französische Geschlecht der Anjou, die in Süditalien herrschten, auch die Politik im Piemont.

Die Savoyer und die Einigung Italiens

Der Aufstieg der Savoyer

Nachdem die Vorherrschaft der Anjou zerfallen war, versuchten die Visconti aus Mailand und die Grafen von Turin ihre Macht über die Region zu sichern. Mit Amedeo VI., »Conte Verde« genannt, begann der Einigungsprozess des piemontesischen Gebietes: Cuneo, Biella, Ivrea wurden Teil des Herzogtums; mit dem Erwerb von Nizza wurde

Ein ungewöhnlicher Anblick: der Palazzo Reale im Schnee.

schließlich auch der Zugang zum Meer gesichert. Amedeo VII., der »Conte Rosso«, und sein Sohn Amedeo VIII. setzten die Expansionspolitik fort. Im Jahre 1416 verlieh Kaiser Sigismund den Savoyern den Herzogtitel. Von 1494, als Karl VIII. von Frankreich in Italien einfiel, bis zur Mitte des 16. Jh.s war Piemont der Schauplatz von Kriegen zwischen den Franzosen und den Spaniern, die um die Vorherrschaft über die Halbinsel rangen. Emanuele Filibertos bedächtige Allianzpolitik führte zur Unabhängigkeit des Savoyischen Reiches von anderen Mächten und zur Kontrolle über einen Großteil des Piemonts.

Turin, Hauptstadt des Herzogtums

Die Verlegung des Regierungssitzes nach Turin war mehr als ein einfacher Ortswechsel. Der neue Herrschaftssitz verdeutlicht das Interesse der Savoyer an italienischen Territorien. Die Herzöge organisierten die Region nach dem Modell eines großen Staates: In den wichtigsten Städten wurden Präfekturen eingerichtet, Universitäten gegründet und eine Nationalgarde aufgestellt. Die abenteuerliche Politik von Carlo Emanuele I., Nachfolger Emanuele Filibertos, führte zu einer Reihe diplomatischer und militärischer Niederlagen, in deren Folge das Herzogtum unter die direkte Kontrolle Frankreichs geriet. Der starke französische Einfluss wirkte sich auch auf das kulturelle Leben aus. Mit Vittorio Amedeo II. wendete sich das Blatt wieder: Sein harter Kampf gegen Frankreich erzielte dank der Allianz mit Österreich große Erfolge. In diese Epoche fällt die berühmte Belagerung Turins, das erfolgreich verteidigt wurde. 1706 siegte Piemont über Frankreich.

Der savoyische Absolutismus Die Herrschaft Vittorio Amedeos II. leitete eine Reformpolitik ein, die den Staat, der inzwischen zum Königreich von Sardinien-Piemont geworden war, und das Gesetzsystem tiefgreifend modernisierte. Mit Hilfe fähiger Berater und dank einer langen Friedensperiode gelang es seinem Nachfolger, Carlo Emanuele III., die Wirtschaft anzukurbeln und gleichzeitig ein absolutistisches Herrschaftssystem nach französischem Modell zu errichten.

Napoleon Die savoyische Dynastie war weder politisch noch militärisch auf die Französische Revolution und die Napoleonischen Kriege vorbereitet. Das Piemont wurde erneut Kriegsschauplatz und 1802 sogar dem französischen Staat einverleibt. König Carlo Emanuele IV. ging nach Sardinien ins Exil. Unter der napoleonischen Herrschaft wurden Reformen im Zivilrecht eingeführt, die Eliten ausgetauscht und das aristokratische Ancien Régime weggefegt. Nach der Restauration von 1816 konnte das alte Staatsverständnis nicht mehr etabliert werden.

Risorgimento Nach dem Fall Napoleons wurde im März 1821 Carlo Alberto zum Regenten ernannt. Von nun an richteten die italienische Patrioten und Unabhängigkeitskämpfer ihre Hoffnungen auf das Königreich Piemont-Sardinien. Am 4. März 1848 erließ Carlo Alberto, wenn auch im Vergleich zu anderen italienischen Staaten verspätet, ein Grundgesetz, kurz darauf erklärte er Österreich den Krieg und annektierte die Lombardei. Seine Zögerlichkeit und fatale Fehler führten aber schließlich zur Niederlage und zu seinem Rücktritt 1849. Sein Sohn Vittorio Emanuele II. nahm mit seinem Ministerpräsidenten Camillo Benso di Cavour die Einigungskriege wieder auf. Garibaldis Zug der Tausend brachten der piemontesischen Krone das ehemalige Bourbonenreich Neapel-Sizilien. Durch Plebiszite in den verschiedenen Staaten wurde 1861 das Königreich Italien mit Turin als Hauptstadt proklamiert. 1865 verlegte man die Hauptstadt nach Florenz: Turin verlor an Prestige und Einfluss sowie Arbeitsplätze, aber sein Protest blieb erfolglos.

Ab 1861 herrschte Vittorio Emanuele II. über das geeinte Land.

Von der Einigung bis in die Gegenwart

Das Zeitalter der Fabriken In den letzten Jahrzehnten des 19. Jh.s gelang es den piemontesischen Eliten, sich eine führende Position in der industriellen Entwicklung Oberitaliens zu sichern. Das Piemont gewann wirtschaftlich und kulturell wieder an Bedeutung. Im 20. Jh. wurde Turin zur Hauptstadt des industriellen Fortschritts im Bereich des Autobaus, während das Biellese seine Führungsposition in der Textilindustrie behauptete. Ivrea wurde Zentrum der nationalen Produktion von Schreib- und Rechenmaschinen. Auch die Chemie, die Lebensmittel-, die mechanische und die Gummiindustrie erlebten einen großen Aufschwung, im selben Maße gewann allerorten im Piemont die Arbeiterbewegung an Bedeutung.

Im Schatten Mussolinis

Ab 1921 vergrößerte Benito Mussolini systematisch seine Macht in Italien. Nach dem Marsch auf Rom rief ihn Vittorio Emanuele III. 1922 zum Ministerpräsidenten aus. Erst 1943, nachdem der faschistische Großrat Mussolini abgesetzt hatte, distanzierte sich auch der Savoyer offiziell von dessen Politik. Mit der Ausrufung der italienischen Republik 1946 wurde Vittorio Emanuele III. und den Nachfahren der piemontesischen Könige das Betreten italienischen Bodens verboten.

Eine neue Ökonomie

Nach dem Zweiten Weltkrieg blieben das Piemont und Turin wichtige Regionen für das italienische Wirtschaftswachstum. Zwischen 1951 und 1971 zogen viele Arbeiter aus ganz Italien hierher. Nach den Wirtschaftskrisen der 1970er- und der späten 1990er-Jahre setzt die Region nun wieder auf Ausweitung der Produktion. Die Olympischen Winterspiele 2006 und die großen städtebaulichen und verkehrspolitischen Neuerungen sollen eine neue Phase wirtschaftlichen Aufschwungs einleiten.

Das Fließband in den Lingotto-Werken für den FIAT 509 (1925).

Kunst und Kultur

Mittelalter und Barock waren im Piemont fruchtbare Epochen für Kunst und Architektur, die Renaissance brachte die einflussreiche Persönlichkeit Gaudenzio Ferrari hervor. Im 19. und 20. Jh., künstlerisch von eher untergeordneter Bedeutung, entstanden idyllische Villen und Parkanlagen.

Die römische Zeit

Aus der römischen Antike haben sich in der Region wenige, aber umso bedeutendere Zeugnisse erhalten, darunter der Augustusbogen und die Porta Savoia in Susa, die Porta Palatina und die Türme innerhalb des Palazzo Madama in Turin sowie die Ruinen von Amphitheatern. Eine Besonderheit stellt das Amphitheater von »Pollentia« dar, dessen Mauern als Fundamente des so genannten »Borgo del Colosseo« des heutigen Pollenzo dienen. Eine Ringstraße führt zwischen den strahlenförmig angeordneten Häusern hindurch.

Tempel von »Industria«

Einzigartig nicht nur im Piemont sondern in ganz Italien ist das Heiligtum von »Industria« in der Nähe von Monteu da Po bei Turin. Der Isis geweihte Tempel ist ein Zeugnis orientalischer Kulte in Norditalien während der Kaiserzeit. Die dort ausgegrabene Bronzegruppe dokumentiert eine auffallend hohe Kunstfertigkeit in der Metallverarbeitung und eine beachtliche künstlerische Sensibilität. Einmalig in seiner Art ist auch der so genannte Schatz von Marengo, von dem Stücke in Blattsilber in der Nähe von Marengo (Alessandria) aufgefunden wurden. Der bedeutendste archäologische Fund aus spätrömischer Zeit im Piemont ist der in Tortona ausgegrabene Sarkophag des Publius Aelius Sabinus, den mittlerweile das dortige Stadtmuseum aufbewahrt.

Vom Frühchristentum zum Mittelalter

Frühchristliche Epoche und Völkerwanderung

Das Baptisterium von Novara, erbaut Ende des 4. Jh.s n. Chr., gehört zu den außergewöhnlichsten Bauwerken des Piemont. Mit hoher Wahrscheinlichkeit wurde seine Form von frühchristlichen Bauten in Mailand beeinflusst. Die wichtigsten Zeugnisse langobardischer Kunst und Handwerks stammen aus der Nekropole von Testona bei Moncalieri (Turin) und werden im Museo di Antichità in Turin ausgestellt. In Desana (Vercelli) fand man den so genannten Schatz von Desana, der gleichfalls in Turin zu sehen ist. Die Schmuckstücke fertigten Goten Anfang des 6. Jh.s.

← *Detail des »Quarto Stato«, des berühmten Gemäldes von Pellizza da Volpedo.*

Geometrisches Ebenmaß: die von Guarino Guarini gebaute Kuppel von San Lorenzo in Turin.

und mit den Fresken im Kloster von Sant'Antonio in Ranverso sein Meisterwerk schuf. Ein spätgotischer Freskenzklus mit höfischen Darstellungen schmückt auch den Festsaal im Castello di Manta bei Saluzzo. Der letzte Vertreter der spätgotischen Malerei im Piemont ist Defendente Ferrari, der noch weit bis ins 16. Jh. wirkte. Zu seinen berühmten Werken zählt die »Geburt Christi« in Sant'Antonio in Ranverso. In der Gegend zwischen Casale, Ivrea und Vercelli war gegen Ende des 15. Jh.s Martino Spanzotti tätig, dessen schlichter, einprägsamer Stil insbesondere bei seiner »Anbetung des Kindes« im Museo civico d'Arte Antica in Turin zur Geltung kommt sowie bei den »Szenen aus dem Leben Christi« in der Kirche von San Bernardino in Ivrea. Die Werke von Macrino d'Alba, der vorwiegend in seiner Heimatstadt arbeitete, bestechen durch den ausgeprägten Realismus der Porträts und einen Bildaufbau, der bereits auf die Renaissance verweist. Um 1500 ist Hans Clemer, Maestro d'Elva genannt, am Hofe der Herzöge von Saluzzo tätig. Zu den bedeutendsten Werken dieses Malers provenzalischer Herkunft zählen der Zyklus in der Pfarrkirche von Elva und die »Madonna della Misericordia«, die in der Casa Cavassa in Saluzzo zu sehen ist. Die gotische Bildhauerei fand ihren höchsten Ausdruck in der Schnitzkunst der Chorgestühle und der Holzkruzifixe in den Kirchen von Saluzzo, Casale und Novara sowie in den Terrakottaverzierungen der Fassaden. Besonders kostbare Skulpturen in Terrakotta und grünem Stein schmücken den Innenraum des Klosters von Santa Maria di Vezzolano.

Renaissance

Beispiele für Renaissancearchitektur finden sich im Piemont eher selten. Die wenigen Bauten sind zumeist von Bramante (geb. um 1444) beeinflusst, der sich bis 1499 in Mailand aufhielt. Zwei Werke Pellegrino Tibaldis, die er gegen Ende des 16. Jhs. schuf, zeigen manieristische Züge: die Kirche Santi Martiri in Turin und der Dom von Sant'Eusebio in Vercelli. Die interessanteste Entwicklung der Piemonteser Malerei vollzieht sich im 16. Jh. im Werk Gaudenzio Ferraris (1477–1546), der in Vercelli, Casale und in der Valsesia tätig war. Der Stil des Künstlers, der sich längere Zeit in Mittelitalien aufhielt, entfaltet seinen Reiz durch Naturbeobachtung und zarte Farben. Zu seinen Meisterwerken gehören die Fresken in der Kirche von San Cristoforo in Vercelli, »Leben und Passion Christi« in Santa Maria delle Grazie in Varallo Sesia sowie das Dekorationsprogramm in den Kapellen des Sacro Monte in der Valsesia. Letztere kann man als eine Art Werkstatt betrachten, in der Ferrari das Zusammenspiel von Malerei und Bildhauerei weiterentwickelte.

Die Jahrhunderte des Barock und des Rokoko

Die Verlegung der Hauptstadt nach Turin wurde im 17. Jh. von einer barocken Umgestaltung begleitet, die der neuen Funktion als Machtzentrum Ausdruck verleihen sollte. Die Herzöge beauftragten die Architekten des Hofes mit einer durchgreifenden Stadterneuerung. In der Malerei führten Giovanni Molineri da Savigliano und sein Schüler Giovanni Claret in der Region um Cuneo den Stil Caravaggios ein, wenn auch in etwas abgemilderter Form. Zwischen 1666 und 1681 arbeitete in Turin der Theatinermönch und Architekt Guarino Guarini (1624–1683), der die Entwicklung der Architektur radikal beeinflusste. Von ihm stammen die beiden Meisterwerke mathematischer Abstraktion, die Kirche von San Lorenzo und die Cappella della Sindone, sowie das Collegio dei Nobili (die spätere Akademie der Wissenschaften), der Palazzo Carignano mit seiner von Borromini beeinflussten, geschwungenen Fassade sowie die Gartenfassade des Schlosses von Racconigi. Die dem hl. Franz Xaver geweihte Chiesa della Missione in Mondovì von Giovenale Boetto gilt als eine der wichtigsten künstlerischen Unternehmungen des ausgehenden 17. Jh.s. Sie wurde vom Jesuiten Andrea Pozzo noch einmal umgebaut, von dem auch die prächtigen, lombardisch geprägten Fresken der Apsis stammen. Im ebenfalls eher lombardisch beeinflussten Gebiet von Novara baute Francesco Maria Richini den prächtigen Palazzo Borromeo auf der Isola Bella des Lago Maggiore.

Triumph des Barock

In den ersten Jahrzehnten des 18. Jh.s dominierte Filippo Juvara (1676–1736) aus Messina die architektonische Entwicklung in Turin. Er verlieh der savoyischen Hauptstadt Erhabenheit und Pracht, das Erscheinungsbild wurde monumental, ohne jedoch die schlichte Eleganz zu verlieren. Sein erstes Werk war die Basilika von Superga, der das Castello di Rivoli sowie die Fassaden und das Treppenhaus des Palazzo Madama folgten. Juvara schuf die Chiesa del Carmine und die Kirchen von Santa Cristina und San Filippo Neri. Auch der von Michelangelo Garove begonnene Herrschaftssitz von Venaria Reale wurde von ihm wiedererrichtet.

Durch die Teststrecke auf dem Dach wurde die FIAT-Fabrik Lingotto weltberühmt.

Vom 19. Jahrhundert bis heute

Die Eleganz des 19. Jh.s

Der Klassizismus prägte die erste Hälfte des 19. Jh.s. Der berühmteste Architekt des Piemont ist Alessandro Antonelli, von dem nicht nur zahlreiche Wohngebäude stammen, sondern vor allem die gewagten Backsteinkonstruktionen der Mole Antonelliana in Turin und der Kuppel von San Gaudenzio in Novara. Pelagio Palagi (1775–1860) ist eine weitere wichtige Künstlerpersönlichkeit. Als Maler, Bildhauer und Architekt war er für zahlreiche Dekorationen im Palazzo Reale in Turin und im Castello von Racconigi verantwortlich. Ende des 19. Jh.s setzte Carlo Ceppi vielleicht auf die eindrucksvollste Weise einen eklektischen Stil um. Zu seinen Werken zählen die eleganten Wohnhäuser der Via Pietro Micca in Turin und die Fassade des Bahnhofs von Porta Nuova, die er gemeinsam mit Alessandro Mazzucchetti entwarf. Als Meisterwerk der Piemonteser Bildhauerei im 19. Jh. gilt das Denkmal für Emanuele Filiberto auf der Piazza San Carlo in Turin von Carlo Marocchetti.

Das 20. Jh. zwischen Rationalismus und Exzentrik

Die Ausstellung moderner angewandter Kunst von 1902 brachte in Turin den Jugendstil zum Blühen. Ihr berühmtester Vertreter war Pietro Fenoglio, der zahlreiche Wohngebäude um den Corso Galileo Ferraris und den Corso Francia erbaute. Auf derselben Ausstellung war auch eines der symbolträchtigsten Gemälde des 20. Jh.s zu sehen: der »Quarto Stato« von Pellizza da Volpedo aus Alessandria, der sich mit dem postimpressionistischen Pointilismus aus Frankreich auseinander setzte. In den 1930er-Jahren erneuerte man die Via Roma in Turin – ein grandioses und zugleich umstrittenes Projekt. In der Architektur erlangten einige Industrie- und Verwaltungsbauten Bedeutung, darunter die von Giacomo Matté Trucco gebauten Lingotto-Werke in Turin, das Quartiere Leumann für Arbeiter und Angestellte bei Rivoli und die Gebäude für die Ausstellung Italia '61 in Turin, darunter der Palazzo del Lavoro von Pier Luigi Nervi. Besondere Beachtung verdienen auch die städtebaulichen, architektonischen und sozialen Projekte in Ivrea, bei denen auf Veranlassung von Adriano Olivetti einige der vielversprechendsten Talente der 1940er- bis 1960er-Jahre zusammenarbeiteten. Felice Casorati war die bestimmende Figur der Malerei, von der sich die 1928 gegründete Gruppo dei Sei bewusst absetzte (Jessie Boswell, Gigi Chessa, Nicola Galante, Carlo Levi, Francesco Menzio, Enrico Paulucci). Eine Außenseiterposition nahm auch Luigi Spazzapan ein. In den 1960er-Jahren wurde schließlich zuerst in Turin und danach in der internationalen Kunstszene eine Gruppe von Künstlern bekannt, für deren Kunst der Kritiker Germano Celant den Ausdruck der »arte povera« fand.

Berühmte Persönlichkeiten

Auf diesen Seiten werden Sie die Persönlichkeiten kennen lernen, die Piemont in verschiedener Hinsicht berühmt gemacht haben: von der Musik über Literatur und Architektur bis hin zu Politik, Wissenschaft und Technik. Es folgt ein Überblick über die Großen der Region.

Giovanni Agnelli (1921-2003)

Autofabrikant

Der Name von Giovanni (Gianni) Agnelli (und der seiner ganzen Familie) ist untrennbar mit Fiat verbunden – dem berühmten italienischen Autohersteller, der 1899 in Turin gegründet wurde, zu der auch Giannis Großvater Giovanni Agnelli gehörte. Gianni aber war es, der das Unternehmen zu einem der ganz großen Namen auf dem internationalen Parkett machte und an wichtigen Entwicklungen beteiligt war. 1991 wurde er zum Senator auf Lebenszeit ernannt.

Vittorio Alfieri (1749-1803)

Schriftsteller

Vittorio Alfieri war einer der wichtigsten Schriftsteller und Dramatiker des 18. Jahrhunderts in Italien. Im Sinne der Aufklärung bauten seine Tragödien auf die Ablehnung all dessen auf, was dem Menschen Grenzen setzt, so auch die absolutistische Fürstenmacht. Für ihn war der einzige Weg zur Freiheit des Menschen die Rebellion, die ihre Vollendung im „Sterben der Standhaften" findet, denn für Alfieri war nur der Tod ein wahrhafter Akt der Freiheit. Zu seinen wichtigsten Werken gehören „Antigone", „Saul" und „Mirra".

Camillo Benso, Graf Cavour (1810-1861)

Staatsmann und Politiker

Graf Cavour, dessen Leben in Turin begann und auch endete, war eine der Schlüsselfiguren des Risorgimento, dem 1861 vollendeten Weg zur italienischen Einheit und Unabhängigkeit. Er wurde 1852 zum Kanzler ernannt und regierte fast ununterbrochen bis zu seinem Tod. Er kämpfte für die wirtschaftliche Freiheit und den freien Warenaustausch, die seiner Ansicht nach eng mit dem Fortschritt des Landes verbunden waren.

Camillo Benso, Graf Cavour, auf einem Gemälde aus dem 19. Jahrhundert.

Paolo Conte (*1937)

Musiker

Paolo Conte aus Asti ist ein Musiker und Liedermacher von internationalem Rang. Er war zunächst Anwalt und ging diesem Beruf auch noch nach, als er sich schon als Musiker einen Namen gemacht hatte. Seine Musik ist elegant, mitreißend und auch melancholisch, in

← *Der große Radrennfahrer Fausto Coppi, Sieger der Tour de France im Jahr 1952.*

ihr verschmelzen südamerikanische Rhythmen, Jazz (seine Leidenschaft seit jeher), und leichte Orchestermusik wie Rumba, Walzer und Tango. Zu seinen größten Erfolgen gehören „Azzurro" (1968, gesungen von Adriano Celentano), „Un gelato al limon" (1970) und „Razmataz" (2000).

Fausto Coppi (1919-1960)

Radrennfahrer

Fausto Coppi wurde in Castellanìa (bei Alessandria) geboren und starb in Tortona. Dieser große Radsportler gewann fünf Mal den Giro d'Italia (1940, 1947, 1949, 1952 und 1953) und zwei Mal die Tour de France (1949 und 1952). 1942 stellte er einen Stundenweltrekord auf. 1953 wurde er Straßenweltmeister, doch 1959 zog er sich aus dem sportlichen Leben zurück. Schon ein Jahr später starb er an der Malaria, die er sich auf einer Afrikareise zugezogen hatte.

Filippo Juvarra (1678-1736)

Architekt

Dieser große Architekt stammt aus Messina auf Sizilien. Er wurde 1714 zum königlichen Architekten in Turin ernannt und gab der Stadt ihr monumentales Gesicht. Er entwarf die Superga-Basilika, das Jagdschloss von Stupinigi und das Staatsarchiv, doch die größten Meisterwerke hat er im Palazzo Reale (Scherentreppe und chinesisches Kabinett), im Palazzo Madama (Fassade und Treppe), im Palast von Venaria, in der Festung von Rivoli und in einigen anderen Bauwerken der Stadt hinterlassen.

Rita Levi-Montalcini, Nobelpreis für Medizin im Jahr 1986.

Rita Levi-Montalcini (*1909)

Wissenschaftlerin

Der Name dieser bedeutenden Neurobiologin aus Turin ist besonders mit ihren Studien und Entdeckungen über das Nervensystem verbunden. Durch die Rassengesetze von 1938 konnte sie ihre Arbeit an der Universität nicht fortsetzen und ging in die Vereinigten Staaten, wo sie die Forschungen wieder aufnahm. 1977 kehrte sie nach Italien

Cesare Pavese, einer der größten Dichter und Schriftsteller Italiens im 20. Jahrhundert.

zurück und bekam 1986 den Nobelpreis für Medizin. Im Jahr 2001 wurde sie zur Senatorin auf Lebenszeit ernannt.

Cesare Pavese (1908-1950)

Schriftsteller

Cesare Pavese ist einer der bedeutendsten Erzähler und Dichter des 20. Jahrhunderts in Italien. Sein wichtigster Roman, „Junger Mond“ (1950) wurde in viele Sprachen übersetzt. Pavese wurde in der Seenlandschaft von Santo Stefano Belbo geboren, lebte aber fast die ganze Zeit über in Turin. Diese beiden Welten – Stadt und Land – trug er sein ganzes Leben lang in sich, ihr Widerstreit war die Quelle für seine literarische Produktion. Er wurde als Gegner des Faschismus verfolgt und eingesperrt. Auf dem Höhepunkt seines Erfolgs nahm er sich das Leben.

Praktische Informationen

WELCHE KULINARISCHEN SPEZIALITÄTEN KANN MAN IM PIEMONT GENIESSEN? WIE SCHNELL DARF MAN FAHREN AUF ITALIENS AUTOBAHNEN? LESEN SIE ES NACH, AM BESTEN SCHON VOR DER REISE!

Anreise · Vor der Reise

Anreisemöglichkeiten

Mit dem Auto

Zwischen Juni und September, vor allem aber an den ersten Tagen im August (= Beginn der italienischen Ferien) muss mit **zähflüssigem Verkehr** auf den Autobahnen nach Süden gerechnet werden.
Es gibt verschiedene Reisemöglichkeiten von Deutschland ins Piemont – je nachdem, wo Sie Ihre Reise starten. Wer von Norden über Frankfurt/M. kommt, wählt die Strecke über Basel und Luzern, Reisende aus Ostdeutschland und Bayern fahren über Chur durch die Schweiz. Hinter der Schweizer Grenze erreicht man die A 9 (die Seen-Autobahn) Richtung Mailand und nimmt dort die A 4 nach Turin. Eine Alternative ist die Strecke über Bern, Martigny, Montblanc-Tunnel oder Großer St. Bernhard nach Aosta und Turin.

Autobahngebühren ▶

In der Schweiz und in Österreich müssen Sie an der jeweiligen Grenze eine Vignette kaufen. In Italien wird die Autobahnmaut nach den gefahrenen Kilometern berechnet.

Mit der Bahn

Von den größeren Städten Deutschlands, der Schweiz und Österreichs können Sie auch per Bahn über Mailand nach Turin fahren. Informationen gibt die Deutsche Bahn oder Trenitalia.

Mit dem Flugzeug

Durch den Flughafen von Caselle, 14 km außerhalb von Turin, ist die Hauptstadt des Piemonts mit den meisten europäischen Flughäfen direkt verbunden. Turin wie auch der östliche Teil des Piemonts gehören außerdem zum Einzugsgebiet des interkontinentalen Flughafens von Mailand-Malpensa, circa 100 km von Turin entfernt.

Reisedokumente

Ausweis

Obwohl es für EU-Bürger keine Passkontrollen mehr gibt, sollte man nicht ohne **gültige Personalpapiere** nach Italien reisen. Für Deutsche, Österreicher und Schweizer genügt der Personalausweis. Kinder unter 16 Jahren müssen einen Kinderausweis haben oder im Elternpass eingetragen sein.

Fahrzeugpapiere

Mitzuführen sind der Führerschein, der Kraftfahrzeugschein und die Internationale Grüne Versicherungskarte. Kraftfahrzeuge ohne Euro-Kennzeichen müssen das ovale Nationalitätskennzeichen tragen.

Haustiere auf Reisen

Wer Haustiere (Hund, Katze) nach Italien mitnehmen will, benötigt für diese einen Heimtierpass. Er enthält u. a. ein amtstierärztliches

WICHTIGE ADRESSEN ANREISE

MIT DER BAHN

In Deutschland
Tel. 08 00 / 1 50 70 90

Fahrplanauskünfte
Tel. 1 18 61 (gebührenpflichtig)
www.bahn.de

Trenitalia
in Deutschland
Auskünfte und Reservierung
(nur Personenbeförderung)
Tel. 0 60 31 / 73 76 30
www.trenitalia.com

Kartenbestellung für Autoreisezüge
Auriga Travel
Riva Rovigo 51
39100 Bozen
Tel. 00 39 / 04 71 93 02 01

FLUGLINIEN

Alitalia
Tel. 01 80 / 5 07 47 47
www.alitalia.com

Lufthansa
Tel. 01 80 / 3 80 38 03
www.lufthansa.com

Austrian Airlines
Tel. 01 80 / 3 00 05 20
www.aua.com

Swiss
Tel. 01 80 / 3 00 03 37
www.swiss.com

Air Dolomiti
www.airdolomiti.it

FLUGHÄFEN

Mailand-Malpensa
46 km nordwestlich von Mailand
www.sea-aeroportimilano.it

Turin-Caselle
14 km von Turin
Tel. 01 15 67 63 61
www.aeroportoditorino.it

Gesundheitszeugnis (höchstens 30 Tage alt), ein mindestens 20 Tage und höchstens elf Monate vor der Einreise ausgestelltes **Tollwut-Impfzeugnis** sowie ein Passbild. Außerdem muss das Tier einen Mikrochip oder eine Tätowierung tragen. Maulkorb und Leine sind mitzuführen.

Kranken-versicherung

Versicherte der deutschen Krankenkassen haben im Krankheitsfall Anspruch auf eine Behandlung nach den in Italien gültigen Vorschriften. Auch im EU-Ausland müssen die gesetzlichen Krankenkassen die Kosten für ärztliche Leistungen erstatten. Voraussetzung ist, dass dem behandelnden Arzt eine europäische Krankenversicherungskarte vorgelegt wird. Diese ersetzt seit dem 1. Januar 2005 den Auslandskrankenschein. Auch mit dieser Karte muss in den meisten

Fällen ein Teil der Kosten für ärztliche Behandlung und verordnete Arzneimittel selbst bezahlt werden. Gegen Vorlage der Quittungen übernimmt die Krankenkasse in Deutschland dann die Kosten – allerdings nicht für jede Behandlung. Schweizer müssen die ärztliche Behandlung und Medikamente selbst bezahlen. Privat Versicherte legen zur Kostenerstattung bei ihrer Versicherung die Rechnung vor.

Private ▶ Reisekrankenversicherung

Da die Kosten für ärztliche Behandlung und Medikamente in der Regel teilweise vom Patienten zu tragen sind und die Kosten eines evtl. notwendigen Rücktransports von den Krankenkassen nicht übernommen werden, empfiehlt sich der Abschluss einer zusätzlichen Reise-Krankenversicherung.

Zollbestimmungen

EU

Innerhalb der Europäischen Union ist der Warenverkehr für private Zwecke weitgehend zollfrei. Zur Abgrenzung zwischen privater und gewerblicher Verwendung gelten folgende Höchstmengen: 800 Zigaretten, 400 Zigarillos, 200 Zigarren, 1 kg Rauchtabak; 10 l Spirituosen, 20 l Zwischenerzeugnisse, 90 l Wein (davon max. 60 l Schaumwein) und 110 l Bier. Bei einer Kontrolle ist glaubhaft zu machen, dass die Waren tatsächlich nur für den **privaten Verbrauch** bestimmt sind.
Zollfrei sind Reiseandenken bis zu einem Gesamtwert von ca. 80 Euro; ferner für Personen über 15 Jahre 500 g Kaffee oder 200 g Pulverkaffee und 100 g Tee oder 40 g Teeauszüge, 50 g Parfüm und 0,25 l Toilettenwasser sowie für Personen über 17 Jahre 1 l Spirituosen über 22% oder 2 l Spirituosen unter 22% oder 2 l Schaumwein und 2 l Wein sowie 200 Zigaretten oder 50 Zigarren oder 250 g Tabak.

Einreise aus Nicht-EU-Ländern

Für Reisende aus Nicht-EU-Ländern (u. a. Schweizer Staatsbürger) liegen die **Freigrenzen** für Personen über 17 Jahren bei 200 Zigaretten oder 100 Zigarillos oder 50 Zigarren oder 250 g Rauchtabak, ferner bei 2 l Wein und 2 l Schaumwein oder 1 l Spirituosen mit mehr als 22 Vol.-% Alkoholgehalt oder 2 l Spirituosen mit weniger als 22 Vol.-% Alkoholgehalt, 500 g Kaffee oder 200 g Kaffeeauszüge, 100 g Tee oder 40 g Tee-Extrakt, 50 g Parfüm oder 0,25 l Eau de Toilette. Zollfrei sind ferner Geschenkartikel bis zu einem Wert von ca. 170 Euro.

Wiedereinreise in die Schweiz

Abgabenfrei für Personen ab 17 Jahren sind 200 Zigaretten oder 50 Zigarren oder 250 g Rauchtabak, an alkoholischen Getränken 2 l mit bis zu 15 Vol.-% Alkoholgehalt und 1 l mit mehr als 15 Vol.-% Alkoholgehalt als Höchstmenge; ferner Geschenke im Wert bis 100 CHF bzw. 50 CHF für Personen unter 17 Jahren. Nähere Auskünfte erteilt die Eidgenössische Oberzolldirektion, Monbijoustraße 40, 3003 Bern, Tel. 0 31 / 3 22 65 11.

Auskunft

WICHTIGE ADRESSEN

IN DEUTSCHLAND

▶ **Staatliches Italienisches Fremdenverkehrsamt ENIT**
Neue Mainzer Strasse 26
D-60311 Frankfurt/M.
Tel. 0 69 / 23 74 34, enit.ffm@t-online.de

Prinzregentenstr. 22, D-80538 München
Tel. 0 89 / 53 13 17
enit-muenchen@t-online.de

Kontorhaus Mitte Friedrichstraße 187, D-10117 Berlin, Tel. 0 30 / 2 47 83 98
enit-berlin@t-online.de

Prospekte gibt es gebührenfrei unter Tel. 008 00 00 48 25 42

IN ÖSTERREICH

▶ **ENIT**
Kärntner Ring 4, A-1010 Wien
Tel. 01 / 5 05 16 3912
delegation.wien@enit.at

IN DER SCHWEIZ

▶ **ENIT**
Uraniastrasse 32, CH-8001 Zürich
Tel. 0 41 / 4 34 66 40 40, info@enit.ch

IN PIEMONT

▶ **ENIT Ente Nazionale Italiano per il Turismo**
Via Marghera 2, I-00185 Roma
Tel. 06 49 711, www.enit.it
Fragen zu Sicherheit, Gesundheitswesen, Sehenswürdigkeiten, Straßenverkehr etc. beantworten die Mitarbeiter des nationalen Call Centers u. a. auch in Deutsch (tgl. 8.00–23.00 Uhr): Tel. in Italien 800 11 77 00 (gebührenfrei), aus dem Ausland 00 39 / 06 87 41 90 07 (gebührenpflichtig).

BOTSCHAFTEN IN ITALIEN

▶ **Deutsche Botschaft**
Via San Martino della Battaglia 4
I-00185 Roma
Tel. 06 49 21 31, www.rom.diplo.de
Generalkonsulate in Mailand und Neapel.

▶ **Österreichische Botschaft**
Via Giovanni Battista Pergolesi 3
I-00198 Roma
Tel. 06 84 40 141, www.austria.it
Generalkonsulate in Mailand und Triest.

▶ **Schweizer Botschaft**
Via Barnaba Oriani 61
I-00197 Roma, Tel. 06 80 95 71
www.eda.admin.ch/roma
Generalkonsulate in Genua, Mailand und Neapel.

INTERNETADRESSEN

▶ **www.enit.it, www.enit.de**
Hervorragende Seiten der ENIT mit allgemeinen Informationen.

▶ **www.regione.piemonte.it**
Informationen zu Gesellschaft, Wirtschaft, Kultur und Tourismus in der Region (auch in deutsch).

Mit Behinderung unterwegs

Über spezielle Reiseangebote und behindertengerechte Einrichtungen informieren Reisebüros, die Deutsche Bahn sowie die Bundesarbeitsgemeinschaft der Clubs Behinderter und ihrer Freunde e.V. und der BSK-Reise-Service oder im Piemont an den Schaltern des Netzwerkes »Piemonte per Tutti«.

WICHTIGE ADRESSEN

IN DEUTSCHLAND

▶ BSK-Reise-Service
Bundesverband Selbsthilfe Körperbehinderter (BSK)
Altkrautheimer Straße 20
D-74238 Krautheim
Tel. 0 62 94 / 42 81-0
www.bsk-ev.org

▶ Bundesarbeitsgemeinschaft der Clubs Behinderter und ihrer Freunde e.V.
Langenmarckweg 21
D-51465 Bergisch Gladbach
Tel. 0 61 31 / 22 55 14, www.bagcbf.de

IN ÖSTERREICH

▶ Verband aller Körperbehinderten Österreichs
Schottenfeldgasse 29, A-1070 Wien
Tel. 01 / 9 14 55 62
www.sonnengarten.at

IN DER SCHWEIZ

▶ Mobility International Schweiz
Froburgstrasse 4, CH-4600 Olten
Tel. 0 62 / 2 06 88 35, www.mis-ch.ch

IM PIEMONT

▶ Centro Informazione Disabilità
Provincia di Torino
Corso Lanza 75, I-10131 Torino
Tel. 01 18 61 31 41
www.provincia.torino.it/cid

▶ Consulta Persone in Difficoltà
Via San Marino 10, I-10134 Torino
Gebührenfreie Hotline 800 59 00 04
www.cpdconsulta.it

▶ www.italiapertutti.it
Diese Internet-Plattform informiert über behindertengerechte Hotels und den Standard bei öffentlichen Einrichtungen.

Elektrizität

Das Stromnetz führt in der Regel 220 Volt. Im Allgemeinen ist wegen der verschiedenen Steckdosenbauarten ein **Adapter** (reduzione) nötig. Europanorm-Gerätestecker sind meist nur dann verwendbar, wenn sie dünne Kontaktstifte besitzen.

Das Piemont hält für jeden Geschmack eine Spezialität bereit, vom Wein bis zur Süßspeise.

Essen und Trinken

Restaurants

Neben Restaurants (ristorante) gibt es **Trattorien** (trattoria), **Osterien** (osteria) und die als **»tavola calda«** (warme Küche) bezeichneten Lokale. In den Städten findet man auch Pizzerien und Selbstbedienungsrestaurants. In italienischen Restaurants ist es nicht üblich, seinen Tisch selbst auszusuchen. Man wartet, bis der Kellner den Platz anweist. Zum normalen Preis für ein Gericht werden teilweise noch Bedienung (servizio) und Gedeck (coperto) zusätzlich berechnet.

Das italienische Frühstück (colazione) beschränkt sich häufig auf einen Cappuccino (Espresso mit aufgeschäumter Milch), einen Espresso oder Caffè (starker Espresso) mit Gebäck. Hotels sind jedoch in der Regel auf die Gewohnheiten ihrer ausländischen Gäste eingestellt und bieten ein Frühstücksbüffet mit größerer Auswahl an.

! *Baedeker* TIPP

Wieviel Trinkgeld darf es sein?

In Hotels und Restaurants ist die Bedienung im Preis inbegriffen, jedoch werden mindestens 5–10% des Rechnungsbetrages als Trinkgeld erwartet. In Bars bzw. Cafés ist die Bedienung häufig nicht eingeschlossen. In solchen Fällen werden 10–15% Trinkgeld gegeben.

Weinliebhaber haben im Piemont die Qual der Wahl.

Das Mittagessen (pranzo) besteht meist aus einem antipasto (Vorspeise), primo (Pasta, Reis oder Suppe), secondo (Fleisch oder Fisch) mit Gemüse (contorno) oder Salat. Anschließend kann man zwischen Käse (formaggio), dolce (Nachtisch) oder frutta (Obst) wählen. Der Espresso schließt das Mittagessen ab. Manche bestellen ihn als »corretto«, d.h. mit grappa, cognac oder amaro »korrigiert«. Das Abendessen (cena), bei dem sich die Speisenfolge des Mittagessens wiederholt, wird selten vor 19.30 Uhr serviert.

Typische Spezialitäten

Die Piemonteser Küche kann als eine **typische Herbstküche** bezeichnet werden, zu deren Hauptingredienzen weiße Trüffel, Kräuter, Pilze und Wild jeglicher Art zählen. Zu den deftigen Speisen passen die starken Rotweine.

Berühmt sind die Antipasti, darunter in verschiedene Marinaden eingelegtes Fleisch, Wurstwaren, Kräuteromeletts und gefülltes Gemüse. Beim ersten Gang sind vor allem »agnolotti«, »tajarin« (hausgemachte Tagliatelle), Risotto und Gnocchi mit einem Hauch weißer Trüffel erwähnenswert. Als zweiten Gang serviert man gerne bollito (gekochtes Fleisch) oder Braten, Wildsalami oder eine große Platte mit gebratenem Fleisch, Gemüse, Amaretti, Grießmus und Äpfeln. Dazu gibt es eine grüne Sauce oder Senffrüchte. Piemonteser schätzen die »bagna caoda« (»heißes Bad«), eine pikante Sauce aus fein gehackten Sardellen, Knoblauch, Olivenöl, Milch und Rahm, die man zu Salaten oder Gemüsen isst. Ein sehr typisches Gericht ist die »bagna cauda«, die aus verschiedenen Gemüsesorten mit einer warmen Sauce aus Öl, Anchovis und Knoblauch besteht.

Panna Cotta, Zabaione, gefüllte Pfirsiche und der »bonnet«, ein Kuchen aus Haselnüssen und kleinen Beignets, sorgen dafür, dass auch das Süße beim Tafeln nicht zu kurz kommt. Exzellent sind die Pralinen, so etwa die Turiner »Gianduiotti«. Zwei weitere lokale Erfindungen kennt man inzwischen in der ganzen Welt: Wermut und Grissini.

Piemonter Weine

Die wichtigsten Weinanbaugebiete im Piemont liegen südlich des Po in den Provinzen von Cuneo (**Langhe** und **Roero**), **Asti** und Alessandria (**Monferrato**). In diesem weiten Gebiet werden mit hochspezialisierten Techniken 95% der regionalen Produktion angebaut. Dazu kommen die nördlichen Gebiete: Canavese, Valle di Susa, Serra di Ivrea und Zonen zwischen Vercelli und Novara, aus denen u. a. der Nebbiolo stammt.

Im südlichen Piemont gedeihen zahlreiche Rebsorten: In der Langhe und Roero bevorzugt man rote Trauben wie Barbera, Dolceto und Nebbiolo sowie weiße Trauben wie Arneis, Moscato und Favorita. Im Monferrato wird in erster Linie Barbera angebaut, daneben auch Grignolino, Freisa und Dolcetto sowie Moscato und Cortese. In den letzten Jahren hat man stark auf die kraftvollen Rotweine gesetzt. Der **Barbera** ist aufgewertet worden, auch dank hervorragender Ergebnisse in der DOC-Produktion, wie z. B. der Barbera d'Alba, der Barbera d'Asti, der Barbera del Monferrato oder inzwischen auch der Colli Tortonesi Barbera. Sehr erfolgreich sind auch die Weine der Nebbiolo-Traube: in erster Linie **Barolo** und **Barbaresco**, aber auch Nebbiolo d'Alba und Roero und weiter nördlich Gattinara, Ghemme und Carema.

Aus dem Piemont stammt auch das bekannteste italienische Getränk: der **Asti**, ein fruchtiger Schaumwein aus der Moscato-Traube.

Feiertage · Feste · Events

FESTKALENDER

FEBRUAR/MÄRZ

▶ Carnevale d'Ivrea

Das wahrscheinlich wichtigste Karnevalsfest der Region findet in Ivrea statt. Der absolute Höhepunkt ist die Orangenschlacht in den Straßen des Städtchens (www.carnevalediivrea.it).

APRIL

▶ Vinum

Schau der großen Weine aus den Langhe und Roero in Alba (www.vinumalba.it).

MAI

▶ Risi e Rose

Zwanzig Gemeinden des Monferrato casalese nehmen an diesem neuen Fest teil. Im Mittelpunkt stehen dabei die lokalen Produkte, die auf Märkten verkauft und bei gastronomischen Events präsentiert werden (www.monferrato.org).

▶ Fiera del Libro

In Turin findet die wichtigste italienische Buchmesse statt (www.fieralibro.it).

JUNI

Battaglia di Marengo

Im kleinen Dorf Spinetta Marengo, in der Nähe von Alessandria, findet alle zwei Jahre ein imposantes historisches Schauspiel statt, in dem die Höhepunkte der Schlacht von Marengo nachgestellt werden. Hier standen sich am 14. Juni 1800 Napoleons Truppen und das habsburgische Heer gegenüber (Tel. 0131 21 63 44; turismo@provincia.alessandria.it www.cittadellaemarengo.com).

Moncalieri Theatropolis

Internationales Theaterfestival in der Innenstadt von Moncalieri.

Festival cusiano di Musica antica

In Orta San Giulio am gleichnamigen See (www.amicimusicacocito.it).

JULI/AUGUST

Im Juli und August feiert beinahe jede Stadt und jedes Dorf den jeweiligen Schutzheiligen, eine bestimmte lokale Spezialität (Paprika, Spargel, Erdbeeren, Kastanien, Äpfel und Honig, Zwiebeln und vieles mehr) oder einen Wein. Besonders fröhlich geht es auf den Traubenfesten im Monferrato und in den Langhe zu.

Jazz Festival

Im Juli findet in verschiedenen Ortschaften rund um den Lago Maggiore dieses wichtige Jazzereignis statt (www.jazzascona.com).

SEPTEMBER

Palio di Asti

Der Palio von Asti ist wohl das eindrucksvollste historische Schauspiel der ganzen Region (Tel. 0141 39 93 99; www.comune.asti.it, www.palio.asti.it).

Douja d'Or

Wichtigste Weinmesse der Weine der Region um Asti (www.doujador.it).

OKTOBER

Mistero della Maschera di Ferro

Am ersten Wochenende im Oktober widmet sich Pinerolo dem geheimnisumwobenen Mann mit der eisernen Maske (angeblich ein Zwillingsbruder Ludwigs XIV., der der Legende zufolge im Kerker des Städtchens gefangen gehalten wurde, bevor er in die Bastille gebracht wurde): ein Fest mit historischen Kostümen, Tänzen, Spielen, Duellen, Paraden und Kanonenschüssen.

Die **Fiera nazionale del Tartufo** in Alba und der **Salone del Gusto** in Turin sind die wichtigsten gastronomischen Ereignisse in der Region.

NOVEMBER

Salone del Vino

Weinmesse für das Fachpublikum, die jedes Jahr in Turin im Lingotto Fiere stattfindet. Hier treffen sich Weinhändler und Restaurantbetreiber aus der ganzen Welt (www.salonedelvino.it).

Torino Film Festival

Ein Begegnungsort für den neuen internationalen Film und junge Filmemacher (www.torinofilmfest.org).

Geld

Euro

Seit 2002 ist der Euro (€) in Italien wie in Deutschland, Österreich und anderen Ländern der Europäischen Union das offizielle Zahlungsmittel. 1 sfr = 0,62 €, 1 € = 1,60 fr. Bürger aus EU-Mitgliedsländern dürfen EU-Währungen in beliebiger Höhe nach Italien ein- und ausführen.

Banken

Die Banken in Italien sind meist von Mo. bis Fr. 8.30–13.00 Uhr geöffnet; nachmittags variieren die Öffnungszeiten (ca. 14.30–15.30 Uhr). An Tagen vor Feiertagen (prefestivi) schließen die Banken um 11.20 Uhr.

◀ Geldautomaten, Bankkarten

An **Geldautomaten** kann man mit Kredit-, Bank- und Postbank-Karten mit der persönlichen Geheimnummer problemlos rund um die Uhr Geld abheben. Mit der Bankkarte erhält man maximal 500 € pro Tag und Konto, mit der Postbank SparCard pro Kalendermonat maximal 1500 € Kreditkarten bieten einen größeren Verfügungsrahmen. Banken, Hotels, Restaurants, Autovermieter und Einzelhandelsgeschäfte akzeptieren in der Regel die internationalen **Kreditkarten**.

i Karte verloren?

- Bei Verlust von Kredit- oder Bankkarten kann man seit dem 1. Juli 2005 den Sperr-Notruf unter Tel. **00 49/116 116** erreichen. Er gilt auch für Handys und weitere sperrbare Medien.

Gesundheit

Ärztliche Hilfe

In allen größeren Orten und den touristischen Zentren ist eine ausreichende medizinische Versorgung gewährleistet. Vielerorts steht die **Guardia Medica** auch nachts, sonntags und feiertags zur Verfügung (Guardia Medica notturna e festiva). Erste Hilfe (Pronto soccorso) leisten außer Krankenhäusern (Ospedali) auch das Rote Kreuz (Croce Rossa Italiana), das Weiße Kreuz (Croce Bianca) und das Grüne Kreuz (Croce Verde). Die Adressen dieser Einrichtungen sind auf den ersten Seiten des Telefonbuchs (Avantielenco) zu finden. **Zahnärzte** findet man im Telefonbuch unter »medici dentisti«.

Apotheken

Apotheken (farmacia) haben meistens Mo. bis Fr. 9.00–12.30 Uhr und 16.00–19.30 Uhr geöffnet. Sie schließen wechselweise mittwochs und samstags. Ein Verzeichnis mit den nachts und feiertags geöffneten Apotheken (Farmacie di turno) hängt in den Schaufenstern oder an den Türen aller Apotheken aus.

Nationalparks und Naturschutzgebiete

Naturschutz wird im Piemont groß geschrieben: Fast 200 000 ha – 8% der Fläche – stehen unter Schutz. Diese Gebiete zeichnen sich durch ihre Einzigartigkeit oder einen besonderen Artenreichtum aus. In den meisten Parks gibt es Wander- und Fahrradwege, Picknickplätze, oft auch Reitmöglichkeiten. Hier finden Sie die wichtigsten Naturparks. Ausführliche Informationen bietet die Internetseite der Region (www.regione.piemonte.it).

NATIONALPARKS UND NATURSCHUTZGEBIETE

▶ Naturpark und Schutzzone Alpe Veglia e Alpe Dèvero
Via Castelli 2, I-28868 Varzo (Verbania)
Tel. 03 24 725 72, www.alpeveglia.it

▶ Nationalpark Val Grande
Villa San Remigio, I-28922 Verbania
Tel. 0323 50 32 49, www.parcovalgrande.it

▶ Naturpark Alta Valsesia
Corso Roma 35, I-13019 Varallo (Vercelli)
Tel. 0163 54 680, www.parcoaltavalsesia.it

▶ Naturschutzgebiet Sacro Monte di Varallo
Piazza Basilica – località Sacro Monte
I-13019 Varallo (Vercelli)
Tel. 0 16 35 39 38, www.parks.it

▶ Naturpark Monte Fenera
Regione Fenera Annunziata 1
I-13011 Borgosesia (Vercelli)
Tel. 01 63 20 93 56, www.parks.it

▶ Naturschutzgebiet Parco Burcina »Felice Piacenza«
Casina Blu, I-13814 Pollone (Biella)
Tel. 01 52 56 30 07
www.parcoburcina.org

▶ Naturpark Valle del Ticino
Villa Pichetta, I-28062 Cameri (Novara)
Tel. 03 21 51 77 06, www.parcoticino.it

▶ Nationalpark Gran Paradiso
Via della Rocca 47, I-10123 Torino
Tel. 01 18 60 62 11, www.pngp.it

▶ Regionalpark Orsiera-Rocciavrè
Via San Rocco 2,
I-10053 Bussoleno (Torino)
Tel. 0122 47 064, www.parco-orsiera.it

▶ Regionalpark Gran Bosco di Salbertrand
Via Monginevro 7
I-10050 Salbertrand (Torino)
Tel. 01 22 85 47 20-1
www.ilpiemonte.org

▶ Naturpark Capanne di Marcarolo
Via Umberto I 32/a,
I-15060 Bosio (Alessandria)
Tel. 01 43 68 47 77, www.parcocapanne.it

▶ Naturpark Alpi Marittime
Piazza Regina Elena 30
I-12010 Valdieri (Cn)
Tel. 0 17 19 73 97, www.parks.it

Notrufe

Auf den mittleren Seiten der örtlichen Telefonbücher (elenco telefonico) sind die Notrufnummern (numeri di emergenza) angegeben.

WICHTIGE NOTRUFNUMMERN

▶ Allgemeiner Notruf
Tel. 113 (landesweit), www.poliziadistato.it

▶ Polizeinotruf (Carabinieri, Soccorso pubblico)
Tel. 112 (landesweit), www.carabinieri.it

▶ Feuerwehr (Vigili del Fuoco)
Tel. 115 (landesweit)

▶ Unfall und Krankendienst
Tel. 118 (landesweit)

▶ Pannenhilfe des ACI (Soccorso stradale)
Tel. 116 (gebührenfrei)

▶ ADAC Pannenhilfe und Notruf
Tel. 02 66 15 91

▶ ADAC-Ambulanzdienst München
Tel. 00 49 / 89 76 76 76

▶ ACE-Notrufzentrale Suttgart
Kranken- und Fahrzeugrückholdienst
Tel. 00 49 / 18 02 34 35 36

▶ DRK-Flugdienst Bonn
Tel. 00 49 / 228 23 00 23

▶ Deutsche Rettungsflugwacht Stuttgart
Tel. 00 49 / 711 70 10 70

Öffnungszeiten

Museen

Die Öffnungszeiten der Museen, insbesondere der kleinen, variieren sehr stark und ändern sich häufig. Wer ganz sicher gehen will, sollte vor Ort bei der Touristeninformation nachfragen. Zur Orientierung: Die meisten Museen sind zwischen 9.00 und 19.00 Uhr geöffnet, in der Regel mit einer Mittagspause zwischen 13.00 und 15.00 bzw. 16.00 Uhr. In den Sommermonaten gelten oft abends längere Öffnungszeiten. Letzter Einlass ist in vielen Fällen eine halbe Stunde vor Schließung. Montags sind fast alle Museen geschlossen oder nur vormittags geöffnet. Viele kleinere Museen sind nur vormittags oder nach Vereinbarung zugänglich. Auch in solchen Fällen helfen die örtlichen Touristenbüros weiter.
Archäologische Sehenswürdigkeiten sind meist Di. bis So. von 9.00 Uhr an bis eine Stunde vor Sonnenuntergang zugänglich.

Post · Telekommunikation

Post In den italienischen Postämtern kann man nicht telefonieren, sie sind nur für den Post- und Paketdienst sowie für die Geschäfte der Postbank zuständig. Geöffnet sind sie Mo. bis Fr. 8.25–13.45 und Sa. 8.25–12.00 Uhr. Am letzten Tag des Monats schließen alle Postämter um 12.00 Uhr.

Briefmarken ▶ Briefmarken (francobolli) kauft man außer in Postämtern auch in Tabakwarengeschäften, die durch ein »T«-Schild (Tabacchi) gekennzeichnet sind. Ein Brief bis 20 g sowie eine Postkarte von Italien ins europäische Ausland kosten 0,41 €.

Telefonieren Die Fernsprecher akzeptieren (fast) nur noch Telefonkarten (scheda oder carta telefonica), die in Bars, Tabak- und Zeitungsläden erhältlich sind. **Die ehemaligen Ortsvorwahlen einschließlich der Null sind Bestandteil der italienischen Rufnummern.** So muss auch bei Ortsgesprächen sowie bei Anrufen aus dem Ausland die Null mitgewählt werden. Davon ausgenommen sind Notfall-, Service- und Handy-Nummern (sie beginnen nicht mit einer Null).

Mobil ▶ telefonieren Die Benutzung von Mobiltelefonen (telefonini, cellulari) im D1- und im D2-Netz ist möglich, mit einem Dual-Band-Handy auch im E-Plus-Netz. Die beiden dichtesten Mobilfunknetze unterhalten die Telefongesellschaften Telecom Italia Mobile (Zugangsnummer 2 22 01) und Vodafone Pronto Italia (Zugangsnummer 2 22 10).

VORWAHLEN

▶ Von Italien

... nach Deutschland: 00 49
... nach Österreich: 00 43
... in die Schweiz: 00 41

▶ Nach Italien

... 00 39

▶ Telefonauskunft

Inland Tel. 12, Ausland Tel. 176

Reisezeit

Klima In den Ebenen und im Hügelland im Südosten des Piemont herrscht relativ mildes Klima, die Niederschläge konzentrieren sich auf Frühjahr und Herbst. Im Norden sorgen die Binnenseen für Schwankungen, auch ziehen immer wieder Gewitterfronten vom Atlantik nach Mitteleuropa. Im Herbst können vor allem im Gebirgsstau bisweilen lang anhaltende, sintflutartige Regenfälle niedergehen.

In die Städte, vor allem nach Turin, kann man das ganze Jahr über reisen: Es mangelt nie an kulturellen, gesellschaftlichen und sportlichen Ereignissen und die vielen Arkadengänge bieten einen guten Schutz vor Regen und allzu großer Hitze.

◄ Frühling, Sommer

Die schönste Reisezeit ist der Frühling und Frühsommer. Zwar hat man recht häufig mit Niederschlägen zu rechnen, dafür aber blüht von März bis Juni die Macchie. In den Sommermonaten kann es in den Städten bisweilen sehr heiß werden. Dann herrscht Hochsaison an den Seen sowie in den höheren Lagen der Alpen.

◄ Spätsommer, Herbst

Eine ausgesprochen schöne Reisezeit sind auch Spätsommer und Frühherbst. Von Ende August bis Anfang Oktober kann man noch mit längeren Schönwetter-Perioden rechnen. Zwischen September und November entfalten die Langhe und das Monferrato ihre volle Faszinationskraft, wenn die Trauben geerntet, Pilze und Trüffel gesammelt werden und die Landschaft sich langsam verfärbt. Auch die Bergregionen sind dann besonders schön, um wandern zu gehen.

◄ Winter

In den Wintermonaten wabern zähe Nebelfelder in der Po-Ebene und sorgen dort für melancholisch-gedrückte Stimmung. In den Hochlagen der Berge fällt viel Schnee und die Wintersportorte der Alpenregion haben Hochsaison.

Shopping

Kunsthandwerk

Das Holzkunsthandwerk hat im Piemont eine lange Tradition. Im 18. und 19. Jh. entwickelten die hiesigen Meisterbetriebe eine enorme künstlerische Fertigkeit. In Saluzzo haben sich heute viele Tischler auf Möbelherstellung und -restaurierung spezialisiert, in Melezet in der Valle di Susa werden Holzschnitzereien gefertigt. Aus Castellamonte kommen wunderschöne und praktische Öfen aus Keramik. In Valsesia wird eine ganz spezifische Stickereitradition (»puncett«) fortgeführt. In Quarna di Sopra am Lago d'Orta werden Musikinstrumente hergestellt und in Valstrona (Verbania) Schachspiele und bunte Holzpuppen. Als Sammlerobjekte werden die Puppen von Lenci (Turin) gehandelt, die in den 1930er-Jahren berühmt wurden. Auch Gold- und Silberarbeiten, Textilien aus Kaschmir oder Brokat, Spitzen- und Häkelwaren sind beliebte Mitbringel.

Kulinarische Mitbringsel

Wer seine Urlaubserinnerungen kulinarisch konservieren oder auffrischen möchte, hat angesichts des riesigen Angebots an köstlichen landestypischen Produkten die Qual der Wahl. In kleinen Delikatessenläden macht das Einkaufen den meisten Spaß, günstiger bekommt man vieles in jedem Supermarkt. In den Weinanbaugebieten warten die größeren Ortschaften mit Enotheken auf, Weinhandlungen, die Weine und Spirituosen anbieten; probieren und einkaufen kann man auch auf den Weingütern. Im Oktober und November locken Trüffelmärkte die Gourmets an.

Einzelhandel Die Öffnungszeiten der Einzelhandelsgeschäfte sind sehr unterschiedlich. Die meisten Händler öffnen ihre Läden 9.00–12.30 Uhr und 16.00–19.00 Uhr. Am Sonntag und Montagvormittag sind Geschäfte normalerweise geschlossen.

Hinweis ▶ Beim Kauf ist die quittierte Rechnung (ricevuta fiscale) zu verlangen und aufzubewahren, denn diese muss bei einer Kontrolle durch die Steuerfahndung vorgewiesen werden.

Sport

Wintersport Skipisten aller Schwierigkeitsgrade, mehrere hundert Kilometer gespurter Loipen, Rodel- und Eisbahnen: Das Piemont ist ein Paradies für Wintersportler. Das bedeutendste Skigebiet ist das der Olympischen Winterspiele von 2006 in der Val Chisone und der Valle di Susa

WICHTIGE ADRESSEN SPORT

WINTERSPORT

▶ **Azienda Turistica Locale (ATL) Montagne Doc**
Pinerolo, Tel. 01 21 79 40 03
www.montagnedoc.it
www.vialattea.it

▶ **ATL Valsesia**
Varallo, Tel. 01 63 56 44 04
www.atlvalsesiavercelli.it

▶ **ATL Alagna**
Tel. 01 63 92 29 88
www. monterosa-ski.com

▶ **ATL Cuneese**
Cuneo Tel. 01 71 69 02 17
www.cuneoholiday.com
www.infolimone.it, www.artesina.it

▶ **Val d'Ossola**
www.domobianca.it
www.macugnaga-online.it
www.vallevigezzo.vb.it

RADFAHREN

▶ **Allgemeiner Deutscher Fahrrad-Club (ADFC)**
Postfach 10 77 47, 28077 Bremen
Tel. 04 21 / 34 62 90, www.adfc.de

▶ **Touring Club Italiano**
Corso Italia 10, 20122 Milano
Tel. 0 28 52 63 04, www.touringclub.it

WANDERN/TREKKING

▶ **Club Alpino Italiano (CAI)**
Via E. Petrella 19, 20124 Milano
Tel. 0 22 05 72 32 21, www.cai.it

Wintersportler finden im Piemont paradiesische Bedingungen vor.

(allein 400 km Piste auf der so genannten Milchstraße); aber auch die Skigebiete Limone Piemonte, Prato Nevoso, Artesina im Cuneese, in der Valsesia (Alagna und Alpe di Mera), Macugnana in Val d'Ossola und zahlreiche in den kleineren Tälern locken Besucher an.

Wassersport

Die Seen im Piemont sind ideale Ruder-, Segel- und Surfreviere. Auch Kanu- und Kajakfahren erfreuen sich zunehmender Beliebtheit. In Valsesia bietet der Sesia mit seinen Zuflüssen eine etwa 100 km lange Wasserstrecke in unterschiedlichen Schwierigkeitsgraden.

Radfahren

Für Radfahrer gibt es ein breites Spektrum, von geruhsamen Radtouren in der Ebene bis zu Bergtouren. Informationen und Literaturtipps erteilen u.a. der Allgemeine Deutsche Fahrrad-Club und der Touring Club Italiano.

Wandern, Trekking

Ideale Wanderreviere liegen in den Alpen; zu den berühmtesten Wanderwegen gehören die Strecken um Gran Paradiso und Monviso. Die zahlreichen Naturschutzgebiete sind von gut ausgeschilderten Wegstrecken in unterschiedlichen Schwierigkeitsgraden durchzogen. Informationen erhält man beim Club Alpino Italiano, bei den örtlichen Fremdenverkehrsstellen sowie bei der ENIT.

Golf

Die Region bietet zahlreiche Golfplätze mit guter Infrastruktur. Zu den beliebtesten gehört der 18-Loch-Golfplatz von Sestriere, der höchstgelegene in Europa (2035 m). Gleich außerhalb Turins liegen zwei sehr schöne Plätze in der Nähe des Parco della Mandria: der Circolo Golf Torino (36 Loch), und der I Roveri (30 Loch). Im so genannten Seedisktrikt befinden sich der Circolo Golf Bogogno (36 Loch), der Golf Club Castelconturbia (27 Loch) und der Golf Club des Iles Borromées (18 Loch). Zahlreiche Golfclubs haben sich in der Federazione Italiana Golf (FIG) zusammengeschlossen. Genauere Hinweise erteilen die ENIT sowie die örtlichen Fremdenverkehrsbüros.

Publikumsliebling: Eiskunstlaufen gehört zu den beliebtesten olympischen Sportarten.

DIE OLYMPISCHEN WINTERSPIELE 2006

17 Tage dauerten die Wettkämpfe, die ganz im Zeichen von Kraft, Ausdauer und Technik standen. Eine kurze Zeitspanne, in der sich entschied, welche Champions in die olympische Geschichte eingehen.

Die Orte

Neben Turin sind auch die Täler Susa und Chisone Schauplatz der 20. Olympischen Winterspiele gewesen, die im Februar 2006 stattfanden. Vom 10. bis zum 26. Februar dauerten die Wettkämpfe der 15 verschiedenen Disziplinen in den Gemeinden Pragelato, Bardonecchia, Cesana San Sicario, Sauze d'Oulx und Sestriere. An den Wettkämpfen haben 2500 Athleten aus 88 Ländern teilgenommen. Die Eröffnungs- und Abschlussfeier der Olympischen Spiele fand im dafür renovierten Stadio Comunale von Turin statt.

Nach den Olympischen Spielen

Die Spiele haben den Turinern eine schönere Stadt und ein besseres Verkehrssystem beschert. Die Olympiade ist die Gelegenheit gewesen, das städtische Profil von Turin neu zu definieren. Seit langem nur italienische Hauptstadt der Automobilindustrie, betont sie nun die Eigenschaften ihrer attraktiven Umgebung. Um den Erfolg der Olympischen Spiele zu fortzusetzen, nutzt man die multifunktionalen Räume, die die Spiele in der Stadt hinterlassen haben. Das Palaghiaccio Oval, das in der Gegend des Lingotto gebaut wurde, beherbergt zusammen mit dem Palavela, Sportveranstaltungen und Messen. Das Hockeystadion 1, genannt »Palaisozaki«, von Arata Isozaki, befindet sich ebenfalls auf dem Olympiaplatz und beherbergt jetzt Musikveranstaltungen oder Gala-Abende. Der olympische Bezirk, in dem das olympische Dorf mit Unterkünften für 2500 Athleten und 5000 Journalisten war, ist heute ein neuer Stadtteil. Der Wandel Turins endete nicht mit der Olympiade, Ziel ist es Projekte funktionstüchtiger zu realisieren. Zum Beispiel die Rückgewinnung des neuen Parco della Dora, mit 400.000 qm^2 Grünfläche. Olympic Park ist eine Institution, die diese Entstehung leitet (www.torinoolympicpark.org).

Sprache

KLEINER SPRACHFÜHRER ITALIENISCH

Auf einen Blick

Sì / No	Ja / Nein
Per favore / Grazie	Bitte / Danke
Non c'è di che	Gern geschehen
Scusi! / Scusa!	Entschuldigen Sie!
Come dice?	Wie bitte?
Non La / ti capisco.	Ich verstehe Sie / dich nicht.
Parlo solo un po' di ...	Ich spreche nur wenig ...
Mi può aiutare, per favore?	Können Sie mir bitte helfen?
Vorrei ...	Ich möchte ...
(Non) mi piace.	Das gefällt mir (nicht).
Ha ...?	Haben Sie ...?
Quanto costa?	Wie viel kostet?
Che ore sono? / Che ora è?	Wie viel Uhr ist es?
Come sta? / Come stai?	Wie geht es Ihnen / dir?
Bene, grazie. E Lei / tu?	Danke. Und Ihnen / dir?

Unterwegs

a sinistra / a destra	links / rechts
diritto	geradeaus
vicino / lontano	nah / fern
Quanti chilometri sono?	Wie weit ist das?
Vorrei noleggiare ...	Ich möchte ... mieten
...una macchina	... ein Auto
Scusi, dov'è ...?	Bitte, wo ist ...?
... la stazione centrale	... der Hauptbahnhof
... la metropolitana	... die U-Bahn
... l'aeroporto	...der Flughafen

Einkaufen

Dove si può trovare ...?	Wo finde ich ...?
... una farmacia	... eine Apotheke
... un panificio	... eine Bäckerei
... il mercato / il supermercato	... den Markt / ... den Supermarkt
... il giornalaio	... den Zeitungshändler

Übernachten

Ho prenotato una camera.	Ich habe ein Zimmer reserviert.
È libera ...?	Haben Sie noch ...?
... una singola / ... una doppia	... ein Einzelzimmer / ... ein Zweibettzimmer
... con doccia / bagno	... mit Dusche / Bad
... per una notte / ... per una settimana	... für eine Nacht / ... für eine Woche
Quanto costa la camera?	Was kostet das Zimmer ...?
... con la prima colazione?	... mit Frühstück?
... a mezza pensione?	... mit Halbpension?

Übernachten

Preiskategorien Die Hotels in Italien sind amtlich in fünf Kategorien eingeteilt, vom Luxushotel mit fünf Sternen bis zur einfachen Unterkunft mit einem Stern. Zudem findet man auch kleinere, nicht klassifizierte Betriebe, die durchaus akzeptabel sind. Hotelverzeichnisse erhält man von den ENIT-Vertretungen sowie von den regionalen und örtlichen Fremdenverkehrsämtern.

Die Hotelpreise variieren je nach Saison zum Teil sehr stark, am höchsten sind sie im August, wenn auch die Italiener Urlaub machen. Für Einzelzimmer zahlt man in der Regel 20–25% weniger als für ein Doppelzimmer.

WICHTIGE ADRESSEN ÜBERNACHTEN

AGRITURISMO

▶ Agriturist
Corso Vittorio Emanuele II 101
I-00186 Roma, Tel. 06 68 52 337
www.agriturist.it
www.bauernhofurlaub.com

▶ Agriturist Piemonte
Corso Vittorio Emanuele II 58, Torino
Tel. 01 15 62 32 97, www.agriturist.it

▶ Terranostra Piemonte
Piazza San Carlo 197, Torino
Tel. 01 15 62 28 00
www.piemonte.coldiretti.it

▶ Turismo Verde Piemonte
Via Sacchi 28 bis, Torino
www.turismoverde.it

BED & BREAKFAST

▶ B & B Italia
Corso Vittorio Emanuele II 282
I-00186 Roma
Tel. 0 66 87 86 18
www.italiabb.com
www.piemonte-emozioni.it

CAMPING

▶ Federazione Italiana del Campeggio e del Caravaning
Via Vittorio Emanuele 11
I-50041 Calenzano (Firenze)
Tel. 0 55 88 23 91
www.federcampeggio.it
www.camping.it

JUGENDHERBERGEN

▶ Deutsches Jugendherbergswerk (DJH)
Bismarckstraße 8
D-32756 Detmold
Tel. 0 52 31 / 74 01 49
www.djh.de

▶ Associazione Italiana Alberghi per la Gioventù
Via Cavour 44, 00184 Roma
Tel. 0 64 87 11 52
www.ostellionline.com

Das Angebot an Unterkünften reicht vom Hotel bis zum Agriturismo.

Bed & Breakfast

Eine empfehlenswerte Alternative zum Hotelaufenthalt bietet Bed & Breakfast Italia, in Italien der Marktführer in der Vermittlung von Privatunterkünften. Diese Form der Unterkunft beginnt sich auch im Piemont durchzusetzen, vor allem in Turin, den Langhe und im Monferrato.

Agriturismo

Agriturismo lässt sich am besten mit »Ferien auf dem Land« übersetzen. Im Piemont gibt es zahlreiche kleine Bauernhöfe, die sich mit dem Angebot von Ferienunterkünften ein zweites Standbein geschaffen haben. Dazu gibt es oft ein umfangreiches Freizeitangebot mit Tennis, Angeln, Fahrradverleih, Reiten, Waldwanderungen oder Weinproben. Einige Betriebe haben ländliche Restaurants oder bieten eigene Erzeugnisse wie Olivenöl, Naturhonig, Marmelade, Fleisch, Wurst, Käse, Wein, Grappa an. Informationen erhält man bei den Fremdenverkehrsämtern vor Ort und über den Interessenverband Agriturist in Rom, der jährlich einen Führer herausgibt.

Camping

Campingplätze gibt es überall im Piemont, die meisten befinden sich in den Bergtälern und am Lago di Viverne, am Lago Maggiore und am Lago d'Orta. Gute Zeltplätze liegen auch in unmittelbarer Nähe der Naturschutzgebiete, wie zum Beispiel in Caresole Reale beim Nationalpark Gran Paradiso, in Santa Maria Maggiore beim Nationalpark Val Grande und in Entracque beim Naturpark Alpi Marittime.
Mit dem Wohnmobil oder Wohnwagen darf man generell eine Nacht auf einem Park- oder Rastplatz bzw. am Straßenrand stehen, sofern

dies nicht durch Hinweise verboten ist. Aus Sicherheitsgründen sollte jedoch ein offizieller Campingplatz aufgesucht werden. Wildes Zelten in freier Natur ist nicht erlaubt.

Jugendherbergen Die italienischen Jugendherbergen (Ostelli della Gioventù) sind dem Internationalen Jugendherbergsverband angeschlossen. Für die Übernachtung benötigt man einen internationalen Jugendherbergsausweis, der beim Deutschen Jugendherbergswerk in Detmold erhältlich ist.

Verkehr

Straßenverkehr

Autobahn Fast alle Autobahnen (autostrada) in Italien sind gebührenpflichtig (pedaggio). Die Autobahngebühr kann entweder bar, mit Kreditkarte oder mit der sog. Viacard bezahlt werden. Man erhält sie in Italien bei den Automobilclubs, bei ACI-Büros an den Grenzübergängen, bei den wichtigsten Autobahneinfahrten, in Tabakwarengschäften sowie an Tankstellen.

Sechs wichtige Autobahnen durchqueren das Piemont: Die **A 4 Mailand–Turin** bildet eine schnelle Verbindung zwischen Turin, Mailand, der Lombardei und Venetien. Wochentags ist die Strecke stark vom Lastverkehr frequentiert. Am Wochenende wird sie gern von Urlaubern benutzt, die in die Turiner Täler oder über Ivrea ins Valle d'Aosta reisen. Von der **A 5 Turin–Ivrea–Valle d'Aosta** zweigt bei Aosta die Straße in Richtung Mont Blanc (Chamonix, Paris oder Genf) ab; die wichtigste Verbindung nach Mitteleuropa. Relativ neu ist die Strecke **Turin–Bardonecchia**, die durch den Fréjus-Tunnel das Piemont mit Lyon und Paris verbindet. Die **A 6 Turin–Savona** führt durch das Cuneese und zur westlichen Küste Liguriens. Die **A 21 Turin–Piacenza** durchquert Monferrato und verbindet Piemont mit der Emilia; zwei Verbindungsstraßen östlich und westlich von Alessandria führen von der A 21 nach Genua. Über die **A 26 Genova Voltri–Gravellona Toce** kann man von Genua ins südliche Piemont, ins Valle d'Aosta, an den Lago Maggiore und zum Simplontunnel fahren.

Tankstellen Die Einfuhr und der Transport von Benzin in Kanistern sind verboten. Es gibt bleifreies Benzin (95 Oktan, »benzina senza piombo« oder »benzina verde«), Superbenzin (97 Oktan) und Dieselkraftstoff (gasolio). Die Tankstellen sind in der Regel 7.00–12.00 und 14.00–20.00 Uhr geöffnet, an den Autobahnen meist durchgängig 24 Stunden. An den Wochenenden, in der Mittagspause und nachts kann an vielen Tankstellen nur an automatischen Tanksäulen getankt werden.

Verkehrsvorschriften

In Italien gelten folgende Tempolimits: Pkws, Motorräder und Wohnmobile bis 3,5 t: innerorts 50 km/h, außerorts 90 km/h, auf Schnellstraßen (2 Fahrstreifen in jede Richtung) 110 km/h, auf Autobahnen (autostrada) 130 km/h; Pkws und Wohnmobile über 3,5 t: außerorts 80 km/h, auf Schnellstraßen 80 km/h und auf Autobahnen 100 km/h. Wer zu schnell fährt und erwischt wird, muss mit hohen Geldstrafen rechnen. Die Höchstgrenze für den Blutalkoholgehalt liegt bei 0,5 Promille. Straßenbahnen haben grundsätzlich Vorfahrt. In Orten mit guter Straßenbeleuchtung ist Standlicht erlaubt. Auf Motorrädern über 50 ccm besteht Helmpflicht. Wichtig: **Pannenwesten** sind in Italien Pflicht!

Panne – was nun?

Privates Abschleppen auf Autobahnen ist verboten. Im Falle einer Panne werden ausländische Auto- oder Motorradreisende vom Pannendienst des italienischen Automobilclubs zur nächsten Werkstatt abgeschleppt. Im Falle einer Panne verständigen Sie am besten den rund um die Uhr erreichbaren **Pannendienst** des Italienischen Automobilclubs (ACI), **Tel. 116**. Bei Totalschaden ist der italienische Zoll zu verständigen, da sonst u. U. für das Schadensfahrzeug Einfuhrzoll bezahlt werden muss.

WICHTIGE ADRESSEN FÜR AUTOFAHRER

MIETWAGEN

▶ **Avis**
Tel. 0 18 05 / 55 77 55
www.avis.de

▶ **Budget**
Tel. 0 18 05 / 24 43 88
www.budget.de

▶ **Europcar**
Tel. 01 80 / 5 80 00
www.europcar.de

▶ **Hertz**
Tel. 0 18 05 / 33 35 35
www.hertz.de

▶ **Sixt**
Tel. 01 80 / 5 25 25 25
www.e-sixt.de

AUTOMOBILCLUBS

▶ **Automobile Club d'Italia (ACI)**
(Auslandspartner des ADAC)
Via Marsala 8, I-00185 Roma
Tel. 0 64 99 81, www.aci.it

▶ **Touring-Club Italiano (TCI)**
Corso Italia 10, I-20100 Milano
Tel. 0 28 52 61
www.touringclub.it

ACI und TCI haben in allen größeren Städten und an den großen Grenzübergängen Geschäftsstellen.

PANNENHILFE

▶ **Pannenhilfe des ACI (Soccorso stradale)**
Tel. 116 (gebührenfrei)
www.soccorsoaci.it

Parken Historische Innenstädte sind mittlerweile meist verkehrsberuhigt oder völlig autofrei. Die Zufahrt zu den Hotels ist allerdings gestattet. Parkverbotsschilder (Zona tutelata INIZIO = Beginn der Parkverbotszone) sollte man unbedingt beachten. An gelb gekennzeichneten (z. B. für Taxis und Busse reservierten) Parkflächen, entlang von schwarzgelb markierten Randsteinen sowie in Landschaftsschutzgebieten ist das Parken ebenfalls verboten. Auf blau gekennzeichneten Parkplätzen kann man sein Fahrzeug mit Parkschein abstellen, weiß markierte Parkplätze können mit Parkscheibe eine Stunde lang gebührenfrei benutzt werden.

Vor allem Kleinbusse und teure oder noch ziemlich neue Autos werden häufig aufgebrochen oder gar gestohlen. Wichtigste Regel beim Abstellen des Fahrzeugs: Nichts, aber auch gar nichts im Auto liegen lassen, schon gar keine Wertsachen, Handschuhfach leeren und offen lassen, Autoradio, wenn möglich, herausnehmen. Wer kann, sollte das Fahrzeug über Nacht auf einem **abgeschlossenen Parkplatz** oder in einer Garage parken. Ist das Unglück dennoch passiert, den Schaden in jedem Fall der Polizei melden. Das ist unbedingt erforderlich für die Schadensmeldung bei der Versicherung!

Mietwagen Um in Italien ein Auto mieten zu können, muss man mindestens 21 Jahre alt sein, eine Kreditkarte und seit einem Jahr einen nationalen Führerschein besitzen. Bei den internationalen Autovermietern, die in allen größeren Städten Niederlassungen haben, kann man bereits von zu Hause aus buchen – das kommt in der Regel billiger. Mietstationen (»autonoleggio«) gibt es in allen größeren Städten und Seebädern.

Die Inseln des Lago Maggiore und viele Ortschaften am Ufer erreicht man mit der Fähre.

Bahn

> **! Baedeker TIPP**
>
> **Nicht vergessen!**
> Fahrkarten müssen in Italien unbedingt am Abfahrtsbahnhof abgestempelt werden!

Der größte Teil des Streckennetzes wird von den Staatsbahnen, den Ferrovie dello Stato (FS), unterhalten; ergänzend verkehren einige Privatbahnen (Fahrpläne im Kursbuch der FS). Es gibt verschiedene Zugarten: Regionale (Bummelzug), Interregionale (Schnellzug) und Espresso (Eilzug). Für Intercity, Eurocity, Eurostar und Pendolino, einen Hochgeschwindigkeitszug der Luxusklasse, benötigt man Platzkarten; außerdem muss ein Zuschlag (supplemento) gezahlt werden.

Fahrkarten

Es gibt einfache (andata) und Rückfahrkarten (andata e ritorno) für erste (prima) und zweite (seconda) Klasse (classe). Internationale Fahrkarten sind ab dem Ausstellungsdatum zwei Monate lang gültig, wobei der Reisende die Zugfahrt beliebig oft unterbrechen kann. Für die in Italien gelösten Fahrkarten gilt: Bei Entfernungen bis zu 200 km gilt das Ticket 6 Stunden lang, bei einer Fahrtstrecke von mehr als 200 km 24–48 Stunden. Besondere Ermäßigungen gelten für Gruppenreisende, Senioren über 60 Jahre, Jugendliche unter 26 Jahre und Familien.

Binnenschifffahrt

Auf dem Lago Maggiore und dem Lago d'Orta ist die Binnenschifffahrt eine touristische Attraktion. Regelmäßig verkehren hier Linienschiffe zwischen allen wichtigen Seehäfen, im Frühjahr und Sommer besonders häufig. Beliebt ist vor allem die Fahrt zu den Borromäischen Inseln auf dem Lago Maggiore. Informationen: Lago Maggiore, Tel. 03 23 92 35 52; Lago d'Orta, Tel. 03 22 84 48 62.

Wellness

Im Piemont erlebt der Thermaltourismus derzeit einen großen Aufschwung: Bäder und Hotelanlagen werden eifrig renoviert und modernisiert. Acqui Terme ist das wichtigste Thermalbad; hier werden Schlamm-, Bad- und Inhalationskuren angeboten. Aus der Quelle Bollente sprudelt 70 °C heißes Wasser.

Weitere bekannte Thermalbäder sind die Terme di Lurisia und die Terme di Valdieri im Valle del Gesso, die Bagni di Vinadio im Stura di Demonte-Tal, Castelletto d'Orba im Ovadese, Bognanco Fonti und Crodo im Ossola.

Touren

REISEN SIE GERNE VON STADT ZU STADT, UM HISTORISCHE BAUTEN UND KUNSTSCHÄTZE ZU ENTDECKEN? ODER GENIESSEN SIE LIEBER DIE NATUR BEIM WANDERN DURCH TRAUMHAFT SCHÖNE LANDSCHAFTEN? WIE SIE SICH AUCH ENTSCHEIDEN MÖGEN: DIE FOLGENDEN TOUREN-VORSCHLÄGE ERFÜLLEN JEDEN WUNSCH!

TOUREN DURCH DAS PIEMONT

Sie wissen noch nicht, wo genau es hingehen soll? Unsere Tourenvorschläge zeigen Ihnen die besten Strecken und führen Sie zu den schönsten Plätzen im Piemont.

TOUR 1 **Das Canavese**
Eine eindrucksvolle Route durch Wälder, Weinberge, über Hügel und zu bezaubernden Seen, auf der man Burgen entdecken und der Atmosphäre vergangener Jahrhunderte nachspüren kann. ▸ **Seite 70**

TOUR 2 **Die olympischen Täler**
In der Val Chisone und der Valle di Susa werden 2006 zahlreiche Wettbewerbe der olympischen Winterspiele von Turin ausgetragen. Die Anlagen von Sestriere, Bardonecchia, Sportinia, Cesana und Sauze d'Oulx sind längst berühmt und zählen zu den wichtigsten Wintersportgebieten Europas.
▸ **Seite 71**

TOUR 3 **Lago Maggiore und Lago d'Orta**
Die beiden zwischen Hügeln gelegenen Seen sind wirklich zauberhaft. Nicht umsonst gehören Lago Maggiore und Lago d'Orta zu den touristisch am stärksten erschlossenen Gebieten des Piemont. ▸ **Seite 74**

TOUR 4 **Das Saluzzese und seine Täler**
Diese schöne Tour führt zu einigen der wichtigsten Bauwerke des Piemont wie der Palazzina di Caccia von Stupinigi und dem Zisterzienserkloster von Staffarda. Nicht zu vergessen: der Halt beim Pian del Re, wo die Quellen des Po, des längsten italienischen Flusses, entspringen. ▸ **Seite 77**

TOUR 5 **Von Turin bis zum Gran Paradiso**
Von der Ebene des Canavese aus erreicht man über die Valle di Locana den Nationalpark Gran Paradiso. Dieses wundervolle, unberührte Stück Natur bietet mehr als 350 km Wander-, Rad- und Reitwege. ▸ **Seite 79**

TOUR 6 **Zu Fuß durch die provenzalische Valle Maira**
Abseits der touristischen Wintersportgebiete befindet sich die entlegene Valle Maira, eines der provenzalisch geprägten Täler des Piemont, in dem die Häuser noch aus Stein gebaut sind und ein Dialekt mit französischem Einfluss gesprochen wird. ▸ **Seite 81**

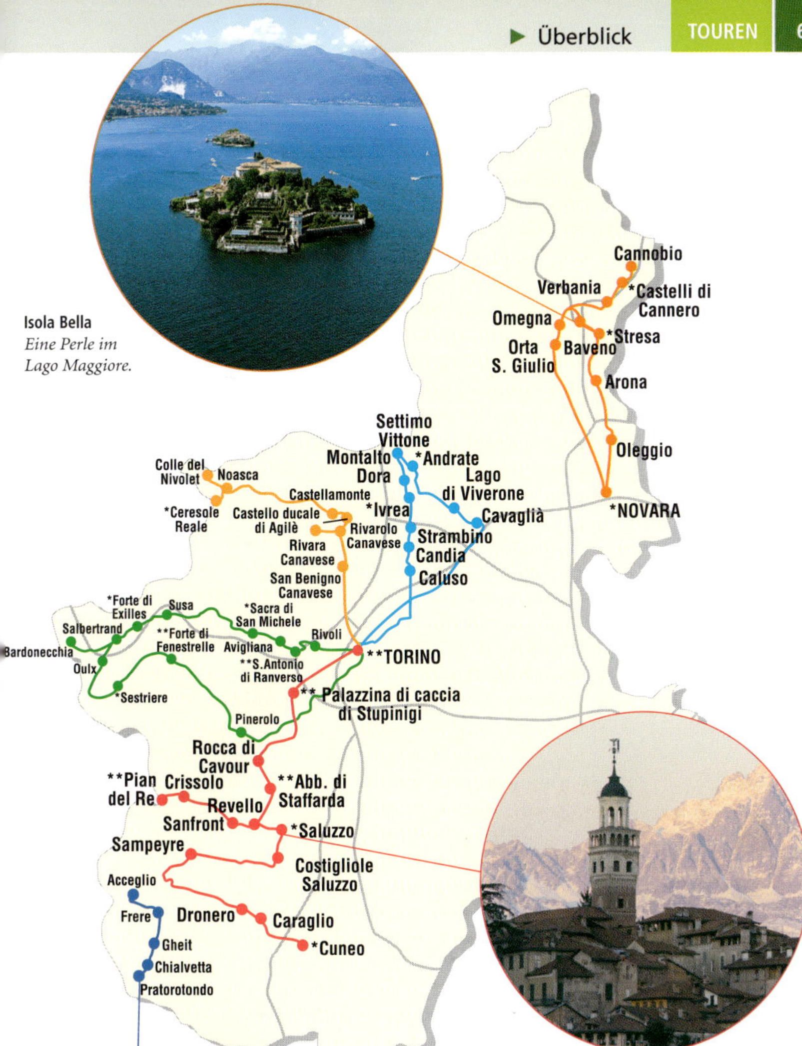

Isola Bella
Eine Perle im Lago Maggiore.

Saluzzo
blickt auf das majestätische Monviso-Massiv.

Pratorotondo
Im Sommer eine weite Alm, im Winter rasante Skipisten.

Tour 1 Das Canavese

Länge der Tour: 147 km **Tourdauer:** 2–3 Tage

Diese Rundtour führt durch die waldigen Hügel und die Seen des Canavese, stets in Sichtweite des einzigartigen Moränenmassivs der Sierra d'Ivrea. Zu sehen sind das erst kürzlich restaurierte Schloss von Masino sowie Ivrea mit seinen mittelalterlichen Bauwerken und der rationalistischen Architektur des 20. Jahrhunderts.

Die Tour beginnt in ❶ ✶✶ **Turin** auf der Staatsstraße 11 bis Chivasso und folgt weiter der Staatsstraße 24, die an den Weinanbaugebieten von ❷ **Caluso** vorbeiführt. Nach dem von Hügeln umgebenen, schönen See von ❸ **Candia** erreicht man ❹ **Strambino**, wo die mittelalterliche Burg von San Martino und die Residenz der Herzöge von Villanova besichtigt werden können.

Ivrea
Beim Karneval fliegen hier Orangen durch die Luft.

Candia
Ein See inmitten von Hügeln – der richtige Ort zum Ausspannen.

Turin
Die Hauptstadt des Piemont ist berühmt für ihre Kaffeehäuser.

Von dort aus bietet sich ein Abstecher nach Masino (6 km) an, um die über tausendjährige Burg der Valperga zu bewundern. Besonders prunkvoll ist der runde Tanzsaal im Turm. Der Garten bietet einen herrlichen Blick über das gesamte Canavese und die Alpen.

Wenn man von Turin kommt, ist es nicht leicht, 5 * **Ivrea** zwischen den Tälern und Hügeln der Moränen auszumachen. Um so mehr Überraschungen bietet dieses Städtchen, das durch die Olivetti-Werke berühmt wurde. In der Umgebung kann man zwischen Wäldern und Mooren die Seen Sirio, San Michele, Campagna, Nero und Pistono besuchen. Eine Abzweigung führt nach 4 km zur Burg von Pavone (14. Jh.).

Hinter Ivrea erblickt man schon vom weitem die prächtige Burg von 6 **Montalto Dora**, die auf einer Anhöhe das Stadtzentrum überragt. Danach folgt man der Staatsstraße 26, die von den Weinbergen der Carema gesäumt wird, und erreicht 7 **Settimo Vittone** mit der bemerkenswerten romanischen Kirche von San Lorenzo und ihren Fresken. Von Borgofranco führt eine steile und schattige Straße hinauf nach 8 * **Andrate** auf der Sierra d'Ivrea am Beginn des Aosta-Tals. Hier kann man für den wunderschönen Ausblick über das gesamte Canavese eine kleine Pause einlegen und zur romanischen Kirche von Santa Maria spazieren.
Eine weitere Panoramastraße führt wieder hinab nach Chiaverano und Bollengo. Die Staatsstraße 228 geht zum 9 **Lago di Viverone** am Fuß der Sierra d'Ivrea, in dem man schwimmen kann. Dahinter trifft man auf 10 **Cavaglià** mit der barocken Kirche von San Michele und dem Heiligtum der Nostra Signora di Babilone. Für den Rückweg nach Turin bietet sich die Autobahn an (Mautstelle von Santhià auf der Autobahn Turin–Mailand).

Tour 2 Die olympischen Täler

Länge der Tour: 219 km **Tourdauer:** 3 Tage

Das Gebiet der olympischen Berge von Turin 2006, zu dem die Valle di Susa und die Val Chisone gehören, zählt mit Sicherheit zu den reizvollsten Landschaften der Provinz. In der wunderschönen Natur wechseln sich sportliche, künstlerische und kulinarische Highlights ab.

Von 1 ** **Turin** aus folgt die Route der Valle di Susa über die Staatsstraße 25 des Moncenisio, die durch das Becken von 2 **Rivoli** führt. Von hier aus bietet sich ein grandioses Panorama, das zur einen Seite vom Monviso bis zur Valle di Susa reicht, auf der anderen von Turin

Avigliana
Ein idylllischer Ort, von zwei Seen umgeben.

Bardonecchia
Einer der Wettkampforte der olympischen Winterspiele 2006.

Turin
Der Großteil der olympischen Sportanlagen befindet sich in Turin.

bis zu den Hügeln des Monferrato. In Rivoli kann man die jüngst restaurierte savoyische Residenz besichtigen, die das Museum für zeitgenössische Kunst beherbergt.

5 km von Rivoli entfernt führt eine Nebenstraße zum gotischen Kloster von ❸ ★★ **Sant'Antonio di Ranverso** mit malerischen Wimpergen, Fialen und Bauschmuck in Terrakotta. Der Innenraum birgt Fresken aus dem 15. Jh., ein Meisterwerk von Giacomo Jaquerio sowie einen Flügelaltar (1531) von Defendente Ferrari.

Danach folgt man weiter der Staatsstraße 24 durch das Tal bis nach ❹ **Avigliana**, dem stimmungsvollen Städtchen in Panoramalage über der Moräne von Rivoli, die zwei kleine Seen einschließt. Die Piazza Conte Rosso in der Altstadt wird von mittelalterlichen Gebäuden umgeben und von den Ruinen einer Burg überragt, die im 13. und 17. Jh. umgebaut wurde. Die Kirche von San Giovanni (13.–15. Jh.) mit Gemälden von Defendente Ferrari flankiert ein schöner Glockenturm.

Eine Abzweigung (13 km) führt zur 5 ** **Sacra di San Michele** auf dem Gipfel des Pirchiriano (962 m); die Ursprünge der Abtei reichen bis ins 11. Jh. zurück. Am Ende einer steilen Treppe öffnet sich die Porta dello Zodiaco mit fein verzierten Kapitellen aus dem 12. Jh. Die romanisch-gotische Kirche von San Michele (12.–13. Jh.) ist zum Teil direkt auf den Felsen gebaut. Im Innenraum bewundert man Werke von Defendente Ferrari. Ihr zur Seite befinden sich die Ruinen des alten Klosters. Das Panorama zählt zu den schönsten des Piemont.

Circa 10 km vor Susa öffnet sich in einem felsigen Sporn ein hoher Spalt: Die Schlucht von Chianocco, die der Strom Prebech ausgewaschen hat, ist von einem eigenen Mikroklima und einer einzigartigen Flora geprägt. 6 **Susa** liegt in einem von Bergen umgebenen Tal. Man kann den Augustusbogen (1. Jh. v. Chr.) mit interessanten Flachreliefs, die Porta Savoia oder – das wichtigste Bauwerk der Stadt – die Kathedrale von San Giusto mit dem spitzen romanischen Kamapanile besichtigen.

Von Susa unternimmt man über die Staatsstraße des Moncenisio einen kleinen Abstecher zum Kloster von Novalesa (8 km). Bemerkenswert ist hier die Kapelle von Sant'Eldrado mit Fresken aus dem 11. Jh. Die scheinbar uneinnehmbare 7 * **Forte di Exilles** (17.–18. Jh.) beherrscht die Valle di Susa.
Weiter führt die Route nach 8 **Salbertrand**, das vom Naturpark des Gran Bosco umgeben wird. Sehenswert ist zudem die spätgotische Pfarrkirche von San Giovanni Battista mit einem großen, geschnitzten Altarbild im Inneren. In 9 **Oulx** liegen die Skigebiete von Sauze d'Oulx und Sportinia.

Nach Oulx nimmt man die 335 bis 10 **Bardonecchia**, das in einem weiten, von hohen Bergen umgebenen Tal liegt. Von Oulx führt auch die Staatsstraße 24 nach Cesana und hinauf nach 11 * **Sestriere**. Das hiesige Skigebiet der Via Lattea zählt zu den wichtigsten Wintersportregionen ganz Europas. Von Sestriere fährt man auf der Staatsstraße hinab in die Val Chisone, vorbei an dem Naturpark Orsiera-Rocciavrè und der Festung 12 ** **Forte di Fenestrelle**, deren Gebäude mit einer überdachten, über 2 km langen Treppenanlage miteinander verbunden sind, die insgesamt 3396 Stufen zählt.

Bevor man nach Turin zurückkehrt, kann man noch 13 **Pinerolo** besuchen, wo in einigen Straßen wie der Via Principi d'Acaja eine mittelalterliche Atmosphäre herrscht. Bemerkenswert ist auch die spätgotische Kirche von San Maurizio mit einem Kampanile aus dem 14. Jh. Nahe der Stadt befindet sich der Vogelpark Martinat mit der größten Voliere Europas und über 2400 verschiedenen Vogelarten.

Tour 3 Lago Maggiore und Lago d'Orta

Länge der Tour: 186 km **Tourdauer:** 4 Tage

Das milde Klima und die eindrucksvolle Landschaft mit ihren Seen und Bergen zog schon früh lombardische Aristokratie und Reisende aus Nordeuropa an, die sich hier Villen mit prächtigen Gärten bauen ließen. Dieser Reiz hat sich bis heute erhalten. Entlang der Seen können Besucher landschaftliche, kulturelle und gastronomische Höhepunkte genießen.

Von dem wenig bekannten 1 * **Novara** mit seiner reizvollen, savoyisch geprägten Altstadt fährt man auf der Staatsstraße 32 nach 2 **Oleggio**. Dort kann man die Kirche von San Michele (11. Jh.) mit romanischen Fresken besichtigen. In der Nähe von Varallo Pombia, in Agrate Conturbia (6 km), bezaubert das romanische Baptisterium mit dem wunderschönen Kampanile.

Danach trifft man auf die Staatsstraße des Sempione, die zum Lago Maggiore und nach 3 **Arona** führt, mit Blick auf die eindrucksvolle Burg Angera auf dem gegenüberliegenden Seeufer. Zu den Sehenswürdigkeiten des Städtchens zählen die Casa del Podestà (15. Jh.), die Kirche Madonna di Piazza (16. Jh.), zu der eine lange Treppe hinaufführt, und die Collegiata di Santa Maria Nascente (16. Jh.) mit einem Flügelaltar von Gaudenzio Ferrari (1511).

Ganz in der Nähe (1,8 km) steht der **San Carlone**, eine dem Heiligen Carlo Borromeo gewidmete Kolossalstatue, die 20,6 m (35 m mit Sockel) hoch ist. Man kann sie bis zur Spitze begehen und durch die Augen und Ohren weit über die Ufer des Sees blicken.
Der nahe gelegene **Parco dei Lagoni di Mercurago** ist ein Naturpark mit Teichen und Sümpfen inmitten von Wäldern, in dem sich zahlreiche Wasser- und Sumpfgewächse angesiedelt haben und viele Vogelarten leben. In **Meina** (3,5 km) befinden sich Villen und Parks aus dem 19. und 20. Jh.

Die Seepromenade von 4 * **Stresa** am Fuß des Mottarone mit Blick auf die Borromäischen Inseln und das lombardische Seeufer ist eine der schönsten in Italien.
Von hier aus kann man die **Isola Bella** mit dem Palazzo Borromeo, seinen Kunstsammlungen und dem italienischen Garten besichtigen, die malerische **Isola dei Pescatori** lockt mit vielen Trattorien und die **Isola Madre** mit einem der schönsten botanischen Gärten Italiens.

Cannobio
Am Ende des Sees weht der richtige Wind für Surfer.

Stresa
Hinter dem See beginnen die Berge.

Novara
Der dreischiffige Innenraum des Doms von Novara.

Den Giardino botanico Alpinia (800 m) erreicht man mit der Seilbahn, die zum Mottarone hinaufführt. Auf der Straße nach Belgirate liegt außerdem der Park der Villa Pallavicino.

Ein weiterer Seeort ist 5 **Baveno** im Borromäischen Golf am Fuß der Steinbrüche, in denen rosafarbener Granit abgebaut wird. Wichtigste Sehenswürdigkeit ist die romanische Pfarrkirche der Santi Gervaso e Protaso mit dem Baptisterium.

Auf der nördlichen Seite des Borromäischen Golfes liegt die nächste Station, 6 **Verbania**. Die Gemeinde besteht aus zwei historischen Siedlungen: Pallanza (die exotischen Gärten der Villa Taranto befinden

sich in wundervoller Panoramalage) und Intra, das sich zwischen dem Seeufer und dem Fluss des San Bernardino ausdehnt. Auf dem Gipfel der Ausläufer der Castagnola liegt die Villa San Remigio mit Park und Terrasse.
In der Nähe (1 km) befinden sich die Renaissancekirche Madonna di Campagna mit einem schönen romanischen Glockenturm und Fresken von Bernardino Lanino. 5 km nördlich von Intra trifft man schließlich auf Ghiffa mit der üppigen Vegetation der Gärten an der Seepromenade, den zahlreichen Villen und dem Sacro Monte di Ghiffa (378 m), einem Komplex von Sakralbauten (17.–19. Jh.), die durch einen Arkadengang miteinander verbunden sind.

Jenseits von Verbania folgt man der Staatsstraße 34 entlang des Flusses Cànnero mit Blick auf die drei Bauten der 7 * **Castelli di Cannero** (Ruinen der Burg Vitaliana aus dem 16. Jh.). Am Beginn des Cannobina-Tals befindet sich 8 **Cannobio**, der letzte Ort auf der piemontesischen Seite des Lago Maggiore vor der Schweizer Grenze.

Danach kehrt man auf die Staatsstraße 33 zurück und folgt dieser bis Gravellona Toce, wo man nach Süden auf die Staatsstraße 229 in Richtung Omegna biegt. Nördlich von Gravellona liegt der Lago di Mergozzo zwischen Lago Maggiore und Lago d'Orta. In der kleinen Altstadt von Montòrfano kann man das romanische Kirchlein von San Giovanni bewundern. 9 **Omegna** befindet sich am Nordufer des Orta-Sees.

Man folgt dem linken Ufer des Orta-Sees und wendet sich dann in Richtung von Borgomanero und Novara (immer auf der Staatsstraße 229). Hier liegt das Museo di Arte e Industria, das die Erfolgsgeschichte des Haushaltswarendesigns dokumentiert. Das Heiligtum der Madonna del Sasso (18. Jh.) liegt in beherrschender Lage über dem See, auf dem Gipfel eines Granitmassivs.
Weiter südlich erhebt sich auf einer Anhöhe gegenüber der zauberhaften Insel San Giulio der beliebteste Touristenort am See, 10 * **Orta San Giulio**. Die Altstadt ist ein Labyrinth aus Gassen, Treppen und kleinen Plätzen. Von der Pfarrkirche Santa Maria Assunta (18. Jh.) steigt man hinauf zum Sacro Monte di Orta. Die 20 Kapellen und das Heiligtum schildern das Leben des hl. Franziskus.
Hat man auf die Insel **San Giulio** übergesetzt, kann man dort die gleichnamige romanische Basilika (Kanzel aus schwarzem Marmor) und den Kampanile aus dem 11. Jh. besichtigen. Der ehemalige Bischofspalast (19. Jh.) beherbergt heute ein Kloster. Über die Staatsstraße 229 in Richtung Borgomanero kehrt man von da nach Novara zurück.

Tour 4 Das Saluzzese und seine Täler

Länge der Tour: 234 km **Tourdauer:** 4 Tage

Diese Tour führt durch die Turiner Ebene, aus der sich die Rocca di Cavour erhebt, und durch die fruchtbare Ebene von Saluzzo, vorbei am Kloster von Staffarda, einem der wichtigsten mittelalterlichen Bauwerke des Piemont.

Fährt man in 1 ✶✶ **Turin** auf dem Corso Unione Sovietica in südlicher Richtung, passiert man die FIAT-Werke Mirafiori und erreicht nach einigen Kilometern die 2 ✶✶ **Palazzina di caccia di Stupinigi**, ein Meisterwerk von Filippo Juvara. Entlang der Staatsstraße 589 erhebt sich in der Ebene die 3 **Rocca di Cavour** (462 m). Dieser Gneisblock ist eines der ältesten geologischen Zeugnisse des Alpenraumes und heute ein Naturreservat. Im Saluzzeser Land erscheint das prachtvolle 4 ✶✶ **Zisterzienserkloster von Staffarda** (12.–13. Jh.) in romanisch-gotischen Stil, mit einem schönen Kreuzgang und Kapitelsaal.

Stupinigi
Der Palast gehört zu den schönsten der suburbanen Residenzen.

Cuneo
Schokoladenpralinen mit Rum, eine köstliche lokale Spezialität.

Danach biegt man in die Po-Ebene ab und kann in 5 **Revello** die Burgruinen von Bramafam besichtigen, den Palazzo Marchionale (15. Jh.) mit ausgemalter Kapelle, die Loggia pubblica und die Collegiata dell'Assunta (mit einem Flügelaltar von Hans Clemer). 7,5 km von Revello entfernt trifft man auf 6 **Sanfront** am Fuß eines Höhenzuges, auf dem die Ruinen einer im 17. Jh. zerstörten Burg zu sehen sind.
In wunderschöner Lage am Monviso befindet sich 7 **Crissolo**. 30 Min. vom Ort entfernt findet man die Grotte Rio Martino; 20 Min. entfernt das Santuario di San Chiaffredo (15. Jh.).
An der wunderschönen Hochebene (2020 m) von 8 ✶✶ **Pian del Re** entspringen die Quellen des Po. Dies ist ein ausgezeichneter Ausgangspunkt für Wanderungen oder den Aufstieg zum Monviso.

An den äußersten Ausläufern des Monviso liegt 9 ✶ **Saluzzo**, eine der schönsten Städte des Piemont. Neben der wunderbaren Landschaft bietet es eine Reihe interessanter historischer Sehenswürdigkeiten, wie die spätgotische Kathedrale mit einem Flügelaltar von Hans Clemer, die Casa Cavassa (15. Jh.), die Kirche von San Giovanni (14.–15. Jh.), die von kleineren Backsteingebäuden aus dem 15. Jh. gesäumte Salita al Castello, den Palazzo Comunale (15. Jh.) mit dem Stadtturm, den Palazzo delle Arti (15. Jh.) oder das Castello von Saluzzo oder Castiglia (15. Jh.). 4 km entfernt liegt das Castello di Manta (14.–15. Jh.), dessen Sala Baronale ein bedeutender spätgotischer Freskenzyklus (15. Jh.) und die Darstellung eines Jungbrunnens schmücken.

Genau am Beginn der Val Varaita befindet sich, inmitten von Obstplantagen und von drei Burgen überragt, 10 **Costigliole Saluzzo**. Man folgt der Val Varaita bis 11 **Sampeyre**. Von hier aus überwindet man den Colle di Sampeyre (2284 m) mit seinem wundervollen Blick auf den Monviso und erreicht das Hochtal Valle Maira. Obstplantagen, Weinberge, Wiesen und Felder umgeben 12 **Dronero**, das Zentrum der Valle Maira. Dort kann man den Ponte Diavolo (15. Jh.) bewundern, die Pfarrkirche Santi Andrea e Ponzio (15. Jh.) und die Loggia del Grano (15. Jh.). In der Umgebung (2,5 km) befindet sich die romanische Kirche San Costanzo sul Monte (12. Jh.).

Aus der mittelalterlichen Altstadt von 13 **Caraglio** ragen die Kirche San Giovanni mit dem Kampanile aus dem 14. Jh. heraus und der Filatoio rosso (17. Jh.) mit Rundtürmen und Dekorationen in Stuck und Terrakotta. Das unweit in der Val Grana gelegene Santa Lucia di Coumboscuro (17 km) ist ein Zentrum der provenzalischen Kultur. Die Gegend um Castelmagno (26 km) ist für ihren gleichnamigen Käse berühmt. Außerdem gehört das elegante Santuario von San Magno (15. Jh.) zu seinen Vorzügen.

Von hier aus fährt man hinab nach 14 ✶ **Cuneo** im westlichsten Zipfel des Piemont, wo sich sechs Täler treffen, die u. a. nach Ligurien und Frankreich führen.

Tour 5 Von Turin bis zum Gran Paradiso

Länge der Tour: 107 km **Tourdauer:** 3 Tage

Von der Ebene des Canavese gelangt man in eines der unzugänglichsten und spektakulärsten Täler des Piemont, die Valle di Locana, die zum Nationalpark des Gran Paradiso führt. In der Hochebene verändert sich die Landschaft und gibt den Blick frei über die schneebedeckten Gipfel des Gran Paradiso und der Levanne.

Castellamonte
Hier findet sich immer ein guter Grund, um Wein zu kosten.

Gran Paradiso
Im Nationalpark leben Steinböcke und andere seltene Tiere.

Turin
Bevor man in die Berge losfährt, erholt man sich in der Hauptstadt.

Von ① ** **Turin** verläuft die Tour entlang der Staatsstraße 460 mit nur einer Abzweigung (von Rivarolo Canavese nach Agliè und Castellamonte).

Nach 20 km trifft man auf ② **San Benigno Canavese**, dessen Geschichte eng mit dem Kloster der Fruttuaria (um 1000 n. Chr. gegründet) verknüpft ist. Erhalten haben sich davon allerdings nur Ruinen und der Kampanile. Ein Abstecher führt nach Foglizzo (6 km), in dem die Pfarrkirche Santa Maria Maddalena (18. Jh.) eine ungewöhnliche oktogonale Struktur in einer Ellipse aufweist.

Barocke Harmonie: das Schloss von Agliè (17. Jh.).

In ③ **Rivarolo Canavese** kann man die schöne Burg von Malgrà (15. Jh.) mit ihren Fresken sowie die Kirche San Michele auf oktogonalem Grundriss (18. Jh.) bewundern. Ein kurzer Abstecher (8 km nach Westen) erlaubt den Besuch von ④ **Rivara Canavese**, das von einer mittelalterlichen, im 19. Jh. allerdings restaurierten Burg überragt wird. Auch das ⑤ ** **Castello Ducale di Agliè** mit seiner monumentalen Fassade und dem großen Park lohnt sicherlich einen Besuch.

Zurück auf der Staatsstraße 460 fährt man weiter bis ⑥ **Castellamonte**, wo die Außenmauern der von Antonelli entworfenen, aber nie vollendeten Kirche, der Rotonda Antonelliana, beeindrucken. Seitlich erhebt sich der romanische Glockenturm des Vorgängerbaus. Der Ort ist berühmt für seine Keramik.

Fährt man die vom Orco durchflossene Valle di Locana hinauf, trifft man zuerst auf Pont Canavese und danach auf ⑦ **Noasca**, wo sich drei Täler treffen. Hier beginnt der Nationalpark des Gran Paradiso, der für seine Bergrouten und die streng geschützte Natur berühmt ist. Neben den engen Schluchten des Flusses Orco nimmt ein künstliches Becken Teile der weiten Ebene von ⑧ * **Ceresole Reale** ein. Hier bieten sich schöne Wanderungen zu den Hütten Rifugio Leonessi (2909 m, 4 Std. Fußweg) und Rifugio Jervis (2250 m, 3 Std.) an. Die immer engere und steilere Straße bietet Ausblicke auf die spektakuläre Berglandschaft des Gran Paradiso. Besonders zahlreich sind die Seen, glazialen oder künstlichen Ursprungs, um den ⑨ **Colle del Nivolet**, einer Hochebene auf 2612 m zwischen dem Piemont und der Valle d'Aosta.

Tour 6 Zu Fuß durch die provenzalische Valle Maira

Länge der Tour: 7,5 km **Tourdauer:** 1 Tag
Wegweiser: gelb-grüne Schilder

Auf der alten Straße zwischen Acceglio, Chialvetta und Pratorotondo kann man Geschichte und Kultur der Bauern des Maira-Tals entdecken. Seit langer Zeit dient der so genannte »Scurcio« als Abkürzung durch das Unerzio-Tal. Dieser Wanderweg ist für alle geeignet, auch für Kinder. Die Schilder des Lehrpfades bringen Flora und Fauna näher (www.lascurcio.it).

Ausgangspunkt ist ❶ **Acceglio**, das man von Cuneo über die Staatsstraße 422 erreicht. Von den Häusern, die am rechten Hügelzug der Valle Maira liegen, biegt man auf die nicht befestigte, von Eschen gesäumte Straße nach ❷ **Frere** (1196 m) ein. Jenseits der Brücke über den Fluss Unerzio begibt man sich auf den Scurcio, der auf der Vio Peiro Dunet beginnt. Der erste Teil des Wanderweges in nord-südlicher Richtung verläuft auf der rechten Seite des Unerzio-Tales. Erdreich und Vegetation sind hier ganz unterschiedlich: Die östliche Seite ist mit ihren Kalk- und Quarzwänden eher karg. Hier wachsen Ginster,

Frere
Eine zauberhafte Landschaft.

Gheit
Zusammen mit Kindern die Natur entdecken.

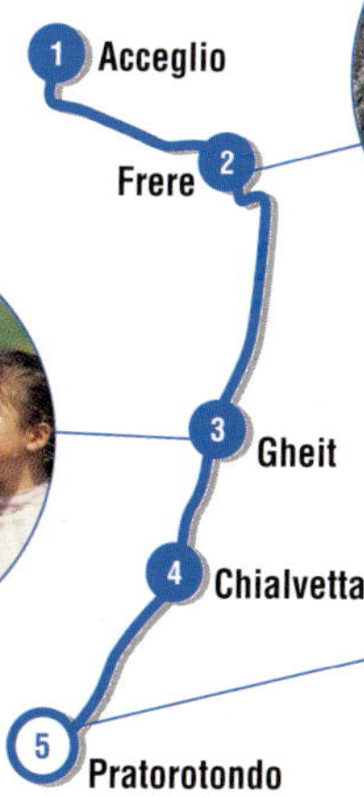

Pratorotondo
Die Natur bietet immer neue überraschungen.

Lavendel, Thymian und andere Kräuter. Die westliche Seite entlang des Scurcio ist feucht und schattig und wird von Tannen, Pinien und Lärchen geprägt, die vor allem auf siliziumhaltigen Boden gedeihen.

Der Wanderpfad führt weiter nach ❸ **Gheit** (1372 m). Dort kann man einen alten, restaurierten Steinofen besichtigen, in dem bis vor 50 Jahren Brot und Fladen gebacken wurden, wobei sich die Familien des Dorfes abwechselten. Außerdem gibt es in Gheit einen zweiten Ofen aus Kalkstein zu sehen. Zum Backen verwendete man Roggenmehl, das am meisten verbreitete Getreide in den Bergen. Der Weg setzt sich auf der von verputzten Mauern gesäumten Vio del Fournas auf der linken Seite des Tals fort. Nach der Brücke über den Unerzio informieren Schilder eines Lehrpfades über das Leben am Fluss und die wichtigsten Baumarten. Der Pfad steigt schließlich bei der asphaltierten Straße des Dorfes hinauf nach Chialvetta.

❹ **Chialvetta** ist eine Station auf dem berühmten großen Wanderweg durch die Alpen, der »Grande Traversata delle Alpi«. Auf seiner Strecke findet man eine Reihe zünftiger Gaststätten mit Wanderunterkünften, darunter auch eine in Chialvetta. Im Ort sollte man unbedingt das Museo etnografico »La Misoun d'en bot« besuchen. Dieses alte Haus dokumentiert mit über 1500 Ausstellungsstücken wie Werkzeugen, Arbeitsgeräten und Dingen des täglichen Bedarfs das Leben einer Familie in den Bergen vor 100 Jahren.

Folgt man weiter den Schildern, die über die Fauna des Tals informieren, so erreicht man auf der Vio Ed le Meiros ❺ **Pratorotondo**, eine Almweide, auf der einst Roggen und Gerste angebaut wurden. Hier kann man die restaurierte Mühle mit vertikal angebrachten Schaufeln und den in Lärchenstämmen eingegrabenen Wasserkanälen besichtigen. Bis 1957 wurde hier im Herbst die gesamte Ernte gemahlen. Zugleich stellte man auch das Brot für das gesamte Jahr her, das in der Scheune getrocknet wurde und sich bis zur nächsten Ernte hielt.
Der Wanderweg endet in Pratorotondo. Folgt man aber der Vio Vieo, so kann man noch das Dorf Viviere (1713 m) besuchen. Weiter auf der Vio di Cugnets erreicht man die Almweide von Grangie (1784 m). Die rotweißen Wegweiser der »Grande Traversata delle Alpi« führen hingegen in Richtung der Alpe di Prato Ciorliero (2000 m) und zum Pass von Gardetta (2437 m), einem wichtigen Übergang zwischen der Valle Maira und der Val Grana. Für die Rückkehr nimmt man denselben Weg oder man folgt der Straße zwischen Prato Ciorliero und Acceglio.

← *Eine originelle Art, die Region zu entdecken, die jedoch ein wenig Mut erfordert.*

Reiseziele von A bis Z

HOHE BERGE, SANFTE HÜGEL, WUNDERSCHÖNE SEEN UND INTAKTE HISTORISCHE STÄDTCHEN ... ALL DIES GIBT ES IM PIEMONT – UND EINE FANTASTISCHE KÜCHE OBENDREIN.

✶ Acqui Terme

Lk

Provinz: Alessandria
Einwohnerzahl: 20 200
Höhe: 156 m ü. d. M.

In Acqui Terme scheint die Zeit stehen geblieben zu sein. Die vergangenen 150 Jahre haben in den beschaulichen Gassen kaum Spuren hinterlassen, so dass man sich beim Flanieren bisweilen wie ein Zeitreisender ins 19. Jh. zurückversetzt fühlt. In den kleinen Weinhandlungen lassen sich die hiesigen Rotweine kosten: der Dolcetto d'Acqui DOC und der spritzige Brachetto d'Acqui DOCG.

Antikes Thermalbad

Bereits zur Zeit der Römer war das ligurische Aquae Statiellae ein berühmtes Thermalbad, das wegen seiner günstigen Lage zwischen der Po-Ebene und der ligurischen Küste rasch zum Handelszentrum anwuchs. Hier verlief einst die Via Aemilia Scauri, eine bedeutende Römerstraße, die Kaufleute von weit her in die Stadt führte.
Zwischen dem 10. und 12. Jh. erlebte Acqui Terme eine Zeit der politischen Unabhängigkeit, bevor die Markgrafen von Monferrato die Macht an sich rissen. Im 17. Jh. bauten sie die zwischenzeitlich verfallenen Thermen wieder auf, die später von den Savoyern, die sich hier regelmäßig aufhielten, erweitert wurden.

Sehenswertes in Acqui Terme

La Bollente

Das Zentrum erstreckt sich zwischen dem Corso Italia und der **Piazza della Bollente**, wo aus einem marmornen Brunnenhaus bis zu 75 °C heißes Thermalwasser (»bollente«) sprudelt. Pastellfarbene Häuser, ein mittelalterlicher Turm, die umbertinischen Arkaden der **Via Saracco** und mittelalterliche Häuser in der **Via della Bollente** prägen das Viertel. Heute wird das kostbare Nass direkt zu den bei der Piazza Italia gelegenen Nuove Terme geleitet, bis in die 1950er-Jahre jedoch waren dafür die »brentau« genannten Wasserträger zuständig, die in den »brente«, 50 Liter fassenden Holzbehältern, die Stadt und umliegende Dörfer mit Mineralwasser versorgten. Während der »Festa delle Feste« im August erinnert der **Palio del Brentau** an die kräftigen Männer

! *Baedeker* TIPP

Weinprobe
In der Enoteca regionale von Acqui Terme (Piazza Levi 7, Tel. 0144 770273, www.termeevino.it; geschlossen: Mo., Mi., kein Betrieb im Januar) kann man verschiedene Brachetto und Dolcetto d'Acqui probieren. Im Weinkeller des Palazzo Robellini lagern zudem mehr als hundert Sorten piemontesische Weine.

Die zur Zeit der Renaissance angelegte **Piazza del Duomo** mit der Bischofsresidenz und dem romanischen Dom liegt ein Stück weiter

Piazza della Bollente in Acqui: rechts der Brunnen, aus dem das 75° C heiße Thermalwasser sprudelt.

Museo Archeologico

oben am Hang. Der **Dom** stammt aus dem 11. Jh. Aus dieser Anfangszeit haben sich die Apsis und der untere Teil des Kirchturms erhalten, das Renaissanceportal unterhalb des Säulengangs schuf Giovanni Antonio Pilacorte 1481, der Rest der Fassade entstand im Stil des Barock. Der fünfschiffige Innenraum birgt eine kostbare, von zierlichen Säulen getragene Krypta. Oben auf dem Hügel thront das Castello dei Paleologhi, in dem heute das **Museo archeologico** untergebracht ist (Öffnungszeiten: Mi. bis Sa. 9.30–12.30 und 15.30–18.30 Uhr; So. 15.30–18.30 Uhr).

Palazzo Robellini

Wer ein wenig Zeit in Acqui Terme verbringen möchte, sollte sich die einstige Kathedrale **Basilica di San Pietro** anschauen, die im 10./11. Jh. erbaut wurde. Eine Besuch lohnt sich auch in der Piazza Levi, wo sich im **Palazzo Robellini** (16. Jh.) die Enoteca regionale und das Museum der Schmiedekunst Ernesto e Mario Ferrari befinden (Öffnungszeiten: Mi. bis Sa. 9.30–12.00 und 15.30–18.30 Uhr; So. 15.30–18.30 Uhr).

Antiche Terme

»La bollente« ist nicht die einzige Thermalquelle in Acqui: Auf der anderen Seite des Bòrmida sprudelt bei den im 19. Jh. wiedererrichteten Antiche Terme aus 40 Quellen 55 °C heißes Wasser, zudem spendet der Brunnen der Acqua Marcia angenehm warmes Schwefelwasser. Die imposanten Ruinen neben den Antiche Terme sind Reste des einstigen römischen Thermalaquädukts aus dem 2. Jahrhundert.

Umgebung von Acqui Terme

Ponzone Zwischen Erro und Orba liegt ein nahezu unbesiedeltes, romantisches Heideland, dessen sanfte Hügel traumhafte Ausblicke freigeben. Die Gegend gehörte einst zur Grafschaft von Ponzone, nach der auch das 12,5 km südlich von Acqui gelegene Dorf benannt ist. Mit seinen gepflasterten Gassen und herrschaftlichen Häusern in weißem Stein gemahnt der Ort an vergangene Zeiten. San Michele ist eine wunderschöne Kirche aus der Spätrenaissance; vom Schloss, das in keinem oberitalienischen Ort fehlen darf, haben sich leider nur ein Ausguck und einige Mauerreste erhalten.

ACQUI TERME ERLEBEN

AUSKUNFT

Ufficio Informazioni
Piazza Levi 12 (Palazzo Robellini)
Tel. 0144 322142
www.comuneacqui.com

ESSEN

▶ Erschwinglich

La Schiavia
Vicolo della Schiavia
Tel. 0144 55939
www.laschiavia.it
Ruhetag: So.; Aug. (unterschiedlich)
In unmittelbarer Nähe des Doms befindet sich dieses angenehme, elegante Restaurant, in dem man klassische und piemontesische Küche mit innovativen Einfällen serviert bekommt. Reservieren ist ratsam.

ÜBERNACHTEN

▶ Komfortabel

Grand Hotel Nuove Terme
Piazza Italia 1
Tel. 0144 58555
www.antichedimore.com
1891 eröffnet, wurde das Haus schnell zu einem der berühmtesten Hotels der Belle Epoque. Inzwischen hat es seine alte Pracht wieder erlangt und bietet unterschiedlich gestaltete Zimmer, zwei Restaurants, eine historische, mit antiken Fresken dekorierte Bar sowie Seminarräume und eine moderne Beauty Farm.

▶ Günstig

Regina
Viale Donati 2
Tel. 0144 321422
www.albergo-regina.it
Das Hotel mit seinen bequemen und funktionalen Zimmern befindet sich im Grünen in einer Fußgängerzone. Direkter Zugang zu den Thermalanlagen von Acqui.

San Marco
Via Ghione 5
Tel. 0144 322456
Das gastfreundliche Hotel mit langer Familientradition befindet sich in der Nähe der Thermen: geräumige, mit Möbeln aus dem frühen 20. Jh. eingerichtete Zimmer, Restaurant mit guter piemontesischer Küche.

Garzaia della Val Bormida di Sessame

In der Nähe von Sessame, ungefähr 10 km westlich von Acqui, ist ein Teil des Bòrmida di Millesimo in eine **WWF-Oase** umgewandelt worden. Vornehmlich zur Nistzeit wird dieses Gebiet von Reihern aufgesucht. Das Vogelreservat selbst kann man zwar nicht besichtigen, in der Luft sind die Tiere allerdings auch von weitem gut zu erkennen.

Agliè

Hg

Provinz: Turin
Einwohnerzahl: 2647
Höhe: 315 m ü. d. M.

Umgeben von Wäldern, Wiesen und Ackerland liegt Agliè mit seiner für das Piemont typischen Stadtanlage: Vom Eingangstor führt eine Hauptstraße zum Hauptplatz mit barocker Pfarrkirche. Gegenüber der Kirche erhebt sich das stattliche Schloss der Grafen von Agliè.

✶✶ Castello ducale

Das Schloss von Agliè ist ein prachtvoller königlicher Landsitz, den Filippo San Martino di Agliè – ein hoch gebildeter Aristokrat, der am Hofe der Savoyer Ballette choreografierte und Schauspiele leitete – Mitte des 17. Jh.s bauen ließ. Sein Architekt, Amedeo di Castellamonte, errichtete auf einem von Mauern umfassten Erdwall ein imposantes Gebäude mit einer Fassade aus Backsteinen. Als 100 Jahre später König Carlo Emanuele III. das Schloss kaufte, war es durch eine der vielen französischen Invasionen bereits stark in Mitleidenschaft gezogen worden. Für die Renovierungsarbeiten zeichnete sein Architekt Ignazio Birago di Borgo verantwortlich. Er verlieh dem Schlösschen seine heutige Gestalt. Die beiden Flügel verfügen jeweils über einen prunkvollen Festsaal; verbunden werden diese Räume durch zwei parallel laufende, rund 50 m lange Galerien: die **Galleria dei Marmi** und die **Galleria Verde**. Zwischen beiden Trakten befindet sich ein Innenhof, in dessen Nischen antike Büsten stehen. Da die Möbel und viele weitere Schmuckelemente aus dem 17. und 18. Jh. im Zuge der Invasionen geraubt oder zerstört worden sind – zuletzt fielen die napoleonischen Truppen hier ein –, stammt der Großteil der Innendekoration aus dem frühen 19. Jahrhundert. Von der ursprünglichen Ausstattung haben sich die Kassettendecken in den Festsälen und die Stuckdecke der Kapelle erhalten.

? WUSSTEN SIE SCHON …?

- **Das Schloss Agliè**
  Das Schloss Agliè ist in ganz Italien berühmt geworden, als Schauplatz für Dreharbeiten der erfolgreichen Fernsehserie »Elisa von Rivombrosa« war. Das savoyische Schloss und sein Park sind der geeignete Schauplatz für Liebe und Intrigen am Hof.

Der Park Auch die heutige Parkanlage entspricht nicht mehr der ursprünglichen Gestaltungsidee: Um die symmetrisch angelegten Gärten erstreckt sich heute ein weitläufiger Englischer Park. Sehenswert sind die Skulpturen der Brüder Ignazio und Filippo Collino, die einen großen Brunnen schmücken (Öffnungszeiten: Di. bis So. 8.30–19.30 Uhr).

Umgebung von Agliè

San Giorgio Canavese Etwa 3 km südöstlich von Agliè liegt San Giorgio Canavese, ein für das Canavese, so die Bezeichnung dieser Gegend, typisches Dorf mit einem Schloss aus dem 18. Jh. und einer hübschen Pfarrkirche aus dem 16. Jahrhundert. Das Gotteshaus ist der Heiligen Jungfrau geweiht und fällt durch eine große Kuppel auf.

Strambino 6 km östlich von Agliè liegt Strambino mit seinen zwei Schlössern und einem imposanten barocken Kirchenbau.

Villa Meleto Nur 15 Minuten von Agliè entfernt befindet sich die Villa Meleto. In diesem ruhigen Landsitz lebte der Dichter **Guido Gozzano**. In seinem Werk beschwört der Poet (1883–1916) in nostalgischem Ton die verlorene Kindheit und jene kleine Welt »der guten Dinge von grässlichem Geschmack«, in der er lebte. Seine gewollt karge Sprache lag in offensichtlichem Widerspruch zur literarischen Mode jener Zeit, die ganz im Banne von d'Annunzios schwülstigem Décadence-Stil stand. Gozzano schrieb vor allem Märchen, die er in zwei Teilen in den Jahren 1909 und 1914 veröffentlichte. Sie erinnern an die gesammelten Volksmärchen der Brüder Grimm, jedoch ohne deren moralischen Ton zu übernehmen.

Alagna Valsesia

Id

Provinz: Vercelli
Einwohnerzahl: 431
Höhe: 1191 m ü. d. M.

Alagna, am Fuße des Monte Rosa, ist ein bekannter Skiort. Steile Seilbahnen bringen Wintersportler zu hoch gelegenen Gletschern, wo man das ganze Jahr hindurch Ski laufen und Snowboard fahren kann. Im Unterschied zu vielen anderen Alpendörfern des Piemont prägen hier Häuser der Walser das Ortsbild.

Baustil der Walser Die Walser sind Nachkommen deutscher Einwanderer, die sich hier im 13. Jh. niederließen und deren robuster und zugleich eleganter Baustil sich bis heute erhalten hat: Technisch erinnern die Gebäude an Blockhäuser, denen kunstvoll geschnitzte Balkone Leichtigkeit und Charme verleihen.

Nicht nur zur Winterszeit: Fast das ganze Jahr hindurch bietet Alagna Valsesia grandiose Pisten – auch für Tiefschneefahrer.

Sehenswertes in Alagna Valsesia

Chiesa di San Giovanni Battista

San Giovanni Battista wurde Anfang des 16. Jh.s erbaut, doch schon bald schien die Kirche den Bewohnern nicht mehr zeitgemäß und sie ließen das Innere ganz im Barockstil umgestalten. Heute befinden sich dort eine Kanzel aus grünem Stein, ein prachtvolles Altarbild aus dem 17. Jh. und einige bemerkenswerte Statuen des lokalen Künstlers Giovanni d'Errico aus dem 16. Jahrhundert.

Museo Walser

Über Leben und Alltag der einstigen deutschsprachigen Bewohner informiert das Museo Walser im Vorort Pedemonte. Es ist in einem typischen Walserhaus untergebracht und birgt interessante Objekte wie traditionelle Kleidung und Gebrauchsgegenstände (Öffnungszeiten: Sept. bis Juni, Sa. und feiertags 14.00–18.00 Uhr; Juli bis Aug. täglich).

*** Funivia di Punta Indren**

Die Indren-Seilbahn bringt Skifahrer wie Wanderer schnell auf den Gipfel des Punta Indren. Die Fahrt ist auch für sich genommen eine Attraktion. Die Endstation liegt in einer **Höhe von 3260 m** am südlichen Rand des Indrengletschers. Achtung: der Temperatur- und Druckunterschied zur Talstation ist gewaltig.

Umgebung von Alagna Valsesia

Val d'Otro

Ein schöner und leichter Ausflug von circa 1,5 Stunden führt über Résiga zur Val d'Otro (1674 m) mit seinen pittoresken Häusern. Wer den Ort nicht zu Fuß erwandern möchte, kann bequem mit der Gondel bis zum Belvedere und von dort mit dem Sessellift nach Otro gelangen.

* Parco naturale Alta Valsesia

Der Naturpark Alta Valsesia ist das **höchstgelegene Naturschutzgebiet Europas**. Wegen seiner Lage kann man den Park, der sich Richtung Westen vom Monte Rosa bis zur Gnifetti-Hütte erstreckt, nur zwischen Frühjahr und Herbst besuchen. Felsgravuren zeugen davon, dass hier schon in der Steinzeit Menschen lebten. Heute bevölkern Gämsen, Steinböcke, Rehe, Murmeltiere, Goldadler, weiße Rebhühner und Steinhühner die Gegend. Von besonderem Interesse ist der **sentiero glaciologico**, ein Weg, der den Blick auf den Gletscher des Monte Rosa freigibt. Eine Reihe von Informationstafeln informiert über die Geschichte der Gletscher.

** Monte Rosa

Der Monte Rosa, mit 4633 m der zweithöchste Berg der Alpen, trennt die Valle del Lys (Lys-Tal in Valle d'Aosta) und die Valle della Valsesia (Valsesia-Tal im Piemont). Auf seinem Kamm verläuft die Grenze zwischen Italien und der Schweiz. Die beiden Täler verbindet der Pass Col d'Olen (2881 m), den man von Alagna mit der Seilbahn bis Banchetta della Pisse (2406 m) und ab da zu Fuß in etwa 1,5 Stunden erreichen kann.

Von der Bergstation der Seilbahn Punta Indren führt ein Wanderweg zum **Rifugio Gnifetti** (3647 m, 1,5 Stunden), von dem aus man weiter zum Colle del Lys über den Gletscher aufsteigen kann. Dort bietet der **Rifugio Margherita** (4559 m, 4 Stunden), die höchstgelegene Berghütte Europas, Wanderern Schutz und Kost.

ALAGNA VALSESIA ERLEBEN

AUSKUNFT

Ufficio Informazioni
Piazza Grober 1
Tel. 0163 922988
www.alagna.it

ÜBERNACHTEN

▶ Komfortabel

Monte Rosa
Piazza degli Alberghi
Tel. 0163 923209
www.hotelmonterosa-alagna.it
Das gastfreundliche, unter familiärer Leitung stehende Hotel existiert seit 1850. Es liegt zentral und in Nähe der Skilifte. Im historischen Speisesaal werden typische Gerichte der Region serviert.

✶ Alba

Provinz: Cuneo **Höhe:** 172 m ü.d.M.
Einwohnerzahl: 29 000

Für Feinschmecker ist Alba untrennbar mit seinen berühmten Rotweinen und den nicht minder bekannten Trüffelspezialitäten verbunden. Genuss bereitet bereits die Anfahrt: Von den umliegenden Hügeln aus gesehen, hebt sich die von Türmen geprägte Silhouette der Stadt rot schimmernd vom Horizont ab.

Geschichte

Die Geschichte Albas begann bereits vor 7000 Jahren: Die ersten Siedlungen entstanden in neolithischer Zeit in der Nähe des Flusses Tànaro. Viel später, im Jahr 89 v. Chr., erhielt die Siedlung, die mittlerweile den Namen Alba Pompeia trug, den Status einer römischen Provinzstadt. Nach Jahren des wirtschaftlichen Niedergangs erblühte die Region erneut Mitte des 10. Jh.s. Zu verdanken ist dies dem Marchese Aleramo, dessen Regierung Landwirtschaft und Handel in Schwung brachte und Menschen in die schwach besiedelte Region zog. Um das Jahr 1170 wurde die Stadtrepublik gegründet, um deren Führung sich adlige und großbürgerliche Familien, Guelfen und Gibellinen stritten. Zwischen dem 14. und dem 16. Jh. gehörte Alba der Markgrafschaft Monferrato an, 1628 ging die Stadt an die Savoyer. Von den unzähligen **Türmen**, die zwischen dem 14. und dem 15. Jh. von den aristokratischen Familien errichtet wurden, existieren heute nur noch zwanzig, einige wurden zwischenzeitlich in Hausbauten integriert.

Stadtrepublik

Am 28. April 1796 hieß Alba, das sich zu diesem Zeitpunkt zur Stadtrepublik erklärt hatte, Napoleon mit einer rot-blau-orangen Trikolore willkommen. Während der Resistenza war es erneut freie Republik: 23 Tage lang, vom 10. Oktober bis zum 2. November 1944, wehrte es sich gegen die deutschen Truppen.

Sehenswertes in Alba

Piazza del Risorgimento

Die Piazza del Risorgimento, auf der heute der Dom und das Rathaus stehen, war ehemals Teil des antiken Forums mit großem Merkurtempel. Von der später erbauten romanischen **Cattedrale di San Lorenzo** haben sich drei Portale und der Glockenturm erhalten, der allerdings dem gotischen Kirchturm einverleibt wurde. Das Innere des Gotteshauses schmücken ein Chorstuhl aus dem 16. Jh., der Hauptaltar aus dem 18. Jh. sowie die Kapellen des San Teobaldo und des SS. Sacramento. In der Krypta des Heiligen Petrus wurden wahrscheinlich schon 250 n. Chr. Taufen zelebriert. Der **Palazzo comunale** entstand größtenteils Ende des 13. Jh.s. Sein Archiv birgt das »Libro della Catena« von

1466, einen mittelalterlichen Kodex. In der **Sala della Resistenza** sind Fotos und Dokumente zur Geschichte zur Befreiung vom Faschismus und aus der Zeit der deutschen Besatzung ausgestellt (Führungen n.V.: Tel. 0173 292244).

Via Cavour

Von Arkadengängen gesäumt führt die Via Cavour aus nordwestlicher Richtung auf die Piazza zu. Hier stehen einige Türme und schöne alte Häuser. Auf der nahe gelegenen Piazza Elvio Pertinace ragt die beeindruckende **Barockkirche San Giovanni Battista** empor. Im Innern befindet sich eine »Adorazione del Bambino« (1508) von Macrino d'Alba und eine gotische »Madonna delle Grazie« von Barnaba da Modena (1377), Letztere lässt deutliche Einflüsse der sienesischen Schule und des byzantinischen Stils erkennen.

Via Vittorio Emanuele II

Auf der Flaniermeile Via Vittorio Emanuele II. (Via Maestra) findet man Seite an Seite Häuser aus dem Mittelalter und dem frühen 20. Jh. Die Fassade der **Casa Do** aus dem 15. Jh. ist wegen ihres wunderschönen Terrakotta-Schmucks besonders sehenswert. Ebenso reizvoll ist die **Chiesa della Maddalena**, ein schöner Barockbau auf elliptischem Grundriss. Im Inneren kann man die polychromen Marmorvertäfelungen und einen aus Holz geschnitzten Chorstuhl mit feinen Intarsien bewundern.

Im Palazzo della Maddalena befinden sich das **Archäologische Museum und das Naturkundemuseum** (Öffnungszeiten: Sommer Di. bis Fr. 16.00–19.00, Sa., So. 9.30–12.30, 16.00–19.00, Winter Di. bis Fr. 15.00–18.00 Uhr, Sa., So. 9.30–12.30 und 15.00–18.00 Uhr) sowie die Stanza dei Mondi – ein dem Reisen, der Migration und den verschiedenen Kulturen gewidmeter Ausstellungs- und Veranstaltungsraum.

Auf der Via Cavour bzw. Maestra findet bereits seit 1171 jeden Samstag ein bunter und vielbesuchter **Markt** statt, den man sich nicht entgehen lassen sollte. Am Ende der Straße weiten sich die Arkaden zur Piazza Savona, ein Platz zum Sehen und Gesehenwerden.

Spaziert man weiter, erreicht man die **Via Calissano**. Hier stehen das neoklassizistische Teatro Sociale und die gotische Chiesa di San Domenico aus dem 13. Jh., die für Konzerte, Ausstellungen und weitere Veranstaltungen genutzt wird.

! *Baedeker* TIPP

Das Trüffelfest

Eine hervorragende Gelegenheit, die berühmten Trüffel der Langhe zu kosten, ist die Fiera nazionale del tartufo bianco di Alba, die jedes Jahr im Oktober stattfindet. Gleichzeitig wird das Palio degli Asini (Eselrennen) veranstaltet, das auf eine ironische Art dem vornehmeren Palio d'Asti Konkurrenz machen will. Seit 1967 findet vor dem Palio ein Umzug mit historischen Kostümen, die Giostra delle cento Torri, statt (www.fieradeltartufo.org/it).

Die vielen mittelalterlichen Türme prägen die Silhouette der Stadt Alba. →

ALBA ERLEBEN

▶ Auskunft

ATL Langhe e Roero
Piazza Risorgimento 2
Tel. 0173 35833
www.langheroero.it
info@langheroero.it

ESSEN

▶ Erschwinglich

Locanda del Pilone
Bei Madonna di Como 34
Tel. 0173 366616
www.locandadelpilone.com
Ruhetag: Mi., Do. (Mittag);
20. Juli bis 20. Aug.; 24. Dez. bis 7. Jan.
Piemontesische Küche, auf Fleischgerichte spezialisiert. Das Restaurant liegt in einem alten, liebevoll restaurierten und eingerichteten Bauernhof. Die einfache, aber gut komponierte Speisekarte umfasst lokale Spezialitäten und Saisongerichte.

Enotria
Corso Enotria 24, Tel. 0173 441330
www.enotriaristorante.it
Ruhetag: Febr. bis Juli (So.); Aug.
Dieses malerisch inmitten von Weinbergen gelegene, familiär geführte Restaurant serviert lokale Saisongerichte nach Hausmacherart.

ÜBERNACHTEN

▶ Komfortabel

Palazzo Finati
Via Vernazza 8, Tel. 0173 366384
www.palazzofinati.it
Das in der Innenstadt gelegene Hotel ist in einem Palazzo aus dem 19. Jh. untergebracht, der mit großer Sorgfalt renoviert wurde. Elegant und exklusiv, mit nur wenigen, individuell eingerichteten und mit Fresken dekorierten Zimmern. Ohne Frühstück.

▶ Günstig

Savona
Via Roma 1, Tel. 0173 440440
www.hotelsavona.com
Das moderne und zentral gelegene Hotel bietet seinen Gästen hohen Komfort und freundliches Personal. Zum Haus gehören ein Restaurant und eine Konditorei.

Außerhalb des Stadtzentrums

Der **Palazzo delle Mostre e dei Congressi** an der Piazza Medford ist einer der wichtigsten Orte des modernen Alba. Ebenfalls aus dem 20. Jh. stammt die **Scuola Enologica** im Corso Enotria. Die Weinschule führt einen Versuchsweinkeller, in dem einst die inzwischen verschollene Sammlung des Grafen Giuseppe di Rovasenda aufbewahrt wurde, die 2658 Weine aus der ganzen Welt umfasste. Erwähnenswert ist, dass nach Alba **drei DOC-Weine** benannt sind: ein Barbera, ein Dolcetto und ein Nebbiolo. Auch das nahe gelegene Diano d'Alba verfügt über einen eigenen Dolcetto DOC.

Umgebung von Alba

Guarene

Auf der anderen Seite des Tànaro überragt ein herrschaftliches Schloss den Ort Guarene (8 km von Alba). 1725 beschloss Graf Carlo Giacinto Roero, die inzwischen funktionslose mittelalterliche Ritterburg seinen Bedürfnissen anzupassen und in eine prachtvolle Residenz umzubauen. Der Graf, der am Turiner Hof verkehrte und das feine Leben liebte, fertigte selbst die Entwürfe an. Inspirieren ließ er sich vom Werk des Hofarchitekten der Savoyer, dem aus Messina stammenden Filippo Juvara. Im Inneren des Schlosses sind die **Stanze Cinesi** mit der aus Asien stammenden Tapisserie besonders reizvoll. Beeindruckend sind auch die mit Stickereien aus dem 18. Jh. ausgestattete **Stanza del Vescovo** (Bischofszimmer), die Freitreppe, die Eingangshalle, der Speisesaal und die Galerie mit ihren Stuckaturen, Fresken und dem originalen Mobiliar. Der **Italienische Garten** entspricht noch ganz der ursprünglichen Anlage. Auch die Hauskapelle Santa Teresa ist aufgrund ihres elliptischen Grundrisses und der Kuppel einen Blick wert. Vom Garten aus genießt man ein grandioses Panorama, das vom Monte Rosa über die Alpi Marittime bis zu den Langhe reicht. Derzeit gehört das Schloss den Grafen Provana di Collegno, Nachkommen einer Seitenlinie der Roero (Besichtigung mit Führung nur nach telefonischer Vereinbarung, Tel. 0173 611101).

! *Baedeker* TIPP

Eine kulinarische Pause

In der Nähe von Barbaresco sollten Sie in Neive das Ristorante La Contea aufsuchen. Die Besitzer des Restaurants sind für ihre Kochkunst berühmt (Piazza Cocito 8; Tel. 0173 67126, www.la-contea.it; Mo. und So. Abend geschlossen). In einem mit antiken Möbeln eingerichteten Raum werden die besten Gerichte aus der Cucina Langarola serviert. Zum Restaurant gehören auch sieben Zimmer im alten piemontesischen Stil.

◀ Palazzo Re Rebaudengo

Der Palazzo Re Rebaudengo von Guarene (18. Jh.) ist der Sitz der Fondazione Sandretto Re Rebaudengo per l'Arte (www.fondsrr.org). Die Stiftung fördert Künstler und kulturwissenschaftliche Forschung. In ihren Räumlichkeiten finden Kunstausstellungen, Lesungen und Filmvorführungen, öffentliche Diskussionen, Konferenzen, Workshops und Preisverleihungen statt.

Barbaresco

Die Straße, die sich von Alba in Richtung Barbaresco, Treiso und Neive, drei Gemeinden des **Barbaresco-Weins**, hochwindet, führt durch weinbewachsene Hügel, die je nach Jahreszeit ihre Farbe wechseln: Im Frühjahr leuchten das Weiß und das Rosa der Obstbäume, im Herbst das Blau-Schwarz der Weintrauben, das unter den dunkelroten Rebenblättern hervorlugt. Im Wald Barbarica Sylva, in dem die Ligurer Zuflucht vor den Römern suchten, entstand das antike Barbariscum. Unweit von hier wurde der römische Kaiser Publius Helvius Pertinax

Aus den Trauben des Barbaresco wird einer der bekanntesten Weine des Piemont gemacht.

geboren. Mit seinem über dem Tànaro schwebenden mittelalterlichen Turm ist das heutige Barbaresco unverwechselbar. Hier lebt man vom Wein: 87% des Umlandes werden für den Weinanbau genutzt. 1695 ließen die Grafen Galleano das jetzige **Schloss** bauen, weil die vorherige Anlage in der Schlacht zwischen den Alba und Asti zerstört worden war. Das beeindruckende Gebäude und seine unterirdischen Kellereien sind allerdings in Privatbesitz. Besichtigen kann man stattdessen die reich ausgestattete Chiesa San Giovanni Battista aus dem 18. Jh. und die Chiesa San Donato, in der sich heute die berühmte **Enoteca regionale del Barbaresco** befindet.

Santa Vittoria d'Alba

10 km westlich von Alba ragt Santa Vittoria über dem Tànaro auf. Die Geschichte dieses Ortes ist auch eine Geschichte der Kämpfe zwischen Ligurern und Römern, den verschiedenen Stadtrepubliken und den Bischöfen und kaiserlichen Lehnherren. Im historischen Ortskern befindet sich die Pfarrkirche der Heiligen Jungfrau, die barocke Züge aus dem 18. Jh. aufweist und in der ein Altarbild aufbewahrt wird, das Macrino d'Alba (ca. 1470–1528) zugeschrieben wird. Besonders sehenswert sind die Chiesa di San Francesco mit ihren Fresken aus dem späten 15. Jh. und der hohe Wehrturm am Eingang des Dorfes. Die Burg wurde um 1000 erbaut, doch später immer wieder renoviert und umgebaut. Heute beherbergt sie ein Hotel mit Panoramablick, in dem auch Kongresse abgehalten werden.

Im Vorort Cinzano liegen die **Archivi storici Cinzano-Mostra** (Besichtigung nach telefonischer Vereinbarung: Tel. 0172 477111). Hier kann man nicht nur das Archiv, sondern auch die unterhalb des Hügels liegenden Kellereien, die Sala delle Erbe e degli Alambicchi (wo Extrakte zur Produktion von Wermut hergestellt werden) und die UDV Glass Collection (144 Gläser aus 2500 Jahren) besichtigen.

Archivi storici Cinzano

In der Nähe einer Furt des Tànaro lag einst zwischen den römischen Städten Alba Pompeia und Hasta die bedeutende Siedlung Fundus Mallianus. Die hoch gelegenen Gebäude des heutigen Magliano Alfieri (9 km nordöstlich von Alba) stammen aus dem 10. Jh., auf der Anhöhe (»bric«), auf der sich heute ein Park befindet, lag ein **Schloss**. Vor dem »bric« begann der Conte Catalano Alfieri 1649 mit dem Bau der Residenz, die über eine barocke Fassade, einen monumentalen Eingang und eine Prunktreppe verfügt. Hier befindet sich das **Museo delle Arti e Tradizioni popolari e dei Soffitti in Gesso**, ein volkskundliches Museum, in dem man viel über die kunstvollen Gipsdecken in Bauernhäusern der Region erfährt (Öffnungszeiten: Mai bis Okt., So. 11.00–12.30 und 15.00–18.00 Uhr; nach telefonischer Vereinbarung: Tel. 0173 66311). In der nahe gelegenen Pfarrkirche di Sant'Andrea ist das marmorne Grab des Conte Catalano Alfieri zu sehen.

Magliano Alfieri

★ Alessandria

Mj

Hauptstadt der Provinz
Einwohnerzahl: 82 200
Höhe: 96 m ü. d. M.

Alessandria, drittgrößte Stadt des Piemonts, ist Hauptstadt einer Provinz, die recht wenig piemontesisch ist. Historische und kulturelle Gemeinsamkeiten – von der Kunst über die Dialekte bis zur Küche – verbinden die Region viel eher mit der Lombardei und Ligurien.

1168 baute die Lombardische Liga die Stadt am Fluss Tànaro als Bollwerk gegen Kaiser Friedrich Barbarossa. Alessandria stieg im Kampf gegen Monferrato, Asti und Pavia zur mächtigen Stadtrepublik auf, unterlag 1348 allerdings gegen die Mailänder Visconti, fiel dann 1524 an die Spanier und 1707 an die Savoyer, die den Ort in eine wehrhafte Festung verwandelten. Heute ist Alessandria mit seinem vornehmen Flair ein wahres Schmuckstück: Barocke Gebäude, Arkadengänge, an Theaterbühnen erinnernde Piazzas und Fußgängerzonen mit Geschäften und vielen Bars prägen das Bild.

Geschichte

Märkte und Feste Zwei wichtige Jahrmärkte locken Jahr für Jahr viele Menschen in die Stadt: Im Frühjahr findet in der Nähe des Flughafens die inzwischen 400 Jahre alte **Fiera di San Giorgio**, das wirtschaftliche Großereignis der Provinz, statt. Am 10. November feiert man zu Ehren eines langobardischen Eremiten aus dem 8. Jh. die **Sagra di San Baudolino**. Auf der Straße vor dem Bahnhof werden dann regionale Spezialitäten wie Wein, Trüffel, Pilze, Würste und Süßigkeiten zum Probieren und Kaufen angeboten.

Sehenswertes in Alessandria

Piazza della Libertà Früher standen auf der Piazza della Libertà ein mittelalterliches Rathaus und ein gotischer Dom, heute wird sie vornehmlich als Parkplatz genutzt. Prächtige Gebäude findet man hier noch immer, so etwa das Rathaus aus dem 18. Jh., den **Palazzo Rosso** mit seiner ungewöhnlichen Uhr oder den barocken **Palazzo Ghillini**. Das Post- und Telegrafenamt zeugt dagegen vom rationalistischen Geist der 1930er-Jahre. Wenig weiter findet man an der Ecke zur der Via Magliara die Reste des mittelalterlichen **Palatium Vetus**. Etwas weiter, in der Via Parma, erhebt sich die neoklassizistische **Kathedrale**, deren gewaltiger Turm zusammen mit dem Torrazzo von Cremona zu den höchsten Italiens zählt. In der Kathedrale sind u. a. sechs Gemälde von Guglielmo Caccio, genannt Moncalvo, zu sehen.

> ! *Baedeker* TIPP
>
> **Süßer Halt**
> Zwei Patisserien lohnen einen Besuch: die alte und berühmte Eisdiele Celestino Cerena auf der Piazzetta della Lega und das Königshaus der Schokolade Giraudi in der Via San Lorenzo 102.

Via Guasco und die Museen Der **Palazzo Guasco** aus dem 18. Jh. und die gleichnamige Straße sind nach einer bedeutenden alessandrinischen Familie des Mittelalters benannt. Hinter dem Palazzo liegt das **Museo etnografico e di Storia naturale**, in dem die Alltagsgeschichte des 19. und frühen 20. Jh.s dokumentiert wird. Fossilien, Muscheln und Mineralien werden dort ebenfalls ausgestellt (Öffnungszeiten: Mo. bis Sa. 9.00–12.00 und 16.00–19.00 Uhr; So. und feiertags 16.00–19.00 Uhr; Mi. Nachmittag geschlossen). Im nicht weit entfernten **Teatro delle Scienze** sind Fossilien, ausgestopfte Tiere und Gesteine zu sehen. Es gibt auch ein Planetarium und ein Labor für Naturkunde. Nebenan befindet sich das **Museo Francesco Janniello** mit einer Ausstellung von schmiedeeisernen Kunstobjekten sowie Hieb- und Stichwaffen aus verschiedenen Epochen (Öffnungszeiten: 9.00–12.00 und 15.00–18.30 Uhr; Mi. und So. Nachmittag geschlossen). Nur wenige Schritte entfernt befindet sich die reich ausgestattete Kirche **Santa Maria di Castello**, die im 15. Jh. auf

Alessandria Orientierung

Resten des ursprünglichen Zentrums von Rovereto, darunter auch zwei Tempeln aus dem 6. und 10. Jh., errichtet worden ist. Zuvor befand sich hier ein ein dichter Wald, vielleicht sogar ein Moor.

La Cittadella

Der auf der anderen Seite des Tànaro liegende ursprüngliche Ortskern, Bergoglio, musste nach 1773 auf Geheiß der neuen Machthaber einer prachtvollen Militärzitadelle weichen. Das savoyische Bauwerk, das für die Welterbeliste der Unesco vorgeschlagen wur-

Hüte von Borsalino wurden im 20. Jh. in alle Welt exportiert.

de, gehört zu den am besten erhaltenen seiner Art in Europa. Für welche zivilen oder kulturellen Zwecke es zukünftig genutzt werden soll, ist noch offen.

Piazza della Lega Lombarda und **Corso Roma** bilden die Hauptachse der Einkaufszone, die auf die **Piazza Garibaldi** führt. Der Platz wurde im 19. Jh. im Stil der Neorenaissance erbaut. Unweit davon steht der **Palazzo Borsalino**, ursprünglich Sitz der berühmten, 1857 gegründeten Hutfabrik. Heute beherbergt der Palazzo das **Museo del Cappello Borsalino** mit einer 5000 Hüte umfassenden Sammlung. Neben den Kopfbedeckungen kann man auch Stempel, Formen und Kostüme bewundern, die von der jahrhundertealten Geschichte einer der wichtigsten Hutmarken der Welt zeugen (Info-Telefon: 0131 40035).

Museo civico und Pinacoteca

Auf dem Weg von Borsalino zurück zum Hauptplatz stößt man auf das ehemalige Kloster San Francesco, das heute als Museo Civico genutzt wird. Die wichtigsten Werke der Pinakothek sind die im 16. Jh. **handbemalten Choralbücher** aus der Basilica Santa Croce di Bosco Marengo und die Arturiani-Fresken. Die 15 Wandbilder aus dem 14. Jh., die im Turm des Palazzo Trotti in Frugarolo entdeckt wurden, zeigen Kampf- und Alltagsszenen aus der Ritterwelt des Lanzelot. Sie sind die ältesten bekannten Wandmalereien, die die Sage von König Artus und seiner Tafelrunde illustrieren (Mi., Fr., Sa., So. von 16.00–19.00 Uhr).

★ Arturiani-Fresken ▶

Jenseits der Viali

Jenseits der Alleen, die entlang der 1906 abgerissenen Stadtmauern verlaufen, erstreckt sich das Alessandria des 20. Jh.s mit einigen interessanten Beispielen modernistischer Architektur, darunter der 1936 von Ignazio Gardella entworfenen ehemaligen **Tuberkuloseberatungsstelle** (**Dispensario antitubercolare**). 1950–1952 baute Gardella auch die **Casa per impiegati della Borsalino**, ein Haus für die Angestellten der Hutfabrik in Corso Borsalino.

ALESSANDRIA ERLEBEN

AUSKUNFT

ATL Alessandria Alexala
Piazza Santa Maria di Castello 14
Tel. 0131 220056, www.alexala.it

ESSEN

▶ Erschwinglich

① ***L'Arcimboldo***
Via Legnano 2, Tel. 0131 52022
www.ristorantearcimboldo.it
Ruhetag: So; Mo. bis Sa. (Mittag); 27. Dez. bis 6. Jan.; Aug. (unterschiedlich).
Zentral gelegen und elegant, traditionelle und zugleich kreative Küche. Gute Käse- und Dessertauswahl, Grissini und Brot sind hausgemacht.

② ***La Fermata***
Via Vochieri 120
Tel. 0131 617508, www.lafermata-al.it
Ruhetag: Sa. (Mittag), So., Jan. (unterschiedlich), Aug.
Ein moderner Saal in einem Haus aus dem 17. Jh. Die Atmosphäre des Restaurants ist angenehm; die innovative Küche arbeitet mit hervorragenden Zutaten. Vorspeisen und Desserts sind besonders köstlich.

▶ Preiswert

③ ***Guidetti Cocktail Bar***
Via Alessandro III 33
Tel. 0131 260148
Ruhetag: Di., Sept. (unterschiedlich).
In dieser Enoteca werden nur kalte Speisen serviert. In klassischem Ambiente bietet der für seine hervorragenden Cocktails berühmte Barkeeper eine gute Auswahl französischer und italienischer Weine an.

④ ***Eden Ranch***
Via Molinara 36
San Giuliano Vecchio
Tel. 0131 387595
Der einladende Landgasthof liegt zwischen Alessandria und Tortona. Das Restaurant serviert gute Hausmannskost mit vielen lokalen Gerichten.

ÜBERNACHTEN

▶ Komfortabel

① ***Domus***
Via Castellani 12
Tel. 0131 43305, www.hoteldomus-al.it
Ruhiges Hotel im Stadtzentrum. Schlafzimmer mit Holzfußböden, Einzelzimmer mit französischen Betten. Ohne Frühstück.

② ***Europa***
Via Palestro 1
Tel. 0131 231060
www.hoteleuropaal.it
Das 2003 renovierte Hotel ist leicht zu erreichen. Die schalldichten Zimmer bieten guten Komfort. Ohne Frühstück.

▶ Günstig

③ ***Camping Valmilana***
Via Valmigliaro 1, Valmadonna
Tel. 0131 507275, www.valmilana.it
Geöffnet: 15. März bis 30. Sept. (120 Zeltplätze)
Verfügt über ein Lebensmittelgeschäft, eine Bar und ein Restaurant. Parkplatz für Autos und Motorräder außerhalb. Schwimmbad, Rollschuhpiste, Kinderspielplatz. Freizeitangebote: Beach Volleyball, Basketball, Tischtennis, Tennis.

Umgebung von Alessandria

Spinetta Marengo

Napoleon Bonaparte kann man bewundern oder verachten – ignorieren kann man ihn nicht. Der Ruhm der siegreichen **Schlacht von Marengo** am 14. Juni 1800 haftet noch heute am Tal von Spinetta Marengo (5 km südöstlich von Alessandria). Sogar der Standort der »Platane Napoleons«, in deren Schatten der Konsul ausruhte, und das Gericht, das er nach der gewagten Schlacht verzehrte, sind überliefert: Der »Pollo alla Marengo« besteht aus zartem Hühnerfleisch, das mit einer Pilz- und Flusskrebssauce serviert wird. 1845 ließ Giovanni Antonio Delavo hier eine Villa bauen, in der das **Museo della Battaglia di Marengo** eingerichtet worden ist. Es zeigt Erinnerungsstücke, Waffen, Dokumente und Drucke zur Geschichte der Schlacht. Auch eindrucksvolle plastische Modelle, darunter eine Rekonstruktion des Kampffeldes, gehören zu den Exponaten (Öffnungszeiten: Mi. bis So. 9.00–14.00 und 14.00–18.00 Uhr). Seit 1991 kommen Kostümgruppen aus ganz Europa zum Fest **Ricordando Marengo** nach Spinetta Marengo, um in historischen Gewändern durch Alessandria zu marschieren und Szenen der Schlacht nachzustellen.

! *Baedeker* TIPP

Malerische Landschaften ...

Haben Sie sich auf Autobahnfahrten je die Muße genommen, auf die Landschaft zu achten? Tun Sie es zwischen den Ausfahrten Alessandria Est und Alessandria Ovest, dort, wo die A 21 über den in den Tànaro fließenden Bòrmida verläuft und der Tànaro in den Po übergeht. Die gemächlich fließenden Gewässer, fruchtbaren Felder und steilen Hügel von Montecastello sind malerisch schön.

Bosco Marengo

Bosco Marengo verdankt seinen Namen dem einst dichten Wald, in dem sich die **vie marenche**, prähistorische Salz- und Handelsstraßen, kreuzten. Es heißt, dass Bosco (14 km südöstlich von Alessandria) 498 von Theoderich, dem König der Ostgoten, gegründet wurde. Antonio Michele Ghislieri, der zwischen 1566 und 1572 als Pius V. regierte, wurde hier geboren, sein Geburtshaus existiert noch. Dieser Papst gab auch den Auftrag zum Bau der beiden wichtigsten Gebäude des Ortes: der **Chiesa di Santa Croce** und des dazu gehörenden Dominikanerklosters. Die Anlage, entstanden zur Zeit der Gegenreformation, ist eines der frühesten Beispiele barocker Architektur.

Riserva naturale speciale del torrente Orba

Von der Selva d'Orba, dem riesigen Wald, der nach dem Untergang der römischen Städte die ganze Region Alessandrias bedeckte, zeugen heute nur noch kleine Flächen in der Nähe von Bosco Marengo, die zum Naturschutzgebiet erklärt worden sind. Durch die Riserva naturale speciale del torrente Orba fliesst einer der saubersten und klarsten Bäche des piemontesischen Apennin. Im Wald wachsen Farne, Weiß- und Schwarzpappeln, Ulmen, Weiden und Robinien. Viele Arten von Wasser- und Waldvögeln leben hier, u. a. Reiher und Wasserhühner.

Castellazzo Bòrmida

Castellazzo Bòrmida war einst eine befestigte Wasserburg. Von den unter Ludovico il Moro im Jahre 1498 erbauten Mauern steht nur noch der Uhrturm, die Torre dell'orologio. Das mittelalterliche Dorf wird von den zwei Kirchtürmen der backsteinernen Chiesa di San Martino und von dem gefliesten Kirchturm von San Carlo e Anna (1631) überragt. Die neogotische Madonna della Creta, auch **Madonnina dei Centauri** genannt, gilt als Schutzpatronin der Motorradfahrer, die sich hier jedes Jahr im Juli treffen, um ihr mit Weihegaben zu danken. Das zweite Gotteshaus, die romanische Kirche Santa Trinità da Lungi, liegt idyllisch inmitten von Feldern.

Villa del Foro

8 km südöstlich von Alessandria befindet sich unweit des Tànaro Villa del Foro, das römische Forum Fulvii. Die Stadt lebte zur Zeit der Ligurer und der Römer vom Handel und von der Landwirtschaft. Im **Antiquarium** sind einige archäologische Funde aus der Umgebung ausgestellt, dar-

Valenza ist für die Verarbeitung von Edelmetallen berühmt.

unter Glasstücke, die von der hier angesiedelten Glasindustrie zeugen (Öffnungszeiten: Sommer Mi. und Fr. 16.00–19.00 Uhr, So. und feiertags 10.00.–13.00 und 16.00–19.00 Uhr; Winter Mi. und Fr. 15.00–18.00 Uhr, So. und feiertags 10.00–13.00 und 15.00–18.00 Uhr). Ende Mai findet das historische Schauspiel **Forum Fulvii** statt, bei dem Alltag und Bräuche eines römischen Dorfes der Gallia Cisalpina nachgespielt werden.

Quargnento

Die in ganz Quargnento (12 km nordöstlich von Alessandria) verteilten Reproduktionen der Werke von Carlo Carrà erinnern daran, dass der berühmte Künstler 1881 hier geboren wurde. Der von den Römern gegründete Ort ist ganz auf die große, im Zentrum stehende mittelalterliche Kirche ausgerichtet, die in warmen Sandtönen gehaltene Fassade ist allerdings ein Werk des 19. Jh.s. Im dreischiffigen Innenraum sind ein Polyptychon aus dem 16. Jh. und eine barocke holzgeschnitzte Kanzel zu sehen. Das Rathaus ist ein schlichter Bau aus dem 18. Jahrhundert.

! *Baedeker* TIPP

Haben Sie ein Faible für Schmuck?

In der Villa Scalcabarozzi wird eine kostbare Schmucksammlung, die Collezione di Arte Orafa di Valenza, aufbewahrt (Besichtigungen nur nach telefonischer Anmeldung: Tel. 0131 952679). Außerdem organisiert die Associazione Orafa Valenzana zwei Mal jährlich, im Frühling und im Herbst, eine der weltweit wichtigsten Schmuckausstellungen, die »Valenza gioielli« (Informationen: Tel. 0131 941851).

Valenza

Die Landschaft um Valenza beherrscht der Po, in den flussabwärts der Tànaro mündet: zur einen Seite erstreckt sich eine liebliche Hügellandschaft, zur anderen die Ebene von Pavia. Valenza war einst militärisch und wirtschaftlich von strategischer Bedeutung für Römer und Ligurer, für die Markgrafen von Monferrato, die Visconti und Savoyer. Es heißt, Valenza sei deshalb die am häufigsten belagerte Stadt Italiens gewesen. Für kurze Zeit war es auch eine autonome Kommune. Heute ist Valenza vor allem als Stadt des Goldes, des Schmucks und der Schuhe bekannt. Ob es hier in der Antike tatsächlich vier Goldminen gab, ist umstritten. Gewiss ist aber, dass es zwei Vincenzi waren, ein Morosetti und ein Melchiorre, die Mitte des 19. Jh.s Valenza zur **Hauptstadt der italienischen Goldschmiedekunst** machten. Kunstfertigkeit und die technische Finesse werden in der örtlichen Kunstgewerbeschule, dem Istituto d'Arte Benvenuto Cellini, an junge Schmuckdesigner weitergegeben. Gepflasterte Straßen, die Fußgängerzone des Corso Garibaldi, ein tausend Jahre alter und tausend Mal umgebauter Dom, der neoklassizistische Palazzo Pellizzari, einige Gebäude aus dem 18. Jh., die geschwungene, barocke Chiesa della SS. Annunziata, die mittelalterlichen Überreste der Colombina – Valenza hat Touristen einiges zu bieten. Wer durch den Ort spaziert, spürt rasch das unverwechselbare Flair des eleganten Ortes.

★★ Alpi Marittime (Naturpark)

EFno

Provinz: Cuneo

Ohne es zu wissen, wurde Vittorio Emanuele II. zum ersten Naturschützer Italiens. Um seiner großen Leidenschaft, der Jagd, auf königlich angemessene Art nachgehen zu können, erklärte er weite Teile des Piemonts zu privaten Jagdreservaten. Dadurch blieb die Landschaft des heutigen Parco Naturale delle Alpi Marittime nahezu unberührt.

Eine karge Landschaft

Der größte Regionalpark des Piemonts (27 945 ha) bildet mit dem angrenzenden französischen Nationalpark des Mercantour ein riesiges Naturschutzgebiet mitten im Herzen Europas. Die kristallinen Felsformationen verleihen der Landschaft etwas Karges und Herbes. Die Gletscher haben stark auf sie eingewirkt und Eismoränen und kleine Restgletscher hinterlassen. Wasser ist hier keine Mangelware: Es gibt unzählige Flüsse und Bäche, Wasserfälle und Seen. Die Flora ist äußerst vielfältig (2600 Arten, von denen etwa 50 nur in dieser Region

Der Lago del Chiotas ist einer der vielen Bergseen im Parco delle Alpi Marittime.

existieren). Im Park kann man zudem Tiere beobachten, die vor dem Aussterben geschützt werden sollen, darunter Steinböcke (inzwischen leben hier 400 von ihnen), rund 4000 Gämsen sowie Hermeline und Marder. Vor kurzem wurde sogar ein Wolf gesichtet. Unter den Vögeln ist wohl der Bartgeier mit einer Flügelspannweite von 2,80 m der imposanteste. Vor einigen Jahren erst ist er in dieser Gegend wieder angesiedelt worden.

Valle del Gesso

Valdieri Das Dorf Valdieri liegt im Valle del Gesso (774 m ü. d. M.) in einer weiten Mulde am Rande des Naturparks. Während dieser Teil des Tals von Kastanienwäldern dicht bewachsen ist, verändert sich die Landschaft hinter der Kreuzung nach Entraque schlagartig: Plötzlich türmen sich gewaltige Granitfelsen auf. In Valdieri ist vor allem die **Pfarrkirche San Martino** (18. Jh.) einen Besuch wert, die eine Pietà aus dem kostbaren goldschimmernden, zwiebelfarbenen Marmor der Region (»marmo cipollino«) birgt. Die Brüder Ignazio und Filippo Collino schufen die Skulptur im 18. Jh.

Fährt man tiefer ins Valle del Gesso hinein, erreicht man etwa 15 km hinter Valdieri die Terme di Valdieri (1368 m). An dieser Stelle kreuzen sich zwei Täler, die Landschaft wird von der Serra dell'Argentera dominiert. Im Zentrum entspringt eine 69 °C heiße Thermalquelle, die zur Gründung des Badeortes im 19. Jh. führte. Auf halber Strecke zwischen den Thermen und Valdieri befindet sich in Sant'Anna das ehemalige Jagdhaus, in dem die Savoyer während ihrer Besuche residierten.

Terme di Valdieri

ALPI MARITTIME

AUSKUNFT

Ufficio Informazioni
Piazza Giustizia e Libertà 2
Tel. 0171 978616

ÜBERNACHTEN

▶ Günstig
Camping Il Bosco
Via Santa Lucia 7, Tel. 0171 978396
www.campeggioilbosco.it
Geöffnet: 1. Jan bis 31. Dez.
Relativ schattiger Parkplatz für Autos und Motorräder außerhalb.

* Serra dell'Argentera Die Serra dell'Argentera ist eine mächtige Felswand von 3200 m Höhe, welche die Valle del Gesso abschließt. Auf den vielen Jagdpfaden, die das Massiv durchziehen, lassen sich schöne Wanderungen unternehmen. Auf einem dreistündigen Fußmarsch erreicht man z. B. eine der drei Berghütten Bozano, Morelli oder Remondino (2450 m ü. d. M.).

Einsteigen und ablegen: Die Umgebung des Lago Maggiore lässt sich auch mit kleinen Fährschiffen erkunden.

★ Arona

Provinz: Novara
Höhe: 212 m ü. d. M.
Einwohnerzahl: 15 062

Wenn Sie über die neue Autobahn von Gravellona Toce nach Arona fahren, breitet sich plötzlich vor Ihnen der Lago Maggiore in seinem strahlenden Blau aus. Auf der gegenüberliegenden Seite erblickt man die Rocca d'Angera, direkt vor Ihnen liegt der alte Stadtkern mit seiner eleganten, baumgesäumten Uferpromenade und der über den Häusern aufragenden Kolossalstatue des Heiligen Carlone.

Das Tor zum Lago Maggiore

Das Städtchen liegt an den Ausläufern des Vergante. Sanft zieht es sich den Hang bis zum See hinunter. Mittelalterliche und barocke Gebäude prägen das Stadtbild ebenso wie die zentrale, zum Wasser hin offene Piazza del Popolo. Die Geschichte des Ortes reicht bis in die römische Antike zurück. Aufgrund der besonderen geografischen Position, vor allem um seiner Wasserwege willen, wurde Arona zu einem wichtigen Handelszentrum zwischen Mailand und dem Kanton Tessin.

San Carlo Borromeo

Der in Arona geborene San Carlo Borromeo (1538–1584) war Mitglied eines mächtigen Adelsgeschlechts, das Jahrhunderte lang über den Lago Maggiore und die umliegenden Gebiete herrschte. Der Kardinal war maßgeblich am erfolgreichen Kampf der katholischen Kirche gegen die Ausbreitung des Protestantismus jenseits der Alpen beteiligt.

Sehenswertes in Arona

Piazza del Popolo

Die Piazza del Popolo ist das Herz der Innenstadt. Der Platz öffnet sich zum See und blickt auf die Rocca d'Angera. Die wichtigsten Gebäude sind die **Casa del Podestà** mit ihrem Spitzbogensäulengang (15. Jh.), das Museo Civico mit interessanten archäologischen Fundstücken und die **Chiesa della Madonna di Piazza**, auch Santa Maria genannt.

Collegiata di Santa Maria Nascente

Die Kollegiatskirche Santa Maria Nascente liegt an der Via San Carlo. Aus der Renaissance ist die Fassade mit der Rosette und dem Marmorportal erhalten geblieben; auf dem romanischen Kirchturm hat man dagegen in der Barockzeit einen Aufsatz angebracht. Im Inneren sind ein sehenswertes **Polyptychon** von Gaudentio Ferrari (1511) und Gemälde Morazzones (17. Jh.) zu besichtigen.

Chiesa dei Santi Martiri

Die Chiesa dei Santi Martiri auf der Piazza San Graziano stammt aus romanischer Zeit, wurde allerdings im 19. Jh. vollkommen neu gebaut. Im klassizistischen Innenraum hängen zwei interessante Gemälde von Bergognone aus dem 15. Jh. und ein **Bildnis des Heiligen Carlo** von Palma il Giovane.

*** San Carlone**

Die kolossale Statue des San Carlo Borromeo, im Volksmund San Carlone genannt, ist das bekannteste Denkmal Aronas. Sie wurde von Federico Borromeo, Cousin Carlos und ebenfalls Kardinal von Mailand, in Auftrag gegeben. Der Bildhauer fertigte das Denkmal 1614 an, eingeweiht wurde es allerdings erst 1698.

Die Statue ist aus Kupfer und Bronze gegossen, von innen wird sie durch einen gewaltigen Steinblock gefestigt. Ihre Dimensionen sind wirklich gewaltig: Der Koloss ist 20,6 m hoch (35 m mit Sockel); schon die Nase misst 85 cm, die ausgestreckte Hand 145 cm, während der Arm ganze 9 m lang ist. Auf steilen Treppen kann man das Denkmal von innen besteigen und aus den Augen und den Ohren des Kardinals weit über den See blicken (Öffnungszeiten: Mitte März bis September 8.30–12.30 und 14.00–18.30 Uhr; Oktober bis Mitte März 9.00–12.00 und 14.00–17.00 Uhr).

! *Baedeker* TIPP

Feste, Märkte und Jazzmusik

Alljährlich feiert Arona zwischen Ende Mai und Anfang Juni die Fiera del Lago Maggiore. An jedem vierten Sonntag des Monats findet hier außerdem ein kleiner Kunsthandwerksmarkt statt. Im Sommer spielt die Musik: Von Ende Juli bis Anfang August zieht das Festival itinerante del Jazz zwischen dem Lago Maggiore und dem Lago d'Orta von einem Ort zum nächsten.

Umgebung von Arona

Parco naturale dei Lagoni di Mercurago

Der **Parco Naturale dei Lagoni di Mercurago** umschließt ein großes Waldgebiet (473 ha auf 230–330 m ü. d. M.), das in seiner Mitte ein Torfmoor mit Teichen und Sümpfen aus der Eiszeit birgt. Im Wald wachsen Sommer- und Stieleichen, Steinbuchen, Eschen und Erlen. Die hiesige Wasser- und Sumpfflora fasziniert durch ihre Vielfalt und Eigenart. Über 100 verschiedenen Vogelarten lassen sich hier beobachten. In der nahen **Riserva dei Canneti di Dormelletto** liegt das Gestüt Villa Tesio, das die edle Dormelletto-Olgiata-Rasse züchtet. In den 1950er-Jahren kam aus diesem Stall ein Tier, das als Sieger unzähliger Pferderennen Geschichte schrieb: der berühmte Ribot.

Meina

Prachtvolle Villen mit gepflegten Gärten aus dem 18. und frühen 19. Jh. säumen die Staatsstraße, die den See entlang nach Meina führt. Jede Kurve gibt einen neuen atemberaubenden Blick auf die andere Seeseite frei. Villa Faraggiana, Villa Cella und Villa Cavallini gehören sicherlich zu den berühmtesten Anlagen.

ARONA ERLEBEN

AUSKUNFT

Ufficio Informazioni
Piazzale Duca d'Aosta
Tel. 0322 243601

ESSEN

▶ Fein & teuer

Taverna del Pittore
Piazza del Popolo 39
Tel. 0322 243366
www.ristorantetavernadelpittore.it
Ruhetag: Mo., 20. Dez. bis 20. Jan.
Berühmtes Lokal mit Panoramaterrasse zum See, auf der einfallsreiche Gerichte, lokale Spezialitäten und elegant präsentierte Kompositionen serviert werden.

ÜBERNACHTEN

▶ Komfortabel

Atlantic
Corso della Repubblica 124
Tel. 0322 46521
www.atlanticarona.com
Das schöne Hotel mit Panoramablick hat schalldichte Zimmer mit Balkon, zwei Restaurants, eine angenehme Bar und gut ausgestattete Räumlichkeiten für Tagungen und Kongresse.

▶ Günstig

Giardino
Corso della Repubblica 1
Tel. 0322 45994
www.giardinoarona.com
Zweistöckiges Haus mit einer schönen Veranda und Blick auf See und Rocca d'Angera. Einige Zimmer sind mit Badewannen zur Unterwassermassage ausgestattet, andere sind für Nichtraucher reserviert.

Lesa Mit seinen Sommerpalais' und Gärten ist Lesa ein typischer, eleganter Ferienort in einer der geschützten Buchten des Lago Maggiore. Im neoklassizistischen Palazzo Stampa, der direkt an der Seepromenade liegt, wohnte längere Zeit der Autor der »Promessi Sposi« (»Die Verlobten«), Alessandro Manzoni. Ihm ist auch das kleine **Museo Manzoniano** gewidmet (Öffnungszeiten: Juli/Aug. Sa./So. 9.00–12.00 und 15.00–18.00 Uhr). Auf der Straße nach Massino Visconti stoßen Sie auf die Pieve di San Giorgio. Die Pfarrkirche hat einen Kirchturm in romanischem Stil. Etwas weiter steht San Sebastiano, ein romanisches Kirchlein aus dem 11. Jh.

★ Asti

Kj

Hauptstadt der Provinz
Einwohnerzahl: 70 600
Höhe: 123 m ü. d. M.

Zwischen dem Fluss Tànaro und dem Wildbach Bórbore liegt mitten in einer Hügellandschaft Asti, eine der schönsten und interessantesten Städte des Piemonts. Die Region, über die sie als Provinzstadt regiert, ist klein, kulturell und künstlerisch jedoch außergewöhnlich reich und bietet eine große Palette an Weinen und köstlichen Spezialitäten. Auch um den Festkalender der Stadt ist es bestens bestellt.

Geschichte Bereits die Ligurer nannten den Hügel »Ast«. Unter den Römern entwickelte sich das 89 v. Chr. gegründete Hasta Pompeia zu einer wichtigen Kolonialstadt, die von der Via Fulvia durchquert wurde. Die antike Straße, in gewisser Weise die Vorläuferin der A 21, bildet heute den Corso Alfieri. Sie war mit Mauern und Toren befestigt; heute steht nur noch die Torre Rossa.

559 wurde Asti Sitz einer langobardischen Grafschaft, dann kamen die Franken, später übernahmen Bischöfe die Regierung. 1095 wurde es schließlich autonome Stadtrepublik, die rasch viel Macht erlangte: Bankiers aus Asti erfanden die Pfandleihe, die das europäische Geldsystem revolutionierte und der Stadt enormen Wohlstand brachte. 1140 erhielt Asti vom Kaiser Konrad II. das Recht, Münzen zu prägen.

In Asti wurde der Dichter Vittorio Alfieri geboren.

Die Kriege mit Monferrato und die internen Konflikte zwischen Ghibellinen und Guelfen konnten der florierenden und mächtigen Stadt nur wenig anhaben. Zwischen 1300 und 1500 kam Asti allerdings unter französische und ab 1532 unter savoyische Herrschaft.

Asti Orientierung

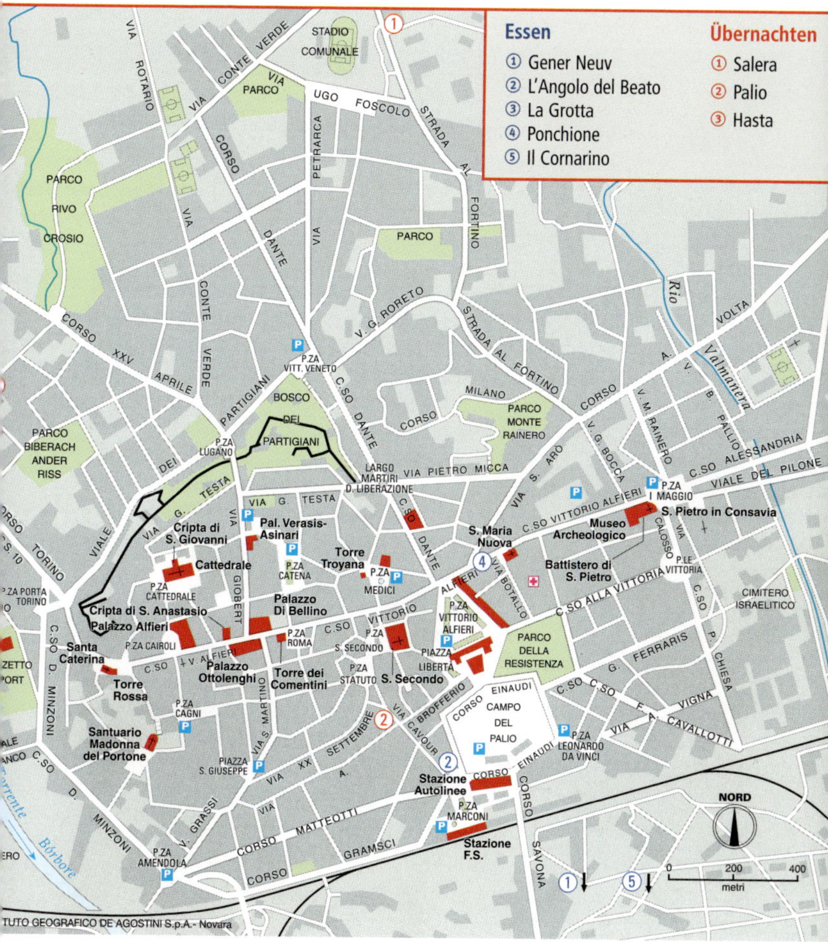

Sehenswertes in Asti

Torre Rossa

Der römische Turm, Torre Rossa genannt, erinnert an die Torri Palatine in Turin. Aus Ziegelsteinen gebaut, stellt er den einzigen erwähnenswerten Überrest der antiken Stadtmauern dar, die zu der römischen Siedlung gehörten. Der obere, zylinderförmige Teil des Turmes stammt aus dem 11. Jh. Damals diente er als Kirchturm einer romanischen Kirche, die im 18. Jh. zerstört wurde.

DER PALIO VON ASTI

Reitturniere und große Bankette: So präsentiert sich Asti im September. Beim historischen Palio, einem Pferderennen, bei dem die Tiere ohne Sattel geritten werden, tritt jedes Pferd für eines der 21 »rioni« (historische Stadtteile) oder einzelne Nachbardörfer an.

Das traditionelle Pferderennen von Asti gibt es schon seit über 700 Jahren: Der erste Hinweis auf das Fest findet sich in einer Quelle aus dem Jahr 1275, derzufolge man ein prächtiges Pferderennen vor den Mauern Albas veranstaltet habe, um die eingeschlossenen Feinde zu provozieren.

Der Palio

Zur Erinnerung an dieses Ereignis treten jährlich am **dritten Sonntag im September** auf der Piazza Alfieri die 21 Vertreter der einzelnen »rioni«, der historischen Stadtviertel, und einiger Nachbardörfer zum Reitturnier gegeneinander an. Die Piazza wird zu diesem Anlass in einen stilechten mittelalterlichen Schauplatz verwandelt. In der ersten Runde wetteifern jeweils sieben Reiter miteinander. Die neun Finalisten kämpfen dann um den **Preis des Rennens**. Er besteht aus dem »Palio«, einem Siegesband mit dem Bild von San Secondo und dem Stadtwappen. Nach dem Rennen wird der siegreiche »rione« ausgiebig gefeiert, während der Verlierer eine Sardelle als Trostpreis erhält.

Historisch korrekt vom Scheitel bis zur Sohle: Fantasiekostüme sind beim Palio nicht erlaubt.

Der Tag beginnt nach der **Segnung der Pferde und Reiter** mit einer **Darbietung der Fahnenträger**. Am Nachmittag findet der inzwischen berühmte **historische Umzug** statt: 1200 kostümierte Spieler stellen Ereignisse aus der mittelalterlichen Stadtgeschichte nach. Im Anschluss beginnt das **Rennen**. Die Strecke hat in der Vergangenheit mehrfach gewechselt: 1861 war sie geradlinig, in den späten 1920er-Jahren richtete man das Rennen auf einem runden Feld, dem »campo del Palio«, aus; erst seit 1988 findet es auf der Piazza Alfieri statt. Zwischen 1862 und 1929 und zwischen 1936 und 1967 wurde die Tradition unterbrochen. Seit den späten 1960er-Jahren nehmen am Fest immer mehr Bürger teil, auch das auswärtige Publikum wird jedes Jahr zahlreicher.

Festival delle Sagre

Bereits am Sonntag vor dem Palio strömen Tausende von Menschen in die Stadt. Sie kommen zum **Festival delle Sagre**, das als größtes »Gaumenfest« der Welt gelten kann. Um den Besuchern aus aller Welt den Reichtum der »cucina astigiana« vorzuführen, bietet jeder teilnehmende Stadtteilverein jeweils eine typische Hauptspeise mit Dessert und einem Glas Wein an.

Bevor dieses einzigartige Restaurant unter den Sternen auf der Piazza del Palio eröffnet wird, findet noch die **Sfilata del mondo contadino astigiano** statt. Ähnlich wie beim Palio ziehen bei diesem historischen Umzug 3000 Laienspieler durch Astis Straßen und stellen Szenen aus einer vergangenen bäuerlichen Welt dar.

Recinto dei nobili

Zahlreiche ringförmig angeordnete Wehrhäuser und mittelalterliche Türme zeugen davon, dass Asti im 17. Jh. von einer Art Stadtmauer umgeben war, dem so genannten »Zaun der Adeligen«, »Recinto dei Nobili«, der zwischen Piazza Alfieri und der Torre Rossa gut erkennbar ist. Der höchste der noch existierenden 12 Türme, die **Torre Troyana** (38 m) steht auf der Piazza Medici. Sie ist an den zweibogigen Fenstern und am Zinnenkranz zu erkennen. Im 18. Jh. wurde Benedetto Alfieri damit beauftragt, barocke Prachtbauten in das antike Zentrum zu integrieren, im 19. Jh. machten sich Stadtplaner daran, den Stadtkern neu zu gestalten und zu »lüften«, ohne allerdings seinen antiken Charakter zu zerstören.

! *Baedeker* TIPP

Leckeres auf der Piazza

Asti feiert die piemontesische Küche mit verschiedenen Festen, die man sich nicht entgehen lassen sollte: »Cucina & Cantina« findet im November während der Trüffelmesse statt; im Sommer werden beim »Gusta dom« gastronomische Spaziergänge durch das Viertel um die Kathedrale angeboten; und schließlich »Prodottima«, eine Art gastronomischer Spezialitätenmarkt an jedem vierten Sonntag im Monat. Das grandiose Weinfest »Douja d'or« findet jedes Jahr im September statt.

Corso Alfieri

Der Corso Vittorio Alfieri bildet die Hauptader der Stadt, an der mehrere sehenswerte Gebäude stehen: So der **Palazzo di Bellino**, in dessen Räumen das Museo del Risorgimento und die **Pinacoteca civica** untergebracht sind. Die Pinakothek birgt vor allem Werke der piemontesischen Schule (beide Museen sind 2005 wegen Restaurierungsarbeiten geschlossen). Auf dem Corso befinden sich außerdem der **Palazzo Ottolenghi** (Besichtigung n. V., Tel. 0141 399489), der Palazzo del Liceo Vittorio Alfieri mit der **Cripta** und dem **Museo lapidario di Sant'Anastasio** (Öffnungszeiten: Winter Di. bis So. 10.00–13.00 und 15.00–18.00 Uhr, Sommer 10.00–13.00 und 16.00–19.00 Uhr), sowie der **Palazzo Alfieri** mit seinem wunderschönen, trapezförmigen Innenhof. Das Gebäude, in dem 1749 der Schriftsteller Vittorio Alfieri geboren wurde, ist heute Sitz des Centro Nazionale di Studi Alfieriani. Ein kleines Museum erinnert an Leben und Werk des Dichters und Dramatikers.

Palazzo Vescovile

Auf der Via Carducci, die parallel zum Corso Alfieri verläuft, stehen zwei sehr schöne Palazzi: der **Palazzo Vescovile** (Bischofspalast) aus dem 14./15. Jh., und das **Seminario**, eines der architektonischen Meisterwerke Benedetto Alfieris.

Chiesa di San Secondo

Unweit der zentral gelegenen Piazza Alfieri befindet sich die gotische Chiesa di San Secondo, die in der zweiten Hälfte des 15. Jh.s

ASTI ERLEBEN

AUSKUNFT

ATL Asti
Piazza Vittorio Alfieri 29
Tel. 0141 530357
www.terredasti.it, www.atasti.it

Ufficio Informazioni
Corso Dante Alighieri 8
Tel. 0141 353034

ESSEN

▶ Fein & teuer

① *Gener Neuv*
Lungo Tànaro Pescatori 4
Tel. 0141 557270, www.generneuv.it
Ruhetag: Mo., Jan. bis Juli (So.), Sept. bis Dez. (So. Abend); Aug., Weihnachten bis 6. Jan.
Gilt als eines der besten Restaurants Italiens, bekannt für seine Eleganz und den herausragenden Service. Auf der Karte findet man Gerichte mit regionalem Bezug und eine große Auswahl an Antipasti.

▶ Erschwinglich

② *L'Angolo del Beato*
Via Guttuari 12
Tel. 0141 531668
www.angolodelbeato.it
Ruhetag: So., 1.–10. Jan., 1.–25. Aug.
In einem schönen mittelalterlichen Palazzo untergebracht, bietet das Restaurant eine an der regionalen Tradition orientierte Küche. Aufmerksamer Service und gute Auswahl an piemontesischen Weinen.

③ *La Grotta*
Corso Torino 366
Tel. 0141 214168
Ruhetag: Mo. (Abend), Di., Aug.
Vor den Toren der Stadt, gleich in der Nähe der Autobahnausfahrt gelegenes Restaurant in einem eleganten piemontesischen Barocksaal. Sehr gut sind die regionalen Gerichte wie die »agnolotti« und die Auswahl an Braten und »bolliti«. Saisonal auch Trüffel.

▶ Preiswert

④ *Caffè Torrefazione Ponchione*
Corso Vittorio Alfieri 149
Tel. 0141 592469
Ruhetag: So., Aug.
Enoteca mit kalten Gerichten. Neben seltenen Kaffeesorten aus Jamaika, Äthiopien und Brasilien umfasst das Angebot auch die besten Weine Italiens mit einem besonderen Augenmerk für piemontesische Crus.

⑤ *Il Cornarino*
Bei Belangero 160
San Marzanotto
Tel. 0141 597902
9 ha großer Landgasthof, auf dem DOC-Weine produziert werden. Die Zimmer befinden sich in einem Bauernhaus aus dem frühen 20. Jh.

ÜBERNACHTEN

▶ Komfortabel

① *Salera*
Via Monsignor Marello 19
Tel. 0141 410169
www.salera-lis.com
Die moderne Hotelanlage befindet sich in einer ruhigen Wohngegend und bietet gut ausgestattete Zimmer, elegante Säle und Räumlichkeiten für Kongresse.

② *Palio*
Via Cavour 106
Tel. 0141 34371
www.hotelpalio.com
In der Nähe des berühmten Campo del Palio gelegen; angenehmes, recht kleines, aber gut ausgestattetes Hotel. Verfügt auch über einen Tagungsraum. Ohne Frühstück.

▶ **Günstig**

③ *Hasta*
Via Valle Benedetta 25
Tel. 0141 213312
www.hastahotel.com
Das liebevoll renovierte Hotel liegt mitten in den Hügeln nur fünf Minuten vom Zentrum entfernt. Die Zimmer sind klassisch eingerichtet. An Sommerabenden kann man im Garten essen, im Winter durch große Fenster auf das Grün schauen.

vollendet wurde. Sehenswert sind die drei geschmiedeten Eingangsportale und, auf der rechten Seite, mehrere polygonale Kapellen. Im Innern befinden sich eine Krypta, deren ältester Teil aus dem 8. Jh. stammt, und ein Polyptychon aus dem späten 15. Jh.

Cattedrale

Die Kathedrale gilt als einer der bedeutendsten gotischen Sakralbauten des Piemonts. Sie wurde im 14. Jh. erbaut, die Innenausstattung entstand allerdings erst zwischen dem späten 14. und dem 18. Jh. Gotische Nischen mit kleinen Bögen schmücken die untere Seite der Fassade, Rosetten krönen die Portale aus dem 15. Jh. Der Eingang mit einer im gotisch-floralen Stil geschmückten Vorhalle befindet sich auf der rechten Seite des Gebäudes. Im reich dekorierten, dreischiffigen Innenraum sind die **Risurrezione** (Auferstehung) des Künstlers Moncalvo (Kapitularsaal), Fresken von Carlo Innocenzo Corleone aus dem 18. Jh. und eine **Pietà** aus Terrakotta (16. Jh.) von besonderem Interesse.

Cripta di San Giovanni

Unterhalb der ehemaligen Chiesa di San Giovanni in unmittelbarer Nähe der Kathedrale liegt ein **kleines architektonisches Juwel** versteckt: die Cripta di San Giovanni (8. Jh.), deren schlanke Säulen aus Porphyr meisterhaft gearbeitete Kapitelle tragen.

Battistero di San Pietro und San Pietro in Consavia

Am östlichen Ende des Corso Alfieri stoßen Sie auf die **Rotonda** (oder auch **Battistero) di San Pietro** (Öffnungszeiten: Winter 10.00–13.00 und 15.00–18.00 Uhr, Sommer 10.00–13.00 und 16.00–19.00 Uhr, Mo. geschlossen). Das romanische, oktogonale Baptisterium stammt aus dem 13. Jh., während die daneben gelegene **Chiesa di San Pietro in Consavia** erst später im Stil der Renaissance errichtet wurde. Als Rotonda wird das Baptisterium wegen seiner Kuppel, die von acht Säulen mit Würfelkapitellen getragen wird, bezeichnet. In dem größeren Gebäudekomplex befinden sich außerdem das **Museo paleontologico** und das **Museo archeologico** mit Funden von der Steinzeit bis zum späten Mittelalter (Öffnungszeiten: Winter 10.00–13.00 und 15.00–8.00 Uhr, Sommer 10.00–13.00 und 16.00–19.00 Uhr, Mo. geschlossen).

Chiesa di Santa Maria Nuova

Die Chiesa Santa Maria Nuova zeigt deutlich die Spuren der Jahrhunderte alten und wechselhaften Stadtgeschichte. Der ursprünglich romanische Bau wurde im 13. Jh. neu errichtet und zwischen dem 16. und dem 18. Jh. mehrere Male umgestaltet. Von der frühen Anlage steht heute nur noch der untere Teil des Kirchturms aus dem 11. Jh. In der Kirche ist ein schönes Gemälde aus dem späten 15. Jh. zu sehen. Gleich nebenan liegt der Kreuzgang der Kanoniker aus dem 16. Jh.

Umgebung von Asti

Madonna di Viatosto

Nördlich von Asti (4 km) liegt die Chiesa della Madonna di Vitasto. Ihre Fresken aus dem 14./15. Jh. und eine Statuengruppe aus polychromer Terrakotta, die **Incoronazione di Maria** (15. Jh.), sind einen Ausflug wert.

Govone

Govone (16 km südwestlich von Asti) gehört bereits zur Provinz von Cuneo. Der barocke **Palazzo comunale**, der einst den Savoyern gehörte, wurde in der zweiten Hälfte des 18. Jh.s gebaut. Von seinem Innenhof aus hat man einen fantastischen Blick auf das Dorf. Erhalten haben sich einige mit Fresken dekorierte Säle und drei mit kostbaren chinesischen Tapisserien ausgestattete Zimmer. Der beeindruckendste Raum ist der Ballsaal, dessen Wände und Decken mit illusionistischen Fresken ausgemalt sind, die kunstvoll architektonische Perspektiven, Statuen und Reliefs darstellen. Um den Palazzo herum ist ein Italienischer Garten (17. Jh.) angelegt, dahinter breitet sich ein Park im Stil des 19. Jh.s aus. 2003 wurde Govone von der ökologischen Zeitschrift Airone für seine besonders hohe Lebensqualität ausgezeichnet.

Costigliole d'Asti

Costigliole d'Asti (16 km südwestlich von Asti) ist bekannt für seinen Wein, die Thermalquellen, den Castello degli Asinari und für die Chiesa di San Gerolamo, ein kleines Juwel barocker Architektur. Das Wunder des Barberas wird im November zelebriert: In den Kellereien des Palazzo Comunale präsentiert die **Cantina dei Vini**, die auch ein kleines Museum führt, die besten Weine der Gegend. Hier finden auch Veranstaltungen rund um die regionale Wein- und Esskultur statt. So ehrt man Ende Juli mit der **Sagra**

del peperone quadrato IGP das süße, knackige Paprikagemüse. Im Schloss hat das **Istituto di Cucina italiana per cuochi stranieri** seinen Sitz. In der renommierten Kochschule erlernen Köche aus der ganzen Welt die Zubereitung vielfältiger italienischer regionaler Spezialitäten. Das Istituto führt neben der Kochschule auch eine **Enoteca nazionale**, bekannt als eine der fortschrittlichsten Weinschulen Italiens, und eine **Elaioteca nazionale**, in der man sich einen vorzüglichen Überblick über die Produktion hochwertiger Olivenöle im ganzen Land verschaffen kann.

San Damiano d'Asti

Zwei kulinarische Events locken Besucher in das kleine San Damiano (14,5 km von Asti entfernt) mit seinen pittoresken, kopfsteingepflasterten Straßen und arkadengesäumten Palazzi: das Fest des »Bollito« und die »Mostra del Coppone natalizio«. Beim ersten wird Fleisch vom Mastochsen, beim zweiten Weihnachtskapaun serviert.

Cisterna d'Asti

Das Castello di Cisterna (23 km südwestlich von Asti), das durch seine Hanglage einen herrlichen Ausblick bietet, stammt eigentlich aus dem 12. Jh. Im Laufe seiner Geschichte wurde es allerdings mehrmals umgebaut. Der heutige Bau zeigt vornehmlich Stilelemente des 17. Jh.s. Auf dem Eingangstor war einst das Wappen Papst Innozenz' XII. angebracht, das an die Herrschaft der Bischöfe über die mittelalterliche Feudalburg gemahnte. Im Inneren des Castello befindet sich das **Museo Arti e Mestieri di un tempo** (Öffnungszeiten: 15.00–19.00 Uhr, Mo. geschlossen).

Cortazzone

Das Dorf Cortazzone (19 km nordwestlich von Asti) ist alten Ursprungs. Auf einer Anhöhe in der Nähe steht die **Chiesa di San Secondo** aus dem 12. Jh., die in ihrem Innern starke Pfeiler und reich mit Tieren, Pflanzen und geometrischen Mustern dekorierte Kapitelle birgt. In der zentralen Apsis hat sich ein sehr schönes Fresko aus dem 14. Jh. erhalten. Sollte die Kirche verschlossen sein, kann man die Schlüssel bei der Familie Fiore im Nachbarhaus abholen.

Montiglio

21 km nördlich von Asti liegt Montiglio, ein typisches Burgdorf des Monferrato, das sich um das auf dem Hügel thronende Castello Borsarelli aus dem 15. Jh. schmiegt. Der Park, der zum Castello gehört, birgt eine Rarität: die romanisch-gotische **Cappella di Sant'Andrea**, die komplett mit **Fresken** aus dem 14. Jh. ausgemalt ist (Besichtigung n. V.: Tel. 0141 994907). Sie sollten unbedingt auch die weiter unten im Tal liegende **Cappella cimiteriale di San Lorenzo** aufsuchen: Die Friedhofskirche gehört zu den elegantesten romanischen Sakralbauten der Region.

Im Mittelalter wurde die Burg mehrfach zerstört, heute verleiht sie dem Lago Grande in der Nähe von Avigliana seinen romantischen Charme.

Avigliana

Fi

Provinz: Turin
Einwohnerzahl: 10 411
Höhe: 383 m ü. d. M.

Zwei kleine, von grünen Moränenhügeln umgebene Seen, ein hübsches Städtchen aus roten Backsteinen und die malerische Silhouette des Monte Pirchiriano: Avigliana ist wie geschaffen für einen Wochenendausflug. Da wundert es nicht, dass sonntags unzählige Familien aus Turin an die Seeufer und in die schattigen Wälder stömen, um dort die traditionelle »merenda« zu machen – ein Picknick.

Sehenswertes in Avigliana

Castello

Den ersten Eindruck bestimmen die Ruinen einer ehemaligen Savoyerburg in intensiven Rottönen und die achteckige Torre dell'Orologio, die sich, im höheren Teil des Ortes gelegen, vom hellblauen Himmel der Valle di Susa abhebt.
Die Ruinen des **Castello** prägen den Charme der schönen Piazza Conte Rosso, an der ein Brunnen aus dem 14. Jh. plätschert und die von mittelalterlichen Gebäuden gesäumt wird. Die Burg wurde im Laufe der Jahrhunderte mehrmals zerstört; heute zeigen die Überreste ein romantisches Bild des Mittelalters und bieten ein traumhaftes Panorama über die Seen und den Eingang in die Valle di Susa.

✶ **San Giovanni und San Pietro**

In der **Chiesa di San Giovanni** aus dem 13. Jh. sind Werke des 16. Jh.s zu sehen. Neben ihr steht ein schöner Kirchturm aus dem 14. Jh. Die **Chiesa di San Pietro** wurde schon im 11. Jh. erbaut, ihre heutige Anlage stammt allerdings aus dem 14. Jh., als man sie im romanisch-gotischen Stil der Zeit neu gestaltete. Der Übergang von der Romanik zur Gotik lässt sich am Kirchturm besonders gut studieren. Im Inneren kann man Fresken aus dem 14. und 15. Jh. besichtigen.

Borgo Vecchio

Der Borgo Vecchio zieht sich rund um die **Piazzetta Santa Maria**, die von elegant dekorierten Gebäuden aus dem Mittelalter umgeben ist. Weiter oben steht die **Chiesa di Santa Maria**, die im Barock umgebaut wurde, dabei aber ihren Kirchturm aus dem 14. Jh. behalten hat.

Umgebung von Avigliana

✶ **Parco naturale regionale dei laghi di Avigliana**

Im Parco naturale regionale dei laghi di Avigliana verbinden sich drei Ökosysteme: die zwei Seen, der Sumpf und die dicht bewaldeten Moränenhügel, auf denen Hainbuchen, Sommereichen und Kastanienbäume wachsen. Die abwechslungsreiche Landschaft hinterlässt tiefe Eindrücke. Man kann sie auch bequem von den umliegenden Hügeln und vom Castello di Avigliana aus anschauen.

AVIGLIANA ERLEBEN

AUSKUNFT

Ufficio Informazioni
Piazza del Popolo 2, Tel. 334 6034334

ESSEN

▶ Erschwinglich

Hermitage
Strada Sacra San Michele 12
Tel. 011 9369230
www.ristorantehermitage.it
Ruhetag: Di.
Das im piemontesischen Barockstil eingerichtete Restaurant thront wie eine Burg über dem See. Klassische Küche, die sich an den Jahreszeiten orientiert, sowie einige typisch piemontesische Gerichte. Festsaal und 9 Zimmer mit Seeblick.

ÜBERNACHTEN

▶ Günstig

Sport
Corso Torino 248
Tel. 011 9342384
Familiengeführtes Haus, von der Autobahn und vom Bahnhof leicht erreichbar. Das Restaurant serviert typische regionale Küche.

Camping Avigliana Lacs
Via Giaveno 23
Tel. 011 9369142
Geöffnet: 1. April bis 30. Sept.
Campingplatz mit abschüssigen und ebenen Bereichen, Lebensmittelladen, ärztlicher Versorgung, Bar und Kinderspielplatz.

✶✶ Sant'Antonio di Ranverso

5 km von Avigliana entfernt zweigt rechts von der Hauptstraße nach Turin eine Seitenstraße ab, die den Blick auf die Fassade von Sant'Antonio di Ranverso mit ihren steil hochgezogenen Spitzwinkeln und aufgesetzten Fialen frei gibt. Die Kirche liegt am Fuße eines bewaldeten Moränenhügels in einem grünen, unberührten Tal. Ursprünglich diente die im späten 12. Jh. gegründete Abbazia di Sant'Antonio als Hospital für Gürtelrose-Patienten (im Italienischen heißt die Krankheit »fuoco di Sant'Antonio«, also »Feuer des Heiligen Antonius«). Der heutige Bau geht auf das 14./15. Jh. zurück, als die eindrucksvolle Fassade errichtet wurde.

Im Innern schmückt ein wunderbares **Polyptychon** des Künstlers Defendente Ferrari von 1531 den Hochaltar. Die Fresken an den Wänden der Cappella di San Biagio und der Sakristei wurden von Giacomo Jaquerio im 15. Jh. gefertigt. Die eindrucksvollste Szene aus dem Freskenzyklus ist sicherlich die **Salita al Calvario**, die die Kreuztragung Christi illustriert. Rechts von der Kirche befinden sich noch Reste des alten Kreuzganges.

Christi Geburt auf Piemonteser Art: Defendente Ferraris Polyptychon.

Bardonecchia

Bi

Provinz: Turin
Höhe: 1312 m ü. d. M.
Einwohnerzahl: 3084

Dieses leicht versnobte Städtchen war früher der bevorzugte Wintersportort vieler gutbürgerlicher Familien aus Turin. Aus jenen Jahren strahlt Bardonecchia noch eine gewisse, wenn auch eine in die Jahre gekommene, leicht reservierte Eleganz aus. Von Turin aus in einer knappen Stunde erreichbar, liegt der Ort in einem breiten, von Bergen umgebenen Tal gleich am Eingang der Fréjus-Tunnel.

Hauptstadt des Skisports

Bardonecchia wird 2006 ein Schauplatz der Winterolympiade sein. Das Skigebiet umfasst 110 km Pisten und 22 Lifte bzw. Gondeln, die pro Stunde insgesamt 24 000 Personen befördern können. Für Snow-

BARDONECCHIA ERLEBEN

AUSKUNFT

Ufficio Informazioni
Piazza De Gasperi 1
Tel. 0122 99032
www.montagnedoc.it

ESSEN

▶ Erschwinglich

La Ciaburna
Bei Melezet 48
Tel. 0122 999849
Ruhetag: Mi., 15.–30. Mai, 15.–30. Okt.
Sehr romantisches, elegant-rustikales Restaurant in einem alten, mit Antiquitäten aus der Gegend eingerichteten Stallhaus. Typische Gerichte der Region.

ÜBERNACHTEN

▶ Komfortabel

Des Geneys-Splendid
Via Einaudi 21
Tel. 0122 99001, www.hoteldesgeneys.it
Klassisches, gut geführtes Hotel inmitten eines grünen Pinienwaldes. Im Restaurant kann man gute Gerichte der lokalen Küche kosten und später in der Piano Bar köstliche Cocktails trinken.

▶ Günstig

Bucaneve
Viale della Vecchia 2, Tel. 0122 999332
www.hotelbucanevebardonecchia.it
Ausgesprochen gut gepflegtes Chalet in der Nähe der Ortsmitte und der Skipisten. Gemütliche, gastfreundliche Atmosphäre: Holzmöbel, große Zimmer und neue Bäder. Regionale Küche.

Camping Bokki
Bei Pian del Colle
Tel. 0122 99893, www.bokki.it
Geöffnet: 1 Jan. bis 31. Dez.
Angenehm schattiger Platz mit Lebensmittelladen, Bar, Restaurant, Sportplatz, Gemeinschaftsraum, Sauna und Kinderspielplatz. Das Freizeitangebot umfasst u. a. Bergsteigen und Tennis.

Camping Pian del Colle
Bei Melezet
Tel. 0122 901452
www.campeggiopiandelcolle.it
Geöffnet: 1. Jan. bis 31. Dez.
(100 Zeltplätze)
Der Platz liegt auf einer Ebene unter schattigen Bäumen.

board- und Carverfahrer ist Bardonecchia das reine Paradies, es bietet aber auch Langläufern wunderschöne Pisten. Von hier aus erreichen Sie drei, untereinander ebenfalls gut verbundene Skigebiete: Pian del Sole-Colomion, Jafferau und Melezet-Selletta.

Internationale Anbindung

In Bardonecchia beginnen der ca. 13,6 km lange **Fréjus-Zugtunnel**, der im französischen Mordane endet, und der 13 km lange Autobahntunnel, der die Valle di Susa mit Frankreich verbindet. Turin liegt etwa eine Autostunde entfernt (95 km).

Sehenswertes in Bardonecchia

Borgo nuovo und Borgo vecchio

In Bardonecchia unterscheidet man zwei Ortskerne: der unterhalb gelegene **Borgo nuovo** besteht aus neueren Hotelanlagen und Wohnhäusern, während oben am Berg, im **Borgo vecchio**, noch viele charakteristische Bergchalets stehen.

Via Medail

Die **Via Medail** beginnt am Bahnhof und durchquert den ganzen Borgo nuovo bis zum Borgo vecchio. Geschäfte, Cafés und Restaurants säumen die Hauptstraße. Hier flanieren am Nachmittag und Abend die Gäste. Die **Chiesa di Sant'Ippolito** hat einen romanischen Kirchturm und birgt in ihrem Inneren ein kostbares holzgeschnitztes Chorgestühl (14. Jh.).

! *Baedeker* TIPP

Holzkunsthandwerk

Liebhaber von Kunsthandwerk werden in Melezet fündig: Die Schule für Holzschnitzkunst gehört zu den besten der Welt. Die Kunsthandwerker produzieren beispielsweise die typischen Obstkompositionen, die zuerst aus Holz geschnitzt und dann mit leuchtenden Farben von Hand bemalt werden. Eine andere Spezialität der Holzschnitzer aus der Valle del Susa sind die so genannten »Spitzen«, die die Meister von Sauze d'Oulx mit Hohlmeißeln anfertigen.

Forte Bramafam

Um den Ausgang des Frejús-Tunnels vor möglichen französischen Angriffen zu verteidigen, errichtete man zwischen 1874 und 1889 ein Fort mit polygonalem Grundriss. Während des Ersten Weltkriegs diente es als Lager für österreichische Kriegsgefangene, seit Ende des Zweiten Weltkriegs blieb die Anlage ungenutzt. 1996 wurde mit der Restaurierung begonnen, heute kann sie größtenteils besichtigt werden. In den Räumlichkeiten ist u. a. eine Sammlung von Uniformen des königlichen Heeres zu sehen. Interessant sind auch die Rekonstruktion eines Schützengrabens aus dem Ersten Weltkrieg und einer militärischen Bergbatterie sowie Schlafsäle mit historischem Mobiliar. Das Fort liegt außerhalb von Bardonecchia. Über einen Fußweg ist es leicht zu erreichen (Öffnungszeiten: Juli bis Aug., Sa./So. 9.50–13.00 und 14.00–18.00 Uhr).

Umgebung von Bardonecchia

Melezet

Zwischen dem 15. und dem 18. Jh. entwickelte sich Melezet (2,5 km von Bardonecchia entfernt) zu einem wichtigen und stilbildenden Zentrum für die damalige Architektur, Malerei und Bildhauerei. In der Parrocchiale di Sant'Antonio werden einige Skulpturen aufbewahrt, die von der hohen Qualität der hiesigen Künstler zeugen, deren Werke in vielen Orten des Tales zu sehen sind. Kurz vor Melezet führt die Straße durch **Les Arnauds**. In der hiesigen Pfarrkirche hängt ein sehr schönes holzgeschnitztes Altarbild.

Barolo

II

Provinz: Cuneo
Einwohnerzahl: 682
Höhe: 301 m ü. d. M.

Die Hauptstadt der piemontesischen Weine liegt auf einem flachen Hügel der Langhe von Alba. Wie die meisten mittelalterlichen Dörfer des Piemonts hat auch Barolo ein altes Kastell. Die umliegende Landschaft gehört mit ihren Hügeln und Weinreben zu den romantischsten in der Region.

Sehenswertes in Barolo und Umgebung

Castello

Wann das **Castello** erbaut wurde, ist nicht bekannt, im 13. Jh. gehörte es aber bereits zum Lehngebiet der Markgrafen Falletti. Unter den 20 Schlössern, die sie in den Langhe besaßen, war es das bedeutendste. Durch ein mit Zinnen im mittelalterlichen Stil geschmücktes Tor gelangt man auf einen großen Platz und weiter auf eine Piazzetta mit der Pfarrkirche San Donato (15. Jh.), einst Privatkapelle der Falletti. Das heutige Kastell stammt aus dem 19. Jh. Einige historische Säle sind erhalten geblieben, unter anderem der Raum, in dem der Autor Silvio Pellico gewohnt hat. In anderen Räumlichkeiten sind das **Museo della Civiltà Contadina** (Öffnungszeiten: 10.00–12.00 und 15.00–18.30 Uhr; Do. und im Jan. geschlossen), das Centro di formazione professionale alberghiera (eine Hotelfachschule) und die **Enoteca regionale del Barolo** untergebracht. Der Barolo ist sicherlich der berühmteste Wein, der aus der Rebe Nebbiolo gewonnen wird.

! *Baedeker* TIPP

Wandern und Essen

Ende August organisiert La Morra eine der wichtigsten gastronomischen Wanderungen mitten durch das Gebiet des Barolo. Auf der Mangialonga kann man das Herz dieser fabelhaften Landschaft und ihre außerordentlichen Produkte entdecken.

Die eigenwilligste Schutzhütte der Welt: die unverwechselbar bunte Cappella delle Brunate.

La Morra

Das mittelalterliche Dorf La Morra liegt auf einem hohen Hügel zwischen Barolo und dem Fluss Tànaro, auf den es eine prächtige Aussicht bietet. Beachtenswert sind **Gebäude aus dem späten Mittelalter und aus dem 18. Jh.**, sowie mittelalterliche Mauerreste. Auf der Straße nach Grinzane Cavour liegt die ehemalige **Abbazia dell'Annunziata** mit ihrem im 13./14. Jh. errichteten Kirchturm. Auf einigen Hügeln um La Morra wird Verduno Pelaverga angebaut. Die Weinrebe gehört zu einem der kleinsten DOCs des Piemonts.

Cappella delle Brunate

Von La Morra aus ist sie kaum zu sehen: Am Fuße eines Hügels, von den Weinfeldern der Brunate versteckt, wo einer der drei wichtigsten Barolo Crus angebaut wird, steht an einer steilen und staubigen Straße, gleich neben ein paar einfachen Gebäuden, die **Cappella della SS. Madonna delle Grazie**. 1914 ließ ein wohlhabender Bauer sie als Gewitterunterstand für seine Landarbeiter bauen. Die außergewöhnliche Kapelle wurde nie geweiht und verfiel mit der Zeit. Vor wenigen Jahren haben die neuen Besitzer des Weingutes, die Ceretto aus Alba, zusammen mit **David Tremlett** und **Sol LeWitt**, zwei Künstlern aus Großbritannien bzw. den USA, die

BAROLO ERLEBEN

ESSEN

▸ Erschwinglich

Brezza
Via Lomondo 2
Tel. 0173 56191, www.brezza.it
Ruhetag: Di., Febr. (unterschiedlich)
Typische Langhe-Küche: »tajarin«, »agnolotti del plin« und Barolo-Braten ... Hier können Sie alle Klassiker der regionalen Kochkunst perfekt zubereitet probieren. Außerdem gibt es saisonale Gerichte und eine große Käse- und Dessertauswahl.

Barolo ist der berühmteste unter den regionalen Weinen.

▸ Preiswert

Enoteca regionale del Barolo
Castello Falletti
Tel. 0173 56277
www.baroloworld.it
Ruhetag: Do., Jan.
Eine mit Büchern und Möbeln aus dem 19. Jh. eingerichtete mittelalterliche Festung bietet den angemessenen Rahmen für eine große Barolo-Weinsammlung, die nach Winzern und Jahrgängen geordnet ist. Sie können die Weine selbständig kosten oder sich führen lassen.

ÜBERNACHTEN

▸ Günstig

Barolo
Via Lomondo 2
Tel. 0173 56354
www.hotelbarolo.it
Das in der dritten Generation familiengeführte Hotel liegt zwischen Weinbergen. Geschmackvolle Einrichtung mit Antiquitäten.

Ruine restauriert. Tremlett gestaltete den Innenraum, LeWitt das Äußere. Das Ergebnis ist eine kleine Farbenexplosion, ein polychromes, wundersames »Ufo« umgeben von grünen Weinreben. Ein eigens angefertigtes Eichenholzportal und kunstvolle vielfarbige Muranoglasfenster verleihen der Kapelle Atmosphäre. Der **Modeschöpfer Missoni** hat zudem nach Tremletts Plänen ein Häuschen für den Priester gebaut. Die Kapelle ist tagsüber für Besucher geöffnet. Informationen unter Tel. 0173 282582.

Flaneuridyll: Blick von der Seepromenade über den Lago Maggiore.

Baveno

Md

Provinz: Verbania
Höhe: 205 m ü. d. M.
Einwohnerzahl: 4584

Wer von Baveno aus über den Lago Maggiore blickt, wird die Begeisterung des jungen Stendhal verstehen, der den See als den schönsten Ort auf Erden bezeichnete. Die Steinbrüche aus rosafarbenem Granit, die Parkanlagen von Punta della Castagnola am Ufer von Pallanza und vor allem die Isole Borromee mit ihren riesigen Lustgärten fügen sich zu einer hinreißenden Landschaft zusammen.

Sehenswertes in Baveno

* Parrocchiale dei Santi Gervaso e Protaso

Das wichtigste Denkmal in Baveno ist die Parrocchiale dei Santi Gervaso e Protaso mit separatem Baptisterium. Fassade und Turm der Kirche (12. Jh.) sind im romanischen Baustil gehalten. Im Innenraum gibt es zwei Tafelgemälde von Defendente Ferrari (16. Jh.) zu sehen. Die achteckige Taufkapelle stammt aus frühchristlicher Zeit, wurde im Barock allerdings stark verändert.

BAVENO ERLEBEN

AUSKUNFT

Ufficio Informazioni
Piazza Dante Alighieri 14
Tel. 0323 924632, www.baveno.net

ESSEN

▶ Erschwinglich

Ascot
Via Libertà 9
Tel. 0323 925226
Ruhetag: Mi.; Dez. (unterschiedlich)
Als der Urgroßvater des jetzigen Besitzers das Haus führte, befand sich hier eine Postkutschenstation. Heute besticht das Restaurant durch einen großen Kamin im englischen Stil. Es wird klassische, einfache und schmackhafte Küche serviert.

ÜBERNACHTEN

▶ Luxus

Grand Hotel Dino
Corso Garibaldi 20
Tel. 0323 922201
www.grandhoteldino.com
Zimmer mit zauberhafter Aussicht auf die Borromäischen Inseln. Im jahrhundertealten Park gibt es Schwimmbäder, Restaurants mit Ausblick und ein Beautycenter.

▶ Komfortabel

Rigoli
Via Piave 48
Tel. 0323 924756
www.hotelrigoli.com
Familiengeführtes Hotel mit Restaurant direkt am See, schöne Terrasse und Blick auf die Borromäischen Inseln.

Villen Die zwei schönsten Villen Bavenos sind die **Villa Henfrey-Branca** (19. Jh.) aus rotem Backstein, in der auch Queen Victoria und ihr deutscher Prinzgemahl abstiegen, und die **Villa Fedora**, die dem Opernkomponisten Umberto Giordano gehörte.

Bene Vagienna

HI

Provinz: Cuneo
Einwohnerzahl: 3278
Höhe: 349 m ü. d. M.

Das heutige »Bene Vagienna« liegt auf einer Anhöhe zwischen der Stura di Demonte und dem Tànaro. Das Dorf ist von Wasser umgeben: Auf der einen Seite verläuft ein Bach, auf der anderen Seite fließt der Cherasco-Kanal. Das Wasser und der fruchtbare Boden machen aus dem relativ kleinen Ort ein wichtiges Zentrum für die Landwirtschaft der Pianura Cuneese, über die der imposante Monviso wie eine natürliche Pyramide ragt.

Seinen Namen hat das Dorf von der nahe gelegenen altrömischen Stadt Augusta Bagiennorum, von der es noch interessante Ruinen zu sehen gibt. Bereits im hohen Mittelalter verließen die Einwohner die antike Stadt, um eine neue Siedlung an einem Ort zu bauen, der leichter zu verteidigen war. Dort errichteten sie als erstes eine Burg.

Römische Ruinen im Umland von Cuneo

Sehenswertes in Bene Vagienna

Ein Graben umgibt das fünfeckige **Kastell** aus dem 15. Jh., in dem sich heute ein Seniorenheim befindet. Das beeindruckendste Gebäude an der von Arkaden gesäumten Piazza Botero ist jedoch nicht die ehemalige Festung, sondern die **Parrocchiale dell'Assunta**, in deren Mitte das Denkmal für Giovanni Botero steht. Die heutige Anlage der Kirche geht auf das 17. Jh. zurück, der gotische Kirchturm mit seiner auffälligen achteckigen Spitze ist sogar noch älter (15. Jh.).

Castello und Chiesa dell'Assunta

Das Museo Civico im Palazzo Luserna di Rorà zeigt Funde aus dem antiken Augusta Bagiennorum, darunter zwei bronzene Figuren des Gottes Merkur, kleine Marmorköpfe von Jupiter, Minerva und Mithras, Kapitelle, Terrakotta-Vasen und Dokumente zur Stadtgeschichte sowie die Werke **Giovanni Boteros**. Botero, 1544 in Bene Vagienna geboren, war der Autor des im 17. Jh. erfolgreichen Buches »Ragion di Stato«. Darin versuchte der hochgebildete Jesuit, die Notwendigkeit des vollkommenen Gehorsams gegenüber der Kirche und ihren Gesetzen zu begründen. Das gegenreformatorische Werk wurde von Konservativen ähnlich hoch geschätzt wie die Heilige Schrift selbst.

Museo Civico

! *Baedeker* TIPP

Der Tempel des »Bollito«

Wer qualitätvolles Fleisch schätzt, der sollte unbedingt zur Fiera del Bue Grasso gehen, die seit fast hundert Jahren in Carrù an jedem zweitletzten Donnerstag vor Weihnachten stattfindet. Anlässlich des Rinderjahrmarkts servieren die Restaurants exzellente Bolliti (eine Art italienischer Tafelspitz) mit der traditionellen Salsa.

Umgebung von Bene Vagienna

In Roncaglia (3 km nordwestlich von Bene Vagienna) sind die Ausgrabungen der antiken Stadt **Augusta Bagiennorum** zu besichtigen, die größtenteils noch unter der Erde verborgen liegt. Sichtbar sind Reste von Aquädukt, Theater und Amphitheater, Straßenzügen und Nekropolis sowie eine frühchristliche Kirche mit drei Apsiden und Bogengang.

Archäologische Ausgrabungen

Piazza Cisterna und die elegante Fassade des Palazzo della Cisterna im Stil der Spätrenaissance.

★ Biella

Jf

Hauptstadt der Provinz
Einwohnerzahl: 48 090
Höhe: 420 m ü. d. M.

Biella ist Italiens Hauptstadt der Wolle. Fast alle Fabriken außerhalb der Stadt betreiben günstige Outlets, in denen sich qualitativ hervorragende Schnäppchen machen lassen. In einer verlassenen Industriehalle fand die Kunst ein Zuhause: Michelangelo Pistoletto hat die ehemalige Wollfabrik Trombetta in die atemberaubende »Cittadellarte« verwandelt, ein Kunst- und Kulturzentrum für Ausstellungen, Konferenzen und Kurse.

Biella verdankt seinen frühen und lang anhaltenden industriellen Erfolg in erster Linie seiner hervorragenden geografischen Lage und seinen Wasserreservoirs. Die heutige Stadt hat zwei Zentren: Sowohl das höher gelegene **Piazzo** als auch **Piano**, am rechten Ufer des Cervo, weisen interessante Sehenswürdigkeiten auf.

Biella Piazzo

Nach Piazzo gelangt man am besten mit der Seilbahn von Piazza Curiel (Höhenunterschied 55 m), man kann es aber auch leicht mit dem Auto über die Via Avogrado durch den Bogen von Porta della Torrazza erreichen. An mehreren Stellen gibt die Via Avogrado den Blick auf die Berge und die Serra d'Ivrea frei.

Piazza Cisterna

Wenn Sie den steilen Hang des Colle del Piazzo erklommen haben, stoßen Sie auf die Piazza della Cisterna, die von mittelalterlichen Häusern mit schönen Rundbögen gesäumt wird. Die Stirnseite nimmt der **Palazzo della Cisterna** ein, dessen schlichte Fassade im 16. Jh. erbaut wurde, der Palast selbst stammt vermutlich aus dem späten 14. Jh. Auf dem Platz befindet sich auch die Casa dei Teccio, eines der eindrucksvollsten Häuser Biellas, deren Innenhof zu einer Seite eine formvollendete Loggia säumt. Zur Piazza hin öffnet sich ein gotischer Säulengang.

★ ◀ Casa dei Teccio

Biella *Orientierung*

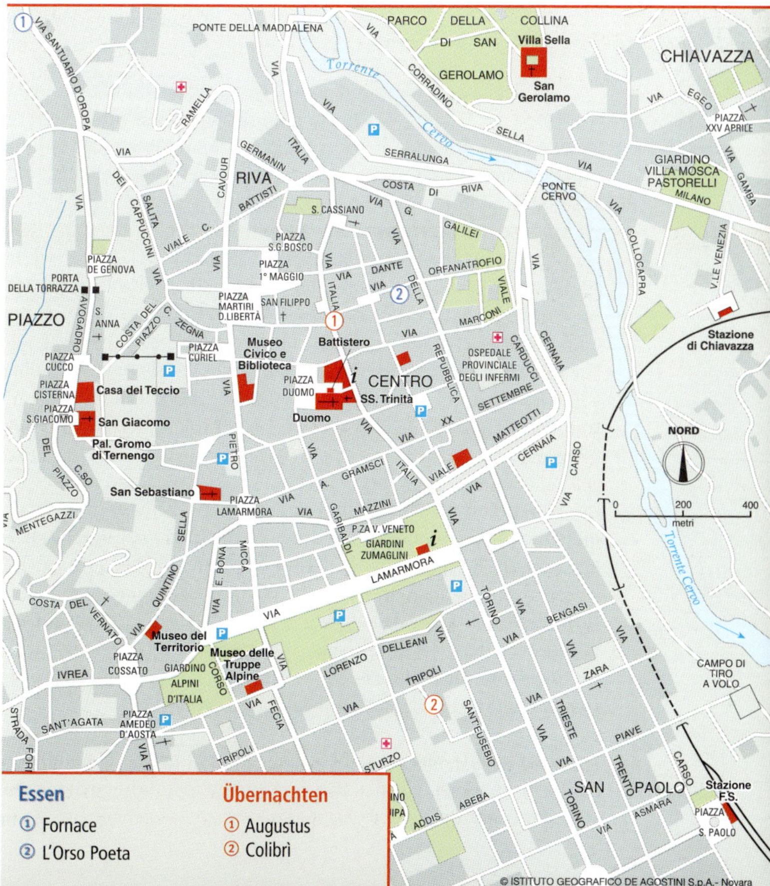

Chiesa di San Giacomo

Die **Chiesa di San Giacomo** befindet sich auf einem kleinen Platz gleich neben der Piazza Cisterna. Der romanische Bau wurde im 13. Jh. errichtet und im 14. Jh. mit gotischen Elementen, darunter auch einem Kirchturm, versehen. Neben der Kirche befindet sich der Palazzo Gromo di Ternengo, ursprünglich aus dem 16. Jh., im 19. Jh. allerdings im pseudoromanischem Stil restauriert. Sehr schön ist der reich geschmückte Innenhof aus der Renaissance: Ein Arkadengang und eine Loggia umsäumen den ruhigen Ort.

Palazzo Gromo ▶ di Ternengo

Corso del Piazzo

Der Corso del Piazzo ist die Hauptstraße von Piazzo. Hier stehen kunstvoll geschmückte Häuser und Palazzi, wie etwa die beiden **Palazzi Ferrero-La Marmora** mit Fassaden aus dem 18. Jh. Vom Innenhof aus kann man einen schönen achteckigen Turm aus dem 15. Jh. sehen.

Biella Piano

Piazza del Duomo

Nur die Gegend um den Dom zeugt heute noch von der früheren Schönheit der Unterstadt. Die im Zuge der industriellen Expansion lange Jahre florierende Bauwirtschaft hat wenig Rücksicht auf die mittelalterliche Stadtanlage genommen. Unser Spaziergang beginnt am Dom und führt über die Via Italia, Pianos Hauptstraße, bis zur Via Gramsci, an deren Ende die Chiesa di San Sebastiano steht.
Die Schatten spendenden Bäume und die **Fontana del Mosè** aus dem 19. Jh. machen aus der Piazza del Duomo einen erholsamen Ort. Auf der einen Seite des Platzes stehen Dom und Baptisterium, die wichtigsten Gebäude der Stadt, an der nahe gelegenen Via del Duomo ragt der romanische **Kirchturm** (13. Jh.) 52,60 m in die Höhe. Die Turmspitze besteht aus einer achteckigen Pyramide. Einfache und doppelte Bogenfenster zieren das acht Stockwerke hohe Gebäude.

Duomo

Zwischen dem späten 18. und dem frühen 19. Jh. glaubte man, den Dom aus dem 15. Jh. umbauen zu müssen, und brachte u. a. ein zweites Portal in neogotischem Stil an. In dem eindrucksvollen dreischiffigen Innenraum, der von freistehenden kreuzförmigen Pilastern getragen wird, sind noch einige Freskenfragmente aus dem 15. Jh. zu sehen: Bemerkenswert ist der so genannte **Cristo degli artigiani**, ein von Werkzeugen verletzter Christus, der gerade einen Stoff zu bearbeiten scheint.

** Battistero

Die Taufkapelle aus vorromanischer Zeit wurde wahrscheinlich im 10. Jh. errichtet. Für den Bau verwendete man unterschiedlichste Materialien, darunter in Fischgrätenmuster angeordnete Kiesel-

und Backsteine und Überreste antiker Gebäude als dekorative Elemente. Der Grundriss besteht aus einem mittleren Quadrat, um das sich vier Konchen nach außen wölben. Das Baptisterium und der nicht weit entfernte romanische Kirchturm (10.–13. Jh.) sind Überbleibsel der ehemaligen Chiesa di Santo Stefano, die zur mittelalterlichen Stadt gehörte. Zwischen den Konchen halten hohe Stützpfeiler die achteckige Kuppel mit dem kleinen Laternenhäuschen. Lisenen und kleine Blendnischen schmücken die eleganten Apsiden. Im leeren Innenraum sind noch Reste von Fresken aus dem 14. Jh. sichtbar.

SS. Trinità und San Sebastiano

Die **Chiesa della SS. Trinità** (17./18. Jh.) hat einen wunderschönen **Hochaltar**, er ist das Hauptwerk des Holzschnitzers Giovanni Antonio Vaglio. In der **Chiesa di San Sebastiano** (16. Jh.), deren dreischiffiger Innenraum aufwändig gestaltet ist, sind einige bedeutende Wer-

BIELLA ERLEBEN

AUSKUNFT

ATL Biella
Piazza Vittorio Veneto 3
Tel. 015 351128
Tel. 800 811 800
www.atl.biella.it
info@atl.biella.it

ESSEN

▶ Preiswert

① *Fornace*
Piazzale Funivia
Oropa
Tel. 015 2455922
Ruhetag: Außerhalb der Saison Mittw.; Febr.
Mit seinem großen Saal ist dieses Restaurant ideal für Feste. Moderate Preise, regionale Küche.

② *L'Orso Poeta*
Via Orfanotrofio 7
Tel. 015 21252, www.orsopoeta.com
Ruhetag: Mo., Jan. bis Febr. (unterschiedlich)
Restaurant, das nur abends, dann aber bis spät in die Nacht geöffnet ist. Live-Musik. Auch die Pizza ist gut.

ÜBERNACHTEN

▶ Komfortabel

① *Augustus*
Via Italia 54
Tel. 015 27554
www.augustus.it
Zentral gelegen, mit modernen und gut ausgestatteten Zimmern. Sehr aufmerksamer Service. Ohne Frühstück.

▶ Günstig

② *Colibrì*
Via Cerruti 5
Tel. 015 8494944
Das nahe der Innenstadt gelegene Hotel ist vor allem für Geschäftsreisende geeignet. Großer Eingangsbereich, Bar und Restaurant mit regionaler und internationaler Küche und Diätkost, Zimmer mit Komfort.

Rausch der Farben: spektakuläre Rhododendron-Blüte im Parco della Burcina.

ke des 16. Jh.s zu sehen: ein Polyptychon von Defendente Ferrari, auf dem die Muttergottes mit dem Jesuskind dargestellt ist, das Chorgestühl, ein Meisterstück der Holzschnitzerei, und das Altarbild mit der Heiligen Maria von Bernardino Lanino, eines der gelungensten Werke des Malers.

Museo del Territorio

Der Kreuzgang des ehemaligen Klosters von San Sebastiano dient heute als Museo del Territorio. Die Sammlung des Museums umfasst archäologische Funde, Fresken und Gemälde aus der Zeit vom 11. bis zum 18. Jh. und Keramik des 18. Jh.s (Öffnungszeiten: 11.00–19.00 Uhr; Mo. geschlossen).

Umgebung von Biella

** Parco della Burcina

Der Parco della Burcina, auch **Felice Piacenza** genannt, liegt 7 km nordöstlich von Biella bei Pollone. Die Anlage geht auf das Jahr 1850 zurück, als der damalige Besitzer der Hügellandschaft von Bric Burcina beschloss, die Anhöhe als Englischen Garten gestalten zu lassen. Größte Attraktion ist die **Rhododendron-Sammlung**, die

eine zwei Hektar große Mulde bedeckt und in der Blütezeit einen unglaublichen Anblick bietet. Im Mai blüht auch der außergewöhnliche »albero dei fazzoletti« (»Taschentuchbaum«, Davidia involucrata). Nadel- und exotische Laubbäume verbinden sich mit der landestypischen Vegetation zu einem perfekten Ganzen.
Im Park wachsen u.a. Sequoien, Zypressen, Blütendornbüsche, Buchen, Ahorne, Pinien, Tannen und Lärchen. Der Weg, der sich den Hügel emporschlängelt, führt an dem Sequoien-See und der Rhododendron-Mulde, an Wäldern und Wiesen, an Höfen und blühenden Lichtungen vorbei. Die Hügelspitze, wo Buchen, Kastanienbäume und Birken stehen, erinnert beinahe an eine Berglandschaft.
Der Park ist nur für Fußgänger zugänglich (Do. und Sa. morgens dürfen Senioren über 65 Jahre und gehbehinderte Personen den Park mit dem Auto besichtigen).

Ricetti

»Ricetti« nennt man die spätmittelalterlichen, von Wehrmauern umgebenen Magazinanlagen, in denen die Bauern Wein und Getreide unterbrachten. Im Piemont gab es mehr als zweihundert dieser befestigen Speicherstädte, davon allein zwölf bei Biella. Die meisten sind entweder zerstört oder zu Wohnhäusern umgebaut worden, einige dienen noch als touristische Sehenswürdigkeit.

Candelo
★
◀ Ricetto

In der kargen Gegend von Baraggia, 5 km südlich von Biella, liegt das Dorf **Candelo** mit dem einzig vollständig erhaltenen »ricetto« des Piemont aus dem späten 13. Jh. Der pentagonale Grundriss beträgt 13 000 m². Vier Rundtürme und ein quadratischer Wehrturm verstärken die aus Kieselsteinen gebauten Mauern.
Neben dem heutigen Rathaus auf der Piazza Castello erhebt sich ein mächtiger Torturm, durch den man das befestigte Areal betritt. Als erstes gelangt man auf einen kleinen Platz. Hier überragt ein Gebäude die anderen: Ende des 15. Jh. ließ der damalige Lehnherr von Candelo, Sebastiano Ferrero, den so genannten Palazzo del Principe errichten. Die fünf Längs- und drei Querstraßen der Speicherstadt heißen »rue« und fallen ab, so dass Wasser und Schlamm leicht abfließen konnten. Jedes Lagerhaus besteht aus zwei voneinander getrennten, übereinander liegenden Räumen, der obere war einst nur über eine äußere Treppe zu erreichen. Bis heute produzieren und lagern die Bauern hier ihren Wein.

! *Baedeker* TIPP

Kirschnektar

Der inzwischen berühmte Ratafià ist ein Likörgetränk, das aus schwarzen Kirschen gewonnen wird. In anderen Gegenden Italiens ist das traditionsreiche Getränk nur schwer zu finden. Likörliebhabern empfehlen wir, eine Flasche in Andorno Micca (6 km nördlich von Biella) zu kaufen.

Gagliànico In Gagliànico, 3 km südlich von Biella, steht **eines der schönsten Schlösser des Piemont**, das sich in Privatbesitz befindet und daher nicht besichtigt werden kann. Im 14. Jh. als Festung erbaut, wurde das Castello im 16. Jh. in eine prachtvolle Residenz verwandelt. André Le Nôtre, der berühmte Architekt Ludwig XIV., der bereits die Gärten von Versailles entworfen hatte, konzipierte Teile des Schlossparks im italienischen Stil.

Riserva naturale speciale della Bessa Die **Bessa** ist heute ein Naturpark, durch den ein weites Gebiet der großen, aus der Eiszeit stammenden Moräne geschützt werden soll. 15–20 m hohe Steinhaufen prägen die außergewöhnliche Landschaft. Aufgetürmt wurden sie von den Römern, die einst aus den in der Nähe fließenden Flüssen Elvo und Olobbia Gold gewannen. Um leichter an das Edelmetall zu kommen, schafften sie die mächtigen Steine aus den Flussbetten hierher. Heute durchziehen überall schmale Gräben, aus denen eine dichte Vegetation hervorbricht, die Steinlandschaft.

La Baraggia Zwischen Candelo und Rovesanda liegt eine sanfte Hügellandschaft, die vom Cervo und seinen Zuflüssen sowie wenig befahrenen Straßen durchzogen wird: die Baraggia. Die **Reisfelder** sind schon weit in dieses Territorium vorgedrungen, das einst vom Elvo bis zum Ticino reichte. Schafherden weiden im Winter noch auf den letzten Wiesen, während sie auf den Sommer warten, um wieder auf die Bielleser Alpen zu steigen.
Teile der Baraggia stehen unter **Naturschutz**. Hier wachsen Buchen, Sommereichen, Birken und im Unterholz **Heidekraut**, das auf dem kargen, sauren und starken Regenfällen ausgesetzten Boden gut gedeiht. Hier leben auch seltene Käferarten.

Val Borbera

OPk

Provinz: Alessandria

Die Val Borbera ist einer der schönsten Landstriche des piemontesischen Apennins. Die dichten Kastanienwälder auf den Bergen, in denen Wölfe leben und unzählige Pilzsorten wachsen, die Enzian-, Orchideen- und Narzissenblüte im Frühling und die roten Lilien im Sommer machen aus diesem Tal ein kleines Paradies auf Erden. Einst lebten hier ligurische Stämme, später kamen Römer und schließlich Genueser Feudalherren. Heute scheint der Ort mit seinen schlichten Steinhäusern und idyllischen Dörfern vom hektischen Treiben der Welt unendlich weit entfernt.

Baedeker TIPP

Das Tal der Genüsse

Die Val Borbera ist für Liebhaber guten Essens, biologischer Produkte und vor allem des schmackhaften, gesunden Fleisches ein ideales Reiseziel. Feinen Genuss versprechen Coppa, Bauchspeck und Sülze. Das Fleisch, aus dem sie produziert werden, stammt von »glücklichen«, auf Wiesen gehaltenen Schweinen.

Lecker ist auch der mittelgereifte Mollana-Käse aus reiner Kuhmilch. Aus der alten Weinrebe Timorasso, die im mittleren Borbera-Tal wächst, gewinnt man einen leicht duftenden, »strohfarbenen« Weißwein.

Die Orte der Val Borbera

Borghetto Borbera

In einer Quelle von 1319 wird Borghetto Borbero als **Borgo degli Americi** erwähnt. Die **Abbazia di San Pietro a Molo** war wahrscheinlich ein Ableger des langobardischen Klosters von Bobbio und hatte nicht nur eine religiöse, sondern auch eine administrative und militärische Funktion für die Region. Das **Castello di Torre Ratti**, 1413 das erste Mal erwähnt, wurde in der Spätrenaissance und im Barock weiter ausgebaut und befestigt.

Cantalupo und Rocchetta

Das Kastell von Borgo Adorno in **Cantalupo Ligure** prägt das schöne Tal. Bis 1518 gehörte das Lehen den Spinola, dann ging es an die Botta Adorno. Das Schloss ist für die Öffentlichkeit nicht zugänglich, man kann aber den architektonisch äußerst interessanten Innenhof besichtigen.

»Marughi« werden die Häuser aus dem 15. Jh. genannt, die in **Rocchetta Ligure** entlang der Salzstraße stehen. Im Palazzo Spinola aus dem 17. Jh. ist sowohl das Museo della Resistenza (Öffnungszeiten: Mo. bis Fr. 8.00–14.00 Uhr, Sa. 8.00–12.00 Uhr) untergebracht, wie auch der europäische Sitz des New Yorker Living Theatre.

Albera und Roccaforte

Albera Ligure war in der Antike eine wichtige Stadt, im Mittelalter hatte die Gemeindekirche eine gewisse Bedeutung. Im kleinen Vorort Volpara können Sie das Museo della vita contadina, ein volkskundliches Museum, besichtigen (Informationen: Tel. 010 3992268). In **Roccaforte Ligure** steht ein antiker Grenzstein (»Ara delle Matrone«), der 1822 gefunden wurde. Hier verlief wahrscheinlich die Straße, die nach Libarna führte. Die Burg von Roccaforte ist heute nur noch eine Ruine, aber man hat von dort ein wunderbares Panorama.

Mongiardino und Cabella

Früher stand bei Vergangni mitten in der bergigen Landschaft von **Mongiardino Ligure** eine Burg aus dem 14. Jh. Auch im nahe gelegenen Ferienort **Cabella Ligure** befand sich eine Festung. An ihrem Platz steht heute der im 16. Jh. erbaute Palazzo Doria-Pallavicino. Derzeit gehört der Palazzo einer indischen Prinzessin, die Sahaja-Yoga-Kurse anbietet und hier Jünger aus der ganzen Welt empfängt.

! *Baedeker* TIPP

Speisen in der Scheune

Auf der anderen Seite des Wildbaches Borbera liegt das kleine Dorf Castel Ratti. Hier hat sich das Restaurant Il Fiorile in einer ehemaligen, liebevoll umgebauten Scheune einquartiert. Die Küche bietet sowohl Klassiker als auch Neuerfindungen der ligurischen und piemontesischen Küche. Alle Gerichte werden aus frischen lokalen Produkten hergestellt. Exquisit ist auch die Auswahl an Käse und Wurstwaren aus der Gegend (Via XXV Aprile, Tel. 0143 697303, Mo. geschlossen).

Carrega Ligure war früher für Reisende und Handelsleute ein wichtiger Ort; heute stehen viele Häuser leer. In dem schönen **Museo della Cultura popolare dell'alta Val Borbera**, das in der alten Pfarrkirche eingerichtet worden ist, kann man viel über die Alltags- und Kulturgeschichte des Tales lernen. Ausgestellt werden Arbeitswerkzeuge der Landwirtschaft, die beispielsweise zur Ernte und Verarbeitung von Kastanien dienten, sowie Schmiedeutensilien, Küchengeräte und Formen für die Herstellung von Käse, einfaches Kinderspielzeug, Bettwärmer und vieles mehr (Besichtigung nach Vereinbarung unter Tel. 0143 642781).

Le Strette

Zwischen Borghetto und Cantalupo bahnt sich ein Fluss seinen Weg durch harte Felsformationen. Seine 30 Millionen Jahre währende Hartnäckigkeit hat einen wundervollen, malerisch gewundenen **Canyon** in diese karge Landschaft gegraben.

Valle Spinti, Grondona

Das **Spinti-Tal** beginnt in Arquata Scrivia und läuft parallel zur Val Borbera. **Grondona,** ein Dorf, das unterhalb des zerstörten Castello Doria liegt, hat zwei Kirchen (Chiesa dell'Assunta und Chiesa dell'Annunziata) aus romanisch-gotischer Epoche. Im Mittelalter war es eines der vielen kaiserlichen Lehen, durch welche die Ligurer ihre Herrschaft über den Apennin sicherten.

Borgomanero

Provinz: Novara
Einwohnerzahl: 19 200
Höhe: 308 m ü. d. M.

Die moderne Industriestadt Borgomanero liegt am Fluss Agogna auf den ersten Moränenhügeln südlich des Lago d'Orta. In der unmittelbaren Nähe der Stadt stehen viele interessante romanische Sakralbauten, darunter einige mit wunderbaren Fresken.

Sehenswertes in Borgomanero

Chiesa di San Bartolomeo

Die ursprünglich romanisch-gotische Kirche San Bartolomeo wurde im Barock umgestaltet, aus der ersten Bauphase sind der gotische Kirchturm und Fresken aus dem 13./14. Jh. erhalten geblieben. Bemerkenswert sind auch einige Gemälde von Morazzone. Die Kirche steht auf der von Arkaden gesäumten Piazza Martiri della Libertà, wo sich auch das Rathaus (Palazzo Tornielli) befindet. Die Statue der Muttergottes ist aus dem 18. Jh.

Chiesa di San Leonardo

Eine der vielen eindrucksvollen und schlichten romanischen Kirchen der Gegend um Novara ist die Chiesa di San Leonardo. Im Inneren befinden sich Fresken aus dem 13. Jh. und Altäre aus dem 15. und 16. Jh.

BORGOMANERO ERLEBEN

ESSEN

▶ Erschwinglich

Bersagliere
Corso Mazzini 11
Tel. 0322 82277
www.bersagliere.com
Ruhetag: Mo.
Das elegant eingerichtete und gastfreundliche Restaurant befindet sich in einem antiken Palazzo. Einfache Küche und große Weinauswahl.

ÜBERNACHTEN

▶ Günstig

San Francesco
Via Maggiate 109, Tel. 0322 845860
www.hotelsanfrancesco.com
Gepflegte Zimmer. Das Restaurant serviert einfache Gerichte der lokalen Tradition. Zum Haus gehört auch eine moderne Cocktail- und Weinbar.

▶ Erschwinglich

Arianna
Via Umberto 4
Cavaglietto, Tel. 0322 806134
www.ristorantearianna.net
Ruhetag: Di. bis Mi. (Mittag); 24. Dez. bis 14. Jan., 24. Juli bis 14. Aug. (unterschiedlich)
Stilvoller Saal mit nur wenigen Tischen, die Gerichte werden mit großer Aufmerksamkeit bis ins kleinste Detail zubereitet.

Umgebung von Borgomanero

Baptisterien von Agrate Conturbia und von Cureggio

In **Agrate Conturbia,** 10 km südlich von Borgomanero, steht ein romanisches **Battistero** aus dem 12. Jh. Man beachte vor allem die anmutige, mit Bogenfriesen und Blendbögen verzierte achteckige Kuppel. Eine weitere hübsche Taufkapelle in romanischem Stil befindet sich im kleinen **Cureggio,** 2,5 km südlich von Borgomanero.

Cappella di San Tommaso a Briga Novarese

Weniger als 4 km weiter nördlich liegt Briga Novarese. Unmittelbar am Dorfausgang steht die romanische Cappella di San Tommaso. Ganz aus Flusssteinen gebaut, wurde sie Ende des 11. Jh.s mit Fresken ausgemalt.

Romagnano Sesia

Im Industriestädtchen Romagno Sesia, 12 km südwestlich von Borgomanero, sind in der **Parrocchiale di San Silano** (19. Jh.) einige interessante Kunstwerke zu sehen: der Sarkophag von San Silano aus dem 7. Jh., zwei Gemälde von Bernardino Lanino (»Pentecoste«, »Ecce Homo«, 16. Jh.) und ein Bild von Macrino d'Alba (»Madonna col Bambino«)

Nebbiolo aus dem nördlichen Piemont

In **Ghemme**, 14 km südwestlich von Borgomanero, **Fara** und **Gattinara**, das auf der anderen Seite des Sesia liegt, wird die Weinrebe Nebbiolo angebaut, aus der die schon in der Antike bekannten Rotweine Gattinara, Ghemme, Fara und Lessona gewonnen werden. Die hiesigen Ausläufer der Moränen eignen sich für den Weinanbau besonders gut: Sie haben Wasser vom Sesia, fruchtbaren Boden und den optimalen Grad an Sonneneinstrahlung. Im **Istituto Terre del Nebbiolo del Nord Piemonte** können Sie die Kellereien der lokalen Weinproduzenten besichtigen (n. V., Tel. 0163 834070).

Borgosesia

Ke

Provinz: Vercelli
Einwohnerzahl: 14 531
Höhe: 354 m ü. d. M.

In der niederen Valsesia mit ihren reichen Wasservorkommen fand im 19. Jh. die Wollindustrie einen idealen Standort. Das von Hügeln umgebene Borgosesia ist heute das wichtigste und größte Handelszentrum der Region.

Direkt aus der Fabrik

Die Fabrikläden von Agnona in Borgosesia und von Loro Piana in Quarona sind echte touristische Attraktionen. Hier kann man zu erschwinglichen Preisen Kleidung aus feinster Wolle kaufen.

Sehenswertes in Borgosesia

Parrocchiale dei Santi Pietro e Paolo

In der barocken Pfarrkirche der Heiligen Petrus und Paulus auf dem zentralen Platz von Borgosesia befinden sich mehrere Werke des im 17. Jh. hier ansässigen Cristoforo Martinollo, genannt il Rocca, darunter eine »**Deposizione**«. Außerdem schmücken Fresken von Tanzio da Varallo (1580–1635) und eine **Sacra Famiglia** von Gaudenzio Ferrari (1477–1546) den Innenraum.

Museo di Paleontologia e Paletnologia

Im Museo di Paleontologia e Paletnologia werden zahlreiche Funde aus den Grotten des Monte Fenera aufbewahrt und gezeigt. Sie bezeugen, dass hier in der Steinzeit Neandertaler und Höhlenbären lebten.

Umgebung von Borgosesia

Quarona

Auf einer großen Terrasse über dem Sesia, 4 km nördlich von Borgosesia, liegt das Dorf Quarona, das keltischen Ursprungs ist. Für die »Madonna col Bambino« von Gaudenzio Ferrari lohnt sich ein Blick in die **Parrocchiale di Sant'Antonio**. In der etwas außerhalb des Dorfes auf einem Hügel gelegenen alten **Pfarrkirche San Giovanni sul**

▶ BORGOSESIA ERLEBEN

ESSEN

▶ Erschwinglich

Casa Galloni 1669
Via Cairoli 42/44
Tel. 0163 23254
Ruhetag: So. (Abend); Mo.; Aug.
Das Restaurant liegt in einem Haus des 17. Jh. mit Bögen, Holzdecken und Steinfußböden. Verschiedene Säle verteilen sich auf mehrere Stockwerke: helle Farben und Antiquitäten bestimmen die Innenausstattung. Die liebevoll zusammengestellte Speisekarte umfasst regionale Spezialitäten, saisonale Gerichte und extravagante Kompositionen.

ÜBERNACHTEN

▶ Günstig

Capitol
Viale Varallo 244
Tel. 0163 22676
www.hotelcapitol.it
Ein schöner Garten umgibt das seit vielen Jahren familiengeführte, komfortable Hotel. Die Zimmer sind angenehm und funktional.

Monte sind wunderbare Freskenzyklen aus dem 13. bis 15. Jh. erhalten, von denen die ältesten sogar Werke der Byzantinischen Schule sein könnten. Die **Chiesa di San Giovanni** auf dem Areal des alten romanischen Friedhofs stammt aus dem 4. Jh. Im 9. Jh. wurde sie vergrößert und mit einem zweiten Gebäude, das bis dahin vermutlich militärischen Zwecken gedient hatte, verbunden. Dies erklärt die merkwürdige Form des Gotteshauses.

Valduggia 4 km weiter östlich von Borgosesia gelangt man nach Valduggia. Schmuck des Ortes sind der Palazzo pretorio und die **Parrocchiale di San Giorgio** mit einem Gemälde von Gaudenzio Ferrari (»Natività«) und einem sehenswerten Triptychon von Bernardino Lanino, beide aus dem 16. Jh.

Grignasco In Grignasco, 6 km südöstlich von Borgosesia, sollte man sich die Parrocchiale dell'Assunta, einen prachtvollen Barock-Bau, anschauen, die der Architekt Bernardo Vittone im 18. Jh. erbaute. Neben der überbordenden Fassade beeindruckt der sechseckige Innenraum, über dem eine von fächerartigen Öffnungen gezierte Kuppel zu schweben scheint.

★ Parrocchiale ▶ dell'Assunta

Parco naturale Monte Fenera Der Parco naturale Monte Fenera (Höhe: 320–900 m) erstreckt sich entlang der Grenze zwischen den Provinzen Vercelli und Novara. Der Berg, der einsam über die Hügel der niederen Valsesia ragt, steht unter Naturschutz. Schon in der Steinzeit lebten hier Neandertaler. Zahlreiche **archäologische Funde** beweisen, dass dieses Gebiet kontinuierlich von Menschen besiedelt war. Karsterscheinungen haben in den kalkig-dolomitischen Schichten zu Höhlenformationen geführt, in denen **Reste prähistorischer Fauna**, z. B. von Höhlenbären gefunden wurden. Auf der südlichen und der westlichen Seite des Berges wachsen seltene Pflanzen, darunter Mäusedorn. Seit 1994 nisten hier Schwarzstörche.

★★ Borromäische Inseln

Md

Provinz: Verbania

Benannt wurden die Borromäischen Inseln nach der Familie Borromeo, die Jahrhunderte lang über den Lago Maggiore herrschte. Kunstvoll und weise hat der Mensch auf diese paradiesische Naturlandschaft eingewirkt. Die drei kleinen Inseln liegen im Golfo Borromeo genau zwischen Verbania und Stresa. In ihrem gemäßigt warmen Klima gedeihen selbst exotische Pflanzen vom anderen Ende der Welt prächtig.

Der prachtvolle Palazzo Borromeo (17. Jh.) spiegelt sich im Wasser des Lago Maggiore.

✶✶ Isola Bella

Isola Bella (320 m lang, 80 m breit) ist das Ergebnis eines einzigartigen architektonischen Großprojektes, zu dem der herrschaftliche **Palazzo**, Dienstgebäude, Ställe und die **grandiose Gartenanlage** gehören. Die Insel wirkt wie ein in sich geschlossenes Bühnenbild mit dem Park, den zum See absteigenden und mit Statuen verzierten Terrassen und dem Prachtpalais, das ganz ins Grüne gebettet ist. Ihre Form erinnert an das Symbol der illustren Prinzenfamilie Borromeo: ein Schiff. Die oberen Gartenterrassen sind einem Schiffsdeck nachempfunden, während der Palazzo wie ein Bug aussieht. Ganz im Geiste des Barock sollte die Insel ein kleines Wunderland sein.

Ein schwimmendes Theater

Um 1632 beschloss Prinz **Carlo III. Borromeo**, als Geschenk für seine Frau Isabella den nackten Felsen in eine Wunderinsel zu verwandeln. Ihr ursprünglicher name lautete »Isola Isabella«, woraus mit der Zeit »Isola Bella« wurde. Carlos Nachfolger, Prinz Vitaliano, förderte die Gestaltung der Insel engagiert. Er beauftragte berühmte Architekten wie Francesco Maria Richini, Francesco Castelli und Carlo Fontana.

Der prunkvolle Palazzo Borromeo besteht aus einem zentralen, etwas höheren Gebäude und drei verschachtelt angeordneten Seitentrakten. Wertvolle Gemälde, Teppiche und antike Möbel bilden

i Verbindungen

- Die Inseln sind leicht zu erreichen. Das ganze Jahr setzen Boote der Società Navigazione del Lago Maggiore mehrmals täglich über (zwischen April und Okt. besonders häufig).

Perfekte Harmonie: Seerosen im botanischen Gartens der Isola Madre.

** **Palazzo Borromeo**

ein stilvolles Ensemble im Innern. Der eindrucksvollste Raum ist der **Salone delle Feste**, der, von einer großen Kuppel überdacht, auf den See blickt. Zu sehen sind auch das Schlafzimmer, in dem Napoleon übernachtete, der neoklassizistische Ballsaal, der Thronsaal und die Sala degli Arazzi. Hier hängen kostbare flämische Gobelins aus dem 17. Jh., auf denen die Legende vom Einhorn erzählt wird. Zum Palazzo gehört auch eine bemerkenswerte Pinakothek mit Bildern von Luca Giordano (1634–1705), Cerano (1575–1632), Giambattista Tiepolo (1696–1770), Annibale Caracci (1560–1609) und Francesco Zuccarelli (1702–1788). Im Untergeschoss gelangt man in **sechs künstliche Grotten**, die sich zum Wasser hin öffnen und stets im Schatten liegen; hierher flohen die Schlossbewohner vor der sommerlichen Hitze. Der Tuffstein der Höhlenwände ist mit Muscheln und Marmorstücken versetzt, während die Böden aus weißen und schwarzen Rundsteinen in kunstvollen Mustern zusammengesetzt sind.

** **Il giardino**

Der Garten ist ein beeindruckendes Beispiel **barocker Gartenarchitektur**: In zehn übereinander liegende Terrassen gegliedert, bildet er die Form einer stumpfen Pyramide. Obelisken, Treppen, Balustraden, Becken, Wasserfälle und Naturallegorien aus Stein schmücken die einzelnen Plateaus. Auf dem obersten steht eine mit Skulpturen und Nischen verzierte Wand, die an eine Theaterkulisse erinnert. Von hier aus genießt man einen **grandiosen Blick über See** und Berge. Bäume und Büsche sind in geometrische Formen geschnitten, je nach Jahreszeit blühen hier Rosen und Jasmin, Kamelien und Azaleen in üppiger Fülle, Auch zahlreiche exotische Pflanzen, so etwa ein prachtvoller, zweihundert Jahre alter Kampferbaum mit 7 m Umfang, haben hier Wurzeln geschlagen. Am schönsten ist der Park zwischen April und Mai wegen seiner berauschenden Frühlingsblüte und zwischen Juli und September, wenn die exotischen Pflanzen blühen. Öffnungszeiten: Ende März bis Ende Okt. 9.00–12.00 und 13.30–17.30 Uhr. Während der übrigen Monate kann man die Insel besuchen, Palazzo und Gartenanlage sind jedoch geschlossen.

✶ Isola dei Pescatori

Auf der Isola dei Pescatori befindet sich ein kleines Fischerdorf mit schmalen Gassen und vielen Treppenaufgängen, die immer wieder den Blick auf die atemberaubende Landschaft freigeben. Kleine Restaurants, Cafés und pittoreske Boutiquen machen den Aufenthalt auf der Insel noch angenehmer.

✶✶ Isola Madre

Die Mutterinsel (330 m lang, 220 m breit) gilt als einer der schönsten und spektakulärsten botanischen Gärten Italiens. Im 18. Jh. wurde hier ein zweiter Palazzo Borromeo mit einem eleganten Säulengang errichtet. Im Inneren des Palais ist eine ungewöhnliche und wertvolle Sammlung von Marionetten und Puppentheaterkulissen aus dem 19. Jh. untergebracht. Besonders eindrucksvoll ist der Venezianische Saal.

Giardino Borromeo

Im botanischen Garten wachsen seltene und exotische Pflanzen, darunter eine riesige blaugrün schimmernde **Kaschmirzypresse**, zahllose Palmen und seltene Kamelienarten. Wunderschön sind auch die Glyzinienpergolas, die zu den ältesten Europas gehören (Öffnungszeiten: Ende März bis Ende Okt. 9.00–17.00 Uhr).

Bossolasco

J1

Provinz: Cuneo
Höhe: 757 m ü. d. M.
Einwohnerzahl: 710

In Bossolasco ist alles von adretter Schönheit: Rankrosen und mit Blumen gefüllte Schubkarren schmücken Straßen mit alten Sandsteinhäusern. Berühmt ist der Ort für seine Feste, besonders für die »Schafschau« im August.

Chiesa di San Giovanni Battista

Zum ersten Mal ist Bassolasco in einer Urkunde von 1077 erwähnt; im 15. Jh. wurde es Lehen der Markgrafen del Carretto. Die Kirche **San Giovanni Battista** mit ihrem pyramidenförmigen Kirchturm und den pseudomittelalterlichen Fresken baute man erst im Jahr 1927.

Umgebung von Bossolasco

Murazzano

In der Antike hieß Murazzano, das auf einem der höchsten Hügel der Langhe liegt, Fundus Munatianus. Über dem Dorf mit seinen steilen Gassen ragen ein hoher Steinturm und der Kirchturm von San Lorenzo aus dem 14. Jh. hervor. Die Mittelschule ist in einem schönen Jugendstil-Palazzo mit gewundenem Dach untergebracht. Von kunsthistorischem Interesse ist das Heiligtum der Madonna von Hale. Ende August feiert man in Murazzano den Schafmarkt, Anfang Mai begrüßen die Kinder des Ortes beim Frühlingsfest die milde Jahreszeit mit alten piemontesischen Liedern.

! *Baedeker*TIPP

DOP Schafskäse

Nach dem Ort Murazzano ist ein Frischkäse benannt, der 40 Prozent Kuhmilch enthält. Dem köstlichen Käse ist sogar ein eigenes Fest, die Sagra del Murazzano, gewidmet.

Serravalle Langhe und Mombarcaro

Eine schöne Sicht genießt man auch von **Serravalle Langhe** (760 m ü. d. M.). Hier können Sie den Palazzo comunale und das mittelalterliche und später neu gestaltete Oratorio di San Michele mit schönen Fresken aus dem 15. Jh. besichtigen. Von dem 900 m hoch gelegenen **Mombarcaro** aus erblickt man das Ligurische Meer und Savona.

Bra

Ik

Provinz: Cuneo
Einwohnerzahl: 27 300
Höhe: 290 m ü. d. M.

Bra sieht mit seinen pastellfarbigen Häusern, den schmiedeeisernen Balkonen und den gepflasterten Straßen wie ein kleines Turin aus. Es liegt zwischen den Hügeln des Roero und der Hochebene von Cuneo. Schon in der Steinzeit lebten hier Menschen; später gründeten die antiken Römer am Tànaro die Stadt Pollentia, das heutige Pollenzo.

Geschichte

Wahrscheinlich gründeten die Mönche von San Colombano di Bobbio im Jahre 1082 das kleine Dorf in der »brayda« (langobardisch für ein großes Gut mit viel Weideland), die ihnen von Adelaide di Susa geschenkt worden war. Lehnsherren wurden die de Brayda; später zogen die Einwohner von Pollenziano hierher und vergrößerten das um die Burg angelegte Dorf. In der Mitte des 12. Jh.s wurde Bra autonome Stadtrepublik. Zwischen 1224 und 1559 wechselten die Herrscher: Zuerst fiel Bra unter die Domäne von Asti, dann kamen die Orléans, schließlich die Savoyer. Während des 18. Jh.s wuchs und florierte die Stadt auch dank des Architekten Bernardo Antonio Vittone. Er baute hier zwei Meisterwerke des Spätbarocks: die geschwungene Fassade des Palazzo Municipale und die Chiesa di Santa Chiara. Im 19. Jh. entwickelte Bra sich zu einem regen Industriezentrum, zunächst im Bereich der Lederverarbeitung (das Leder kam aus der Rinderzucht der Region bei Cuneo), später in der Plastikherstellung. Heute lebt die Stadt vor allem vom Wein- und Viehhandel.

Die prachtvolle Barockkirche Sant'Andrea.

Sehenswertes in Bra

Bra hat viele barocke Gebäude. Darunter fällt die **Chiesa di Sant'Andrea** aus dem 17. Jh. besonders auf, die mit ihrem unregelmäßigen Grundriss schräg auf dem schönen Marktplatz, der heutigen Piazza Caduti per la Libertà, steht. Der **Palazzo Comunale** neben der Kirche wurde 1730 neu gebaut. Unweit von der Piazza stoßen Sie auf den gotischen **Palazzo Traversa**, in dem das **Museo civico archeologico e storico artistico** mit Funden aus Pollentia untergebracht ist (Öffnungszeiten: Di. bis Do. 15.00–18.00 Uhr; jeden zweiten Sa. und So. des Monats 10.00–12.00 und 15.00–18.00 Uhr). Ebenfalls in der Nähe liegen die **Chiesa di Santa Chiara** (18. Jh.), ein Meisterwerk der Rokoko-Architektur, und das **Museo civico Craveri di Storia naturale** (Öffnungszeiten: 15.00–18.00 Uhr, Mo. geschlossen).

Piazza Caduti per la Libertà

Entlang der Via Vittorio Emanuele und in den unmittelbar umliegenden Straßen stehen weitere eindrucksvolle Palazzi und Kirchen, darunter die **Chiesa della Trinità** (17. Jh.), die antiken **Palazzi Guerra** und **Rosso** sowie die **Chiesa di Santa Maria degli Angeli**, ein elliptischer Bau aus dem 18. Jh. mit sechs Seitenaltären neben dem Hochaltar.

Via Vittorio Emanuele

BRA ERLEBEN

ESSEN

▶ Erschwinglich

Battaglino
Piazza Roma 18, Tel. 0172 412509
www.ristorantebattaglino.it
Ruhetag: Mo., So. (Abend); Aug.; Jan. (unterschiedlich)
Rustikales Restaurant: Regionale Küche aus den Langhe mit hiesigen Produkten: Besonders gut ist die»finanziera« und die Auswahl an lokalen Weinen.

ÜBERNACHTEN

▶ Günstig

Badellino
Piazza XX Settembre 4, Tel. 0172 439050
www.ristorantealbergobadellino.it
Kleines Hotel mit einfachen, aber stilvollen Zimmern in einem zentral gelegenen Haus aus dem frühen 19. Jh. Das seit langem familiengeführte Restaurant serviert typisch regionale Küche in einem schönen Jugendstilsaal.

Umgebung von Bra

Pollenzo Die römische Stadt Pollentia wurde im 2. Jh. v. Chr. im Tànaro-Tal gegründet und entwickelte sich rasch zu einem wichtigen Zentrum für die Wollproduktion und die Herstellung feiner Keramiken. Hier entstanden wichtige öffentliche Bauten, darunter ein Theater, ein Amphitheater, mehrere Tempel und ein Aquädukt. Ihr Niedergang begann, wie bei anderen römischen Städten in dieser Region, um 500 n. Chr., als die Bevölkerung begann, auf die umliegenden Hügel zu ziehen. Nach Jahrhunderten permanenten Herrschaftswechsels geriet Pollenzo 1762 unter die Savoyer. Als König Carlo Alberto beschloss, die mittelalterliche Burg und das Dorf restaurieren zu lassen, wurde aus der ursprünglichen Anlage des 14. Jh. eine etwas eklektische königliche Residenz. Daneben hat man die Chiesa di San Vittore in neogotischem Stil errichtet; in ihr wird ein kostbares holzgeschnitztes Chorgestühl aus dem 16. Jh. aufbewahrt, das aus der Abbazia di ▶ Staffarda stammt. Die UNESCO erklärte Pollenzo zum Weltkulturerbe. 1999 wurde es von der Agenzia di Pollenzo aufgekauft, die es vollständig renoviert hat. In der ehemaligen königlichen Residenz sind heute die Università di scienze gastronomiche, die Banca mondiale del vino, das Luxushotel der Agenzia und das prestigereiche Restaurant Guido untergebracht.

! *Baedeker* TIPP

DOP-Käse »Bra«

Bra heißt auch ein DOP-Kuhmilchkäse. Jung entfaltet der elfenbeinfarbene, wohlriechende Käse einen süßen Milchgeschmack. Wenn er gereift ist, kann man den Käse auch gut reiben. Den halbfetten, festen Bra erkennt man an seiner dunkelbeigen Kruste, seiner matten Farbe und an seinem intensiven, manchmal sogar pikanten Geschmack. In Bra findet seit 1997 alle zwei Jahre die internationale Messe »Cheese, die Formen der Milch«, für SlowFoodProdukte aus der Molkereibranche statt.

Camino

Provinz: Alessandria
Einwohnerzahl: 780
Höhe: 252 m ü. d. M.

Mitten in den farbenprächtigen Hügeln des Monferrato casalese, auf denen Wein und Getreide angebaut wird, liegt der stille Ort Camino mit seiner imposanten Burg. In der Umgebung lässt es sich reizvoll wandern.

Sehenswertes in Camino und Umgebung

Die trutzige Festung wurde im Jahre 1000 von den Aleramici errichtet. Besonders eindrucksvoll sind ihr Innenhof aus dem 15. Jh. und der Hauptsaal mit den Porträts der 22 Feudalherren. Heute ist die Burg in Privatbesitz.

Gabiano

Das benachbarte Gabiano hat ebenfalls ein Kastell. Es lockt mit idyllischen Radwegen am Po, zwei DOC-Rotweinen (Gabiano, der fast ausschließlich aus Nebbiolo besteht, und Rubino di Cantavenna) und mit der Scuola di scultura e restauro del Legno Mak Bosk. Das Castello di San Defendente ist mittelalterlichen Ursprungs, wurde allerdings im 17. Jh. völlig zerstört und im frühen 20. Jh. von Alfredo d'Andrade, dem »Rekonstrukteur des Mittelalters«, in eklektischem und neogotischen Stil wieder aufgebaut. Heute umgibt ein großer Park das Schloss, in dem sich ein Geschäft befindet, das Weine der Region verkauft.

Parco fluviale del Po

Zwischen Alessandria und Vercelli erstreckt sich der landschaftlich reizvolle Parco fluviale. Am Eingang des Parks fließt der Po ruhig zwischen **Hügeln** und **Reisfeldern** dahin, im Casale-Tal wird er dann wilder; Sesia, Tànaro und Scrivia münden in den Hauptstrom, zu dem Kieselaufschüttungen, Inseln und tote Seitenarme gehören. **Fahrrad- und Reitwege** führen entlang des Flusses durch eine sanfte und liebliche Landschaft. Das Flussbett und die am Ufer gelegenen Wälder sind teilweise als **riserve naturali,** als Naturschutzgebiete, ausgewiesen (Boscone, Confluenza del Sesia e del Grana, Ghiaia Grande, Garzaia di Valenza, Confluenza del Tànaro), damit die reiche Wildfauna nicht gestört wird.

▶ CAMINO

ÜBERNACHTEN

▶ Günstig

Monastero di Rocca delle Donne
Rocca delle Donne, Tel. 0142 469326
www.tenutamonastero.altervista.org
Das ehemalige Kloster, das 1942 geschlossen wurde und in dem ein Lebenswandel geherrscht haben soll, der sich für Nonnen wenig ziemte, ist heute ein Agriturismo. Wunderschön auf einem Hügel gelegen, blickt es auf Po-Ebene und Alpen.

Canavese

GHgh

Provinz: Turin

Die Region Canavese, deren Namen auf die antike, inzwischen verschwundene Stadt Canava zurückgeht, liegt im nördlichen Teil der Provinz Turin: eine liebliche Gegend mit fruchtbaren Feldern, bewaldeten Hügeln, auf denen hier und da die roten Dächer der alten Dörfer aufscheinen, und schlecht zugänglichen Bergen, auf denen meistens hoher Schnee liegt.

Idyllische Seenlandschaft

Auf den Hügeln des Canavese werden edle Weinreben angebaut, in der Ebene breiten sich von Pappelreihen umsäumte Wiesen und Getreidefelder aus. Eine landschaftliche Besonderheit sind die vielen Seen, die aus der Eiszeit hier übrig geblieben sind: der größte ist der Lago di Viverone, an dessen Ufer man viele archäologische Stätten findet, außerdem gehören der Lago di Candia und die fünf kleinen Seen bei Ivrea dazu. Das alpine Gebiet erstreckt sich über das Chiusella-, das Soana-, das Malone- und das Locana-Tal, es umfasst die Wipfel des Gran Paradiso bis hin zur ersten Bergkette der Valle d'Aosta.

! *Baedeker* TIPP

Weinprobe im Canavese

Die Enoteca regionale di Ròppolo führt eine reiche Auswahl an Weinen aus dem Canavese und dem gesamten Piemont. Sie gehört zum gleichnamigen Kastell am Fuß der Serra (Tel. 0161 98501, www.cittadelvino.it).

Die Weine ▶

Drei Gegenden im Canavese sind für ihre Weine bekannt: im Norden die **Gegend von Carema** am Anfang des Aosta-Tals, in der Mitte die **Hügel von Caluso** und im Osten die Ausläufer der **Serra d'Ivrea** an der Grenze zwischen den Provinzen von Turin und Vercelli. Bei Carema wächst der Wein auf in Stein gehauenen Terrassen, die von kleinen Säulen (im Dialekt »topìon« genannt) getragen werden. Sie verleihen der Landschaft ihre geometrischen, sehr eindrucksvollen Formen. Hier wird ein hervorragender Wein aus der **Nebbiolo-Traube** gewonnen, den die einheimischen Weinhandlungen zu Recht preisen. Auf den Caluso-Hügeln produziert man einen der wenigen regionalen Weißweine, den **Erbaluce**, der sowohl trocken als auch lieblich ausfallen kann (Passito di Caluso und Passito liquoroso). Auf den ersten Hängen der Serra, am östlichen Ufer des Sees Viverone, wachsen die Trauben, aus denen dann der frische **Rosso Canavese** gekeltert wird.

Castelli

Zahlreiche Burgen zeugen von der mittelalterlichen Geschichte dieser Region und veranschaulichen die Anstrengungen, mit denen man das Territorium gegen äußere Angriffe und innere Revolten zu ver-

Bei der Traubenernte im Canavese. →

teidigen suchte. Einige, wie das Castello d'Ivrea oder das Castello di Montalto Dora, bestehen heute nur aus Wehrmauern und Türmen, andere dagegen verwandelte man in prachtvolle barocke Residenzen, so etwa Agliè, Masino und Foglizzo. Auf Initiative des Architekten Alfredo d'Andrade und seiner Schüler wurden gegen Ende des 19. Jh.s viele Kastelle im neogotischen Stil neu gebaut, darunter auch die Schlösser Pavone, Rivarolo und Mazzè.

Fabriken

Das Canavese ist eine von Touristen noch wenig bereiste Region, die in der Vergangenheit vor allem für ihre Industrie bekannt war. Hier standen große Fabriken, deren Maschinen mit Wasserkraft aus der Region betrieben wurden. Der vorausschauenden Politik von Leuten wie **Camillo** und **Adriano Olivetti** ist es zu verdanken, dass die Industrialisierung die Landschaft nicht zerstörte: Die mitunter von berühmten internationalen Architekten entworfenen Fabriken fügen sich meist elegant in das Panorama von Hügeln und Wäldern ein. Das heutige, teilweise entindustrialisierte Canavese kann so noch intakte Natur und zahlreiche historische und künstlerische Schätze aufbieten.

Canelli

Kk

Provinz: Asti
Höhe: 157 m ü. d. M.
Einwohnerzahl: 10 400

Schon in der Antike wurde in der Umgebung von Canelli Wein angebaut. Heute ist das Städtchen Sitz der wichtigsten Weinproduzenten, die die Muskat-Traube von Asti verarbeiten. Canelli liegt links vom Belbo und hat zwei Ortskerne: Borgo im Tal und das höher gelegene Villanuova.

Geschichte

961 erhielt Canelli das Stadtrecht, im späten Mittelalter wurde es dann zur Markgrafschaft erhoben. Ende des 18. Jh.s entwickelte

CANELLI ERLEBEN

ÜBERNACHTEN

► **Luxus**

Relais San Maurizio
Bei San Maurizio 39
Santo Stefano Belbo
Tel. 0141 841900
www.relaissanmaurizio.it

Die exklusive Residenz ist in einem ehemaligen Kloster aus dem 17. Jh. untergebracht, um das sich ein jahrhundertealter Park erstreckt. Elegant eingerichtete Zimmer, berühmtes Restaurant, Zentrum für Weintherapie, perfekt ausgestattete Tagungsräume.

Herbstparadies: Die Weinberge in der Nähe von Canelli.

sich hier die Industrie des Moscato d'Asti und des Asti Spumante. Durch erfolgreiche Weinproduzenten kam das Städtchen mit modernen künstlerischen Strömungen in Verbindung, so dass es bald zu einem der wichtigsten Zentren des piemontesischen **Jugendstils** avancierte. Heute ist Canelli eine der Hauptstädte des Asti DOCG. Über der Stadt thront das **Castello Gancia** aus dem 16. Jh., das im 20. Jh. neu gestaltet wurde.

Umgebung von Canelli

Santo Stefano Belbo

In der Antike diente Santo Stefano Belbo als Militärstützpunkt an der Straße, die Asti mit der ligurischen Küste verband. In der romanischen **Abbazia di San Gaudenzio**, einst vielleicht ein Zeustempel, sind Reste der ursprünglichen Anlage erhalten. Am 9. September 1908 wurde hier der Autor Cesare Pavese geboren, der einer der bedeutendsten italienischen Schriftsteller des 20. Jh.s werden sollte. Neben seinem Geburtshaus kann man viele Orte besichtigen, die Pavese in seinem Werk beschreibt. Auch ein literarischer Park ist ihm gewidmet. In der Holzwerkstatt von Pinolo Scaglione, der dem Schriftsteller als Vorbild für die Hauptfigur seines berühmten Romans »La Luna e i falò« (»Junger Mond«) diente, befindet sich heute ein Pavese-Museum (Öffnungszeiten: Sa. und an Feiertagen, Tel. 0141 840990).

! *Baedeker* TIPP

Sekt für jeden Geschmack

In den historischen Räumlichkeiten aus Natur- und Backstein der Enoteca regionale di Canelli e dell'Astesana sind die Weine von 60 Winzern ausgestellt, darunter die von Barbera, Freisa, Grignolino und die verschiedenen Sorten Moscato d'Asti, Asti Spumante und Moscato passito. Die Enoteca serviert auch warme und kalte Gerichte (Corso Libertà 65/a, Tel. 0141 832182 www.lacabalesta.it, Mo., Aug. und Jan. geschlossen).

ANLASS ZUM FEIERN FINDET SICH IMMER

Historischer Ereignisse gedenkt man im Piemont gerne in Verbindung mit einer gastronomischen Spezialität, die mit einem edlen Tropfen serviert wird. Das ist auch in Canelli so, wo man gleich drei große Stadtfeste feiert.

Das Fest der Belagerung

Im Juni 1613 belagerte Carlo Gonzaga, Graf von Monferrato, Canelli. In dieser kritischen Situation gelang der Bevölkerung zusammen mit einer Hand voll Soldaten, womit niemand gerechnet hatte: Gonzagas Vorstoß blieb erfolglos, er musste seine Truppen wieder abziehen. Der Herzog von Savoyen bedankte sich bei den Einwohnern Canellis, indem er ihnen zwanzig Jahre lang die Steuern erließ.

Zur ruhmreichen Erinnerung an jenen Sommer werden Jahr für Jahr im Juni die Ereignisse von rund 2000 Spielern in historischen Kostümen nachgestellt. Auch die Besucher werden in das Gewimmel von Soldaten, Offizieren und Bauern zwischen Tavernen und Schüssen einbezogen. Man muss sich einen Passierschein besorgen, Kontrollen der Gendarmen über sich ergehen lassen und damit rechnen, im Falle einer Schlägerei in einer der Tavernen (im Spaß) an den Pranger gestellt zu werden. Die auswärtigen Besucher erhalten das **»tiletto«**, ein Dokument, das vor schlimmeren Strafmaßnahmen bewahren soll; die **»bulletta di sanità«** schützt davor, zu den Pestkranken verlegt zu werden. Große Sünder müssen zum Con-

In der Enoteca von Canelli lagert so manch kostbarer Tropfen im Weinkeller.

vento di Sant'Agostino, wo Klosterbrüder **Ablassbriefe von Papst Paul V.** verteilen. Für Durstige dürfte das **Abendessen des Belagerten** interessant sein: Dort ist der Speiseplan aufgrund der Belagerungssituation zwar Einschränkungen unterworfen, dafür wird aber reichlich Wein ausgeschenkt. Beim **Siegesmahl** wird dann ein Menü nach dem Gusto des 17. Jh.s von livrierten Kellnern serviert. Für Unterhaltung ist selbstverständlich gesorgt.

Die Stadt des Weines

Beim Weinfest »Città del Vino«, das jedes Jahr Mitte September in Canelli stattfindet, trifft sich die Crème de la Crème der regionalen Gastronomie bei Wein und Gerichten aus Canelli. In den in Tuffstein gehauenen Kellereien zeigen die Kellermeister die Kunst des **»rémuage«**, bei der die Sektflaschen von Hand gedreht werden, um so die Reifung des Getränks zu optimieren und den Bodensatz aufzulösen.

Das Trüffelfest

Die traditionsreiche **Fiera di San Martino** (heute Fiera regionale del Tartufo) wird bereits in den Statuten der Stadt aus dem 14. Jh. erwähnt. Bis heute sind Seiltänzer, Straßenkünstler und Musiker wichtiger Bestandteil des Festes, bei dem die kostbaren weißen Trüffeln verkauft werden und traditionell zubereitete Kutteln auf den Teller kommen. Besichtigen kann man die **unterirdischen Kellereien**, »Cantine di Canelli«, architektonische Meisterwerke, die über mehrere Stockwerke tief in den Tuffhügel hineinführen. Sie sind für das World Heritage Programm der UNESCO vorgeschlagen worden.

Hübscher Zwischenstopp: Der Hafen von Cannobio ist für viele Urlauber die erste Station nach der Schweizer Grenze.

Cannobio

Nc

Provinz: Verbania
Einwohnerzahl: 5170
Höhe: 214 m ü. d. M.

Cannobio liegt am Lago Maggiore unmittelbar vor der Schweizer Grenze, gleich am Eingang zum grünen Cannobina-Tal. Ein schöner Arkadengang säumt die Uferpromenade.

Sehenswertes in Cannobio

Santuario della Pietà

Direkt am See steht zwischen den hübschen antiken Palazzi das Santuario della Pietà, ein im Bramante-Stil gehaltenes Bauwerk, das dem Tessiner Pietro Beretta zugeschrieben wird. Die achteckige Kuppel stammt von 1601. Innen kann man neben barocken Dekorationen ein wertvolles Altarbild von Gaudenzio Ferrari bewundern, das den **Kreuzweg Christi** zeigt.

Palazzo della Ragione

Auf der Piazza della Collegiata befindet sich der **Palazzo della Ragione** aus dem 18. Jh. (später allerdings umgebaut), der auf einem schönen Säulengang ruht, rechts davon ragt die mächtige romanische **Torre del Comune** in die Höhe, deren Aufsatz aus dem 19. Jh. stammt.

Umgebung von Cannobio

Val Cannobina

Die grüne und wilde Val Cannobina, durch die der Bach Cannobino fließt, verbindet den Lago Maggiore mit der Val Vigezzo. Steile Felswände säumen den Weg und bilden tiefe Engpässe wie den **Orrido di Sant'Anna**, ein bekanntes und sehr beliebtes Ausflugsziel.

Cànnero Riviera

Das kleine Dorf Cànnero Riviera (9 km südlich von Cannobio) liegt auf einer Schwemmebene des Baches Cànnero in einer geschützten Einbuchtung. Dank des besonders milden Klimas findet man hier eine ansonsten für das Mittelmeer typische Vegetation vor.

* Castelli di Cannero

Ein paar Kilometer weiter in Richtung Cannobio tauchen unweit vom Ufer drei kleine Inseln, die Castelli di Cannero, auf, die zwischen dem 12. und dem 14. Jh. befestigt wurden. Im 15. Jh. dienten sie der mächtigen Raubritterfamilie Mazzarditi als Fluchtort. Nachdem die Visconti die räuberische Sippe bezwungen und ihre Befestigungsanlagen niedergerissen hatten, verwahrlosten die Inseln. Ein Jahrhundert später ließ die Familie Borromeo dort eine Burg, die so genannte Vitaliana, zur Verteidigung errichten. Heute bieten ihre **Ruinen** Badenden ein kühles und erholsames Plätzchen.

CANNOBIO ERLEBEN

AUSKUNFT

Ufficio Informazioni
Viale Vittorio Veneto 4
Tel. 0323 71212, www.procannobio.it

ESSEN

▶ Fein & teuer

Del Lago
Via Nazionale 2, Carmine
Tel. 0323 70595
www.enotecalago.com
Ruhetag: Di. und Mi. (Mittag); Nov. bis März.
Elegantes, edles Lokal. Die Speisekarte bietet auch interessant komponierte Menüs. Von der Terrasse aus genießt man das wunderbare Seepanorama.

ÜBERNACHTEN

▶ Komfortabel

Pironi
Via Marconi 35
Tel. 0323 70624
www.pironihotel.it
Im Stadtzentrum ganz in der Nähe des Sees steht dieses Haus aus dem 15. Jh. mit besonderem Charme: elegante, mit Antiquitäten eingerichtete Zimmer und mit Fresken dekorierte Säle, Innenhöfe, Loggien und Säulengänge. Frühstücksbüffet.

Carignano

Hj

Provinz: Turin
Einwohnerzahl: 8581
Höhe: 235 m ü. d. M.

Mitten in der Ebene von Turin, in der Gemüse und Getreide angebaut und Käse produziert wird, liegt das Landstädtchen Carignano. Seine mit Bogengängen umsäumten Straßen laufen auf eine der eindrucksvollsten barocken Kathedralen des Piemonts zu.

Sehenswertes in Carignano

** Duomo di Santi Battista e Remigio

Der Mitte des 18. Jh.s erbaute Dom ist das Hauptwerk Benedetto Alfieris. Der Mittelteil seiner dekorativen Backsteinfassade wölbt sich nach innen, eine Bewegung, die sich im Innenraum wiederholt. Der Grundriss hat die Form einer doppelten Ellipse, was den imposanten Eindruck verstärkt. Dem Hauptschiff ist ein Atrium vorgelagert, von dem aus die Gesamtanlage des Bauwerkes gut zu erkennen ist. Da die Breitseite der Kirche recht lang, die Längsseite hingegen recht kurz ausfällt, steht man nur wenige Schritte hinter dem Atrium bereits vor dem Hochaltar – ein überraschender Anblick.

! *Baedeker* TIPP

Alles hausgemacht
In einem alten, einfach eingerichteten Landhaus serviert das Restaurant Il Canonico bei Carignano zwei Menus, eines mit Fisch, das andere mit Fleisch. Brot, Pasta und Desserts sind hausgemacht (Strada Castagnole 29, Tel. 011 9692388, shop.ilcanonico.it).

Das »Haus des Großen Bastards« Renato di Savoia in der Via del Borgovecchio ist mit seinem Spitzbogengang, den doppelbögigen und einfachen Fenstern und den Dekorationen aus dem 15. Jh. eines der am besten erhaltenen Gebäude der Stadt.

Chiesa di Sant'Agostino

Die barocke Kirche, auch Santa Maria delle Grazie genannt, blickt auf den wichtigsten Platz der Stadt, die Piazza Carlo Alberto. Sie fällt durch ihre eindrucksvolle Fassade auf, die mit großen, mehrfarbigen Statuen geschmückt ist.

Umgebung von Carignano

** Santuario del Vallinotto

Nach 4,5 km taucht auf der Straße in Richtung Virle das Santuario del Vallinotto auf. Es ist der erste Bau des begabten Bernardo Vittone (1739), der sich von der barocken Architektur Guarinis inspirieren ließ. Die äußere Gliederung der drei Stockwerke mit ihren geschwungenen Linien erinnert ein wenig an eine Pagode. Erst im Inneren offenbart sich das meisterhafte Können des jungen Vittone. Ein Wechselspiel von Innen- und Außenwölbungen ergibt einen elliptischen, sternförmigen Grundriss mit sechs Bögen. Zwei ineinander übergehende Kuppeln überdachen den Raum: Ein Bogenmuster bildet die erste Kuppel, während die obere mit Fresken ausgemalt ist. Über beide ragt eine Laterne (Öffnungszeiten: 14.30–17.00 Uhr, Sa. und So. 10.00–12.00 und 14.00–17.00 Uhr).

Kämpfte für die Einheit Italiens: Der Politiker Camillo Cavour.

Wenn Sie den Po überqueren und von Carignano etwa 8 km in Richtung Süden fahren, kommen Sie nach Carmagnola. Das Städtchen hat einen interessanten mittelalterlichen Kern, durch den die bogengesäumte **Via Valobra** führt. Hier stehen einige schöne Bauten aus dem 15. Jh., darunter die **Casa Cavassa**, die sich an einer kleinen Ausbuchtung der Straße befindet. An der Fassade kann man noch Reste antiker Fresken erkennen. In einem der wenigen erhaltenen Schuppen, die der traditionellen Hanfverarbeitung dienten, wurde ein Hanfmuseum, **Museo della Canapa**, eingerichtet. Carmagnola

In Sàntena verbrachte der bedeutende Politiker Camillo Cavour (1810–1861) einen Großteil seiner Jugend. Die von einem 20 ha großen, wunderschönen Englischen Garten umgebene **Villa Cavour** bietet Einblicke in das Leben des Staatsmannes, der an der Einigung Italiens maßgeblich beteiligt war. Zu sehen sind einige Räume mit dem Originalmobiliar und den Wanddekorationen aus dem 18./19. Jh. In der Nähe des Eingangs zum Park befindet sich die Kapelle mit dem Grab des berühmten Politikers. In der Dependance kann man sich das **Museo Cavouriano** mit Cavours Schlafzimmer und vielen Porträts, Briefen, Skulpturen und Dokumenten des einflussreichen Ministerpräsidenten anschauen. Sàntena

Pióbesi Torinese liegt 6 km nördlich von Carignano. Das stille Städtchen im Turiner Umland wird selten von Touristen besucht. Zu Unrecht, denn die romanische **Kirche San Giovanni ai Campi** aus dem frühen 11. Jh. birgt außerordentlich schöne Fresken aus dem 12. Jh. Pióbesi

★ Casale Monferrato

Li

Provinz: Alessandria **Höhe:** 116 m ü. d. M.
Einwohnerzahl: 37 300

Ein breiter Fluss, ein etwas klobiges Kastell, Palazzi, Kirchen und Plätze: So präsentiert sich das zwischen den Hügeln des Monferrato und Po gelegene Casale. Die Innenstadt, fast durchgehend im Stil des 18. Jh.s gebaut, lädt zum Flanieren und Betrachten der kunstvollen Fassaden ein. Hier und da kann man in einen schönen Hinterhof schauen oder süße Köstlichkeiten probieren.

Geschichte Zwischen 1464 und 1713 war Casale der Sitz der Markgrafen von Monferrato, erst unter der Herrschaft der Paleologhi, dann der Gonzaga. Die Savoyer machten später aus dem Ort ein barockes Schmuckstück und einen wichtigen militärischen Stützpunkt. Nach dem Risorgimento entwickelte sich Casale zum florierenden Industriezentrum. Heute ist sie die zweitgrößte Stadt in der Provinz von Alessandria.

Die Juden von Casale In der Geschichte der jüdischen Gemeinden Italiens spielt Casale Monferrato eine wichtige Rolle. Im späten Mittelalter war der Ort für seine Politik der Toleranz bekannt, was im Laufe der Jahrhunderte viele Juden nach Casale zog. Die meisten davon kamen nach 1492 und gehören zur großen spanischen Diaspora. Hier lebten sie in erster Linie von der Pfandleihe – im Stadtarchiv sind erstaunliche Fälle dokumentiert – und vom Großhandel. Unter der Herrschaft der Savoyer verschlechterten sich ihre Lebensbedingungen, 1724 wurde sogar ein Ghetto eingerichtet. 1848 verlieh Carlo Alberto den Juden im ganzen Königreich endlich die Bürgerrechte.

In Casale feiert man gern: Die **Fiera campionaria di San Giuseppe** ist 400 Jahre alt, der **Mercatino dell'antiquariato** (zweites Wochenende im Monat) zählt zu den wichtigsten Antiquitätenmärkten in Norditalien. An jedem zweiten Wochenende im Monat zwischen Mai und November finden Tage des offenen Denkmals, **Casale Città aperta** genannt, statt: dann stehen Kirchen und städtischen Denkmäler, die normalerweise den Blicken entzogen sind, für das Publikum offen. Ende September schließlich feiert man die **Festa del Vino e del Monferrato**.

! *Baedeker* TIPP

Kekse mit Schnurrbart

Berühmt ist Casale auch wegen der Krumiri. Die Kekse in Form des königlichen »Schnurrbarts von Vittorio Emanuele II.« wurden 1878 in der Via Lanza zum ersten Mal produziert. Ihr Erfinder war Domenico Rossi aus der Biscotteria dei Portinaro. Dort werden sie heute noch nach demselben Rezept gebacken. Der Name stammt vielleicht von dem Likör Krumiro, den Rossi mit seinen Freunden im Caffé della Concordia trank.

Casale Monferrato Orientierung

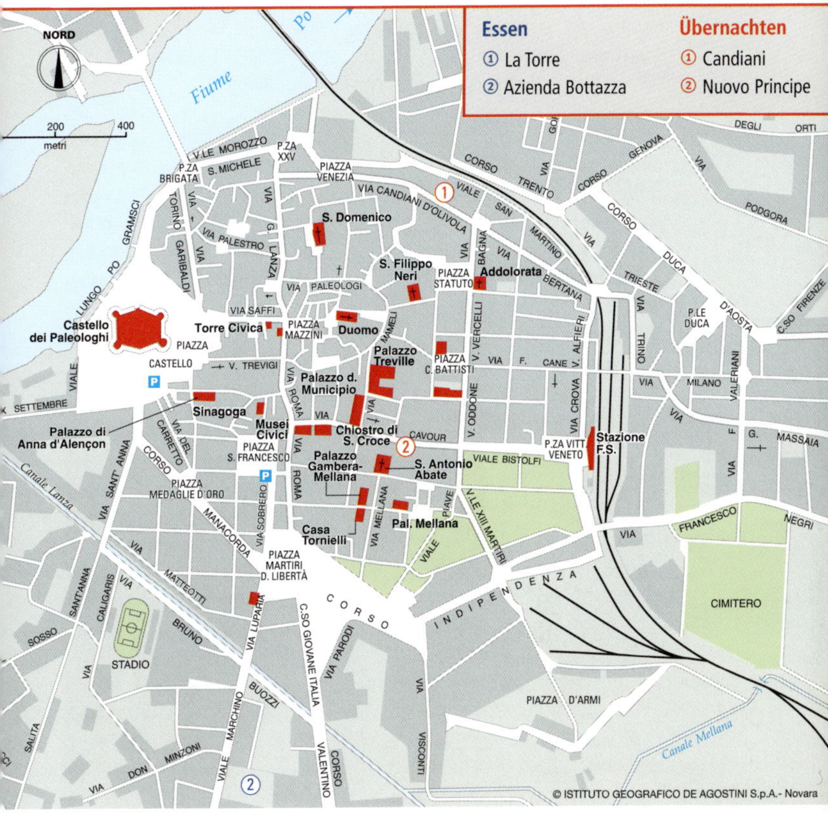

Sehenswertes in Casale Monferrato

Piazza del Cavallo

Die nach der Reiterstatue von König Carlo Alberto benannte Piazza del Cavallo bildet das Zentrum der Innenstadt. Den Platz umgeben neoklassizistische Palazzi, Arkadengänge und traditionelle Bars. Nicht weit davon liegt die Piazza Santo Stefano, Herzstück des mittelalterlichen Casale.

Von der **Torre Civica** aus hat man einen schönen Blick auf die Stadt. Der romanische **Dom** von Sant'Evasio wurde im 19. Jh. teilweise neu gestaltet. Vor den fünfschiffigen Innenraum ist eine ungewöhnliche Vorhalle gebaut, deren Gewölbe von spektakulären Kreuzbögen getragen wird.

Via Mameli
★
Palazzo ▶ Gozzani di Treville

Die Via Mameli ist die eleganteste Straße in Casale. Unzählige herrschaftliche Palazzi stehen hier, darunter der gotische **Palazzo Sannazzaro** aus dem 18. Jh., der Palazzo Gozzani di Treville, eines der schönsten Bauwerke von G. B. Scapitta (1710–1714), **Palazzo di San Giorgio** (auch 18. Jh.) sowie die gotische **Casa Tornielli**.

Museo Civico

Das ehemalige Convento di Santa Croce, in der Via Cavour, dient heute als Museo Civico. Hier werden Bilder, Skulpturen und Keramiken aus dem 16. bis 19. Jh. ausgestellt. Die bedeutendsten Werke sind wohl das **Selbstporträt** von Niccolò Musso, eine »**Canonici di Lu**« genannte Porträtsammlung von Pietro Guala aus dem 18. Jh. und einige Gemälde von Moncalvo und Martino Spanzotti. Die **Gipsoteca Bistolfi** besitzt mehr als 120 Werke aus Terrakotta, Gips und Bronze des großen symbolistischen Bildhauers aus Casale (Öffnungszeiten: Sa., So. und feiertags 10.30–13.00 und 15.00–18.30 Uhr).

Ein Besuch in Casale Monferrato lohnt schon wegen des Antiquitätenmarkts..

CASALE MONFERRATO ERLEBEN

AUSKUNFT

Ufficio Informazioni
Piazza Castello, Tel. 0142 444330
www.alexala.it

ESSEN

▶ Erschwinglich

① *La Torre*
Via Candiani d'Olivola 36
Tel. 0142 70295
www.ristorante-latorre.it
Ruhetag: Mi., Di. (Abend); Aug. (unterschiedlich); 20. Dez. bis 6. Jan.
Auf dem Hügel von Casale gelegen, mit weitem Blick über die Stadt. Elegantes und behagliches Ambiente. Gelungene innovative Küche mit vielen raffinierten Gerichten.

▶ Preiswert

② *Azienda Bottazza*
Strada Vecchia per Pozzo Sant'Evasio 9
Tel. 0142 449404
www.agriturismobottazza.it
Der Agriturismo liegt optimal vor den Toren der Stadt in Richtung San Giorgio Monferrato. Seit 1898 stellt die Familie Leporati erlesene Weine her.

ÜBERNACHTEN

▶ Komfortabel

① *Candiani*
Via Candiani d'Olivola 36
Tel. 0142 41872
www.holtelcandiani.com
Zentral gelegenes Jugendstilhaus (frühes 20. Jh.) mit modernen, großzügigen und mit allem Komfort ausgestatteten Zimmern. Kooperiert mit dem nahen Restaurant La Torre. Ohne Frühstück.

▶ Günstig

② *Nuovo Principe*
Via Cavour 55, Tel. 0142 452019
www.principehotel.net
Kleines Hotel im antiken Palazzo, mitten im Städtchen. Gepflegte und behagliche Zimmer. Ideal auch für Konferenzen.

* Synagoge

Aus der Herrschaftszeit der Gonzaga, unter denen Casale wirtschaftlich prosperierte, ist eine der schönsten Synagogen Europas erhalten geblieben: Die Sinagoga degli Argenti wurde 1595 gebaut und später immer wieder erweitert und umgestaltet. Ihre heutige Anlage und Ausstattung entspricht dem piemontesischen Rokoko-Stil des 18. Jh.s. Von außen fällt sie kaum auf; die Innenräume sind dagegen mit Gold, Stuckaturen und hebräischen Inschriften reich dekoriert. Die holzgeschnitzte Arche, in der die Thorarollen aufbewahrt werden, ist ebenfalls aus dem 18. Jh. Die einzige Inschrift in italienischer Sprache erinnert an die unter König Carlo Alberto im Jahr 1848 erreichte Emanzipation. Auf der Empore befinden sich das **Museo d'Arte e Storia ebraica** – mit Gebetsbüchern, Kultgegenständen und einer Sektion über die jüdischen Feste – und das **Museo dei Lumi** – eine Dauerausstellung moderner Kunst mit Werken italienisch-jüdischer Künstler (Öffnungszeiten: So. 10.00–12.00 und 15.00–17.00 Uhr, Mo. bis Fr. n. V., Tel. 0142 71807, Sa. geschlossen).

Piazza Castello

★

Palazzo ▶ d'Alençon

Gleich hinter dem Po liegt vor der trutzigen, weitläufigen **Militärburg**, die derzeit restauriert wird, die große Piazza Castello, auf die das **Teatro municipale** und die **Chiesa di Santa Caterina** schauen (beide 18. Jh.). Im Hintergrund erkennt man den Renaissance-Palazzo d'Alençon auf der Via Alessandria.

Umgebung von Casale Monferrato

San Giorgio Monferrato

Auf den Hügeln des Monferrato stehen etwa ebenso viele Herrensitze, wie es Weinberge gibt. Das **Castello di San Giorgio Monferrato** ist eines der ältesten in dieser Gegend. Im Laufe der Geschichte hat es allen Herrschaftshäusern der Region einmal gehört: den Aleramici, den Paleologhi und den Gonzaga. Es ist mehrmals umgestaltet worden; heute bilden die barocken und die neogotischen Elemente ein interessantes Zusammenspiel. Inzwischen nutzen eine Galerie für Kunst und Antiquitäten, ein Restaurant und ein Hotel die geschichtsträchtigen Räumlichkeiten (Besichtigung nach Vereinbarung, Tel. 0142 806338). Eine besonders schöne Gelegenheit, um San Giorgio zu besuchen, ist die Veranstaltungsreihe **Quattro passi fra i nostri vini** im September.

! *Baedeker* TIPP

Bio-Wein

Wenn Sie auf der Suche nach einem guten Wein sind, sollten Sie in San Giorgio Monferrato das Weingut von Francesco Brezza aufsuchen. Brezza gehört zu den anerkannten Winzern die in Italien Bio-DOC-Weine produzieren (Tenuta Migliavacca 31, Tel. 0142 781761).

Rosignano Monferrato

Um 1000 n. Chr. wurde auch das **Castello di Rosignano Monferrato** gebaut. Es diente zur Verteidigung Casales und wurde mehrmals belagert und besetzt. Mit Hilfe einer Madonnenstatue konnte am 21. April 1640 der Angriff der Spanier auf das Präsidium abgewehrt werden. Ein großes **Fest**, bei dem die Statue der Madonna dell'Assalto in einer Prozession durch die Stadt getragen wird, erinnert jedes Jahr an dieses historische Ereignis. Seit einigen Jahren findet im August im **Schlosspark** ein bedeutendes Musikfestival statt, in der nahen Chiesa di Sant'Antonio werden Ausstellungen gezeigt. Die älteren Häuser von Rossignano Monferrato und von dem nahe gelegenen Dorf **Cella Monte** haben wunderschöne »infernots« – in Tuffstein gehauene Kellergewölbe, in denen Wein gelagert wird. Ein verzweigtes Tunnelsystem verbindet die einzelnen Keller mit unterirdischen Brunnen, von denen einige zu besichtigen sind.

Vignale Monferrato

Über Vignale Monferrato thront der **Palazzo Callori**, zu dem eine imposante Treppe aus dem tiefer liegenden Garten hinaufführt. Die Innenräume des Palazzos sind reich dekoriert, in den Kellerräumen ist heute die **Enoteca regionale del Monferrato einquartiert**, in der u.a. Grignolino DOC del Monferrato casalese – einer der besten Tropfen aus der Region –, Barbera DOC del Monferrato, Freisa, Malvasia DOC di Casorzo sowie diverse Grappas verkauft werden. Im Restaurant, das zur Enoteca gehört, werden traditionelle Gerichte serviert. Im Frühling findet in Vignale die **Giornata del Grignolino** statt; zwischen Ende Juni und Anfang August wird das Dorf zum Schauplatz des internationalen Tanzfestivals **Vignale Danza**, bei dem renommierte Künstler auftreten und Workshops für den tänzerischen Nachwuchs anbieten.

Fubine

Für Sportliebhaber liegt unweit von Vignale der **Golf Club Margara**. Der hügelige Parcours mit einer Größe von etwa 6000 m besitzt 27 Loch und fügt sich harmonisch in die Landschaft des Monferrato ein.

Castellamonte

Hg

Provinz: Turin
Einwohnerzahl: 8950
Höhe: 343 m ü. d. M.

17 km südlich von Ivrea liegt Castellamonte, eine der größeren Städte im Canavese, an den Ausläufern der Alpen. Wer Steinzeug und buntes Geschirr liebt, sollte hier auf jeden Fall Halt machen.

Keramiken

Zum traditionellen Handwerk von Castellamonte gehört die Herstellung von Keramiken. In einigen Palazzi des alten Stadtkerns, der so genannten Stadt »dei pignattari« (Stadt der Töpfer), findet im August eine große **Ausstellung von Terrakottaobjekten** statt. Zu diesem mittlerweile weit über die Grenzen Italiens bekannten Ereignis kommen Künstler und Käufer in Scharen aus allen Ecken der Welt.

Sehenswertes in Castellamonte und Umgebung

Rotonda antonelliana

Im Zentrum fällt ein unvollendetes Bauwerk auf: Die so genannte Rotonda antonelliana besteht lediglich aus zwei großen, halbrunden Mauern. Sie waren einst als Außenwände einer großen Kirche gedacht, die Mitte des 19. Jh.s von Alessandro Antonelli, dem Architekten der Turiner Mole, anstelle einer mittelalterliche Kirche gebaut werden sollte. Von dem abgerissenen ehemaligen Kirchenbau zeugt heute nur noch der romanische Kirchturm aus dem 13. Jh.

CASTELLAMONTE ERLEBEN

ESSEN

▶ Erschwinglich

Tre Re
Piazza Martiri della Libertà 27
Tel. 0124 513918
www.trerecastellamonte.it
Ruhetag: Mo. Das Restaurant besitzt unter Feinschmeckern einen guten Namen. Serviert werden viele piemontesische Gerichte im angenehmen Ambiente.

ÜBERNACHTEN

▶ Günstig

Astoria
Via Don Minzoni 15, Cuorgnè
Tel. 0124 666001
www.astoria-damauro.it
Im Grünen, aber zugleich zentral gelegenes Hotel. Seit über 30 Jahren eine Anlaufstelle für Reisende der Region.

Rivarolo Canavese In Rivarolo Canavese, auf dem rechten Ufer des Orco 7 km südlich von Castellamonte, liegt das schöne Castello di Malgrà (13. Jh.), das im 15. Jh. neu gestaltet und im 19. Jh. von Costantino Nigra restauriert worden ist. Die Innenräume sind mit Fresken aus dem 15. Jh. dekoriert (Öffnungszeiten: Mai bis Okt. Sa. 14.30–18.00 Uhr, So. 10.00–12.00 und 14.30–18.30 Uhr). In der Kirche San Michele, von Bernardo Vittone im 18. Jh. entworfen, ist ein wertvoller Altar aus verschiedenfarbigem Marmor zu sehen. Das Fresko »Adorazione del Bambino« in der gotischen Chiesa di San Francesco wird dem Künstler Martino Spanzotti (1450–1528) zugeschrieben.

Rivara Rivara (8 km westlich von Rivarolo) ist wegen der so genannten **Scuola di Rivara** bekannt, einer Künstlergruppe, die in der zweiten Hälfte des 19. Jh.s hier im Sommer zusammenkam und eine antiakademische Malweise propagierte, die sich an den toskanischen »macchiaioli« orientierte. Viele ihrer Werke sind im **Kastell** ausgestellt, das von der Hügelkuppe auf das Dorf schaut.

Cuorgnè Am Ende des Locarna-Tals liegt am Ufer des Orco das Städtchen Cuorgnè. Charakteristisch sind die unterschiedlichen Säulengänge und Arkaden, die die Hauptstraße Via Arduino säumen. Die so genannte **Casa di Re Arduino** ist mit ihren gotischen Fenstern und Bögen und den anmutigen Terrakottadekorationen sicherlich eines der schönsten Gebäude des Ortes. In Gedenken an König Arduino, der um das Jahr 1000 in einem Traum die geschichtliche Entwicklung zum laizistischen, monarchischen Nationalstaat

Einst karg und arm, heute beliebtes Wanderziel: Alpenlandschaft der Valchiusella.→

voraussah, findet in der dritten Maiwoche ein großes historisches Fest mit Umzügen, Falknerdarbietungen, Spielen, Tänzen und Kämpfen statt.

Santuario di Belmonte Das Santuario di Belmonte befindet sich 7 km nördlich von Cuorgnè (727 m ü.d.M.). Laut der Legende wurde es von König Arduino um 1000 gegründet, im 19. Jh. aber von Carlo Ceppi, der auch die hübsche Fassade mit dem Bogengang entworfen hat, vollkommen umgestaltet. Vom Heiligtum gehen die Cappelle del Sacro Monte ab. Der Vorplatz bietet einen grandiosen Ausblick auf Canavese und Alpen.

Santuario di Santa Elisabetta Circa 9 km von Castellamonte entfernt liegt auf einer natürlichen Terrasse (1211 m ü.d.M.) das Santuario di Santa Elisabetta (Ende des 18. Jh.s). Von hier genießt der Pilger einen weiten **Blick** über die Landschaft des Canavese und die Alpenkette.

Valchiusella Die 25 km lange Valchiusella beginnt etwa 7 km hinter ▶ Castellamonte. Der Wildbach Chiusella durchfließt das Tal, bevor er in die Dora Baltea mündet. Bis auf 1000 m Höhe ist das Gebiet landwirtschaftlich nutzbar, darüber hinaus wird die Landschaft steil und karg. 2700 m hohe Berge ragen in die Höhe. Die wichtigsten Dörfer sind **Brosso** (797 m) und **Traversella** (827 m); die ruhigen Ortschaften sind für Familienurlaube ideal. **Valchiusella** (1074 m), ein Vorort von Traversella, ist von dichten Tannenwäldern und Weiden umgeben, über die Felsen des Monte Marzo (2756 m) ragen. Die Häuser von Traversella und Brosso entsprechen mit den Holzbalkonen, den schiefergedeckten Dächern und den tiefen Bogengängen, in denen einst landwirtschaftliche Erzeugnisse luftgetrocknet wurden, der für die Gegend typischen rustikalen Architektur.

★ Cherasco

Provinz: Cuneo
Einwohnerzahl: 6594
Höhe: 288 m ü. d. M.

Im Grenzgebiet der Langhe, aus dem viele Burgen und Schlösser wie kleine Schiffe auftauchen, liegt Cherasco. Das Städtchen verkörpert die städtebaulichen Ideale der Renaissance und wirkt gleichzeitig wie eine militärische Zitadelle. Angenehm wirkt das einheitliche Stadtbild auf den Besucher. Die wohl proportionierten Häuser und Palazzi haben in ihrem Inneren oft einen Hof samt Gemüsegarten und Brunnen, die früher für das Überleben so wichtig waren.

Die Stadt der Friedensverträge

1243 wurde Cherasco in der Nähe einer früheren römischen Siedlung gegründet, deren rechtwinklige Anlage sie übernommen hat. Zweieinhalb Jahrhunderte lang herrschten hier erst die Anjou, dann die Visconti aus Mailand, die auch die Burg bauen ließen. Ab 1559 war die Stadt Teil des savoyischen Herrschaftsgebiets. 1630, als die Pest die Bevölkerung ganz Europas dezimierte, residierte der Turiner Hof in Cherasco, das von der Plage verschont geblieben war. 1631 wurde der »**Vertrag von Cherasco**« unterschrieben, der dem Erbfolgekrieg von Mantova und Monferrato ein Ende setzte. 1706 flüchtete der Hof mit dem Grabtuch Christi erneut aus dem von den französischen Truppen belagerten Turin nach Cherasco. Die napoleonische Invasion von 1796 wurde mit einem Friedensvertrag zwischen Frankreich und dem besiegten Königreich Sardinien beendet. Diese historischen Ereignisse verliehen Cherasco den Titel der **Urbs firmissima pacis** (Stadt der Friedensverträge), der auf dem Stadtwappen verewigt ist.

! *Baedeker* TIPP

Süße Küsse

Wer Süßes liebt, sollte unbedingt bei der Pasticceria Barbero (Via Vittorio Emanuele 74) Halt machen. Hier gibt es die verführerischen »Baci di Cherasco« – von einem Mantel herber Schokoladensplitter umhüllte Haselnüsse – und die besten Marrons Glacés der Gegend.

Die großen Märkte

Cherasco ist für seine großen und gut besuchten Antiquitätenmärkte berühmt, die im Sommerhalbjahr einmal im Monat (sonntags) stattfinden. An dem **Mercato dell'antiquariato e del collezionismo**, der dreimal im Jahr immer in den ersten zwei Wochen im April, im September und im Dezember abgehalten wird, nehmen 700 Aussteller teil. Ebenso beliebt sind der Antikmöbelmarkt, der antiquarische Bücher- und der antiquarische Spielzeugmarkt.

Sehenswertes in Cherasco

Historisch und modern zugleich

Die Innenstadt besteht aus breiten, geraden, arkadengesäumten Straßen, die sich hier und da zu Plätzen ausweiten. Die rationale, elegante Stadtanlage fasst die romanisch-gotischen und barocken Kirchen und Palazzi zu einem Ganzen zusammen. Napoleon ließ die Wehrmauern aus dem 16. Jh. abreißen und durch einen von Bäumen gesäumten Boulevard ersetzen.

Chiesa di San Martino

Über die Via Cavour kommen Sie in die Stadt. Die Straße mündet bald in die Piazza San Martino, auf der Sie gleich die romanische Fassade der Chiesa di San Martino mit dem Flachrelief des Heiligen erblicken. Im dreischiffigen Innenraum hat sich ein Fresko des gegeißelten Christus aus dem 14. Jh. erhalten.

Torre del Comune An der Piazza Caduti per la Libertà kreuzen sich die Via Cavour und die Via Vittorio Emanuele II. Hier ragt der rechteckige Stadtturm (15. Jh.) mit den gotischen Bögen empor. Auf seiner Fassade können Sie einen seltenen **Kalender** erkennen, der den Mondauf- und -untergang errechnet. In der Nähe steht der Palazzo del Municipio mit einem **Fresko**, auf dem die Flüsse Tànaro und Stura als Jünglinge dargestellt sind, deren Füße sich dort berühren, wo die zwei Gewässer am Ende des Tales ineinanderfließen.

Arco trionfale und Chiesa di Sant'Agostino Wenn Sie rechts in die Via Emanuele II. biegen, taucht am Ende der Straße der **Arco trionfale** (oder auch Belvedere genannt) mit seinen drei Bögen auf. Das Denkmal wurde in der zweiten Hälfte des 18. Jh.s zum Dank dafür errichtet, dass die Stadt von der Pest verschont geblieben war. Links des Triumphbogens steht die **Chiesa di Sant'Agostino**, in der Fresken und schöne Holzskulpturen zu sehen sind.

Chiesa della Madonna del Popolo Kurz vor dem Triumphbogen geht die Via Nostra Signora del Popolo ab, die zur Chiesa della Madonna del Popolo (18. Jh.) mit ihrer wunderschönen Backsteinfassade und dem großartigen, achteckigen Kuppelbau führt. Die Kirche ist für ihre prächtigen Stuckaturen berühmt.

Via dell'Ospedale Der im 17. Jh. erbaute **Palazzo Gotti di Salerano** in der Via dell'Ospedale verfügt über drei mit prachtvollen Fresken von Sebastiano Taricco (18. Jh.) ausgemalte Säle. Besonders eindrucksvoll ist der Salone: Der überbordend dekorierte Raum ist ganz der Bibellehre gewidmet. Inzwischen dient der Palazzo als **Museo Civico G. B. Adriani**. Zu seinen Schätzen gehört eine für die Lokalgeschichte wichti-

★ Salone ▶

CHERASCO ERLEBEN

ESSEN

▶ Erschwinglich

La Lumaca
Via San Pietro (angolo Via Cavour)
Tel. 0172 489421
www.albain.com/lalumaca
Ruhetag: Mo./Di., 26. Dez. bis 5. Jan., Juli
Die einfache Osteria befindet sich in den Kellerräumen des Palazzo Ormea, mitten im Ort. Den Schnecken gebührt hier Aufmerksamkeit; sie werden in unzähligen Varianten zubereitet.

ÜBERNACHTEN

▶ Günstig

Napoleon
Via Moro 1, Tel. 0172 488238
www.hotelincherasco.it
Dieses Hotel besticht durch seine Eleganz, Gastfreundlichkeit und die stilvoll eingerichteten Zimmer. Mehrere Terrassen, ein schöner Tagungsraum und ein Restaurant, das eine gute regionale Küche und vor allem Schneckengerichte serviert.

Schnecken genießen Sie am besten in den Restaurants von Cherasco.

ge Münzsammlung. Auf der Via dell'Ospedale stehen zwei weitere Barockpalazzi und, an der Kreuzung zur Via Garibaldi, die ehemalige **Kirche San Gregorio** mit einem sehr schönen dreistöckigen romanischen Kirchturm.

Palazzo Salmatoris

Wenn man rechts auf die Via Vittorio Emanuele II. biegt, gelangt man zum Palazzo Salmatoris (17. Jh.), der auch »della pace« genannt wird, weil hier die berühmten Friedensverträge unterzeichnet wurden. Hier residierte auch der savoyische Hof auf der Flucht vor der Pest. Der mit Fresken dekorierte Palazzo wird heute als Kulturzentrum und Ausstellungsraum genutzt. Am Ende der Straße sieht man den zum Belvedere symmetrisch angelegten Bogen der Porta Narzole (18. Jh.).

! *Baedeker* TIPP

Schnecken für jeden Geschmack

In Cherasco findet jährlich eine Schnecken-Messe statt, zu der Menschen aus der ganzen Welt anreisen. Unter den vielen Köstlichkeiten können Sie z. B. die klassische »frittata di lumache« mit frischen Kräutern probieren. In der regionalen Küche gibt es zahlreiche Schneckengerichte, die Sie in vielen Restaurants kosten können.

* Chiesa di San Pietro

Das älteste Bauwerk der Stadt ist die Kirche San Pietro aus dem 13. Jh., die in der gleichnamigen Straße liegt. Die Backsteinfassade ist mit Blendbögen verziert, der Kirchturm mit einem Fresko aus dem 15. Jh. versehen, das die Kreuzigung Christi darstellt.

Castello

**

◀ Platanen

Geht man eine der Parallelstraßen zur Via Vittorio Emanuele II. bis zur napoleonischen Allee herunter, stößt man am Ende des »Viale«, wo jahrhundertealte Platanen wachsen, auf das **Castello visconteo** (14. Jh.), einen imposanten rechteckigen Bau mit vier Ecktürmen, einem kleineren Eingangsturm und einer Hebebrücke.

Sanfte Alternative zum Bergsteigen: Wandern im Tal von Chisone.

Val Chisone

B–Eij

Provinz: Turin

Durch das Tal von Chisone führt ein wichtiger Verbindungsweg von Italien nach Frankreich. Die Route ist auch eine gute Alternative zur Valle di Susa, um den Monginevro und von dort aus Briançon zu erreichen. Durch seine strategisch interessante Lage war das Tal im Laufe der Jahrhunderte zwischen den französischen Königen und den Savoyern stark umkämpft.

Sehenswertes in Val Chisone

Forts Das wichtigste Zeugnis für die militärischen Bedeutung des Tales ist das Fort von ▸ Fenestrelle, das am Anfang einer Reihe von Festungen steht, die sich wie eine starke Wehrmauer über den südwestlichen Grat des Monte Orsiera zieht.

Pragelato Pragelato (1524 m) ist das größte Skizentrum in Val Chisone. Die **Skilifte** reichen bis auf eine Höhe von 2700 m hinauf. Auf den insgesamt 50 Kilometern Piste fährt es sich in dieser unvergleichlich schönen Landschaft wunderbar. **Langläufer** können zwischen sieben verschiedenen Parcours wählen, von denen einige durch den Parco naturale Val Troncea führen. Zuletzt ist für die Winterolympiade 2006 eine neue Langlaufloipe angelegt worden, die den Richtlinien für internationale Wettbewerbe entspricht.

Val Germanasca

Auf der Höhe Perosa Argentina geht vom Chisone-Tal Richtung Südwesten das Germanasca-Tal ab. Am seinem Ende liegt **Prali** (1455 m), ein sommers wie winters angenehmer Ferienort. Von hier aus kann man mit sieben Skiliften und Gondeln bis hinauf auf 2556 m Höhe fahren. Für Langläufer ist eine 15 km lange Strecke vorgesehen, die einmal um das Tal führt. In der Nähe von Paola Prali liegt eine Talkmine, die man auf kleinen Eisenbahnwagen besichtigen kann (Scopriminiera, Informationen unter Tel. 0121 806987). In der ehemaligen Waldenserkirche Ghigo di Prali befindet sich heute das **Museo di Prali e della Val Germanasca**, in dem die wechselvolle Geschichte der Talbewohner dokumentiert wird.

Exkursion auf das Altopiano dei Tredici Laghi

Ein schöner Ausflug führt auf das Altopiano dei Tredici Laghi: In Ghigo di Prali nehmen Sie zuerst den Sessellift bis Pian de l'Alpet; von hier aus führt ein Eselspfad um den Cappello d'Envie bis zur »**Hochebene der dreizehn Seen**«. In etwa einer Stunde erreicht man die ersten winzigen Gewässer, die zwischen Cappello d'Envie, Punta Cialancia und Punta Cornour liegen. Wenn Sie weiter aufsteigen, stoßen Sie auf weitere fünf Seen. Zu Fuß dauert der Ausflug etwa 2 Stunden.

* Parco naturale regionale Orsiera-Rocciavrè

Der Parco naturale regionale Orsiera-Rocciavrè (circa 11 000 ha) erstreckt sich über Teile des Susa-, des Sangone- und des Chisone-Tals. Innerhalb des Naturschutzgebietes liegen das **Forte di ▶ Fenestrelle** und die **Certosa di Montebenedetto** (13. Jh.). Höhlengravierungen und Gegenstände aus der Bronzezeit sind hier gefunden worden. Heute teilen sich Gämsen, Hirsche, Rehe, Steinböcke und Mufflons, Mäuse- und Wespenbussarde, Sperber, Goldadler, Turmfalken, Bergfasanen und Alpenschneehühner dieses schöne Fleckchen Erde.

Parco naturale Val Troncea

Gletscher und Erosionen haben zur Entstehung der Val Troncea beigetragen, wo der Chisone beginnt. Die Wälder bestehen hauptsächlich aus Lärchen und ein paar Kiefern, außerdem wachsen hier Edelweiß, Sternblumen, Tragant und Hahnenfuß. Der Park ist etwa 3265 ha groß (1670–3280 m ü. d. M.). Funde belegen, dass in der Steinzeit Menschen das Tal bewohnten. Außerdem lebten hier einige Jahrhunderte lang Waldensergemeinden, die aus den tieferen Tälern verjagt worden waren.

Chivasso

Ih

Provinz: Turin
Einwohnerzahl: 24 400
Höhe: 183 m ü. d. M.

Chivasso liegt am linken Po-Ufer nahe der Abzweigung des Cavour-Kanals, wo die Turiner Hügel allmählich in die Ebene des Canavese übergehen.

Sehenswertes in Chivasso und Umgebung

Chivasso

Das wichtigste Gebäude ist der im Laufe der Jahrhunderte mehrmals umgestaltete gotische Dom aus dem 15. Jh. Das dominierende Eingangsportal mit dem Wimperg, typisches Element der piemontesischen Gotik, fällt besonders auf. Beachtenswert sind ein Gemälde von Defendente Ferrari (»**Deposizione**«) und die **Pietà**-Statuengruppe mit acht lebensgroßen Skulpturen aus bunter Terrakotta (15. Jh.).

Ausgrabungen von Industria

12 km östlich von Chivasso auf der Straße nach Cavagnolo-Crescentino kann man kurz vor der Siedlung von Monteu da Po die Reste eines großen **Isis-Heiligtums** besichtigen. Anlage und Funde (v. a. aus Bronze) lassen darauf schließen, dass das Heiligtum im 2. Jh. n. Chr. errichtet, im 4. Jh. aber gewaltsam zerstört wurde. In der Nähe befinden sich auch Ruinen einer römischen Siedlung, wahrscheinlich **Industria**, die von der Metallverarbeitung lebte. Man nimmt an, dass hier die Bronzeobjekte hergestellt wurden, die im Heiligtum gefunden wurden. Die meisten Gegenstände sind eher mittelmäßiger Qualität, wahrscheinlich von Soldaten und Pilgern dargebrachte Weihegaben. Einige wenige Objekte sind hingegen sehr fein verarbeitet und erinnern in ihrem dramatischen Pathos an die

▶ CHIVASSO ERLEBEN

ESSEN

▶ Erschwinglich

Locanda del Sole
Via del Collegio 8/a
Tel. 011 9101724
Ruhetag: Mo, Aug.
Angenehmes Ambiente und guter Service. Auf der Speisekarte stehen in erster Linie regionale Gerichte.

ÜBERNACHTEN

▶ Günstig

Europa
Piazza d'Armi 5
Tel. 011 9171886
www.hoteleuropachivasso.it
Zentral gelegen, mit großen, modern eingerichteten Zimmern mit Holzfußböden und bequemen, funktionalen Bädern. Frühstücksbüffet.

Der See von Candia ist Teil eines Naturschutzgebietes.

Werke hellenistischer Kunst, so z. B. ein **Silen** und eine **verhüllte Tänzerin**, die im Turiner Museo di Antichità aufbewahrt werden.

San Benigno Canavese

Die Geschichte von San Benigno (circa 7 km nordwestlich von Chivasso) ist ganz und gar mit der Geschichte der **Abbazia cluniacense di Fruttuaria** verwoben. Um 1000 n. Chr. gegründet, bildete die Abtei einen kleinen eigenen Staat, der unmittelbar dem Heiligen Stuhl unterstand. Durch Invasionen und Zerstörung stark geschwächt, wurde sie dann Anfang des 19. Jh.s aufgelöst. Von dem ursprünglichen Bau sind nur der romanische Kirchturm und einige in das neue Hauptgebäude aus dem 18. Jh. eingegliederte Teile erhalten geblieben. Kontakt für Führungen in der Abbazia di Fruttuaria unter Tel. 011 9880487 oder 338 4128795.

Foglizzo

6 km von Chivasso entfernt liegt Foglizzo, ein großes, leicht in den Hang geschmiegtes Dorf, um das sich eine grüne Landschaft aus Feldern und Wäldern ausbreitet. Sehr schön ist die außergewöhnliche oktagonale **Parrocchiale di Santa Maria Maddalena**. Acht große Lünetten schmücken den Innenraum. Der elegante Bau ist ganz dem Barockstil Guarinis nachempfunden.

Die Weinberge von Caluso und der Lago di Candia

Caluso (7 km nordöstlich von Foglizzo) liegt an einem flachen Moränenhügel inmitten von Weinbergen, auf denen die Trauben für den Passito di Caluso und den weißen Erbaluce wachsen.
4 km weiter nördlich breitet sich der kleine **Lago di Candia** aus, der zu dem gleichnamigen Naturpark (336 ha) gehört. Unterirdische Flüsse speisen den Gletschersee, der eine Tiefe von 8 m erreicht. In dem Park nisten und überwintern viele Vogelarten, darunter auch einige Raubvögel wie Fischadler und Gabelweihen.

Cocconato

Provinz: Asti
Einwohnerzahl: 1565
Höhe: 491 m ü. d. M.

Vorbei an Kirchen und Schlössern führt der Weg ins Städtchen Cocconato. Ihr mildes Klima und die grandiose Aussicht auf Alpen und Voralpen haben der Gegend den Namen »Riviera del Monferrato« beschert. Unter Feinschmeckern ist Cocconato für seine Käse- und Wurstspezialitäten bekannt.

Sehenswertes in Cocconato

Palazzo Comunale

Um die Wende vom 19. zum 20. Jh. war Cocconato ein beliebter Ferienort. Der Charme dieser italienischen Kleinstadt, der einst Touristen begeisterte, ist auch heute noch spürbar. Anschauen sollte man sich den Palazzo Comunale, eines der wenigen zivil genutzten gotischen Gebäude des Monferrato, sowie die drei alten Kirchen.

? WUSSTEN SIE SCHON …?

- Zwischen 1809 und 1814 wählte Napoleon Cocconato als Standort für den optischen Telegrafen aus, der Paris mit Mailand und Venedig verband. Von seinem Turm (10. Jh.) konnte man die aus Superga kommenden Signale sehen, die dann bis Mailand weitergeleitet wurden.

Palio degli Asini

Das traditionelle Eselrennen, das jedes Jahr am vierten Sonntag im September stattfindet, hat seinen Ursprung in einer Feuersbrunst. Um sie so schnell wie möglich zu löschen, transportierte man das Löschwasser auf Eseln. Am Vorabend des Rennens veranstaltet das Dorf ein Essen, bei dem der berühmte Robiola-Käse »Robiola di Cocconato«, weiße Trüffel und der »Piemonte«, ein feiner, gekochter Schinken, gereicht werden.

▶ COCCONATO ERLEBEN

ESSEN

▶ Preiswert

Cascina Rosengana
Via Liprandi 50
Tel. 0141 907857
www.cascinarosengana.it
Restaurant in 14 ha großem Agriturismo mit Getreide-, Wein-, Obst- und Gemüseanbau sowie Hühner- und Kaninchenzucht.

ÜBERNACHTEN

▶ Günstig

Cannon d'Oro, Piazza Cavour 21
Tel. 0141 907794
www.cannondoro.it
Kleines Hotel mit nur wenigen Zimmern. Terrassen mit Blick auf die Hügellandschaft. Das Restaurant gab es schon zu Zeiten der Savoyer: Ambiente und Speisekarte sind klassisch.

Den Grundstein zur Abteikirche Santa Fede legte man bereits im 12. Jh.

Umgebung von Cocconato

Nördlich von Cocconato liegt, unweit von Brusasco, in der Provinz von Turin, die wundervolle kleine Abbazia di Santa Fede di Cavagnolo, die von französischen Mönchen im 12. Jh. in dieser grünen Hügellandschaft gegründet wurde. Trotz der vielen, nicht immer vorteilhaften Umgestaltungen im Laufe der Zeit gilt sie als eines der wichtigsten romanischen Bauwerke des Piemont (Informationen: Tel. 011 9151124).

** Santa Fede

Cortemilia

KI

Provinz: Cuneo
Einwohnerzahl: 2600
Höhe: 247 m ü. d. M.

Tiefe Bogengänge in piemontesischem Stil und farbig gestrichene Häuserfassaden nach ligurischer Art prägen das Bild dieses Dorfes in den Hohen Langhe von Cuneo. Cortemilia besteht eigentlich aus zwei durch einen Fluss getrennten Dörfern.

Sehenswertes in Cortemilia und Umgebung

Der Fluss Bòrmida di Millèsimo trennt den die beiden Dörfer: Auf dem linken Ufer liegt **San Michele** mit dem runden Torrione degli Aleramici und zahlreichen Häusern aus dem Mittelalter, deren schöne Fenster und Portale in der Renaissance hinzugefügt wurden. **San Pantaleo**, auf dem rechten Ufer, wartet mit der Chiesa della Madonna della Pieve (11. Jh.) auf, in der ein Stein-Triptychon aus dem Hochmittelalter steht, das die »Lobpreisung der Muttergottes« darstellt. In Cortemilia hat das Freilichtmuseum **Ecomuseo dei Terrazzamenti e della Vite** seinen Sitz, das sich u. a. um den Erhalt von Trockenmauern kümmert (Besichtigung nach Vereinbarung, Tel. 0173 81027).

! *Baedeker* TIPP

Die Nutella-Hügel

Auf den Hügeln zwischen dem Belbo und dem Bòrmida wird die runde Haselnuss der Langhe angebaut, eine der besten Sorten Italiens. Nicht umsonst wird die Nutella in Alba hergestellt. Natürlich ist die Sagra della Nocciola Ende August das wichtigste Fest in Cortemilia.

Saliceto und Feuchtgebiete des Belbo

Um nach Saliceto zu gelangen, folgt man dem Lauf des Bòrmida di Millèsimo bis nach Ligurien. In diesem schönen Dorf ließen die Markgrafen del Carretto einst ein imposantes Kastell errichten und die Räume mit Fresken ausmalen.

In der Chiesa di San Martino di Lignera sowie der profanisierten Chiesa di Sant'Agostino sind weitere wunderbare gotische Fresken, möglicherweise Werke eines toskanischen Künstlers, zu sehen. Auch die Fassadengestaltung der Renaissancekirche San Lorenzo ist interessant. Zwischen Saliceto und Ligurien liegt das geschützte Feuchtgebiet **Riserva naturale regionale delle sorgenti del Belbo.**

Das schönste Castello der Hohen Langhe ist Prunetto: mächtig thront es auf einem Felsvorsprung über dem Bòrmida- und dem Uzzone-Tal. Der kleine Abstecher lohnt sich allemal.

CORTEMILIA ERLEBEN

ÜBERNACHTEN

▶ Günstig

Villa San Carlo
Corso Divisioni Alpine 41
Tel. 0173 81546
www.hotelsancarlo.it
Ein großer Garten mit Pool umgibt das gepflegte, moderne und mit allem Komfort ausgestattete Hotel. Schalldichte Zimmer. Die Familienführung sorgt für einen aufmerksamen und freundlichen Service. Das Restaurant bietet regionale Spezialitäten an.

Crea (Sacro Monte di Crea)

Ki

Provinz: Alessandria

Auf einem der höchsten Hügel des Monferrato steht mitten im dichten Wald eines der berühmtesten und meistbesuchten Heiligtümer des Piemonts: das Sacro Monte di Crea.

Geschichte

Das Heiligtum wurde 1589 auf Wunsch des Priors Costantino Massino, Bischof von Vercelli, an einem Ort errichtet, an dem man schon seit Jahrhunderten die Heilige Maria und den Heiligen Eusebius verehrte. Möglich wurde der Bau durch die Spenden von Vincenzo Gonzaga, Herzog von Mantova und des Monferrato, und anderen lokalen Feudalherren. Im Laufe der Jahre kamen zu den 15 Kapellen, die den Weg zur Hauptkirche säumen, immer mehr, zeitweise waren sogar 40 Gebäude geplant. Im Jahr 1612 unterbrach der erste Erbfolgekrieg des Monferrato die Bauarbeiten, die dann bis ins 20. Jh. hinein dauerten.

Die »Sacri Monti«

Die »sacri monti« sind Pilgerwege, die zwischen dem 16. und dem 17. Jh. im Zuge der Gegenreformation entstanden. Die Beschlüsse des Konzils von Trient förderten die Umgestaltung von Orten, die von der Bevölkerung bereits als Kultstätten genutzt wurden, in regelrechte Gebetspfade mit Kapellen und Heiligtümern. Hier wurden die Geschichten Christi und der Heiligen in anschaulicher und einfacher, aber streng an den Kirchendogmen orientierter Form erzählt, um bei den Gläubigen Mitleid und Mitgefühl zu wecken. Heute besitzen die ehemaligen Gebetsorte einen hohen künstlerischen und landschaftlichen Wert und stehen daher unter Schutz.

Wandgemälde mit der Legende der hl. Margareta von Antiochien.

Via delle Cappelle

Der Sacro Monte umfasst neben der **Basilica di Santa Maria Assunta** 23 Kapellen und fünf Klausen. In den **Kapellen aus dem 17. Jh.** befinden sich Statuengruppen mit lebensgroßen Skulpturen aus farbiger Terrakotta, meist das Werk der flämischen Brüder De Wespin, und üppige Wandgemälde. Die Kapellen aus dem 18. Jh. »bewohnen« einfachere Statuen aus Gips oder Stuck. Die bedeutendsten Stationen sind die fünfte, die **Cappella della Natività di Maria** (1589 von Vincenzo Gonzaga finanziert), die sechzehnte aus dem Jahre 1889 mit dem »Aufstieg zum Golgatha« von Leonardo Bistolfi und die dreiundzwanzigste, die **Cappella del Paradiso** (1598) auf der Hügelkuppe. Sie ist der Krönung Marias gewidmet. 300 bemalte Figuren hängen hier von der Decke (Besichtigung der Cappella del Paradiso: Juli Sa./So. 15.00–18.30 Uhr; Aug. Mo. bis Sa. 15.00–18.30 Uhr, So. und Mariae Himmelfahrt 10.30–12.30 und 15.00–18.30; Sept. Sa. 14.30–18.00 Uhr, So. 15.00–18.30 Uhr; Okt. So. 14.00–17.00 Uhr).

Schützenswertes Ökosystem

Seit 1980 stehen 47 ha des Hügels durch den **Parco regionale naturale e Area attrezzata del Sacro Monte di Crea** unter Schutz. Im dichten

Wald wachsen Ulmen, Sommereichen, Kirschbäume, Ahorne und Eschen. Auch die Wildfauna ist ausgesprochen vielfältig. Auf zwölf Spaziergängen kann man tagsüber den Park erkunden. Der Crea-Wald birgt auch ein ungewöhnliches Denkmal zu Ehren der Gemeindeärzte (Tel. 0141 927120, www.parcocrea.it).

Crissolo

Dk

Provinz: Cuneo
Einwohnerzahl: 242
Höhe: 1333 m ü. d. M.

Crissolos Attraktivität rührt von der Schönheit seiner Lage: Das kleine Dorf liegt in einer grünen Senke zwischen Wäldern und Wiesen an den Hängen des Monviso.

Sehenswertes in Crissolo und Umgebung

Monviso-Ski

Mit den Dörfern Rucas und Pian Muné bildet Monviso das Skigebiet Monviso (ein Sessel- und vier Skilifte auf insgesamt 20 km Abfahrts- und 3 km Langlaufloipen). Von Crissolo aus kann man ohne Probleme zwei Ausflüge unternehmen, die in weniger als einer halben Stunde entweder zum Santuario di San Chiaffredo oder zur 600 m tief in den Berg hinein reichenden Grotta del Rio Martino führen.

** Pian del Re

Von Crissolo führt eine Straße ins 7,5 km weiter gelegene Pian del Re (2020 m), ein wunderschönes Trogtal mit vielen Wasserquellen (eine davon ist die offizielle Po-Quelle), das auf ein grandioses Panorama blickt. Ein Eselspfad führt von Pian weiter, an den Seen Fiorenza und Chiaretto und am Colle del Viso vorbei, bis zur Berghütte Quintino Sella, die man nach 2,5 Stunden erreicht.

? WUSSTEN SIE SCHON ...?

- Der Berg im weltberühmten Logo der Filmproduktionsfirma Paramount ist der Monviso.

** Monviso

Seit der Antike ist der Monviso wegen seiner Erhabenheit, seiner Schönheit und als Quellort des Po berühmt. Seine unverwechselbare Pyramidenform (3841 m) ist von der ganzen piemontesischen Ebene und von den Langhe aus gut zu sehen.

Der »buco del viso«

Ludovico, Markgraf von Saluzzo, ließ in der zweiten Hälfte des 15. Jh. einen 2 m hohen und 75 m tiefen **Tunnel** graben, um den Colle delle Traversette zu durchqueren und so leichter das fran-

zösische Queyras zu erreichen. Das »Loch« befindet sich relativ hoch auf 2882 m Höhe – der Berg selbst hat eine Höhe von 2950 m. Da gerade dieses letzte Stück v. a. im Winter besonders schwer zu bezwingen ist, bietet der kurze Tunnel eine angenehme Abkürzung. Den Eingang zum »buco« erreicht man von Pian del Re in 3 Stunden über einen Trampelpfad, der den Blick auf ein herrliches Panorama freigibt.

★ Cuneo

Gm

Hauptstadt der Provinz
Einwohnerzahl: 55 400
Höhe: 534 m ü. d. M.

Die Stadt liegt auf einem keilförmigen (»cuneo«) Hochplateau zwischen zwei tiefen Tälern, in denen der Stura di Demonte und der Gesso fließen. Die Bisalta, der Hausberg der Cuneeser, dominiert die Landschaft. Cuneo wurde wegen der herausragenden strategischen Bedeutung dieses Ortes gegründet, an dem sechs Täler auslaufen, die nach Ligurien und Frankreich führen.

Geschichte

Der Ort wurde als freie Stadtrepublik gegründet, konnte allerdings seine Autonomie nicht lange wahren. Er fiel an die Anjou, dann an die Visconti aus Mailand, an die Markgrafen von Saluzzo und schließlich, gegen Ende des 15. Jh., an die Savoyer. Die mittelalterliche Stadt wurde durch die vielen Belagerungen und Besatzungen fast gänzlich zerstört; das heutige Stadtbild entspricht der spätbarocken Anlage aus dem 18. Jh.

Stadtanlage

Während der napoleonischen Besatzungszeit wurden die Wehrmauern, die Jahrhunderte lang die Ausweitung der Stadt verhindert hatten, abgerissen, und Cuneo begann sich auszubreiten. Die Altstadt in der Form eines elliptischen Keiles zieht sich entlang der Via Roma, die hinter Piazza Galimberti zum Corso Nizza wird. Auf der Seite des Gesso verläuft heute anstelle der alten Mauern eine baumgesäumte Promenade mit schönem Ausblick. Die Straßen sind schachbrettartig angelegt. Einige haben Arkaden, in denen sich elegante Geschäfte, Handwerksläden, verführerische Konditoreien, Cafés und Restaurants abwechseln. Kommt man von Turin, ist der erste Blick auf die Stadt schier atemberaubend: Die Straße führt über den 770 m langen, 48 m hohen Soleri-Viadukt, der sich von 34 Bögen getragen (1920er-Jahre) über das Susa-Tal spannt.

← Der Lago Chiaretto, im Hintergrund die pyramidenförmige Spitze des Monviso.

Cuneo Orientierung

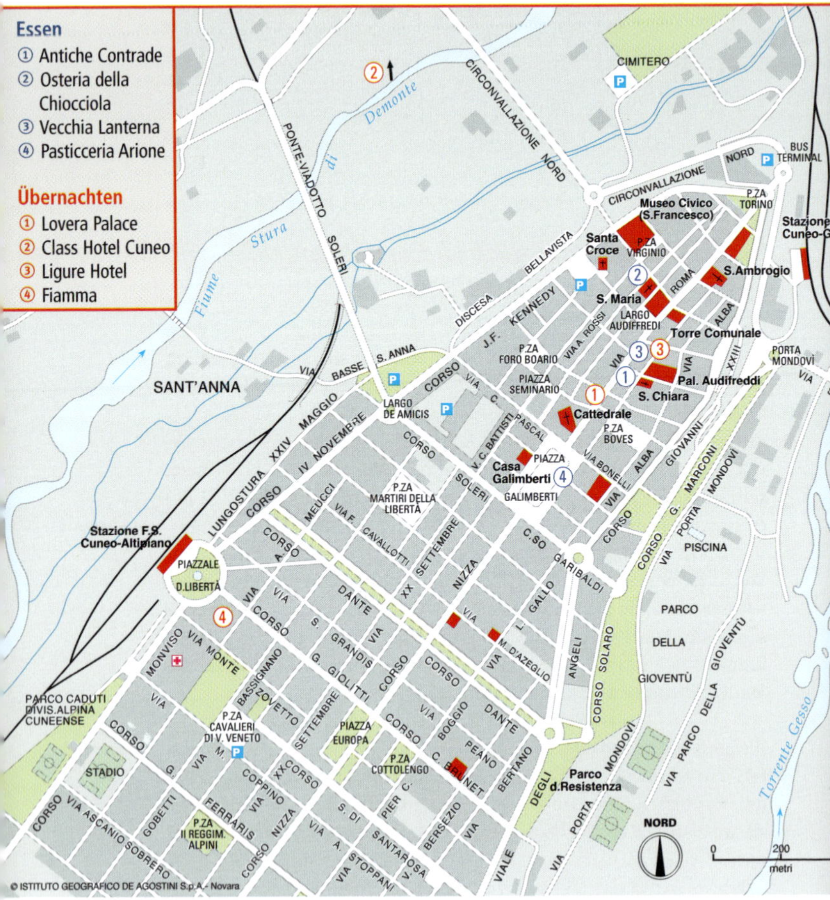

Sehenswertes in Cuneo

Piazza Duccio Galimberti ✶

Das Herz der Stadt ist die Piazza Duccio Galimberti, die zwischen Altstadt und Neustadt liegt. Urbanistische Eingriffe im 19. Jh. haben dem Platz enorme Dimensionen verliehen, vor allem im Verhältnis zu den umliegenden Vierteln: Die 20 000 Quadratmeter große Piazza säumen 20 symmetrische Palazzi mit schönen Bogengängen.

Casa Museo Galimberti

Die Casa Museo Galimberti auf der gleichnamigen Piazza ist in dem Gebäude untergebracht, das früher der Familie Galimberti gehörte, deren Geschichte 100 Jahre lang mit der Geschichte Cuneos eng verwoben war. Hier lebte auch **Duccio Galimberti**, einer der wichtigsten Antifaschisten Italiens, der 1944 umgebracht wurde. Das Museum birgt Bilder und Skulpturen piemontesischer Künstler und dokumentiert die Familiengeschichte einschließlich des Widerstandes im Faschismus (Öffnungszeiten: Di. 14.30–17.30 Uhr, Sa. 8.30–12.30 Uhr und n. V., Tel. 0171 631757).

Via Roma

Die Via Roma bildet die Hauptachse der Altstadt. Möglicherweise diente sie einst als Marktplatz. Später wurden hier Wohnhäuser mit Arkadengängen errichtet: Rund 8 km Weges kann man in Cuneo unter **Bogengängen** zurücklegen. Auf der Via Roma findet man die wichtigsten Gebäude der Stadt: Kathedrale, Rathaus, Stadtturm und die Kirche Sant'Ambrogio.

Kathedrale

Kuppel und Fassade der von Giovenale Boetto im 17. Jh. entworfenen Kathedrale wurden erst im 19. Jh. fertig gestellt. Im Innern schmückt ein Gemälde von Andrea Pozzo (»**Purificazione**«, 17. Jh.) den Hochaltar.

Die Kirchen Santa Chiara und San Sebastiano

Wenn Sie entlang der Via Roma weiter gehen, erblicken Sie in der Seitenstraße Via Cacciatori delle Alpi die schöne Fassade der **Chiesa di Santa Chiara** (18. Jh.). Noch ein Stück weiter kommen Sie am **Palazzo Audifreddi** vorbei, hinter dessen strenger Fassade sich die Stadtbibliothek und das Stadtarchiv verbergen.
Von der Via Roma zweigt weiter unten die **Cantrada Mondovì** ab: mit ihren alten und tiefen Bogengängen ist sie wohl die charakteristischste Straße Cuneos. Hier stehen die **Synagoge** aus dem 15. Jh. und die **Chiesa di San Sebastiano** (die Kuppel und die polygonale Apsis sind aus dem 16. Jh.), in der einige Gemälde von Giovanni Antonio Molineri (17. Jh.) hängen.

Palazzo Municipale

Das imposante **Rathausgebäude** auf dem Largo Audifreddi an der Ecke zur Via Roma stammt aus dem 17. Jh. Ursprünglich diente es als Sitz der Jesuiten. Gleich daran schließt sich der **Palazzo della Torre** mit dem alten Stadtturm an.

Chiesa di Sant'Ambrogio

Wenn Sie die Contrada Mondovì hinter sich gelassen haben, kommen Sie zur Kirche Sant'Ambrogio, von Francesco Gallo im 18. Jh. entworfen. Der Innenraum besteht aus einem gewagten Spiel von sich überlappenden Bögen und Gewölbekappen. Sie wurde dem Patron von Mailand geweiht.

Palazzi mit Arkadengängen umgeben die große Piazza Duccio Galimberti.

Museo Civico Links von der Via Roma liegt die **ehemalige Chiesa di San Francesco**, das bedeutendste mittelalterliche Gebäude Cuneos, zwischen dem 13. und dem 15. Jh. in romanisch-gotischem Stil erbaut. Ein spitz zulaufendes Marmorportal mit hohem Wimperg und Rosette schmückt die Fassade. Im Kreuzgang residiert heute das **Museo Civico**, das eine archäologische, eine historische und eine ethnologische Sammlung umfasst. Im ethnologischen Teil sind traditionelle Kostüme aus den Alpentälern, Handwerksgegenstände und eine Sammlung von folkloristisch gekleideten Lenci-Puppen zu sehen (Öffnungszeiten: Di. bis So. 8.30–12.30 und 14.30–17.30, feiertags leichte Abweichungen).

Chiesa di Santa Croce In unmittelbarer Nähe befindet sich die Kirche Santa Croce mit ihrer barock geschwungenen Fassade. Das von einer Kuppel überwölbte Gotteshaus wurde von A. Bertola entworfen und 1709–1715 von F. Gallo erbaut.

Umgebung von Cuneo

Santuario di Santa Maria degli Angeli Eine lange Allee führt entlang der alten Befestigungsanlage zum 3 km entfernten Santuario di Santa Maria degli Angeli aus dem 18. Jh., in dem sich auch das Grab des Resistenza-Helden Duccio Galimberti befindet.

CUNEO ERLEBEN

AUSKUNFT

ATL Cuneo
Via Vittorio Amedeo 13, Tel. 0171 690217
www.cuneoholiday.com

ESSEN

▶ Erschwinglich

① *Antiche Contrade*
Via Savigliano 12, Tel. 0171 480488
www.antichecontrade.it
Ruhetag: Mo. (Mittag), Do., Fr. (Mittag), Aug. (unterschiedlich)
Das Restaurant liegt in einem bis ins Detail eleganten Saal des Palazzo der Grafen von Lovera (16. Jh.). Traditionelle, neu interpretierte piemontesische Küche.

② *Osteria della Chiocciola*
Via Fossano 1, Tel. 0171 66277
Ruhetag: So., Jan., 15. Aug.
Im Erdgeschoss des Hauses befindet sich eine Enoteca, wo man Wein trinken und einen kleinen Imbiss zu sich nehmen kann, im ersten Stock liegt das Restaurant. Hier wird die regionale Kochtradition gepflegt. Die Speisekarte wechselt regelmäßig. Das Weinangebot ist außerordentlich vielfältig.

▶ Preiswert

③ *Vecchia Lanterna*
Via Savigliano 11
Tel. 0171 681942
Ruhetag: So. (Abend), Jan. (unterschiedlich) Sonntag
Großes Restaurant, in dem man der traditionellen Küche aus der »Provincia Granda« Respekt zollt.

UBERNACHTEN

▶ Komfortabel

① *Lovera Palace*
Via Roma 37, Tel. 0171 690420
www.palazzolovera.com
Im 18. Jh. wurde der Palazzo Lovera im Stil jener Epoche rekonstruiert, in der Pius VII. und Francesco I. hier residierten. Elegante, mit Antiquitäten möblierte Zimmer.

② *Class Hotel Cuneo*
Via Cascina Magnina 3/a
Madonna dell'Olmo, Tel. 0171 413188
www.classhotel.com/itcuneo
Gastfreundliches Hotel mit schalldichten Zimmern.

▶ Günstig

③ *Ligure Hotel*
Via Savigliano 11, Tel. 0171 681942
www.ligurehotel.com
Einfaches und sehr angenehmes Hotel in Familienbesitz, im Herzen der Stadt gelegen.

④ *Fiamma*
Via Meucci 36, Tel. 0171 66651
Ruhiges Hotel in Familienbesitz im neueren Teil der Stadt. Komfortable Zimmer und moderne Bäder. Ohne Frühstück.

! *Baedeker* TIPP

Köstlichkeiten aus Schokolade
Cuneos Spezialität sind die »cuneesi«, göttliche Schokoladenpralinen mit Rum, die auf der Zunge einen intensiven Geschmack entfalten. Ein perfekter Ort, um diese Köstlichkeiten zu kaufen, ist die barocke ④ ***Pasticceria Arione*** unter den Arkaden der Piazza Galimberti.

Borgo San Dalmazzo Von Cuneo erreicht man Borgo San Dalmazzo über eine 8 km lange, gerade Strecke, die einen weiten Blick auf die Alpen freigibt. Das Städtchen erlebte aufgrund seiner strategischen Position – drei Täler laufen hier zusammen – etliche Wirren. Der in der Antike als Pedona bekannte Ort wurde kurz vor 1000 n. Chr. von den Sarazenen restlos zerstört und ein Jahrhundert später unter seinem heutigen Namen neu gegründet. Gleich hinter San Dalmazzo führt die mit 14 Kapellen gesäumte Via Crucis hinauf zum Santuario della Madonna del Monserrato.

Busca 17 km nördlich von Cuneo erreicht man, auf der Straße nach Saluzzo, Busca. Der Ort liegt an den Ausläufern eines Berges, der die Val Maira von der Val Varaita trennt. Die Landschaft ist durch intensiven Obstanbau geprägt. In Busca gibt es zwei schöne Kirchen aus dem 18. Jh. zu sehen: die Parrocchiale di Santa Maria Assunta und die Chiesa della SS. Annunziata.

Val Curone

O–Qjk

Provinz: Alessandria

Die lange Val Curone, deren höchster Berg, der Monte Chiappo (1700 m), an der Grenze zu Lombardei und Emilia liegt, ist mit ihren alten Kirchen und Windmühlen, dem Wein des DOC-Gebiets Colli Tortonesi (hauptsächlich Barbera und Cortese), ihrem Kunsthandwerk und ihrer Gastronomie ein attraktives Reiseziel.

Windmühlen und Pfarrkirchen Nehmen Sie sich ein wenig Zeit für die Besichtigung der **vier alten Windmühlen** und **drei romanischen Kirchen** an den Ufern des Curone. Die Windmühlen befinden sich in Momperone, San Sebastiano Curone, Gremiasco und Frinti. Die Pfarrkirche Santa Maria, erbaut im 10 Jh., steht in Viguzzolo (Besichtigung n. V. Tel. 0131 898349), die Pieve San Pietro in Volpedo (Besichtigung n. V., Tel 0131 80136). In Fabbrica Curone schließlich kann man sich die romanisch-gotische Kirche Santa Maria Assunta aus dem 12. Jh. anschauen, ihr Kirchturm stammt aus dem 17. Jh.

Die Dörfer in der Val Curone Pontecurone liegt in malerisch der Ebene. Seine gotische Kirche Santa Maria Assunta ist mit schönen Fresken aus dem 15./16. Jh. geschmückt. Im nahen Casalnoceto befindet sich ein interessantes geschichtliches Museum, das Museo delle Memorie del Passato (Besichtigung n. V., Tel: 0131 809182). Volpedo ist für seine Erdbeeren und Pfirsiche und wegen des pointilistischen Malers Giuseppe Pelliz-za (1868–1907) berühmt, dessen Atelier zum Studio Museo umgewandelt worden ist (Öffnungszeiten: Mai bis Sept. Sa./So. 16.00–19.00 Uhr, Okt. bis April Sa./So. 15.00–17.00 Uhr). **San Sebastiano Curone** gehörte zum Lehen der Familie Doria, was sich heute noch an der Häuserarchitektur erkennen lässt, die ligurische Stilelemente aufweist. In den schmalen Straßen stößt man auch auch auf einige schöne Jugendstilgebäude. Ein Fest für den Gaumen ist die Trüffelmesse Ende November. **Fabbrica Curone** liegt schon hoch auf den Bergen; in der Umgebung kann man Ski fahren. **Lunassi** war beinahe schon ausgestorben, als es liebevoll restauriert wurde. Jetzt beherbergt der Ort das volkskundliche Museo della Cultura Contadina (Besichtigung nach Vereinbarung, Tel. 0131 782256). Achten Sie auf die Hasen und Eichhörnchen, die hier über die Straße flitzen. Zwischen Buchenwäldern und Skipisten liegt **Caldirola**. Vom nahen Monte Giarolo aus (1473 m) genießt man eines der weitesten Panoramen des Apennins.

! *Baedeker* TIPP

Königlicher Käse

Montébore ist ein kleines Dorf in der Val Curone, zur Gemeinde von Dernice gehörig. Seit dem Mittelalter wird hier Käse aus Kuh- und Schafsmilch hergestellt, der sogar bei der Hochzeit von Isabella von Aragonien mit Gian Galeazzo Sforza, Sohn des Herzogs von Mailand, serviert wurde. Die kleinen Robiolas werden zu einem pyramidenförmigen »castellino« gestapelt, das an den alten Stadtturm erinnert, und sowohl frisch, gereift als auch gerieben verzehrt.

Val Grue

Wälder, Kirschbäume, kleine Kirchen und in Klatschmohn und Weißdorn gebettete Höfe: das ist die Val Grue. In diesem für seine Kirschen berühmten Tal gedeihen auch weiße Trüffel und Esskastanien. Es lohnt sich, hier einzukehren.

Domodossola

Kc

Provinz: Verbania
Höhe: 272 m ü. d. M.
Einwohnerzahl: 18 796

Bester Wochentag für einen Besuch in Domodossola ist Samstag, wenn der traditionsreiche Markt abgehalten wird, zu dem auch Bewohner der Valli Ossolane und der nahen Schweizer Centovalli kommen. Der Betrieb auf den Straßen und Plätzen beweist die Bedeutung Domodossolas als Durchgangsort zum Sempione, an dem vier Täler zusammenlaufen.

Wege nach Domodossola

Sowohl die Anfang des 19. Jh. gebaute Straße zum Simplon als auch die Bahnstrecke, die durch den Simplon-Tunnel (1906 fertig gestellt, circa 20 km lang) in die Schweiz fährt, durchqueren dieses Städtchen. Domodossola wiederum ist durch eine Straße und eine Zugverbindung an Locarno angeschlossen, das am Schweizer Ufer des Lago Maggiore liegt.

Verworrene Geschichte

Jahrhundertelang war Domodossola heftig von den Bischöfen von Novara, den Visconti aus Mailand, den Savoyern und den Schweizern umkämpft. 1559 ging die Stadt an das Herzogtum Mailand und geriet so unter spanische Herrschaft; erst 1748 wurde sie ein Teil Savoyens. Das Stadtzentrum, La Motta genannt, stammt noch aus dem Mittelalter.

Sehenswertes in Domodossola

Herz der Altstadt ist der Marktplatz, den mit Bogengängen und Loggien gestalte Häuser aus dem 15./16. Jh. umgeben. Das Haus mit Turm an der Ecke zur Via Briona ist die **Casa del Vescovo**.

Collegiata dei Santi Gervaso e Protaso

Die romanische Kollegiatkirche Santi Gervaso e Protaso wurde im 18. Jh. vollkommen umgestaltet. Aus früherer Zeit haben sich das mittelalterliche Portal und eine Vorhalle aus dem 17. Jh. erhalten. Von Interesse ist auch das Gemälde von Tanzio da Varallo (»**San Carlo comunica gli appestati**«), ebenfalls aus dem 17. Jh.

Palazzo Silva

Das schönste Gebäude Domodossolas ist der Renaissance-Palazzo Silva mit seiner ornamental gestalteten Fensterfront. Auch die Innenräume sind reich ausgestattet: die Kamine, Schirmvolten, Kassettendecken und eine ungewöhnliche Wendeltreppe aus weißem Stein sind besonders kunstvoll. Der Palazzo dient heute als **Museum**, das idealtypisch die Gemächer einer aristokratischen Familie der Val d'Ossola aus dem 17. Jh. rekonstruiert. Zu dem Museum gehören außerdem eine Pinakothek, Holz- und Steinskulpturen und eine kleine archäologische Sammlung (Informationen: Tel. 0324 249001).

Palazzo San Francesco

Im Palazzo San Francesco, der Anfang des 19. Jh.s auf den Resten der gleichnamigen Kirche aus dem 13. Jh. gebaut wurde, befinden sich das **Museo Etnografico e di Scienze Naturali** und die Stadtbibliothek. Das Museum zeigt seine mineralogische, botanische, zoologische und ornithologische Sammlung. Zu sehen sind außerdem eine lateinamerikanische Abteilung sowie eine ethnografische Sammlung über Somalia und Guinea. Im Simplonsaal werden die Geschichte des Straßenbaus unter der napoleonischen Herrschaft, des Tunnels und des ersten Flugs über die Alpen dokumentiert.

DOMODOSSOLA ERLEBEN

AUSKUNFT

Ufficio Informazioni
Piazza Matteotti 24
Tel. 0324 248265

ESSEN

▶ Erschwinglich

Piemonte-Da Sciolla
Piazza Convenzione 4
Tel. 0324 242633
www.ristorantedasciolla.it
Ruhetag: Mi., Jan. (unterschiedlich); Aug. bis Sept.
Restaurant mit langer Familientradition, bietet einfache, teilweise nahezu vergessene Rezepte aus den hiesigen Bergregionen. Im Sommer kann man im Freien essen.

ÜBERNACHTEN

▶ Komfortabel

Corona
Via Marconi 8, Tel. 0324 242114
www.coronahotel.net
Schön renoviertes Haus aus dem 19. Jh., sehr zentral gelegen in der Nähe des Bahnhofs. Elegant und ruhig, mit gemütlichen Zimmern.

Palais in der Stadtmitte von Domodossola.

60

Umgebung von Domodossola

Ein kurzer, ansteigender Weg führt zum Colle della Mattarella (362 m). Entlang des Waldpfades stehen zahlreiche Kapellen (17.–19. Jh.), die eine Via Crucis bilden. Sie sind mit dem Heiligtum und dem Oratorium Madonna delle Grazie (17. Jh.) Teil der Anlage des Sacro Monte Calvario. Das Kloster neben dem Heiligtum dient als Casa di Carità dei Rosminiani. Im Garten kann man noch die Reste der Burg von Mattarella aus langobardischer Zeit sehen.

Dronero

Fm

Provinz: Cuneo
Einwohnerzahl: 7000
Höhe: 622 m ü. d. M.

Obstplantagen, Weinberge, Wiesen und Felder umgeben das liebliche Dronero, die Landkreishauptstadt der Val Maira. Straßen und Gebäude erinnern noch an die Markgrafen von Saluzzo. Vom höher gelegenen Ortsteil überblickt man die Talstraßen, die nach San Costanzo sul Monte, Villar, Busca, Caraglio und in die Val Grana führen.

Sehenswertes in Dronero und Umgebung

Ponte del Diavolo und Parrochiale dei Santi Andrea e Ponzio

Wahrzeichen des Städtchens ist der zinnengesäumte Ponte del Diavolo (1428) gleich am Dorfeingang. Die romanisch-gotische Parrocchiale dei Santi Andrea e Ponzio, die an der zentralen Via Giolitti steht, stammt aus dem 15. Jh. Die Kirchenfassade ist sehr komplex: ein gotisches Portal, über dem ein hoher, mit einem Kreuzbogenfries verzierter Wimperg angebracht ist. Zu der Kirche gehört ein zweistöckiger Kirchturm.

Loggia del Grano

Die Loggia del Grano entstand im 15. Jh. als Handelsgebäude. Später wurde sie in eine dem Heiligen Sebastian geweihte Kapelle umgewandelt. Der elegante oktogonale Grundriss und die Halbsäulen mit den bemalten gotischen Bögen sind erhalten geblieben.

*** Chiesa di San Costanzo sul Monte**

Wenn Sie auf den Monte San Bernardo fahren, stoßen Sie 2,4 km hinter Dronero auf die Kirche San Costanzo sul Monte (802 m ü. d. M.), eines der schönsten Bauwerke romanischen Stils im Pie-

← *Domodossola ist ein wichtiger Kreuzungspunkt für Züge nach Frankreich und Mitteleuropa.*

mont. Die gotische Fassade wurde im 17. Jh. erneuert, während der hintere Teil des Gebäudes mit den drei halbrunden Apsiden, die von einer achteckigen Kuppel überdacht werden, aus dem 13. Jh. stammt. Der dreischiffige Innenraum ruht auf kunstvollen Säulenkapitellen. Unterhalb der Kirche befindet sich eine Krypta aus derselben Epoche.

Villar San Costanzo

Fährt man auf der Straße in Richtung Busca, so gelangt man nach circa 3 km in das kleine Dorf Villar San Costanzo. Kurz vor seinem Eingang steht die von Francesco Gallo entworfene **Parrocchiale di San Pietro in Vincoli** (18. Jh.). Der romanische Kirchturm gehörte noch zu einer älteren Kirche. Man kann auch die unterirdische Krypta aus dem 11. Jh. besichtigen.
Ein gut ausgeschilderter Weg führt zu **Erdpyramiden**, die sich durch Erosionen gebildet haben und hier »ciciu« (»Hampelmänner«) genannt werden.

Celle Macra

★★ Polyptychon ▶

Celle Macra erreichen Sie, indem Sie etwa 18 km in das Maira-Tal fahren und dann nach links biegen. Nach 2 km taucht das Dorf auf, in dessen Pfarrkirche sich ein Meisterwerk piemontesischer Kunst befindet, das Polyptychon von Hans Clemer, der auch als Maestro d'Elva bekannt ist (15./16. Jh.).

Architektonisch eigenwillig: Die Parrocchiale dei Santi Andrea e Ponzio.

Elva

Di

Provinz: Cuneo
Einwohnerzahl: 135
Höhe: 1637 m ü. d. M.

Nach Elva in der hohen Val Maira gelangen Sie entweder durch das schmale Tal, das bei Ponte Màrmora beginnt, oder über die Straße, die sich ab Stroppo hochschlängelt. Wälder und Weiden umgeben das in eine weite Talsenke eingebettete Dorf; darüber ragen 3000 m hohe Berge. Die Straße führt weiter in Richtung Colle di Sampeyre (2284 m), wo sie einen grandiosen Blick auf den Monviso freigibt, um dann nach Sampeyre in der Val Varaita abzusteigen.

* Chiesa di Santa Maria Assunta

Ein Ausflug nach Elva lohnt sich nicht allein wegen der wunderschönen Landschaft. Es gibt einen weiteren Grund für diesen mühsamen Aufstieg: die Parrocchiale di Santa Maria Assunta mit ihrem romanischen Kirchturm. Vor allem sollten Sie die wunderbaren Fresken »**Crocifissione**« und »**Storie della Vergine e dell'infanzia di Cristo**« des flämischen Malers Hans Clemer aus dem 15. Jh. ansehen, des Maestro d'Elva.

** ◀ Fresken

Was Kunstwerke betrifft, ist die Kirche von Elva auch sonst eine wahre Schatztruhe: Außer den Werken Clemers birgt sie mehrere gotische Fresken, einen kunstvollen Taufbrunnen aus dem 15. Jh. und den prachtvollen, aus grünem Stein gehauenen gotischen Bogen (Öffnungszeiten: Sommer So., in der Woche um Mariae Himmelfahrt auch Fr. und Sa. Informationen: Espaci Occitan-programma Mistà, Tel. 0171 904075).

** Forte di Fenestrelle

Di

Provinz: Turin
Einwohnerzahl: 653
Höhe: 1154 m ü. d. M.

Fährt man auf der Statale 23 der Val Chisone von Pinerolo nach Sestriere, stößt man unweit von Fenestrelle auf eines der eindrucksvollsten Bauwerke Europas: das Forte di Fenestrelle, die so genannte »Piemontesische Mauer«.

Die Piemontesische Mauer

Das aus Felsen und Mauerwerk bestehende Forte di Fenestrelle erstreckt sich über 3 km entlang dem Grat des Monte Orsiera (635 m Höhenunterschied). Eigentlich handelt es sich nicht um ein einziges Fort, sondern um eine Befestigungsanlage, zu der Forte Carlo Alberto, Forte San Carlo, Forte Tre Denti und Forte delle Val-

Das großartig Fort von Fenestrelle, nie nehmen.

li gehören. Pulverhäuser, Magazine und Schießscharten werden von einer gemauerten Innentreppe mit 4000 Stufen miteinander verbunden. Parallel dazu läuft eine Außentreppe, die so genannte »echte Treppe«.

Eine uneinnehmbare Festung

Der erste König Piemont-Sardiniens, Vittorio Amedeo II, ließ das Fort von Fenestrelle zur Verteidigung seines Reiches errichten, um den Franzosen den Einmarschweg zu versperren. 1728 wurde mit dem Bau des Projektes begonnen, das der Militäringenieur Ignazio Bertola entworfen hatte. Der Grundstein wurde am Forte delle Valli in der Gegend von Pra Catinat auf 1800 m Höhe gelegt. In 122 Jahren mühsamer Arbeit stieg man bis zur heutigen Statale 23 ab: 1850 war endlich auch das Forte Carlo Alberto fertig gestellt. Die Anlage wirkte auf die Feinde tatsächlich so gewaltig, dass sie nicht angegriffen wurde, sondern einfach umgangen.

Später diente der Bau als Gefängnis. Ende der 1940er-Jahre verließ das italienische Militär endgültig den Ort.
Anfang der 1980er-Jahre gründete sich ein Verein mit dem Ziel, die Festungsanlage zu restaurieren. Dank öffentlicher und privater Unterstützung ist es heute möglich, das Fort zu besichtigen. Forte di Fenestrelle, das zum Parco naturale Orsiera-Rocciavrè gehört, ist mittlerweile zum Wahrzeichen der Provinz von Turin geworden (Öffnungszeiten: Reservierung notwendig, Tel. 0121 83600). Es gibt drei mögliche Rundgänge: die ganztägige Passaggiata Reale startet um 9.00 Uhr, eine drei- und eine einstündige Wanderung beginnen beide um 10.00 und um 15.00 Uhr.

Umgebung von Fenestrelle

Fahrt nach Sestriere

Von Fenestrelle zweigt eine Straße ab, die entlang des Grats zwischen Valle di Susa und Val Chisone führt und wundervolle Ausblicke in die zwei Täler und auf die höchsten Wipfel des Cunese und der französischen Dauphiné freigibt. Nach der Hochebene von Pra Catinat (2000 m), zu der auch eine Gondel fährt, gabelt sich die Straße: die eine führt zum **Colle delle Fenestre** und Susa, die andere nach **Colle dell'Assietta** und Sestriere. In der Nähe des Hügels befindet sich **Testa dell'Assietta** (2566 m), wo ein Ehrenmal an eine erfolgreiche Schlacht erinnert, bei der das sabaudische Heer den Einmarsch der Franzosen verhinderte. Die Gesamtstrecke bis nach **Sestriere** beträgt 49 km.

FENESTRELLE ERLEBEN

AUSKUNFT

Ufficio Informazioni
Piazza della Fiera 1
Tel. 0121 83617

VERANSTALTUNG

Jedes Jahr wird am 25. August in Fenestrelle ein beeindruckender Tanz der Schwerter aufgeführt, der »Bal du Sabre«. Er geht auf die antike Festtradition der Bewohner der Bergregion zwischen Italien und Frankreich zurück. Rhythmus und Bewegungsabläufe dieses Schwerttanzes mit heidnisch-kultischem Ursprung variieren in den Ortschaften.

ÜBERNACHTEN

▶ **Preiswert**
Camping Serre Marie
Statale 23, km 71 (bei Sagne)
Tel. 0121 83803
Geöffnet: 1. Jan. bis 31. Dez.
Lebensmittelgeschäft, Bar, eigener Parkplatz für Autos und Motorräder, Videogame-Raum, Kinderspielplatz. Freizeitangebot: Basketball, Volleyball, Tennis, Ski.

Fossano

HI

Provinz: Cuneo
Einwohnerzahl: 23 300
Höhe: 375 m ü. d. M.

Das heute provinziell-friedlich anmutende Fossano hat stürmische Zeiten hinter sich. Um die 1234 gegründete Stadt stritten die Markgrafen von Saluzzo, die Familien Angioini und Acaia. Erst im 17. und 18. Jh. begann für Fossano, nun den Savoyern gehörend, eine Zeit der Ruhe.

Behagliche Provinzatmosphäre

Unter den Mächtigen, die Fossano beherrschten, haben die Acaia das Stadtbild am meisten geprägt. Sie ließen die gewaltige Burg mit ihren vier roten Türmen erbauen. Die barocken und klassizistischen Villen hingegen stammen aus der Zeit der Savoyer.

Sehenswertes in Fossano

Arkaden und elegante Paläste säumen die zentral gelegene Via Roma. Dennoch herrscht hier eine geradezu ländliche Atmosphäre, wie sie für viele Piemonteser Ortschaften typisch ist. Der Besucher kann sich nicht nur an gutem Essen, sondern auch an einer ganzen Reihe sehenswerter Kunstschätze erfreuen.

* Castello

Das beeindruckendste Bauwerk der Stadt ist die Burg, die sich die Acaia in der ersten Hälfte des 14. Jh.s errichten ließen. Obwohl sie in Teilen verändert wurde, hat sich ihre ursprüngliche Gestalt auf qua-

FOSSANO ERLEBEN

ESSEN

▶ Erschwinglich

Castello d'Acaja-Villa San Martino
San Martino 30
Tel. 0172 691301
Ruhetag: Mo., So. (Abend); Aug., 1. Jan.
Das Restaurant befindet sich in einem von einem Park umgebenen Haus des 18. Jh.s. Großer Saal für Bankette und Festlichkeiten, außerdem auch kleinere Säle zum privaten Abendessen.

ÜBERNACHTEN

▶ Günstig

Romanisio
Via Monsignor Angelo Soracco 1
Tel. 0172 692888
www.hotelromanisio.com
Modernes Hotel in ruhiger Wohngegend, 800 m von der Innenstadt entfernt. Das angenehme Restaurant La Porta del Salice wird getrennt geführt.

Wahrzeichen Fossanos: die Burg der Prinzen von Acaia.

dratischem Grundriss mit den mächtigen, aus der Mauerflucht hervortretenden Ecktürmen erhalten. An diese schließen sich auf der Innenseite weitere Türmchen an (zwei runde und zwei quadratische), deren lange Wendeltreppen zur Spitze hinaufführen. Die Savoyer verwandelten die Festung in eine repräsentative Residenz mit schönem Saal und Kapelle, herzöglichen Prunkgemächern sowie einem arkadengesäumten Innenhof. Die Wände der Säle zieren Fresken mit Wappen, Emblemen und Grotesken. In den 60er-Jahren des 20. Jh.s vollständig restauriert, beherbergt die Burg inzwischen die städtische Bibliothek (Öffnungszeiten: Mo. bis Fr. 14.00–18.30 Uhr, Sa. 9.00–11.30 Uhr).

Duomo

Der Dom wurde erst Ende des 18. Jh.s im neoklassischen Stil erneuert und besitzt noch den Turm seines Vorgängerbaus aus dem ausgehenden 14. Jh. – erweitert um einen Aufsatz aus barocker Zeit. Der Innenraum ist verschwenderisch mit Fresken ausgemalt. Die interessantesten Werke verbergen sich in der Sakristei: Gemälde Jan Clarets aus dem 17. Jahrhundert.

Palazzo del Comandante

Der so genannte Palast des Kommandanten, heute Sitz der Sparkasse, gehört zu den bemerkenswertesten barocken Gebäuden des Städtchens.

*** Chiesa della SS. Trinità**

Die Chiesa della SS. Trinità auf der Piazza Umberto I gilt als eines der Meisterwerke Francesco Gallis, der sie in den 30er-Jahren des 18. Jh.s mit einer Backsteinfassade und doppelter Säulenordnung errichtete. Hinter der Kirche befindet sich das **Ospedale della Trinità**, ebenfalls ein Werk Gallos.

Frabosa Soprana

Hn

Provinz: Cuneo
Einwohnerzahl: 1016
Höhe: 891 m ü. d. M.

Frabosa Soprana ist der wichtigste Touristenort in den Tälern um Mondovì, von dem es nur 16 km entfernt liegt. Die liebliche Landschaft ist reich an Wiesen und Kastanienwäldern und wird vom Monte Moro (1739 m) beherrscht.

Sehenswertes in Frabosa Soprana und Umgebung

In den Bergen des Monregalese

Im Winter dient Frabosa Soprana als Ausgangspunkt für das nahe **Skigebiet Mondolè**, das die Anlagen von Artesina (1300 m) und des Monte Nevoso (1500 m) mit 25 Liftanlagen und 90 km Piste einschließt. Im Sommer lädt die Gegend zu reizvollen Spaziergängen über Bergweiden an den Hängen des Monte Mondolè (2382 m) ein. In Frabosa Soprana selbst kann man eine schöne Barockkirche besichtigen, die **Parrocchiale di San Giovanni Battista**.

** Grotta di Bossea

Die Tropfsteinhöhle von Bossea, deren Eingang sich auf einer Höhe von 829 m befindet, erreicht man von Frabosa Soprana aus über Corsaglia (circa 10 km) oder über Mondovì durch das Tal von Corsaglia (21 km). Die Grotte unterteilt sich in unterschiedlich große Säle und enge Durchgänge. Ein unterirdischer Fluss bildet Teiche und Kaskaden. Ihren Reiz erhält die Höhle durch die Schönheit der Kalkablagerungen sowie durch die Skelettreste einiger Bären, die hier einst ihren Winterschlaf verbrachten. Der eindrucksvollste Teil ist das so genannte **Castello**, eine Felsformation, die an eine mittelalterliche Burg erinnert und

FRABOSA SOPRANA ERLEBEN

AUSKUNFT

Ufficio Informazioni
Piazza Municipio 1, Tel. 0174 244010
www.frabosa.com

ÜBERNACHTEN

▶ Günstig

Excelsior
Piazza Marconi 9, Tel. 0174 244006
www.hotelexcelsior.net
Ruhiges und zentral gelegenes Hotel mit schönem Garten. Gemütliche Zimmer mit Holzfußböden.

Camping Belvedere
Bei Tetto Chiesa
Tel. 0174 240310
Geöffnet: 1. Jan. bis 31. Dez.
In der Ebene gelegen; mit Lebensmittelladen, Bar und Restaurant.

nur über einen steilen Weg zu erreichen ist. Die Wanderung durch die künstlich beleuchtete Grotte über einen circa 1 km langen Weg wird von Führern begleitet.

Museo etnografico

Im Ort Fontane wurde das **Museo etnografico C. Vinaj** eingerichtet. Es dokumentiert das Alltagsleben im Tal von Corsaglia, das in vieler Hinsicht dem der Provence ähnelt.

Gattinara

Lf

Provinz: Vercelli
Einwohnerzahl: 8646
Höhe: 263 m ü. d. M.

Die letzten sonnigen und steinigen Höhen der biellesischen Voralpen eignen sich mit ihrem milden Klima besonders gut, die Nebbiolo-Rebe anzubauen. Den aus ihr gewonnenen köstlichen Rotwein nennt man Gattinara oder Spanna.

Sehenswertes in Gattinara und Umgebung

Parrocchiale di San Pietro

Am zentralen Corso Valsesia von Gattinara steht die Parrocchiale di San Pietro aus dem 14. Jh. mit ihrer reich verzierten gotischen Fassade im lombardischen Stil.

* Castello di Rovasenda

11 km südlich von Gattinara, an der Grenze der Baraggia, erhebt sich die Burg von Rovasenda aus dem 13. Jh. Sie wurde in den nachfolgenden Jahrhunderten mehrfach umgebaut und ist in gutem Zustand erhalten.

! *Baedeker* TIPP

Ein sagenhafter Wein

In Gattinara kann man in der Bottega del Vino (Piazza Italia 6), einer der besten Weinhandlungen lokaler und anderer Weine des nördlichen Nebbiolo, ausgezeichnete Weinproben erleben. Einen Gattinara gehobener Qualität bekommt man auch bei Rosanna Antoniolo (Corso Valsesia 277) und natürlich in der Enoteca regionale des Gattinara und der Güter des Nebbiolo (Corso Valsesia 112, www.enotecaregionaledigattinara.it, Mo. und vom 1.–15. Jan. geschlossen). Gut 2000 Flaschen werden in diesem modernen kleinen Weinkeller gelagert. Der Gattinara, der erst nach zwei Jahren verkauft wird, genießt einen legendären Ruf.

Buronzo Südlich von Rovasenda (7 km), inmitten eines Reisanbaugebietes, sind in Buronzo die Reste bäuerlicher Gebäude aus dem Mittelalter erhalten sowie befestigte Paläste aus dem 12. bis 15. Jh., die als **Castellone** bekannt sind.

Gavi

Nk

Provinz: Alessandria
Einwohnerzahl: 4500
Höhe: 233 m ü. d. M.

Zwischen den sanften Hügeln des Lemme-Tals im Herzen des »Genueser« Piemonts wächst die Rebe für den Weißwein DOCG Gavi oder Cortese di Gavi. In der Antike kreuzten sich in Gavi, der Hauptstadt des Anbaugebietes, verschiedene Handelswege, später gehörte der Ort zum genuesischen Territorium. Daher sind nicht nur das Erscheinungsbild des Dorfes und der Festung, sondern auch die Traditionen und der Dialekt der Gegend ligurisch geprägt.

Sehenswertes in Gavi und Umgebung

Festung und Kirche von San Giacomo Die ursprüngliche Burg bauten die Genueser zu einer **Festung** mit Schutzmauern und Bollwerk aus. Nach dem Fall Napoleons war sie die letzte französische Bastion in Italien (Besichtigung Di. bis Sa. 9.30–12.30 Uhr und 14.00–16.00 Uhr, So. 9.30–12.30 Uhr). In den zum Schlendern einladenden Straßen des Zentrums befinden sich der **Portino**, ein Stadttor aus dem 12. Jh., und die **Kirche von San Giacomo**. An dieser romanischen Basilika von 1165 haben sich die epochetypischen Figuren und Fabelwesen in weißem Sandstein aus Gavi erhalten sowie Fresken und Reliefs aus dem 14. und 15. Jh.

> ! *Baedeker* TIPP
>
> **Gavesische Leckereien**
>
> Die Gastronomen von Gavi rühmen sich, die Ravioli erfunden zu haben, und zählen auch den gewürzten Schweine- und Rinderkopf zu ihren Delikatessen. Bekannt sind auch die selbst gemachten Amaretti: weich, trocken, mit dem delikaten Geschmack süßer und bitterer Mandeln. Besonders zu empfehlen sind die Amaretti der Konditorei Cavo auf dem Kirchplatz in Voltaggio.

Voltaggio Voltaggio bietet eine Reihe von Sehenswürdigkeiten: Eine römische Eselsrücken-Brücke, enge Gassen, die auf den Kirchplatz münden, den Scorza-Palast mit seinen freskenverzierten Arkaden, drei Oratorien, deren Bruderschaften sich mit bunten Umhängen und Kruzifixen zur Prozession einfinden, eine Schwefelquelle und eine Gemäldegalerie mit Genueser Meisterwerken des 17. und 18. Jh.s, darunter Werke von Luca Cambiaso und Bernardo Strozzi (Besichtigung im Sommer

GAVI ERLEBEN

ESSEN

▶ Erschwinglich

Cantine del Gavi
Via Mameli 69
Tel. 0143 642458
Ruhetag: Mo., Di. (Mittag); Juli und Jan. (unterschiedlich)
Das Restaurant in einem Gebäude aus dem 17. Jh. ist nach dem berühmten Wein dieser Gegend benannt. Die Speisekarte ist sowohl von der lokalen wie auch von der ligurischen Küche inspiriert. Sie sollten sicherheitshalber reservieren.

▶ Preiswert

Le Volte
Via Roma 19/r
Tel. 0143 643686
Ruhetag: Mo. bis Sa. (Mittag); 10.–30. Jan., 25. Aug. bis 10. Sept.
Raffinierte Küche, auf Meeresfrüchte, Pilze, Trüffel und Dessert spezialisiert. Im Unterschied zu den anderen Restaurants der Gegend kann man hier auch Fisch essen. Gepflegtes und gediegenes Ambiente mit gutem Service.

nach telefonischer Voranmeldung unter Tel. 010 9601237). Da Voltaggio jahrhundertelang ein Bollwerk Genuas war, spricht man hier noch heute genuesisch.

Parco naturale Capanne di Marcarolo

Im Norden des Parco naturale liegen die Po-Ebene und die Alpen, im Süden Genua und das Ligurische Meer. Seine circa 8000 ha sind fast menschenleer, mit nur wenigen Häuschen besiedelt; kleine Wälder, ein wilder Fluss, schroffe Felsen und vom Nordwind gepeitschte Gräser bestimmen die unwirkliche und traumhafte Landschaft, die den Besucher in ihren Bann zieht. Der Naturpark der Capanne di Marcarolo ist ein Stück Wildnis, wie es sie nur selten gibt.

Val Grana

EFm

Provinz: Cuneo

Die Val Grana, mit dem gleichnamigen Fluss, beginnt in Caraglio und erstreckt sich bis zum Berg Tilbert (2647 m). Wie in den anderen Tälern um Cuneo ergibt sich ein reizvoller Kontrast zwischen üppigen Äckern und steil abfallenden Felsvorsprüngen. Hier hört man mitunter noch Dialekt und Musik alter französisch-provenzalischer Herkunft

Alte Traditionen und historische Trachten kamen in den letzten Jahren im Piemont wieder stärker zu Ehren.

Die Orte der Val Grana

Caraglio Das mittelalterliche Zentrum von Caraglio (575 m) birgt mehrere Sehenswürdigkeiten: Zum einen die Kirche von San Giovanni mit Fresken aus dem 15. Jh. und einem Turm aus dem 14. Jh.; sodann einen zweiten Turm aus dem 13. Jh., der zur ehemaligen Kirche von San Paolo gehört; sehenswert sind weiter das Kapuzinerkloster aus dem 17./18. Jh. – heute Kultur- und Studienzentrum für bildende Kunst – sowie der **Filatoio Rosso**, Ende des 17. Jh.s mit quadratischen Ecktürmen und Verzierungen in Stuck und Backstein erbaut. Das Gebäude wird für Ausstellungen zeitgenössischer Kunst genutzt. Die Besichtigung der Kirche San Giovanni und anderer Denkmäler des Tals ist an einigen Sonntagen in den Monaten Aug., Sept. und Okt. zwischen 14.00 und 19.00 Uhr möglich, Tel. 0171 619492.

In dem von Burgruinen dominierten **Valgrana** (642 m) sind das Ospizio della Trinità sowie einige ländliche Kapellen mit Fresken aus dem 15. Jh. erhalten. In einem Seitental, das nach Dronero in die Valle Stura führt, stößt man auf **Montemale di Cuneo**, eine Ortschaft mit

! *Baedeker* TIPP

Auf der »Jagd« nach Käse

Für »Jäger« des begehrten Castelmagno, einer der berühmtesten Käsesorten Italiens (DOP d'alpeggio), hier zwei wertvolle Adressen: Die landwirtschaftlichen Betriebe Pessione Osvaldo (Via Comunale 6, Tel. 339 8652517) und Dove Osano le Aquile (Via Matteotti 4, Tel. 0171 986160) in Castelmagno stellen den Käse in hervorragender Qualität und mit unterschiedlichen Reifezeiten her. Er eignet sich auch ausgezeichnet dazu, Gnocchi zu würzen.

Valgrana

einer Burg aus dem 15. Jh. und der Kirche Santa Maria aus dem 14. Jh. An der Abzweigung nach Santa Lucia de Coumboscuro kann man im Dörfchen Monterosso Grana in der Kapelle von San Sebastiano schöne Fresken aus dem 15. Jh. von Pietro da Saluzzo besichtigen.

Castelmagno

★ ◀ Santuario di San Magno

Durch mehrere Vororte der Gemeinde Castelmagno (1141 m), die am Beginn der Val Grana liegt, gelangt man zum Santuario di San Magno (1761 m), dessen ältester Teil im 15. Jh. gebaut und im 16. Jh. erweitert wurde. In den beiden folgenden Jahrhunderten wuchs der Kirchenbau zusehens über die einstige Kapelle mit ihren Fresken von Pietro da Saluzzo hinaus (Besichtigung an einigen Sonntagen in den Monaten Aug., Sept. und Okt., 14.00–19.00 Uhr, Tel. 0171 986178).

★ Gran Paradiso (Nationalpark)

DGfg

Provinz: Turin

Der Nationalpark Gran Paradiso ist eines der ältesten Beispiele für Natur- und Umweltschutz in Italien. Aus seiner Mitte ragt der schnee- und eisbedeckte Gipfel des Gran Paradiso (4061 m), der von anderen Gipfeln und Gletschern umgeben ist. Im Westen hebt sich der lange, gezackte Grat ab, der die Valdostaner Täler von den Canavesern trennt (Val Soana und Valle di Locana), dem am wenigsten bekannten Teil des Parks.

Der erste Nationalpark in Italien

Zwischen 1861 und 1864 ließ der jagdbegeisterte König **Vittorio Emanuele II.** ein circa 300 km umfassendes Wegenetz anlegen, dessen Hauptstrecke (150 km) sich im Halbkreis um den Gran Paradiso legt, von Champorcher bis nach Ceresole. Dass die Jagdpartien ausschließlich der Familie der Savoyer vorbehalten waren, sollte den reichen Tierbestand erhalten und trug letztendlich dazu bei, die Natur zu schützen. 1913 ging Vittorio Emanuele III. zum letzten Mal auf die Jagd. Sieben Jahre später schenkte er sein Revier, das den Kern des 1922 gegründeten Nationalparks bildet, dem Staat.

Flora und Fauna

Zwischen imposanten Bergen und tiefen Tälern, kleinen Seen und Wasserfällen gedeiht eine reiche Vegetation. Auf Felsen und Geröll wachsen Steinbrech, Hauswurz und Beifuß, weiter unten folgen alpines Grasland, Weiden, Lärchen- und Laubwälder. Das Naturschutzgebiet wurde auch eingerichtet, um das Überleben des **Steinbocks** zu sichern. Mit Erfolg: Heutzutage ist es relativ einfach, ihn beim friedlichen

Äsen zu beobachten. Weniger leicht ist es, einem weitaus misstrauischeren Parkbewohner zu begegnen, der **Gämse**. Darüber hinaus leben hier viele andere Tierarten wie Ziegen, Murmeltiere, Füchse, Hasen, Dachse und Marder sowie verschiedene Vögel, darunter Königsadler, Mäusebussarde, Sperber, Turmfalken, Habichte und weiße Rebhühner.

Zugänge zum Park

Die Zugänge zum Park Gran Paradiso (auf Piemonteser Seite) befinden sich in Noasca in der Valle dell'Orco und in Ceresole Reale (Valle di ▶ Locana), von wo aus man leicht die Seen Serrù, Agnel und den Colle del Nivolet erreicht, sowie in Ronco Canavese im Val Soana, das in die unwegsameren Gebiete der Canaveser Täler führt.

! *Baedeker* TIPP

Übernachten in der Nähe des Parks

Das Cascata ist ein sehr einfaches Hotel im Hochtal von Orco bei Noasca (Gere di Sopra, Tel. 0124 901141), an der Grenze zum Schutzgebiet des Nationalparks Gran Paradiso. Auf seiner Fassade sind zwei Kletterrouten skizziert.

Colle del Nivolet

Die Seen eiszeitlichen und künstlichen Ursprungs sind zahlreich, vor allem rund um den **Colle del Nivolet**, einer Hochebene auf 2612 m, die einen relativ flachen Übergang zwischen den Regionen Piemont und Valle d'Aosta darstellt. Zahlreich sind auch die Routen für Wanderungen und Spaziergänge, auf denen man Tiere beobachten und eine der schönsten Alpenlandschaften genießen kann. Vom Colle del Nivolet, wo zwischen Juli und August eine spektakuläre Blütenpracht zu bewundern ist, erreicht man über Wanderwege und Straßen **Pont in Valsavarenche** (1,5 Std.). Der bequeme Spaziergang (7 km) führt an Weiden und Sümpfen vorbei mit Blick auf den Gran Paradiso und die Hauptkette der Graier Alpen.

★ Ivrea

Ig

Provinz: Turin
Einwohnerzahl: 25 108
Höhe: 253 m ü. d. M.

Ivrea liegt an den Ausläufern der großen Moräne des Aosta-Tals. Der Fluss Dora Baltea trennt in seinem tiefen Bett die beiden ältesten Stadtteile, den Borghetto und die Collina del Castello.

Geschichte

Die Ruinen des römischen Amphitheaters aus dem 2. Jh. v. Chr. bezeugen den antiken Ursprung der Stadt. Im Hochmittelalter war Ivrea die Hauptstadt des langobardischen Herzogtums, danach der

Mark Ivrea. Diese gewann vor allem unter Arduin an Bedeutung, der zwischen 1002 und 1015 König von Italien war. Nach einer Zeit als unabhängiger Stadtstaat übernahmen zuerst die Herzöge des Monferrato und schließlich die Savoyer (1356) die Herrschaft.

Die Altstadt

Linkes Flussufer

Auf dem Hügel am linken Flussufer der Dora lohnt es sich, die Gassen und Plätze der Altstadt erkunden. In der Nähe des **Ponte Nuovo** befindet sich das Denkmal für Camillo Olivetti, den Erfinder der elektrischen Schreibmaschine. Das Werk von Emilio Greco steht vor einer Wand, über die ein hauchdünner Schleier aus Wasser fließt. Zur Linken führt der schmale mittelalterliche **Ponte Vecchio** über den Fluss. Zur Rechten liegt der **Lungodora**, Ruinen einer Abtei aus dem 11. Jh., mit einem schönen Garten, von dem aus der Kirchturm von **Santo Stefano** zu sehen ist. In diesem öffentlich zugänglichen Park fällt auch der hochmoderne **Centro polifunzionale** ins Auge.

? WUSSTEN SIE SCHON ...?

- 100 v. Chr. trug Ivrea als römische Kolonie den Namen Eporedia, und noch heute bezeichnen die Einwohner sich als »Eporediesi«.

Anfiteatro romano

Lässt man den Park hinter sich, erreicht man die Piazza Balla (auch als Porta Vercelli bekannt), einen Verkehrsknotenpunkt der Stadt. Biegt man nach rechts in die Via Massimo d'Azeglio und an der Kirche von San Lorenzo erneut rechts ein, trifft man auf die Ruinen des Amphitheaters aus der römischen Kaiserzeit. Auf einer Fläche von 97 x 72 m bot es mehr als 10 000 Besuchern Platz.

Piazza Ottinetti

Von der Piazza Balla aus erreicht man die zentrale **Via Palestro**, die zum Spazieren und zum Einkaufsbummel einlädt. Auf der rechten Seite öffnet sich die weite und von Arkaden umgebene **Piazza Ottinetti** mit dem **Museo civico Pier Alessandro Garda**. Zu den Sammlungen des Museums gehört eine interessante archäologische Abteilung, die Funde der Umgebung und der Region um den See von Viverone, sowie Fresken des 15.–17. Jh.s aus Gebäuden des Canavese birgt (2005 renoviert). In einer der Seitenstraßen der Via Palestro befindet sich auch das **Teatro civico Giuseppe Giacosa**. 1832 erbaut und mehrmals restauriert, gilt es als ein besonders schönes Beispiel eines »teatro all'italiana«.

Piazza di Città

Die zentral gelegene **Piazza di Città** oder Piazza del Municipio ist während des Karnevals Schauplatz der berühmten Orangen-Schlacht (▶ Baedeker Special S. 212). Auf der einen Seite des Platzes ragt der hohe Glockenturm des Rathauses hervor, des **Municipio** aus dem 18. Jh.

Ivrea Orientierung

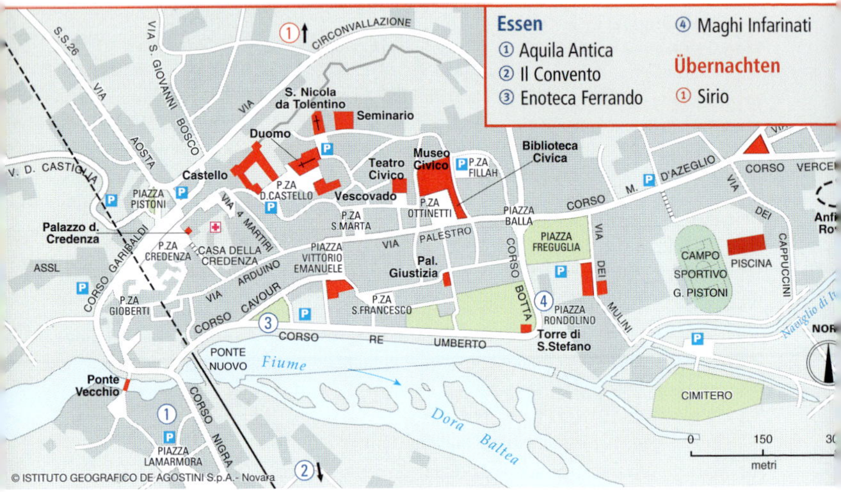

Gegenüber an der Ecke zur Via Arduino liegt die **Chiesa di Sant'Ulderico**, ein im 18. Jh. erneuerter romanischer Kirchenbau, dessen Turm noch in seiner ursprünglichen Gestalt erhalten ist.

Casa della Credenza

Von der Via Arduino aus geht es über die Via Marsala ins mittelalterliche Herz von Ivrea. Der Portikus vor der Casa della Credenza mit ihren Spitzbogenfenstern aus dem 14. Jh. diente im Mittelalter als Ort öffentlicher Versammlungen. Folgt man der steil ansteigenden Gasse, erreicht man die Synagoge und schließlich die Piazza Castello.

**** Castello**

Den schönsten Ausblick über die mittelalterlichen Dächer der Stadt und die Hügel der Umgebung genießt man von der Piazza Castello aus, an der sich auch die berühmte Burg von Ivrea neben dem Dom erhebt. Der Graf Verde (Amedeo VI. von Savoyen) ließ die Festung mit den »roten Türmen« auf quadratischem Grundriss 1358 erbauen, um den Übergang über die Dora und die Mündung des Aosta-Tals verteidigen zu können. Einer der vier zinnenbekrönten Rundtürme zeigt bis heute die Schäden einer Explosion aus dem 17. Jh., die zahlreiche Tote forderte. Auf einer Seite der Burg kann man die Ruinen eines Kreuzgangs aus dem 12. Jh. erkennen (Besichtigung: So. und an Feiertagen, 10.00–12.00 und 15.00–18.30 Uhr).

Duomo

In der Oberstadt von Ivrea, einst Akropolis und Festungsanlage, wurde der Dom auf den Ruinen des antiken Apollotempels errichtet. Das mittelalterliche Gebäude, im Auftrag des mächtigen Bischofs Warwondo im 10. Jh. erbaut, ist Mitte des 19. Jh.s unter anderem durch eine klassizistische Fassade stark verändert worden. Zum ursprünglichen Bestand zählen der oktogonale Tambour und die beiden eleganten romanischen Türme. In der Sakristei sind zwei Gemälde aus dem 16. Jh. von Defendente Ferrari erhalten.

* ◀ Türme

Seminario

In der Nähe des Doms, am Beginn der Via Arborio, liegt ein prunkvolles Seminar aus dem 18. Jh. mit arkadengesäumtem Innenhof, das Filippo Juvara entworfen hat. In diesem verkehrsberuhigten Teil der Stadt kann man die würdevolle und schlichte Eleganz einer Piemonteser Altstadt genießen.

Die Neustadt und Olivetti

Via Jervis

Der zweite Rundgang führt in die moderne Unterstadt entlang der Straße nach Castellamonte, vorbei an der Schreibmaschinenfabrik Olivetti. Sie liegt in der Via Jervis, die man vom Bahnhof aus erreicht. Die Architekten Luigi Figini und Gino Pollini bauten die modernen Gebäude mit Glasfassaden zwischen den 30er- und 50er-Jahren des 20. Jh.s. Zum Firmenkomplex gehören eine lichtdurchflutete und von Rosskastanienbäumen umgebene Kantine für Angestellte und ein Studienzentrum.

* ◀ Firmengelände von Olivetti

* ◀ Kantine

* Chiesa di San Bernardino

Im Schatten der Kastanienbäume liegt die kleine Kirche San Bernardino aus dem 15. Jh. Sie bewahrt eines der Meisterwerke des Malers Martino Spanzotti (15. Jh.). Der Lettner, der einst die Mönche von den Laien trennte, ist mit einem 21 Szenen umfassenden **Freskenzyklus** geschmückt, der das Leben Jesu zeigt.

Palazzo per Uffici

Folgt man der Via Jervis weiter, stößt man auf den Palazzo per Uffici. Anfang der 1960er-Jahre erbaut, als Olivetti sich auf dem Höhepunkt seines wirtschaftlichen Erfolges befand, hatte die Firma in diesem modernen Bürogebäude ihren Hauptsitz.

Modernes Wohnen

Geht man die Via Jervis in entgegengesetzter Richtung, sind einige Wohnbauten zu bewundern, die Architekturgeschichte geschrieben haben. Die so genannten **Diciotto** und **Quattro alloggi**, die sechs **Case unifamiliari per dirigenti** (Einfamilienhäuser für leitende Angestellte) und die zweigeschossigen **Case per famiglie numerose** (Häuser für Großfamilien) mit Garten. Noch ein Stück weiter liegen die Unità residenziale, halbkreisförmig angeordnete Wohnbauten der 1970er-Jahre, sowie das **Centro servizi locali** und der **Kindergarten**. In-

* ◀ Unità residenziale

Zwei Momentaufnahmen vom Karneval in Ivrea: Orangenwerfen und "Abbruciamento dello scarlo".

MIT ORANGEN GEGEN DIE TYRANNEI

Trachtenumzüge, Musik und Festmahle: Der Karneval von Ivrea lockt mit farbenprächtigen Attraktionen. Die »Narrenfreiheit« gipfelt in der Orangen-Schlacht, die zu den spektakulärsten Darbietungen italienischer Folklore zählt.

Jedes Jahr bekriegen sich bei den Orangen-Schlachten rund 3500 Kämpfer mit rund 4000 Doppelzentnern Südfrüchten – was regelmäßig zu Verletzten führt. Das war nicht immer so: Die ersten Orangen warf man – so die offizielle Erklärung – Mitte des 18. Jh.s in freundlicher Absicht zum Zeichen der Ehrerbietung. Heute symbolisiert die Schlacht die Befreiung Ivreas von der Tyrannei.

Ein mittelalterliches Drama

Beim Karneval von Ivrea spielt eine mittelalterliche Legende die tragende Rolle: So soll einst ein Graf bei einer schönen Müllerstochter das »Recht der ersten Nacht«, die Hochzeitsnacht also, eingefordert haben. Sie wehrte sich und schnitt ihm die Kehle durch, wodurch sie einen Volksaufstand ausgelöst habe.

Im Jahr 1808, zu Zeiten der napoleonischen Herrschaft, feierte man erstmals die Bestrafung des Tyrannen als historische Karnevalsveranstaltung. Damals kleidete man den Darsteller des Grafen in eine Uniform der napoleonischen Armee.

Der Festablauf

Zur Altweiberfasnacht, dem **Giovedì Grasso**, führt der prunkvolle Wagen der schönen Müllerin den Umzug an. Am Samstag, dem **Sabato Grasso**, findet ihr zu Ehren ein Fackelumzug statt. Den Sonntagvormittag verbringt man auf den Ruinen des Castelazzo bei der **Grande fagiolata**, einem üppigen Bohnenessen. Um 14.00 Uhr beginnt die **Battaglia delle arance (Orangen-Schlacht)**, die den Kampf zwischen den feudalen Milizen und den Volksvertretern der einzelnen Stadtviertel versinnbildlicht. Es hagelt so viele Orangen, dass der Himmel sich verdunkelt. Nach der Schlacht sind die Plätze mit den Früchten übersät und ihr Saft fließt in Strömen. Am Montagmorgen stellen junge Bräute Festbäume auf den Plätzen der Stadt auf (**Piantamento degli scarli**). Am Nachmittag wird dann die Orangenschlacht wieder aufgenommen, die noch bis Dienstag, **Martedì Grasso**, anhält. Am Abend wird auf der Piazza del Municipio (Piazza di Città) beim **Abbruciamento dello scarlo** ein Festbaum verbrannt.

IVREA ERLEBEN

AUSKUNFT

ATL Canavese e Valli di Lanzo
Corso Vercelli 1, Tel. 0125 618131
www.canavese-vallilanzo.it

ESSEN

▶ Erschwinglich

① ***Aquila Antica***
Via Gozzano 37, Tel. 0125 641364
www.aquilaantica.it
Ruhetag: So., Aug.
Zentral gelegenes Lokal in einem Gebäude des 18. Jh.s. Angeboten werden verschiedene Menüs, darunter traditionelle Gerichte der Seeregion und saisonale Rezepte. Wunderbare Kräuter! Im Herbst gibt es Pilze, im Winter Polenta und Dorsch.

② ***Il Convento***
Via Monte Navale 1, Tel. 0125 641328
Ruhetag: So., Aug. (unterschiedlich)
Das Refektorium eines alten, von einem Park umgebenen Klosters aus dem 15. Jh. ist heute ein Restaurant. Lokale Küche und Fischgerichte.

▶ Preiswert

③ ***Enoteca Ferrando***
Corso Re Umberto 1/a
Tel. 0125 641176
www.ferrandovini.it
Ruhetag: Mi.
Diese Enoteca existiert seit 1880 und führt mehr als 400 unterschiedliche Weinsorten, darunter auch einige aus dem Canavese.

! *Baedeker* TIPP

Eine merkwürdige »Polenta«
Die Konditorei ④ ***Maghi Infarinati*** (Corso Botta 30, Tel. 0125 641112) bietet eine örtliche Spezialität als »Polenta« an. Dabei handelt es sich aber nicht um Maisgrieß, sondern um einen gelben Kuchen mit Rosinen, kandierten Früchten und Marmelade. Empfehlenswert sind auch die Kekse des Hauses.

ÜBERNACHTEN

▶ Komfortabel

① ***Sirio***
Via Lago Sirio 85
Tel. 0125 424247
www.hotelsirio.it
Nur wenige Minuten vom Zentrum entfernt, liegt das Hotel am Ufer des Lago Sirio. Spezialität des nur abends geöffneten Restaurants ist gegrilltes Fleisch.

mitten von Bäumen und Wiesen erinnert der romantische Weg der »Topiòn« mit seinen typischen Pfeilern an die Weinlauben, die sich hier früher befanden. Dieser Teil von Ivrea trägt den Namen **Museo a cielo aperto dell'architettura moderna** (MAAM, Freiluftmuseum moderner Architektur, www.maam.ivrea.it) und kann auch per Führung besichtigt werden (Conte Verde, Tel. 0125 798158).

Umgebung von Ivrea

Monte Stella

Der Monte Stella liegt ganz in der Nähe der Altstadt, jenseits der Umgehungsstraße nach Aosta. In einem kleinen Spaziergang von circa 10 Minuten kann man ihn erreichen. Den Anstieg säumen Kapellen mit den Stationen des Kreuzweges. Auf dem Gipfel (310 m) befindet sich inmitten einer schönen Parkanlage das nach dem Zweiten Weltkrieg wieder aufgebaute **Santuario di Monte Stella**. Von dort genießt man einen herrlichen Ausblick über die Stadt und die Mündung des Aosta-Tals mit der Colma di Mombarone und der Serra von Ivrea. Von weitem dringt das Läuten der Kuhglocken ans Ohr, das Rattern der Züge, das Rauschen des Windes und viele Naturklänge. Die sonoren Qualitäten des Ortes beeindruckten den amerikanischen Musiker **John Cage** in den 80er-Jahren des vergangenen Jahrhunderts dermaßen, dass er eine seiner Kompositionen nach ihm benannte: Montestella d'Ivrea.

* ◀ Panorama

** Castello di Pavone

Pavone findet man südlich von Ivrea, wenn man auf der Straße nach Castellamonte nach 1,5 km links abbiegt und dem Straßenverlauf weitere 2 km folgt. Die sehr alte und markante Burg von Pavone (10. Jh.) wurde im späten 19. Jh. von dem Architekten Alfredo d'Andrade gekauft und dem Zeitgeschmack entsprechend neogotisch restauriert. Mit ihren Türmen, Zinnen und Wehrmauern tritt sie eindrucksvoll zwischen den Bäumen hervor. Man kann sie bereits von der Autobahn Turin–Aosta aus erkennen: Durch wohlinszenierte Beleuchtung bietet sie nachts einen unvergesslichen, märchenhaften Anblick.

Die Seen von Ivrea

Die Moränenhügel nordwestlich der Stadt sind reich an Gewässern, deren Reiz durch die dichten Wälder und die nahegelegene Serra noch gesteigert wird. Eine 10 km lange Tour führt den Besucher zu den schönsten Plätzen. Der erste See liegt außerhalb der Umgehungsstraße von Ivrea (2 km). Der zwischen Felsen und Bäumen gelegene Lago Sirio ist bei Sonnenuntergang besonders romantisch. Die nahe liegende ehemalige Einsiedelei von San Giuseppe wurde in den letzten Jahren zu einem hübschen Hotel umgebaut. In nordöstlicher Richtung erreicht man schnell den nächsten See, den **Lago Pistono**, unterhalb der düster wirkenden Silhouette der Burg von Montalto. Unweit liegt auch der sehr kleine **Lago Nero**, der schwarze See, der seinen Namen der ihn umgebenden dichten Vegetation verdankt. Folgt man hingegen dem Westufer des Lago Sirio, erreicht man das Dorf **Chiaverano** mit der kleinen romanischen Kirche Santo Stefano. Danach geht es auf der entgegengesetzten Seite hinunter zum Lago di Campagna. Hat man das Dorf Cascinette durchquert, biegt man zum Lago di San Michele ab. Von hier aus kann man nach Ivrea zurückkehren.

* ◀ Lago Sirio

* ◀ Lago di Campagna und Lago di San Michele

Der Lago Sirio liegt idyllisch inmitten von Wäldern und Weinbergen.

** **Serra d'Ivrea**

Die Serra von Ivrea ist die größte Moränenlandschaft Europas. Wie ein geradliniges Bollwerk erhebt sie sich aus der Ebene Vercellis zwischen dem Canavese und dem Biellese. Von weitem wirkt sie wie eine undurchdringliche Mauer. Wenn man sie durchwandert, bemerkt man jedoch, dass sie von vielen Tälern und Senken durchschnitten wird. Einst landwirtschaftlich genutzt, prägt die Serra heute vor allem ein riesiger Kastanienwald, der nur hier und da von Wiesen unterbrochen wird. In der Nähe des Sees von Viverone finden sich auch einige Weinberge. An den Hängen liegen kleine Dörfer verstreut, deren alte Kirchtürme weithin zu sehen sind: Bollengo, Burolo, Chiaverano, Magnano.

* **Andrate**

Andrate ist ein von Kastanienwäldern umgebenes Dorf, das mit seinem Kirchturm die Höhen der Serra von Ivrea (820 m) um eine Kontur bereichert. Hier ragt ein natürlicher Felsvorsprung wie eine Terrasse ins Piemont hinein, von der aus man ein atemberaubendes **Panorama** bewundern kann. Im Tal liegen die Seen von Ivrea, die Hügel und Felder des Canavese, in der Ferne sind die Anhöhen von Turin und die spitze Formation der Mole Antonelliana erkennbar. Das nahe Croce Serra bietet Ausblicke auf das Grün des Biellese und das weiter entfernte Vercelleser Land. Den Hintergrund bilden die spektakuläre Alpensilhouette und die Mündung des Aosta-Tals. Ein kurzer Spaziergang von zehn Minuten führt zu der einsamen Kirche **Santa Maria** mit einem wunderschönen romanischen Turm.

** **Castello di Montalto**

Von Ivrea kommend oder von der Autobahn Turin–Aosta kann man das Schloss von Monferrato schon von weitem sehen. Es ist ein typisches Beispiel mittelalterlicher Ritterarchitektur: Ein massives, mit Zinnen versehenes Viereck umgeben von begehbaren Verteidigungsmauern und vier kleinen Ecktürmen. Einsam thront die Burg auf der Spitze einer Anhöhe ungefähr 25 Minuten Fußweg vom Zentrum von Montalto Dora entfernt (4 km nördlich von Ivrea). Das Schloss wurde um das Jahr 1000 errichtet und im 15. Jh. neu gestaltet. An seinen Füßen liegt der von dichter Vegetation umgebene See Pistono, ein legendenumwobener Ort.

Settimo Vittone

Auf der Staatsstraße 26 nach Valle d'Aosta trifft man 10 km nördlich von Ivrea auf Settimo Vittone, wo sich eines der wichtigsten romanischen Denkmäler des Piemont befindet: die Pieve di San Lorenzo (8.–11. Jh.) mit Kirche und Baptisterium. Im einschiffigen Kirchenbau mit drei rechteckigen Kapellen haben sich Fresken aus dem 10.–15. Jh. erhalten. Das oktogonale Baptisterium aus dem 7. Jh. gliedert sich in acht große Nischen und eine quadratische Apsis.

* ◀ Pieve di San Lorenzo

Carema

Am Beginn des Aosta-Tals, auf der linken Seite der Dora Baltea, liegt das lieblich von Weinbergen umschlossene Carema. Auf vielen der Rebhügel haben sich die eleganten kleinen Steinpfeiler erhalten, die mit dem traditionellen Weinanbau verbunden sind. Dank der Auslese der Weinstöcke und der verbesserten Produktionstechnik genießt der hier kultivierte **Carema rosso** einen guten Ruf.

* Langhe

J-Llm

Provinzen: Cuneo, Asti

Die Hügel zwischen den Tälern des Tànaro, Belbo und der beiden Bòrmide heißen »Langhe«, eine Bezeichnung aus dem einheimischen Dialekt, mit der auf die scharfen Hügelkämme angespielt wird. Das entfernte Alpenpanorama bildet den Hintergrund für diese Landschaft mit alten Burgen, Dörfern und Kirchen, über die ein milder, »Marin« genannter Wind vom Meer streicht. Die Straßen schlängeln sich zwischen Wäldern, Äckern und unendlich vielen Weinbergen durch die Täler.

Castelli

Bereits die ersten ligurischen Einwohner wie auch die Römer hinterließen historische Spuren, die eigentliche Geschichte der »Langhe« schrieben jedoch das feudale und stürmische Mittelalter sowie die Grafschaften und Herzogtümer der frühen Neuzeit. Die Familien Del Carretto, Scarampi, Falletti, Gonzaga oder Incisa bauten Burgen und wehrhafte Festungen, die häufig in repräsentative Residenzen verwandelt wurden, als es nicht mehr modern war, sich mit dem Nachbardorf zu befehden bzw. die mächtigen Savoyer auch diese Region unter ihre Herrschaft zwangen.

Wein und Grappa

Wenn im Herbst die ersten Nebel aufziehen, verbreitet sich in den Langhe der Duft des Weines. Das Gütesiegel der Region **DOC Langhe** ist nur eines unter den vielen DOCs und DOCGs, die die Weine der Langa auszeichnen. Zu ihren Rebsorten gehören die bekanntesten des Piemont: Barbera, Dolcetto, Moscato und Nebbiolo. Vor allem Letztere variiert ihren Charakter je nach Anbaugebiet und kann sich in ganz unterschiedliche Weine verwandeln, hier vorwiegend in Barolo und Barbaresco.
Die andere erhabene Tochter der Weinrebe ist die **Grappa**, die jedes typische Mittagessen der Region abrundet. Durch die Vielfalt der Reben entstehen zahlreiche Sorten. Ganz zu schweigen vom **Barolo chinato**, bei dem sich der König der Weine auf einzigartige Weise mit aromatischen Kräutern verbindet.

! *Baedeker* TIPP

Offene Burgen

An den Sonntagen im Sommer ermöglicht die Initiative »Castelli Aperti« den Besuch von circa 60 Burgen, Schlössern und herrschaftlichen Palästen, die in großer Zahl in den Langhe, im ganzen niederen Piemont und in den Gemeinden von Asti, Alessandria und Cuneo erhalten sind. Sie liegen in den schönsten Landschaften am Fuß der Alpen, auf den Hügeln der Langhe und des Monferrato bis hinunter in die Po-Ebene.

Trüffel, das weiße Gold der Wälder

Wenn sich im Herbst das Weinlaub rot färbt, dann wachsen in der feuchten Erde weiße Trüffel (»Tuber magnatum pico«), ein – neben dem Wein – weiteres, eindeutiges Zeichen dafür, dass die Götter diese Region begünstigten. Die **Trifula** ist ein knolliger Pilz, der im Erdreich verborgen mit Eichen, Linden, Pappeln und Weiden in Symbiose wächst. Die **Trifulau**, die Trüffelsammler, suchen ihn mit ihren **Can da trìfule**, den Trüffelhunden. Man sammelt die Pilze im Herbst vorzugsweise in den flachen und bewaldeten Talsohlen, deren Boden sehr feucht ist. Wahrscheinlich handelt es sich um das **teuerste Lebensmittel Italiens**. Die Preise für Trüffel bester Qualität beginnen bei 200 EUR für 100 g. Erstehen kann man sie in Geschäften, die sich auf typische lokale Produkte spezialisiert haben, und auf den zahlreichen Trüffel-Messen, die überall im Piemont von Oktober bis November stattfinden. Die Hauptstädte des Piemonteser Trüffels sind ► Alba in den Langhe und ► Asti im Monferrato.

Die Quellen des Belbo

Der Fluss Belbo entspringt am südlichen Rand der hohen Langa zwischen den Hügeln, die schon an den nahen Apennin erinnern. In den Langhe ist dieses Feuchtgebiet eine Seltenheit und steht daher seit 1993 als **besonderes Naturreservat** der Gemeinde Cuneo unter Schutz. Zwischen den Dörfern von Montezemolo, Saliceto und Camerana wechseln sich Laubwälder, Äcker und Wiesen ab. Ein **Naturwanderweg** und ein dichtes Netz von Feldwegen ermöglichen Spaziergänge oder Touren mit dem Mountainbike. Die beste Jahreszeit dafür ist der Frühling, wenn an den Rändern der Wiesen und Wälder mehr als vierzig

In den Langhe ist Weinlese oft noch Familiensache.

Arten von **Orchideen** blühen. Das Besucherzentrum des Naturschutzgebietes befindet sich in **Montezemolo**, das auch für seinen feinen Honig berühmt ist. Auf einem interaktiven Pfad kann der Besucher das Leben der Bienen erforschen.

Lanzo Torinese

Fh

Provinz: Turin
Höhe: 515 m ü. d. M.
Einwohnerzahl: 5231

Lanzo ist das städtische Zentrum einer weitgehend ländlichen Region. Die Altstadt liegt erhöht auf einem Berg, die neueren Wohngebiete dehnen sich in der Ebene aus. Wahrzeichen der Stadt ist die Teufelsbrücke, eine kühne Konstruktion aus dem 14. Jahrhundert.

Sehenswertes in Lanzo Torinese und Umgebung

* Ponte Diavolo

Der Ponte Diavolo, einst von großer strategischer Bedeutung, überbrückt den Stura, der an dieser Stelle besonders schmal ist. Der lange, schlanke Eselsrücken-Bogen misst 37 m und ist 15 m hoch. Die seltsamen Vertiefungen in den Felswänden am linken Flussufer gehen auf Gletschermühlen zurück und werden auch als »Kochtöpfe der Riesen« bezeichnet. Vom zentralen Platz aus, der Piazza Grande, erreicht man den Stadtturm (Porta Aimone), hinter dem die Altstadt beginnt. Dort haben sich einige mittelalterliche Häuser sowie die charakteristischen geschlossenen Gassen, die Chintane, erhalten.

Santuario di Sant'Ignazio

In Richtung von Coassolo, 6 km von Lanzo entfernt, beginnt der Aufstieg zum Santuario di Sant'Ignazio. Dieses Werk von Bernardo Vittone aus dem 18. Jh. befindet sich in einer Höhe von 931 m. Von hier bietet sich ein wundervolles Panorama. Die Wallfahrtskirche auf quadratischem Grundriss mit Segelgewölbe wurde in die Felsen des Berggipfels gebaut. Diese sind an einigen Stellen des Fußbodens sichtbar.

Ciriè

Ciriè befindet sich 10 km von Lanzo entfernt in der nordöstlichen Ebene von Turin. Im romanisch-gotischen Dom, dessen Fassade ein hoher Spitzbogen ziert, haben sich ein Meisterwerk des Vercellesen Giuseppe Giovenone d. Ä., der **Flügelaltar** mit der »Taufe Christi und der Heiligen«, sowie eine Tafel von Defendente Ferrari (»Madonna del popolo«) erhalten. Ganz in der Nähe der Stadt, auf der Straße nach San Carlo Canavese, trifft man auf die romanische **Kapelle von Santa Maria di Spinerano**, deren Apsis im 15. Jh. vollständig mit Fresken ausgemalt wurde. In der **Villa Remmert** finden in Zusammenarbeit mit der GAM, der Turiner Galerie für moderne und zeitgenössische Kunst, regelmäßig Fotoausstellungen statt.

LANZO TORINESE

AUSKUNFT

Ufficio Informazioni
Via Umberto I 9, Tel. 0123 28080
www.canavese-vallilanzo.it

ÜBERNACHTEN

▶ Günstig

Camping Luigi Bergera
Provinciale Valli di Lanzo
Tel. 0123 29400
Geöffnet: 1. Jan. bis 31. Dez.
(130 Zeltplätze)
Gepflegter und gut organisierter Zeltplatz. Es riecht hier schon nach Bergluft.

Val di Viù

Die Val di Viù ist das südlichste von drei Tälern, die Lanzo umgeben. Der Zufluss der Stura, die Stura di Viù, fließt 35 km lang Richtung Osten zum Massiv von Rocciamelone (3538 m), hinter dem die Valle di Susa liegt. Bis zum Becken von Viù ist der Flusslauf äußerst beengt. Der landschaftlich schönste Punkt liegt in der Ebene von **Usseglio**, einem Wintersportort in 1265 m Höhe, mit einer 11 km langen Piste für den Skilanglauf. Der Fluss durchzieht **Vallone di Malciaussià** und erreicht die kleine Ortschaft Margone.

Val di Ala

Die Val di Ala beginnt 12 km von Lanzo entfernt und erstreckt sich von Ceres 20 km weit nach Osten bis zur Pian della Mussa. Hier fließt

Gewagte Konstruktion: der Ponte Diavolo, die Teufelsbrücke.

die Stura di Ala, die sich bei Ceres mit der Stura di Vallegrande zur Stura von Lanzo vereint. Das von Kastanien und Kirschbäumen umgebene **Ceres** (704 m) auf den Abhängen des Massivs zwischen Val di Ala und Val Grande ist im Sommer ein beliebter Ferienort. Folgt man der engen und kurvenreichen Straße, erblickt man die Gipfel des Uia di Mondrone (2964 m) und des Monte Rocciavrè (3604 m) und erreicht schließlich **Ala di Stura** (1080 m). Der Ort bietet eine 7,5 km lange Skilanglauf-Loipe. In Balme (1432 m) beginnt eine weitere großartige Langlaufpiste (Länge 10 km), die in den **Pian della Mussa** (1752 m) führt, eine 2 km lange und 1 km breite Hochebene, deren Weiden besonders während der Sommerblüte einzigartig sind. Aus der spektakulären Landschaft ragen der Uia di Ciamarella (3676 m) und der Monte Rocciavrè hervor.

Die **Val Grande** erstreckt sich von Ceres aus über 21 km in nordöstlicher Richtung bis zu den majestätischen Bergen, die das Becken des Forno Alpi Graie (1226 m) über-

! *Baedeker* TIPP

Ein Tal für Gourmets

In der Val di Ala, in der die lokalen gastronomischen Traditionen in reinster Form erhalten sind, kann man Himbeer-Likör und den Genepy, der aus dem alpinen Beifuß gewonnen wird, kaufen. Weitere Delikatessen sind die Kuchen aus Maismehl (»Paste di Meliga«), der Ziegenkäse und der »Tuma«, ein typischer Käse der Region.

* Forno ► Alpi Graie

ragen, wie die Levanna Orientale (3555 m) und die Punta Mezzenile (3429 m). Die Dörfer **Cantoira** und **Chialamberto** sind von weitem an ihren romanischen Kirchtürmen erkennbar. Groscavallo und Chialamberto verfügen über ein 30 km umfassendes Netz von Skipisten. In Forno Alpi Graie findet der Wintersportliebhaber auch Langlaufloipen.

Limone Piemonte

Fh

Provinz: Cuneo
Einwohnerzahl: 1587
Höhe: 1009 m ü. d. M.

Nur wenige Kilometer trennen Limone Piemonte von der Côte d'Azur und doch könnten Klima, Landschaft und Traditionen gegensätzlicher nicht sein. Die beiden Regionen verbindet ihre gemeinsame Vergangenheit als Teile des sardischen Reichs. Bereits vor einem Jahrhundert wurde Limone Piemonte wegen der Schönheit seiner Umgebung, des milden Klimas und der leichten Zugänglichkeit zu einem wichtigen Anziehungspunkt für Touristen.

Provencalische Einflüsse

Kulturell und sprachlich dominiert nach wie vor das Provenzalische, an dessen Traditionen man hier festhält. Die **Abaya**, ein traditionelles Fest der Fuhrmänner und Eseltreiber, bewahrt Elemente aus der Zeit des Sarazenen-Einfalls im 10. Jh. Die Wintersportregion **Riserva Bianca** umfasst Limone Piemonte, Limonetto und Quota 1400. Sie bietet 80 km Piste und 25 Lifte, die von 1050 m bis zu einer Höhe von 2050 m führen.

Sehenswertes in Limone Piemonte und Umgebung

San Pietro in Vincoli

Die Pfarrkirche von San Pietro in Vincoli gibt mit ihrer schönen Steinfassade ein bemerkenswertes Beispiel für Piemonteser Gotik ab. Ihr Turm stammt noch aus der Romanik, im barocken Innenraum ist eine geschnitzte Kanzel aus dem 16. Jh. erhalten.

Vernante

Die Ruinen der Burg Lascaris überragen das 7 km von Limone Piemonte entfernte Vernante. Der Ort ist durch die **Murales di Pinocchio** berühmt geworden. Attilio Mussino, von dem die ersten Zeichnungen zu dem berühmten Märchen Collodis stammen, verbrachte hier seine letzten Lebensjahre. Nach seinem Tod 1954 entdeckten der Maler Carlet und der Anstreicher Meo ins seinem Haus die Originale. Sie übertrugen viele Szenen aus dem Leben des beliebten Holzkindes auf die Hauswände des Dorfes.

LIMONE PIEMONTE ERLEBEN

AUSKUNFT

Ufficio Informazioni
Via Roma 30, Tel. 0171 929515
www.infolimone.it

ESSEN

▶ Erschwinglich

Lu Taz
San Maurizio 5, Tel. 348 4446062
www.lutaz.it
Ruhetag: Di., Juni, 7.–24. Nov.
Lokal mit Kamin; im Sommer kann man auch draußen essen. Spezialitäten: Zucchiniauflauf mit »salsa di bagna cauda« und »agnolotti« mit Fleischfüllung und Bolliti.

▶ Preiswert

Il Girasole
San Bernardo 9, Tel. 0171 929200
www.agrigirasole.com
Im hohen Vermenagna-Tal liegt das Restaurant, das zu einem 15 ha großen Agriturismo gehört. Auf dem Bauernhof werden Blaubeeren, Erdbeeren und Gemüse angebaut und Hühner gehalten.

ÜBERNACHTEN

▶ Komfortabel

Principe
Via Genova 45, Tel. 0171 92389
www.hotel-principe-limone.it
Mitten im Grünen, in praktischer Nähe zu den Skiliften gelegen. Rustikale Zimmer. Ohne Frühstück.

▶ Günstig

Camping Luis Matlas
Corso Torino 39, Tel. 0171 927565
www.luismatlas.it
Geöffnet: 1 Jan. bis 31 Dez.
Lebensmittelgeschäft, ärztliche Betreuung, Bar, Gemeinschaftsraum. Freizeitangebot: u. a. Volleyball, Tischtennis.

Das Skigebiet von Limone bietet viele sehr schöne Pisten.

Colle di Tenda Auf einer Höhe von 1870 m verbindet der Pass über die Colle di Tenda die Val Vermenagna mit der Val Roia, die sich seit Ende des Zweiten Weltkriegs auf französischem Territorium befindet. Der Übergang wurde bereits um das Jahr 1000 von den Sarazenen genutzt, die von der provencalischen Küste aus in die Täler um Cuneo einfielen. Zwischen dem 16. und dem Anfang des 19. Jh.s nutzten die Savoyer den Colle als Postroute und Verbindung nach Nizza. Der 1883 erbaute Tunnel von Tenda (3,2 km lang; 6,5 m breit und 5 m hoch), der auf einer Höhe von 1321 m parallel zum Eisenbahntunnel verläuft, schmälerte jedoch die Bedeutung des Passes.

! *Baedeker* TIPP

Die »Spezialitäten« von Vernante

In Vernante muss man unbedingt die typischen vernantinischen Ravioli und die gefüllten Zwiebeln probieren. Für ein besonderes Mitbringsel wendet man sich an einen der vielen geschickten Handwerker, die den »Vernantin« herstellen: ein besonders robustes Messer mit gehärteter Stahlklinge und einem Griff aus Elfenbein oder Holz.

Valle di Locana

D-Gg

Provinz: Turin

Nichts könnte sich stärker von den offenen, hellen Tälern der Dolomiten unterscheiden als die Valle di Locana, ein typisches Piemonteser Tal. Die Schluchten, in die Wasserfälle tosend hinabstürzen, sind dunkel und wild. Die wenigen grünen Senken werden von Gipfeln beherrscht, die bis zum Himmel zu ragen scheinen.

Enge Schluchten Dieses Gebirge ist gleichermaßen erhaben wie Furcht erregend. Im Tal, durch das der Orco fließt, befinden sich der **Pont Canavese** und **Locana**. Nach Überquerung eines großen Geröllfeldes erscheint Noasca (1062 m) am Scheitelpunkt dreier großer Täler. Hier beginnt auch der Nationalpark des ▶ Gran Paradiso. Ein kurzer Spaziergang führt zu dem 32 m hohen Wasserfall von Noaschetta. Von Noasca kann man zum **Bivacco Ivrea** wandern (2770 m, 5 Std.), von wo aus man die Berge Gran Paradiso (4061 m), Punta di Ceresole (3777 m) und Testa di Valnontey (3562 m) besteigen kann. Die Routen sind für Ungeübte anstrengend und führen teilweise über Gletscher.

Hinter Noasca erheben sich hohe Felswände, von denen stellenweise die wunderschönen Wasserfälle des Orco in die Tiefe rauschen. Nichts deutet zunächst auf das überwältigende Panorama des Beckens von Ceresole hin, das sich erst nach einer Reihe von steilen Kehren öffnet.

VALLE DI LOCANA ERLEBEN

AUSKUNFT

Ufficio Informazioni
Borgo Pian della Balma
Ceresole Reale
Tel. 0124 953186

ÜBERNACHTEN

▶ Günstig

Blanchetti
Borgata Prese 13
Ceresole Reale, Tel. 0124 953174
www.ceresolereale.com
Ruhiges Hotel mit weitem Ausblick. Funktionale und moderne Zimmer, angenehmes Restaurant.

Camping Piccolo Paradiso
Bei Foiere
Tel. 0124 953235
www.campingpiccoloparadiso.it
Geöffnet: 20. April bis 20. Okt. Lebensmittelladen, Bar, Pizzeria, Restaurant, eigener Parkplatz, Sportplatz, Gemeinschaftsraum, Videogame-Saal, Kinderspielplatz. Freizeitangebot: u. a. Bergsteigen, Basketball. Behindertengerecht.

* Ceresole Reale

Das weite Becken von Ceresole Reale (1620 m) umschließt den künstlich angelegten 4 km langen und 700 m breiten See. Die unmittelbare Umgebung erscheint im Kontrast mit den bedrohlichen Gipfeln und steilen Schluchten umso lieblicher und erholsamer. Von Ceresole aus führen Wanderwege zu den Hütten des **Rifugio Leonessi** (2909 m, 4 Std.) und des **Rifugio Jervis** (2250 m, 3 Std.).

Macugnaga

D-Gg

Provinz: Verbania
Einwohnerzahl: 621
Höhe: 946 m ü. d. M.

Macugnaga liegt am Monte Rosa, dessen überwältigendes Massiv mit seinen glitzernden eis- und schneebedeckten Steilwänden die Aussicht prägt. Seine mächtige Erscheinung betont den Reiz der stillen, grünen Ebene, in der viele kleine Ansiedlungen mit silbern glänzenden Steindächern verstreut liegen.

Sehenswertes in Macugnaga und Umgebung

Am Fuße des Monte Rosa

Ein Sessellift bringt die Besucher vom Dorf zum Belvedere (1932 m), wo sie ein herrlicher Ausblick über die Valle Anzasca und den Mon-

! Baedeker TIPP

Mit dem Schlauchboot im Schnee
Für die Liebhaber des Wintersports gibt es am Pass vom Monte Moro die Gelegenheit zum »Snow tubing«. In übergroßen Schlauchbooten können Sie auf einer eigens konstruierten Piste die vielleicht verrückteste Abfahrt Ihres Lebens erleben.

te Rosa erwartet. Die Drahtseilbahn des Monte Moro führt zum gleichnamigen Pass (2868 m) auf der Anhöhe zwischen der Valle Anzasca und der bereits in der Schweiz gelegenen Valle di Saas. Hier bietet sich auch im Sommer die Gelegenheit, auf Skiern oder mit dem Snowboard die Hänge hinabzuflitzen. Der Ort selbst bietet mit 40 km Abfahrtpisten, 20 km Langlaufstrecken, einem Eishockeyfeld, einer Schlittschuhbahn und dem Aufstieg zu den Gletschern ausgezeichnete Wintersportmöglichkeiten.

* Pass des ▶ Monte Moro

Die Walser

Im Gebiet von Macugnaga leben die Walser, eine deutschsprachige Volksgruppe, die sich im 12./13. Jh. in der Valsesia und der Val d'Ossola angesiedelt hat. Eines ihrer typischen Gerichte sind gebratene Nudeln mit Kartoffeln und Käse. In Borca kann man die **Casa-Museo Walser** besichtigen, ein Walserhaus mit traditioneller Einrichtung (Öffnungszeiten: Do. und 1.–10. Sept. Sa. und So. 15.00–17.30 Uhr; Juli bis Aug. tgl. von 15.30–18.30 Uhr; sowie nach telefonischer Voranmeldung: Tel. 0324 65440).

MACUGNAGA ERLEBEN

AUSKUNFT

Ufficio Informazioni
Via Staffa, Tel. 0324 65119

ESSEN

▶ Erschwinglich
Chez Felice
Staffa
Piazza Municipio 4
Tel. 0324 65229
Ruhetag: Mi., Mai/Juni und Okt./Nov. (Mo. bis Fr.)
Das Restaurant gehört zum Hotel Flora. Mit Antiquitäten eingerichtetes Interieur, Atmosphäre eines Bergchalets. Der Besitzer stellt das Tagesmenü persönlich vor. Unbedingt reservieren.

ÜBERNACHTEN

▶ Günstig
Alpi
Borca
Tel. 0324 65135
Kleines Haus im Walserstil. Schönes Panorama und hübscher Garten.

Cristallo
Pecetto 22
Tel. 0324 65139
www.hotelcristallomacugnaga.com
Hotel in Familienbesitz, ideal für Urlauber, die Ruhe und Entspannung suchen. Liegt in unmittelbarer Nähe der Sessellifte. Restaurant mit regionaler Küche.

Miniera di Guja

Das Bergwerk von Guja ist die einzige **Goldmine Europas**, die zur Besichtigung freigegeben ist. In den fast zwei Kilometer langen Stollen kann man der Geschichte des Goldfiebers nachspüren, das bereits im Mittelalter ausbrach (Öffnungszeiten: Do. 9.00–12.00 Uhr und 14.00–17.30 Uhr; Okt. bis Mai 13.30–17.00 Uhr, Mo. geschlossen). Im Vorort Staffa findet man das Alpenmuseum **Museo della Montagna**.

Valle Anzasca

Die Valle Anzasca ist eines der schönsten und meistbesuchten Täler der Ossola. Von der Anza durchflossen, steigt das Tal hinauf nach Piedimulera, in der Nähe von Vogogna, bis nach Macugnaga (circa 35 km). Der untere Teil ist bis zum Becken von Macugnaga eng und dicht bewaldet. Dann öffnet sich das Tal auf weite Felder und die majestätischen Gipfel des Monte Rosa.

★★ Lago Maggiore

MNce

Provinzen: Verbania, Novara

Sanft zum Wasser abfallende Hügel und ein Kranz schneebedeckter Berge im Hintergrund: Das ist der Lago Maggiore oder Lago Verbano. Im 19. Jh. von nordeuropäischen Künstlern, Reisenden und Aristokraten entdeckt, wurde der See schnell zum Sinnbild Italiens.

Das nach dem Gardasee zweitgrößte Binnengewässer Italiens liegt in einer von Gletschern geschaffenen Spalte am Fuß der Tessiner Berge zwischen Schweiz, Piemont und Lombardei. Am beliebtesten sind die Orte ▶ Stresa und ▶ Verbania sowie die kunstvoll angelegten ▶ Borromäischen Inseln.

Lust auf Wassersport? In vielen Orten kann man Boote und Surfbretter mieten.

Dank der großen Wassermengen hat sich hier ein mildes und fruchtbares Klima entwickelt, das Blumen und Pflanzen aus der ganzen Welt gedeihen lässt. Die Gärten und Parks an den Ufern des Sees, wo zahlreiche Villen und malerische Dörfer liegen, prägen die Landschaft. Kamelien, Azaleen,

Glyzinien, Rosen, Palmen und sogar exotische Bäume wie der Kampferbaum, die Kaschmirzypresse oder die Sequoie bewirken ein einzigartiges Zusammenspiel von Farben und Düften.

Die lombardische Aristokratie und das Großbürgertum bauten vor allem auf den exklusiven Borromäischen Inseln und wetteiferten miteinander, die ohnehin schönen Flecken in wahre Pflanzenparadiese zu verwandeln.

! *Baedeker* TIPP

Eine Bootsfahrt auf dem See
Die Navigazione Lago Maggiore verbindet über den Wasserweg die meisten Orte des Sees – sicher die bequemste Art, ihn zu kennenzulernen. Ein günstiges Ticket erlaubt von Stresa aus die Fahrt in alle Richtungen, so etwa zu den Borromäischen Inseln und der Villa Taranto.

Geschichte

Bereits während der Eisenzeit, ab dem 9. Jh. v. Chr., entwickelte sich an den Ufern des Sees eine Kultur, die man nach dem Fundort der meisten archäologischen Zeugnisse **Golasecca** benannte. Hier siedelten sich Gallier an, später, im 2. Jh. v. Chr. übernahmen die Römer das Gebiet. Seit der zweiten Hälfte des 15. Jh.s gehörte der See drei Jahrhunderte lang den **Borromeo**, die dort Villen und Schlösser bauten. Berühmt wurden die beiden Kardinäle aus der Familie, **Carlo** und **Federico**. Es gelang der Dynastie, sich sowohl unter der Vor-

Botanisch-architektonische Juwelen: die Borromäischen Inseln.

herrschaft der Visconti und der Sforza als auch der Spanier eine gewisse Eigenständigkeit zu bewahren. Das Nordufer gehört bereits seit dem 16. Jh. zur Schweiz.

Tourismus

Der Lago Maggiore ist eine der touristischen Hauptattraktionen des Piemonts. Vor allem in Stresa findet man einige der schönsten Hotels der Umgebung. Neben der traumhaften Natur macht auch die leichte Erreichbarkeit den See zu einem beliebten Ferienziel. Die Autobahnen Mailand–Laghi und Genua–Gravellona Toce (verbunden mit der Strecke Turin–Mailand), die internationale Eisenbahnstrecke Mailand–Lausanne–Paris sowie der nahe gelegene Mailänder Flughafen Malpensa erleichtern den internationalen Verkehr.

Sport

Besonders geschätzt werden die zahlreichen Golfplätze, wie der **Golf Club des Iles Borromées** oder der **Golf Club di Castelconturbia**. Eine Seilbahn überbrückt auf einer 20-minütigen Strecke zwischen Stresa–Alpino–Mottarone eine Gesamthöhe von 1200 m. Sie bringt Besucher zum botanischen Garten Alpinia und auf den Gipfel des **Mottarone** (▶ Stresa), eine der schönsten Anhöhen des Piemonts, auf der im Winter auch Ski gefahren wird. Auf dem See selbst kann man segeln, surfen und Kanu fahren. Drachenfliegen und Paragliding werden auf den umliegenden Hügeln angeboten.

Valle Maira

C-Fm

Provinz: Cuneo

Nachdem man Dronero hinter sich gelassen hat, wird die Valle Maira spröde und einsam. Fast könnte man meinen, in einem verwunschenen Tal gelandet zu sein.

Eine Entdeckung wert

Das vom Po-Zufluss Maira durchzogene Tal reicht hinauf bis zum Monte Chambeyron (3389 m). Ist der vordere Teil noch weit und kultiviert, so verengt sich das Tal zunehmend zu wilden und steilen Schluchten, die nur selten von Weiden unterbrochen werden. Die Natur macht einen fast feindseligen Eindruck und tatsächlich haben die Menschen hier über Jahrhunderte ein karges Leben geführt. Kurz vor **Ponte Màrmora** biegt man rechts in das Elva-Tal, das zur gleichnamigen Ortschaft führt. Von dort führt die Straße hinab Richtung Sampeyre und Valle Varaita. Folgt man hingegen dem Verlauf des Maira-Tals, gelangt man nach **Acceglio** (1200 m), einem Ausgangspunkt für Wanderungen.

★★ Castello di Masino

Ig

Provinz: Turin

Dem FAI (Fondo Ambiente Italiano) ist es zu verdanken, dass das Castello di Masino zu neuem Leben erwacht ist. Es liegt auf einem Ausläufer über den Hügeln des Canavese in der Gemeinde Caravino. Der dazugehörige große englische Landschaftspark umschließt einen italienischen Garten, von dem aus man einen großartigen Ausblick über die grüne canavesische Ebene und die Alpen genießt.

★★ Castello

Die einstige Festung hat eine über 1000-jährige Geschichte als Sitz der Grafen von Valperga. Als Herzöge von Caluso gehörten sie zu den vier bedeutenden Häusern im Herzogtum Savoyen. Ihren Stammbaum führten sie auf Arduin von Ivrea zurück, der 1002 zum König von Italien gekrönt wurde und seine letzte Ruhestätte im Schloss von Masino fand. Die möblierten Säle sind mit Fresken und Gemälden aus dem 17. und 18. Jh., zumeist Porträts, geschmückt. Einzigartig sind auch die Dekorationen aus Reisteig an Türen und Wänden. Besonders prunkvoll präsentieren sich der Wappensaal, die runde **Sala da Ballo** im Turm, die Galerie der Dichter, die Gemächer der österreichischen und spanischen Gesandten sowie das Zimmer des Vizekönigs (Öffnungszeiten: Anfang Febr. bis 15. Dez., Di. bis So. 10.00–13.00 und 14.00–18.00 Uhr).

Ein fein gearbeitetes Relief im Schloss von Masino.

Sehenswertes in der Umgebung

Maglione

10 km südlich vom Schloss von Masino erreicht man über Borgomasino die kleine Ortschaft Maglione, deren Häuser von bekannten zeitgenössischen Künstlern bemalt wurden. So ist ein Freiluftmuseum entstanden, dessen Werke sich je nach Lichteinfall und Jahreszeit verändern.

Mazzè

Die zinnenbekrönte Hochburg, das **Castello** der Valperga (14. Jh.), bietet einen weiten Ausblick über das gesamte, von den Alpen und den Hügeln des Monferrato umschlossene Canavese und die Ebene Vercellis. Die Burg besteht aus zwei Bereichen; den einen nutzte man für repräsentative Zwecke, der kleinere Teil diente als Wohnbereich (Öffnungszeiten: März bis Nov., Sa., So. und Feiertage 14.30–18.00 Uhr).

Moncalvo

Ki

Provinz: Asti
Höhe: 305 m ü. d. M.
Einwohnerzahl: 3486

Der lebendige kleine Ort Moncalvo im Monferrato rühmt sich, die kleinste Stadt Italiens zu sein. Ein dicht gefüllter Festkalender sorgt das ganze Jahr über für Vergnügen. Im Mai findet das Patronatsfest des hl. Antonio statt, gefolgt von der Sagra delle Cucine monferrine im Juni, dem sommerlichen Reitturnier der Gemeinden des Monferrato, der Trüffel-Messe Ende Oktober und der Fiera del Bue grasso im Dezember.

Moncalvo ist römischen Ursprungs. Über Jahrhunderte hinweg erhoben sowohl die Kirche von Asti als auch eine Reihe streitbarer Feudalherren Anspruch auf den Ort. 1704 übernahmen schließlich die Savoyer die Herrschaft. Am 9. August 1774 erneuerte Vittorio Amedeo III. die Stadtrechte, die Moncalvo bereits vom Herzog von Mantua, Ferdinando Gonzaga, verliehen worden waren.

> ! *Baedeker* TIPP
>
> **Moncalveser Küche**
>
> In einem alten restaurierten Haus im Zentrum des Städtchens befindet sich die Osteria Aleramo, wo man in zwei kleinen Sälen typische Piemonteser Gerichte und Weine genießen kann (Piazza Carlo Alberto 19, Tel. 0141 921344; geschl. Mo. und Di. Mittag).

Adelspaläste

Von der Burg der Herzöge des Monferrato sind nur noch die mächtigen Wehrtürme erhalten. Vollständig bewahrten sich hingegen der **Palazzo Testafochi** aus dem 18. Jh., das **Rathaus** aus dem 17. Jh., der **Palazzo Dal Pozzo** aus dem 17. Jh. und der **Palazzo Manacorda** mit einer Kassettendecke aus dem 15. Jh. ihre historische Erscheinung. Entlang der Via XX Settembre kann man die gotische Fassade der **Casa Lanfrancone** bewundern sowie auf der Piazza Garibaldi das **Teatro comunale** von 1878.

San Francesco

Der Turm und die Apsis der Kirche San Francesco stammen aus dem 13. Jh. Im Innenraum lassen sich Werke von Guglielmo Caccia, genannt il Moncalvo (1568–1625), seiner Tochter Orsola Maddalena und ihrer Schule entdecken. Das Grabmal des Künstlers befindet sich in der **Cappella di San Luca**. Weitere Werke des Manieristen aus dem Monferrato sind in den Kirchen von Sant'Antonio Abate (17. Jh.) und in der beeindruckenden Madonna delle Grazie (18. Jh.) zu besichtigen.

Mondovì

Hl-m

Provinz: Cuneo **Höhe:** 395 m ü. d. M.
Einwohnerzahl: 22 175

Der schönen Lage auf der Kuppe einer Anhöhe über einer weitläufigen Hügellandschaft verdankt Mondovì seinen mittelalterlichen Beinamen Mons Regalis (»Königlicher Berg«), von dem sich die heutige Bezeichnung der Einwohner (Monregalesi) ableitet.

Geschichte

Die Geschichte Mondovìs ist äußerst wechselhaft und von zahlreichen Konflikten geprägt. Einst als freie Stadt gegründet, ließen die Bischöfe von Asti den Ort zerstören. Nach dem Wiederaufbau herrschten diese bis zum Freikauf durch die Kommune 1290. Doch währte diese Freiheit nicht lange, denn in den folgenden zwei Jahrhunderten eroberten zuerst die Anjou, dann die Visconti, die Herzöge des Monferrato und schließlich die Savoyer die Stadt, unter deren Herrschaft sie – mit Ausnahme einiger französischer Überfälle – bis zur Einheit Italiens verblieb. Heute ist Mondovì ein wichtiger Umschlagplatz landwirtschaftlicher Produkte in der Region von Cuneo. Auch der Tourismus floriert, weil die Besucher den Charme der mittelalterlichen Gassen des Stadtteiles Piazza und die monumentalen Barockkirchen ebenso schätzen wie die schönen Panoramen und die gute Küche.

Sehenswertes in Mondovì

Mondovì Piazza

Mondovì besteht aus zwei Stadtteilen: dem alten Zentrum in der Oberstadt aus dem 12. Jh., **Piazza** genannt, und der Unterstadt **Breo**, die sich später entlang des Ellero-Ufers, einem Zufluss des Tànaro, entwickelte.

Belvedere

Das Belvedere ist mit der Seilbahn zu erreichen und bietet einen weiten Ausblick über das Land und die Alpen. Inmitten von Gärten erhebt sich der **Stadtturm** der Bressani, ein Teil der verlorenen gotischen Kirche Sant'Andrea aus dem 14. Jh.

✶ Kathedrale

Die San Donato geweihte Kathedrale liegt auf einem kleinen, unregelmäßig geformten Platz in der Nähe des Belvedere. Francesco Gallo entwarf sie in der Mitte des 18. Jh.s. Das monumentale Portal der Sandsteinfassade schmücken Statuen, im weitläufigen Innenraum, dessen regelmäßiger Grundriss ein griechisches Kreuz zeigt, finden sich ein reich geschnitztes Chorgestühl sowie eine ebenfalls hölzerne Kanzel mit Reliefs. Besonders üppig sind die Marmorde-

Die illusionistischen Effekte der »Apotheose des hl. Franz Xaver« in der Chiesa della Missione zeigen die Virtuosität von Andrea Pozzo.

korationen in der **Cappella del Suffragio** in Form von Bergen, Wolken und Putten. Der Kapitelsaal birgt Gemälde von Luca Cambiaso (16. Jh.), Pietro Antonio Pozzo und Sebastiano Taricco (17. Jh.) sowie ein Werk, das Guido Reni zugeschrieben wird.
Nahe der Kathedrale bewahrt der Bischofssitz, der **Vescovado**, kostbare flämische Tapisserien nach Entwürfen von Rubens und ein Gian Lorenzo Bernini zugeschriebenes Kruzifix.

* Piazza Maggiore

Die Via Francesco Gallo führt hinab zur Piazza Maggiore, dem Herzen der Altstadt, die von mittelalterlichen Gebäuden und Arkaden aus dem 15./16. Jh. umgeben ist. Dort erblickt man die Chiesa della Missione und gegenüber die mittelalterliche **Casa dei Bressani**. Zur Linken der Kirche geht die **Via Giolitti** ab, wo sich in der Nr. 17 das Geburtshaus Giovanni Giolittis befindet, der Italien vom Ende des 19. Jh.s bis in die 20er-Jahre des 20. Jh.s regierte.

* Chiesa della Missione

Die Jesuiten ließen die Chiesa della Missione im 17. Jh. errichten. Die Gewölbefresken des beeindruckenden Innenraums (**Apotheose des hl. Franz Xaver**) führte der Trentiner Jesuit Andrea Pozzo aus, der viele hochwertige Kunstwerke hinterließ. Den besten Blick auf seine überwältigende illusionistische Malerei mit ihren Scheinarchitekturen hat der Besucher zwei, drei Meter vom Eingang entfernt. Das strenge Gebäude rechts neben der Kirche, im 18. Jh. als Jesuitenkolleg errichtet, beherbergt heute den Justizpalast.

Chiesa della Misericordia Die Chiesa della Misericordia erreicht man von der Piazza Maggiore aus, indem man der Via Vico folgt und in die Via della Misericordia einbiegt. Das Bauwerk von Francesco Gallo aus den ersten beiden Jahrzehnten des 18. Jh.s wird von Fresken geschmückt und von einer hohen Kuppel gekrönt.

Mondovì Breo

Santi Pietro e Paolo Folgt man von der Piazza Ellero aus der Via Marconi und überquert die Piazza Battisti, so erblickt man die Piazza San Pietro mit der

MONDOVÌ ERLEBEN

AUSKUNFT

Ufficio Informazioni
Via Vico 2
Tel. 0174 40389
turistico@comune.mondovi.cn.it

ESSEN

▶ Preiswert

La Borsarella
Via del Crist 2
Tel. 0174 42999
www.laborsarella.it
Ruhetag: So. (Abend), Mo.
Alter Bauernhof aus dem 18. Jh. mit großem Park und geschmackvoll eingerichteten Räumlichkeiten. Guter Weinkeller mit Verkaufsraum.

Pasticceria Zucco
Via San Bernardo 25
Tel. 0174 552639
Hier gibt es die »copeta«, ein Gebäck, das nach einem alten Renaissance-Rezept gebacken wird: Zwei Oblaten umhüllen eine Füllung aus Honig und gehackten Haselnüssen. Auch die »risole« erzählen von vergangenen Zeiten: Sie werden ausschließlich mit der traditionellen Renetten-Apfel-Marmelade zubereitet.

ÜBERNACHTEN

▶ Günstig

Alpi del Mare
Piazza Mellano 7
Tel. 0174 553134
www.hotelalpidelmare.it
Das moderne Hotel liegt in unmittelbarer Nähe aller wichtigen Sehenswürdigkeiten der Innenstadt. Gut eingerichtete komfortable Zimmer. Im Restaurant werden regionale Gerichte serviert.

Europa
Via Torino 29
Tel. 0174 44388
Liegt in der Nähe der Autobahnausfahrt und des Bahnhofs. Gepflegte, funktionale Zimmer. Ohne Frühstück.

SHOPPING

Mondovicino Village
Piazza Giovanni Jemina 2
www.mondovicino.it
Mit 60 Läden eines der größten Einkaufszentren Intaliens. Mode, Accessoires, Sportbekleidung, Möbel und Haushaltsartikel kann man dort zu reduzierten Preisen direkt vom Hersteller erstehen.

Pfarrkirche Santi Pietro e Paolo. Diese wurde im 15. Jh. errichtet und 200 Jahre später erweitert. Die Fassade zieren ein Fresko aus dem 19. Jh., »**Der Fall von Simon dem Zauberer**«, und ein Glockenspiel, »il Moro« genannt. Im Inneren sind die aufwändige Kuppel von Bernardo Vittone und Moncalvos »**Kindermord zu Bethlehem**« aus dem 16. Jh. besonders sehenswert.

* ◄ Kuppel

San Filippo

Am Ende der Via Cottolengo befindet sich die Kirche San Filippo, im 18. Jh. von Francesco Gallo erbaut. Das dazugehörige Kloster geht ebenfalls auf seine Entwürfe zurück und wurde von Bernardo Vittone vollendet.

Umgebung von Mondovì

Bastìa Mondovì

Das von Feldern und Obstbäumen umgebene Bastìa Mondovì liegt 12 km von Mondovì entfernt an der Straße nach Carrù. Die Kirche San Fiorenzo (11./12. Jh., im 15. Jh. erweitert) in der Nähe des Friedhofs birgt einen umfangreichen und sehr gut erhaltenen **Freskenzyklus** aus dem 15. Jh. Die 51 Felder verwandeln die Kirche in einen Bilderbogen, der vom Leben Jesu und der Heiligen sowie vom Jüngsten Gericht berichtet. Hier handelt es sich um eine »Volkserzählung«, die der bäuerlichen Gemeinde einfach und klar die christliche Botschaft vermittelte. Das Werk wurde von vielen Künstlern gemeinsam ausgeführt, möglicherweise unter der Leitung von Giacomo Jaquerio (Öffnungszeiten: April bis Okt., So. Nachmittag).

* ◄ San Fiorenzo

Briaglia

Das kleine Briaglia, 7 km von Mondovì entfernt, mit einer Kirche aus dem 19. Jh., ist wegen seiner ausgesucht schönen Lage einen Besuch wert. Auf der Straße zum Friedhof eröffnet sich ein außergewöhnlicher Ausblick: Das Panorama erstreckt sich über eine sanfte Hügelkette und die pyramidenförmige Spitze des Monviso bis zu den Alpen. Auf der anderen Seite erblickt man Weinberge und Burgen der Langhe.

** ◄ Ausblick

Villanova Mondovì

Auf der Straße nach Lurisia und Frabosa trifft man von Mondovì aus nach 7 km auf Villanova Mondovì (526 m), das auf den Ausläufern des Monte Calvario liegt. Die recht hoch gelegene, Villa genannte Altstadt (612 m) ist noch zum Teil von der alten Stadtmauer umgeben. Die zentrale Piazza Maggiore säumen mittelalterliche Häuser, die ehemalige Pfarrkirche Santa Caterina aus dem 14. Jh. und der Stadtturm. Das berühmteste Denkmal am Platze ist die Ex confraternita di Santa Croce, eines der schönsten Werke von Bernardo Vittone. Die elegante Backsteinfassade, ein heller Innenraum auf quadratischem Grundriss und ein sehr hoher Tambour zeichnen den Bau aus.

* ◄ Ex confraternita di Santa Croce

Landwirtschaft mit ästhetischen Reizen: Sonnenblumenfelder …

★ Monferrato

J-Mji

Provinzen: Asti, Alessandria

Zwischen dem Po im Norden, den Langhe im Westen, der alessandrinischen Ebene im Osten und dem ligurischen Apennin im Süden erstreckt sich eine Gegend, die von großen – Tànaro und Bòrmida – sowie kleinen Flüssen durchzogen ist und mit hübschen Dörfern und Städten sowie schier endlosen Weinbergen bezaubert.

Hügel, Weinberge, Wälder und Städte

Die Erosion hat die Oberfläche des kalkhaltigen und sandigen Bodens um Monferrato zerfurcht und Täler und Schluchten geschaffen. Der Wald ist weitgehend der Kultivierung gewichen, die sich allerdings einen wilden Charakter bewahrt hat. Robinien- und Maisfelder wechseln mit bewaldeten Schluchten, wo Trüffel gedeihen, und Weinbergen. Alte Olivenhaine verweisen auf die Zeit der Antike und des Mittelalters, als das Klima noch wesentlich milder war.

Von den Ligurern zu den Herzögen

Auf die ersten Bewohner dieser Hügel, die **Ligurer**, gehen noch einige Ortsnamen, Stadtruinen und Salzwege zurück, die sie mit den Griechen und den Etruskern verbanden. Die **Römer** tauften den Landstrich Ligurien und gründeten zahlreiche Städte, wie »Hasta«, das heutige Asti. Die Langobarden gaben ihren Ortschaften Namen mit Endungen auf »-engo«, dann folgten die Franken. Zwischen 967 und 1305 herrschte die Dynastie des legendären **Aleramo** im Namen

... und Weinberge im Monferrato.

des Hl. Römischen Reiches über das Gebiet, das später zum umkämpften **Herzogtum von Monferrato** erhoben wurde. Ab 1308 regierten byzantinische Kaiser, bis Kaiser Karl V. die Macht 1559 den Herzögen von Mantua übertrug. Die Versuche der Savoyer, das Gebiet zu vereinnahmen, hatten zwei Kriege zur Folge (1612 und 1630), an denen auch Frankreich und Spanien beteiligt waren. Als die Savoyer sich zu Beginn des 18. Jh.s schließlich durchsetzten, wurde der Monferrato Teil ihres Reiches.

»Hängende Dörfer«

Die Franzosen nennen die an steilen Felswänden klebenden Dörfer der Provence, die aussehen, als wollten sie jeden Moment ins Tal fallen, »Villages perchés« (dt. »hängende Dörfer«). Ähnlich wie in Frankreich »hängen« auch viele kleine Orte des Monferrato an Hügeln, auf deren Spitze sich fast immer eine mehr oder weniger verfallene Burg befindet – Zeichen einer stürmischen Vergangenheit. Man erreicht diese Orte über enge und gewundene, häufig gepflasterte Straßen, die für Eselshufe besser geeignet sind als für Autoreifen. Sie führen zu kleinen Gehöften, alten Häusern und herrschaftlichen Palästen. Manchmal muss man sogar über die Höfe der Bauern laufen, um eine große Barockkirche zu erreichen.

! *Baedeker* TIPP

Die Weinstraße

Weintrinkern dürfte die »Strada del Vino astesana«, die Weinstraße im hohen Monferrato des Asti, ein Begriff sein. Man hat die Wahl zwischen acht verschiedenen Routen und gut 300 Weinkellern, die den Besucher zur Weinprobe erwarten.

Nizza Monferrato

J-Mji

Provinz: Asti
Einwohnerzahl: 10 100
Höhe: 138 m ü. d. M.

Nizza Monferrato, das wichtigste Zentrum der Valle del Belbo, dehnt sich zwischen dem Strom Belbo und dem Rio Nizza aus. Der einstige Handelsplatz der Piemontesen, Ligurer und Lombarden lädt mit seiner verkehrsberuhigten, von engen Arkaden geprägten Innenstadt zum Schlendern ein.

Altstadt

Auf der Piazza Martiri di Alessandria ist der mittelalterliche und restaurierte **Palazzo del Comune** mit seinem Turm zu bewundern. Eine Seite des Palastes liegt an der eleganten **Via Carlo Alberto**, der antiken Via Maestra, die vollständig von Arkaden gesäumt wird. Im 19. Jh. »erfand« einer der Söhne der Stadt – **Francesco Cirio** – die professionelle Konservierung von Lebensmitteln, deshalb findet man überall Cirio-Dosen mit geschälten Tomaten. Interessant ist das **Museo Bersano delle contadi nerie e stampe antiche sul vino,** in dem alte Stiche zum Weinbau ausgestellt sind (Besichtigung n.V.: Tel. 0141 720211 oder www.bersano.it).

★ Novara

J-Mji

Hauptstadt der Region
Einwohnerzahl: 102 768
Höhe: 159 m ü. d. M.

Novara gehört zwar zu den weniger bekannten Städten Italiens, dennoch lohnt es sich, hier Station zu machen. Der in der Ebene zwischen Sesia und dem Tessin gelege Ort hütet eine ungewöhnliche Altstadt in klassizistischem Stil, die den Einfluss der Savoyer verrät.

Geschichte

Als wichtiger Verkehrsknotenpunkt zwischen den nördlichen Tälern und der padanischen Ebene wie auch zwischen Piemont und Lombardei sah sich Novara vielfach heftigen Kämpfen ausgesetzt. Die zwei Hauptachsen der Stadt, der Corso Italia (»Decumanus«) und der Corso Cavour (»Cardo«), lassen noch die römischen Ursprünge der antiken Stadt Novaria erkennen. Nach einer Zeit unter Langobarden und Franken herrschte die Kirche zwei Jahrhunderte lang über Novara, das sich später als freie Gemeinde konstituieren konnte. Allerdings nicht lange: Innenpolitische Streitigkeiten zwangen die Bewohner, sich den Visconti von Mailand anzuvertrauen. Der fast zwei Jahrhunderte währenden Mailänder Herrschaft folgten weitere 200 Jahre unter den Spaniern, die vom wirtschaftlichen Niedergang begleitet wurden. Von 1738 bis zur Einheit Italiens gehörte Novara dem savoyischen Reich an.

Novara Orientierung

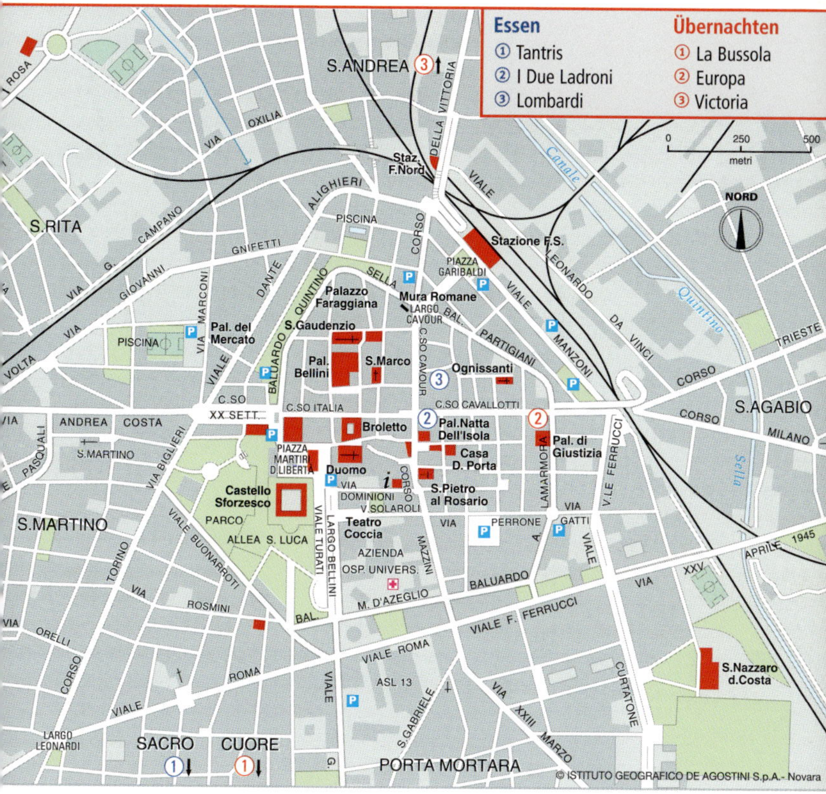

Sehenswertes in Novara

Palazzo Faraggiana

Die kleine Altstadt von Novara lässt sich bequem innerhalb eines Tages besichtigen. Vom Bahnhof aus läuft man entlang des Corso Garibaldi und des Corso Cavour (an der Straßenecke befinden sich einige römische Mauerreste) und biegt rechts in die Via Gaudenzio Ferrari ein, wo man den **Palazzo Faraggiana** erreicht, in dem sich das **Museo di Storia naturale Faraggiana Ferrandi** und das **Museo etnografico Ugo Ferrandi** befinden.

★★ San Gaudenzio

Schon von weitem erblickt man die Basilika San Gaudenzio mit ihrer kühnen Kuppel. Pellegrino Tibaldi entwarf den Kirchenbau im letzten Viertel des 16. Jh.s, der mitsamt dem Turm 1786 fertiggestellt wurde. Fast ein ganzes Jahrhundert später vollendete Alessandro An-

NOVARA ERLEBEN

AUSKUNFT

ATL Novara
Baluardo Quintino Sella 40
Tel. 0321 394059, www.turismonovara.it

ESSEN

▶ Fein & teuer

① *Tantris*
Corso Risorgimento 384
Tel. 0321 657343
Ruhetag: So. (Abend); Mo.;
1.–10. Jan. (unterschiedlich)
Das moderne und elegante Restaurant liegt etwas abseits. Die raffinierte Küche (Fisch und Fleisch) bietet z. B. in Carpaccio gehüllte Foie Gras oder Anglerkotelett mit Sesam. Die Desserts sollten Sie sich nicht entgehen lassen.

▶ Erschwinglich

② *I Due Ladroni*
Corso Cavallotti 15, Tel. 0321 624581
www.2ladroni.com
Ruhetag: Sa. (Mittag);
So. (unterschiedlich)
Zwei schlicht eingerichtete Säle und die unverwechselbare Atmosphäre eines alten Palazzo. Die Speisekarte wechselt täglich und die Zutaten sind biologisch angebaut. Sehr gutes Öl, viele Weine und eine große Käseauswahl.

▶ Preiswert

③ *Enoteca Lombardi*
Vicolo Monte Ariolo 4/a, Tel. 0321 35815
www.enotecalombardi.it
Ruhetag: So., Aug.
Elegantes Lokal, das an die 1000 Weine aus verschiedenen Regionen Italiens und aus Frankreich führt. Weinkurse und Verkostungen.

ÜBERNACHTEN

▶ Komfortabel

① *La Bussola*
Via Boggiani 54
Tel. 0321 450810
www.labussolanovara.it
Ruhiges und leicht zu erreichendes Hotel; elegante und familiäre Atmosphäre. Gut ausgestattete Tagungsräume. Das Restaurant Al Vecchio Pendolo gehört dazu.

▶ Günstig

② *Europa*
Corso Cavallotti 38/a, Tel. 0321 35801
Am Rande des Stadtzentrums in der Nähe des Bahnhofs gelegen. Geschäftsreisende steigen hier gerne ab. Komfortable Zimmer und Tagungsräume.

③ *Victoria*
Corso della Vittoria 101
Tel. 0321 472701
www.hotelvictorianovara.it
Modernes Hotel in der Nähe der Innenstadt; von der Autobahn leicht zu erreichen. Gut ausgestatteter Tagungsraum und Restaurant mit mediterraner Küche.

SHOPPING

Vicolungo Outlets
Piazza S. Caterina, Vicolungo Novara
Tel. 0321 835032
www.vicolungooutlets.com
7 Tage die Woche von 10.00-20.00 Uhr geöffnet (auch an Feiertagen).
Mehr als 130 namhafte Marken für Bekleidung, Sportmode, Accessoires, Haushaltsartikel, Kosmetik und Wohlfühl-Ideen mit Rabatten bis zu 70%.

tonelli die ungewöhnliche Kuppel, die einschließlich der krönenden Statue des Erlösers 121 m Höhe misst. Sie ruht auf den Pfeilern der Vierung, so dass ihr Gewicht in vier Bogenpaare abgeleitet wird. In der ersten Kapelle auf der rechten Seite des einschiffigen Innenraumes sind eine **Grablegung** des Moncalvo sowie ein Gemälde und Fresken von Morazzone zu sehen. In der kleinen, reich bemalten Seitenkapelle des rechten Querhauses, **Scurolo di San Gaudenzio** genannt, werden in einer oktogonalen Urne die sterblichen Überreste des Kirchenpatrons aufbewahrt. In der ersten Kapelle links sind die Fresken und das Gemälde von Tanzio da Varallo zu bewundern, in der zweiten Kapelle der **Flügelaltar** von Gaudenzio Ferrari (1516).

Casa Bossi, Palazzo del Mercato

Am Ende derselben Straße befindet sich die Casa Bossi, die Antonelli mit einer doppelten Loggia im Zentrum der Fassade schuf. Am Beginn des Corso Italia steht der klassizistische Palazzo del Mercato mit seinem zweifachen Treppenaufgang, Arkaden und Skulpturen.

San Martino und Castello

Ein kurzer Abstecher führt zur Kirche San Martino aus dem 15. Jh., deren Backsteinfassade schmuckreiche Ornamente zieren. Auf der weiten, arkadengesäumten Piazza Martiri della Libertà finden sich das **Teatro Coccia** aus dem 19. Jh. und das beeindruckende, von einem Graben umgebene Castello aus dem 14./15. Jh.

Die bagna cauda, ein typisches piemontesisches Gericht.

✶ **Dom**

Zur zentralen, von Arkaden umgebenen Piazza della Repubblica gehören der Dom und der Broletto (Rathaus). Der dreischiffige, klassizistische Dom, erbaut nach Entwürfen von Antonelli, ist durch eine Vorhalle mit dem Baptisterium verbunden und bildet so einen einheitlichen, monumentalen Komplex. Gaudenzio Ferrari ist der Künstler des Gemäldes »Mystische Hochzeit der hl. Katharina mit Heiligen« auf dem Hauptaltar, der ebenfalls von Antonelli entworfen wurde. Fresken von Bernardino Lanino schmücken das rechte Seitenschiff und die untere Sakristei. An ihrer Seite befindet sich das **Oratorio di San Siro** aus dem 12. Jh. mit einem Freskenzyklus derselben Zeit, der das Leben des hl. Syrus schildert. In der Schatzkammer lässt sich u. a. das »Diptychon der Bischöfe von Novara« aus dem 13. Jh. bewundern. Durch den Loggienhof gelangt man zum **Chiostro della Canonica** aus romanischer Zeit, der im 15. Jh. erneuert wurde.

✶✶ **Baptisterium**

Das Baptisterium aus dem 5. Jh. zählt zu den bedeutendsten frühchristlichen Bauwerken Norditaliens. Im 10. Jh. erhöhte man den Bau mit einem Tambour. Der oktogonale Zentralbau bewahrt in seinem Inneren einen **kostbaren und seltenen Freskenzyklus** aus dem 10.–11. Jh. mit Szenen der Apokalypse.

✶ **Broletto**

Der Broletto ist eine Gruppe mittelalterlicher Gebäude, die um einen quadratischen Innenhof herum entstanden. Der Eingang befindet sich unter den nördlichen Arkaden der Piazza della Repubblica und

Der dreischiffige Innenraum des Doms von Novara.

gewährt Zugang zum **Palazzo del Podestà**, dem **Palazzo dei Paratici** und dem **Palazzo dell'Arengo**, den ein Fries aus dem 13. Jh. mit Ritterszenen schmückt. In ihnen wurden die städtischen Kunstsammlungen untergebracht, die **Civiche Raccolte del Broletto**, die sich in zwei Museen unterteilen:

Das »Museo novarese di Arte, Storia e Archeologia« birgt die archäologischen Grabungsfunde der Region sowie eine Sammlung von Gemälden und Skulpturen der Piemonteser Schule aus dem 15.–18. Jh.

◀ Museo novarese

Die »Galleria d'Arte moderna Paolo e Adele Giannone« zeigt rund 900 italienische Werke aus dem 19. Jh. und den ersten Jahrzehnten des 20. Jh.s.

◀ Galleria d'Arte moderna

San Pietro al Rosario und Ospedale Maggiore

Über den Corso Mazzini erreicht man die Piazza Gramsci mit der Kirche **San Pietro al Rosario** in manieristischer Architektur aus dem 17. Jh. Die Fassade ist mit Statuen und einer doppelten Säulenordnung geschmückt. Ganz in der Nähe trifft man auf das gewaltige Bauwerk des **Ospedale Maggiore** aus dem 17.–19. Jh. Vom ursprünglichen Komplex ist der Innenhof mit doppelter Loggienordnung erhalten.

San Marco und Casa Della Porta

In der Via Negroni liegt die Kirche **San Marco** aus dem 17. Jh. mit einem von Moncalvo freskierten Gewölbe. In den Kapellen sieht man Gemälde desselben Künstlers sowie von Camillo Procaccini und Daniele Crespi (17. Jh.). Einige schöne mittelalterliche Gebäude haben sich in der Via Canobio erhalten, darunter die Casa Molina aus dem 16. Jh. und die **Casa Della Porta** aus dem 15. Jh. mit eleganten gotischen Verzierungen an Fenstern und Portal.

Umgebung von Novara

San Nazzaro della Costa

2,7 km südöstlich von Novara befindet sich in der Nähe des Friedhofs die Kirche San Nazzaro della Costa, wo Fresken und eine monumentale **Kreuzigung** zu besichtigen sind.

Galliate

Die Stadtmitte von Galliate, nordöstlich von Novara und in der Nähe des Tessins gelegen, wird von einer der größten **Burgen** des Piemonts beherrscht. Das mächtige, von einem Graben umzogene Kastell der Visconti und der Sforza von 1476 hat einen quadratischen Grundriss mit vier Eck- und zwei Portaltürmen. Zurzeit gehören der West- und der Ostflügel der Gemeinde von Galliate, die übrigen Flügel befinden sich in Privatbesitz. Östlich des Ortes liegt die Kirche von San Pietro, die man nach dem heiligen Berg von Varallo auch Santuario del Varallino nennt. Sie ist von zehn Kapellen umgeben, deren Fresken und Statuen auf die Geheimnisse des Rosenkranzes anspielen. Der elliptische Bau stammt aus dem 17. Jh., die neoklassische Fassade vom Ende

* ◀ Santuario del Varallino

des 19. Jh.s. Bemalte Skulpturengruppen und Fresken (im Gewölbe besonders schön) von Giovanni Battista Peracino (18. Jh.) schmücken den Innenraum.

★ Abbazia di San Nazzaro

Einer der faszinierendsten Sakralbauten des Piemonts, das Kloster von San Nazzaro, liegt bei Sesia, 17 km östlich von Novara. Der 1040 vom Bischof von Novara gegründete Bau ist eine mächtige, wehrhafte Anlage mit vier runden Ecktürmen und einem Torturm. Innerhalb der Mauern befindet sich die dreischiffige Kirche mit schlanken Spitzbögen aus dem 15. Jh. Die im Stil der lombardischen Gotik gestaltete **Fassade** besticht durch reiche Terrakottaverzierungen an Portal und Rosette. Außergewöhnlich muten die dem Eingang vorgelagerten Seitenschiffe des romanischen Vorgängerbaus an. Der Mauerverband ist in einem Fischgrätenmuster gestaltet, bei dem sich Streifen aus Terrakotta und Stein abwechseln. Überragt wird die gesamte Anlage vom mächtigen, romanischen Glockenturm mit kleinen, hängenden Bögen. Der schöne **Kreuzgang** aus dem 14. Jh. ist mit einem beachtlichen Freskenzyklus ausgemalt, der Szenen aus dem Leben des hl. Benedikt zeigt. Im Inneren der Kirche sind zwei Fresken aus dem 15. Jh. sehenswert: **San Nazzaro zu Pferde**, der sich, flankiert von zwei Heiligen, in einer Berglandschaft stolz wie ein Prinz bewegt, sowie eine elegante **Madonna mit Kind und zwei Heiligen**.

★ Fassade ▶

★ Fresken ▶

Proh und Briona

Zur kleinen Ortschaft **Proh**, 20 km nordöstlich von Novara, gehört eine reizende kleine Burg mit Türmen, hohen Laufgängen und Schießscharten. Folgt man der Bundesstraße 299 2,5 km nach Norden, sieht man in **Briona** eine weitere beeindruckende Burg aus dem 15./16. Jh. In der nahe gelegenen Kirche Sant'Alessandro und der Pfarrkirche haben sich Fresken aus dem 15. Jh. erhalten.

★ Burg ▶

Novi Ligure

J-Mji

Provinz: Alessandria **Höhe:** 197 m ü. d. M.
Einwohnerzahl: 28 800

Woher der Beiname »Ligure« stammt, ist leicht zu erklären: Von 1447 bis 1815 gehörte dieses blühende Handelszentrum zur ligurischen Republik Genua. Seit dem 18. Jh. ist die Stadt für ihre Fresken berühmt, die noch heute die Fassaden der Adelspaläste zieren. Fast genauso bekannt sind die ausgefallenen Leckereien, die man hier überall kaufen kann.

Sorbet und andere Spezialitäten

Zu den kulinarischen Spezialitäten der Region zählen allerlei Süßigkeiten und Sorbets, darunter hervorragende Schokolade, die Giaco-

NOVI LIGURE ERLEBEN

AUSKUNFT

Ufficio Informazioni
Viale dei Campionissimi 2
Tel. 0143 72585
www.alexala.it

ESSEN

▶ Erschwinglich

Corona-Forlino
Corso Marenco 11
Tel. 0143 322364
www.albergodellacorona.it
Ruhetag: Mo., Aug. und Jan. (unterschiedlich)
Großzügiger, eleganter und ruhiger historischer Speisesaal. Neben einer angenehmen Atmosphäre findet man hier die hervorragende Küche der Forlino, geprägt durch langjährige Erfahrung, guten Geschmack und die Wahl der richtigen Saisonprodukte.

ÜBERNACHTEN

▶ Preiswert

Cascina degli Ulivi
Strada della Mazzola 14
Tel. 0143 744598
www.cascinadegliulivi.it
Dieser 25 ha große Agriturismo liegt mitten im Anbaugebiet des Gavi DOCG, hinter dem ligurischen Apennin. 12 ha des Geländes dienen dem biologischen Weinanbau. Hier kann man sowohl übernachten als auch speisen. Die Weinkeller stehen für Besuche und Verkostungen offen.

metta-Creme, Torrone und die weißen, mit dem Wein Gavi DOCG gebackenen Mürbeteigkekse aus Gavi (Pernigotti, Novi-Elah-Dufour). Hinzu kommt Deftiges eindeutig Genueser Herkunft, wie die Focaccia (eine rustikale Pizza) oder die Corzetti. Diese an Münzen erinnernde Pasta wird mit einem Holzstempel bearbeitet und mit »tocco« serviert, einer typischen Genueser Sauce mit Pilzen und Wurst. Anlässlich der Fiera di Santa Caterina Ende November organisieren die Vereine Cenacolo degli Enofili novesi und Accademia del Corzetto alljährlich ein **gastronomisches Fest** mit typischen Gerichten.

Sehenswertes in Novi Ligure

Die bemalten Paläste

Die Häuser in der Via Roma, der Piazza Dellepiane, der Via Girardengo und der Via Marconi tragen die Namen des höchsten Genueser Adels wie Durazzo, Negrone, Sauli, Brignole, Cambiaso Negrotto, Pallavicini. Berühmt wurde der 1841 geborene Musiker **Romualdo Marenco**, Erfinder des »Ballo Excelsior«. Nach ihm ist das städtische Theater aus dem 19. Jh. benannt. Wer mehr über die faszinierenden »Freiluftgalerien« der bemalten Paläste erfahren möchte, sollte sich einer der regelmäßig von der Stadt organisierten Führungen »I Palazzi dipinti« anschließen (Informationen unter: Tel. 0143 72585).

Museo dei Campionissimi

Es mag an der guten Luft, vielleicht sogar an der Schokolade liegen, jedenfalls stammen viele große Radsportler aus dieser Gegend, in der bereits 1895 eine Verkehrsregel für Fahrradfahrer erlassen wurde. Costante Girardengo, einer der ersten berühmten Meister des italienischen Radrennsports, wurde hier 1893 geboren. Auch Fausto Coppi aus Castellanìa in der Valle Scrivia wuchs hier auf. Die Entwicklung des Radrennsports in Novi kann man im **Museo dei Campionissimi** verfolgen (Öffnungszeiten: Fr. 15.00–20.00, Sa. bis So. und Feiertage 10.00–20.00 Uhr).

Fausto Coppi, ein Großer des Radrennsports.

Umgebung von Novi Ligure

Castello di Pozzolo Formigaro

Unweit von Novi Ligure befindet sich die ehemalige Grenze zwischen der Republik Genua und dem Herzogtum Mailand (1447–1738) bzw. dem Königreich von Sardinien (1738–1803), auf die heute ein Schild aufmerksam macht. Nördlich dieser alten Grenze liegt in der Ebene von Tortona das **Castello di Pozzolo Formigaro** (»Puteolus Fornucae«, Brunnen der Öfen), eine Festung der Sforza, an der im 11., 15. und 17. Jh. gebaut wurde.

Oleggio

J-Mji

Provinz: Novara
Einwohnerzahl: 11 426
Höhe: 232 m ü. d. M.

Das bezaubernde Städtchen Oleggio liegt auf einem Hügel 17 km nördlich von Novara, unweit des Parco del Ticino. Es ist ein wichtiges Zentrum der regionalen Landwirtschaft.

Sehenswertes in Oleggio

Chiesa dei Santi Pietro e Paolo

Der in der Mitte des 19. Jh.s in der Gegend von Novara äußerst aktive Architekt Alessandro Antonelli rekonstruierte und erweiterte auch die Pfarrkirche Santi Pietro e Paolo. Er gab ihr eine klassizistische Fassade mit Vorhalle, die auf vier massiven Säulen ruht. Auf dem Hauptplatz von Oleggio erhebt sich der mittelalterliche Kampanile.

In der Nähe des Friedhofs befindet sich die romanische Basilika San Michele Arcangelo, deren Ursprung bis ins späte 10. Jh. zurückreicht. Sie gilt als einer der bedeutendsten Sakralbauten in der Po-Ebene. Ein bemerkenswerter Freskenzyklus des 11. Jh.s zeigt auf der Innenseite der Fassade ein großartiges **Jüngstes Gericht**, auf der rechten Seite die **Auffindung des Körpers eines Heiligen**. Kunsthistorisch interessant ist das ungewöhnliche Fresko mit den Rittern (»dei cavalieri«) in der Apsis. Unter dem erhöhten Chor liegt eine dreischiffige Krypta. Die Außenwände wurden in einander abwechselnden Bändern aus Kiesel- und Backstein gearbeitet.

* Basilica di San Michele Arcangelo

Umgebung von Oleggio

Das Gebiet, durch das der **Fluss Tessin** fließt, ist ein weites, geschütztes Areal zwischen dem Piemont und der Lombardei. Der piemontesische Teil ist 6561 ha groß und wird bis zu 60% von Wald, überwiegend Laubbäumen, bedeckt. Im Norden bahnt sich der Fluss sein Bett durch ein enges, tiefes Tal, das sich zunehmend verbreitert, je weiter man nach Süden kommt. Dort verzweigt sich der Flusslauf zwischen zahlreichen flachen Inseln, die regelmäßig von der Flut überspült werden. Die Verlangsamung des Gewässers begünstigt eine reiche Vegetation. Im Unterholz findet man Weißdorn, Schlehen und Haselnuss. Während der **Frühlingsblüte** verzaubern Immergrün, Primeln und Lilien die Landschaft. Beim Spazierengehen kann man Hasen, Wildkaninchen und Eichhörnchen entdecken. Noch faszinierender sind die Wasservögel. Viele alte Gehöfte und Mühlen sind noch erhalten, so auch in Bellinzago, wo man in einigen restaurierten Gebäuden mehr über die Flora und Fauna der Gegend erfährt.

Parco naturale della valle del Ticino

OLEGGIO ERLEBEN

ESSEN

▶ Preiswert

Dinamo
Viale Paganini 5, Tel. 0321 998333
Ruhetag: Mo., Sa. (Mittag), Aug. (unterschiedlich)
Restaurant mit Cocktailbar, an der sich vornehmlich jüngeres Publikum trifft. Unverputzte Steinwände und modernes Ambiente im amerikanischen Stil. An den Tischen werden raffinierte Speisen serviert.

ÜBERNACHTEN

▶ Komfortabel

Oleggio Malpensa
Via Verbano 19
Tel. 0321 93301
www.hoteloleggiomalpensa.it
Wenige Kilometer vom Lago Maggiore entfernt liegt dieses Hotel, das durch einen Shuttle-Service mit dem Flughafen und dem Bahnhof von Novara verbunden ist. Schöner Garten zum Ausspannen. Ohne Frühstück.

Santuario di Oropa

If

Provinz: Biella **Höhe:** 1180 m ü. d. M.

Das der Madonna geweihte Sanktuarium von Oropa ist eines der größten Heiligtümer Italiens und Europas. Von Berggipfeln umgeben, erhebt es sich auf einer Höhe von 1180 m. Eine eindrucksvolle Treppe führt hinauf zur Anlage mit drei weiten Plätzen und zwei Kirchenbauten: der Basilika und der Chiesa nuova.

✶ Madonna nera und Basilika

Hauptsehenswürdigkeit ist die gold- und edelsteingeschmückte schwarze Madonna, **Madonna nera**, eine Holzskulptur vom Ende des 13. Jh.s, die in einer kleinen Kapelle der Basilika verehrt wird. Der Legende nach schuf der hl. Lukas das Original, der hl. Eusebius rettete sich und die Statue vor der Christenverfolgung auf den Berg Oropa. Die Ausmaße des Kirchenbaus deuten auf die große Pilgerzahl hin: Bereits im 19. Jh. verfügte der Komplex über 700 Zimmer. Die Basilika wurde im 17. Jh. über einer teilweise zerstörten Kirche aus dem 13. Jh. errichtet, von der noch Freskenreste im dreischiffigen Innenraum und in der Kalotte über der schwarzen Madonna erhalten sind.

Der Sage nach vom Evangelisten Lukas geschnitzt: die Madonna nera.

Der Piazzale Sacro, an dessen rechter Seite die Basilika liegt, wird von einer wunderschönen Arkade auf Doppelsäulen umschlossen, in deren Mitte sich die Porta Regia befindet. Diese wurde in Teilen von Filippo Juvara erbaut. Vor dem Panorama der Berge erblickt man die Chiesa Nuova von 1960, die sich in zwei Baukörper – ein Oktogon mit Kuppel und einen Rundbau – unterteilt. Alle drei Plätze sind von Palästen mit Arkaden aus dem 18. Jh. umgeben.

Zwischen dem 17. und dem 19. Jh. wurden neben dem Heiligtum 19 Kapellen errichtet, die dem Leben Mariens geweiht sind.

Umgebung von Oropa

✶ Lago del Mucrone

Eine Seilbahn führt hinauf zum Gletschersee von Mucrone (1902 m). Im Winter kann man beim Skifahren zwischen Abfahrten unterschiedlichen Schwierigkeitsgrades sowie Langlaufloipen wählen.

Vom See aus können die umliegenden Gipfel erklommen werden, darunter der Monte Mucrone (2335 m) und der Monte Camino (2261 m), die einen atemberaubenden Blick über die Alpen bieten. Vom **Rifugio Rosazza** (1813 m) führt ein Wanderweg über die Hochebene von Ceva (2220 m) und die Hügel des Barma d'Oropa (2261 m) nach Fontainemore im Tal von Lys. Alle fünf Jahre führt eine stimmungsvolle **Prozession** in entgegengesetzter Richtung bei Nacht in acht Stunden nach Oropa.

! *Baedeker* TIPP

Weinprobe

In der Enoteca regionale von Acqui Termi (Piazza Levi 7, Tel. 0144 770273, www.termeevino.it; geschlossen: Mo., Mi., Jan.) kann man verschiedene Brachetto und Dolcetto d'Acqui probieren. Im Weinkeller des Palazzo Robellini aus dem 15. Jh. werden immerhin mehr als hundert piemontesische Weine aufbewahrt.

★ Orta San Giulio

Le

Provinz: Novara
Einwohnerzahl: 1076
Höhe: 294 m ü. d. M.

Kaum eine andere Ortschaft im Piemont wurde so oft gemalt und fotografiert wie Orta San Giulio, eine kleine Stadt auf einer Halbinsel mit Villen, Kirchen, Gassen und Plätzen, die sich im Wasser spiegeln.

Lago d'Orta

Der See von Orta oder Cusio erstreckt sich lang und schmal zwischen der Valsesia und dem Lago Maggiore. Er windet sich harmonisch in eine Landschaft grüner Hügel und Berge, in der man viele liebliche Dörfer mit grauen Steinhäusern entdecken kann. Der See wird von kleinen Wasserläufen gespeist und fließt in den Nigoglia ab, der gemeinsam mit dem Strona im Lago Maggiore mündet. Der Höhenunterschied zwischen den beiden Gewässern beträgt ganze 97 m.
Durch seine großartige Lage ist Orta San Giulio das beliebteste Ziel am See, doch auch in den zahlreichen benachbarten Ortschaften dieser stimmungsvollen Landschaft kann man einen angenehmen und ruhigen Urlaub verbringen. Am Ostufer locken vor allem **Alzo** und **Pella**, auf der Südseite **Gozzano**, das über einen gut ausgestatteten Strand verfügt. Die aufgrund der rasanten Industrialisierung einst stark verschmutzten Gewässer wurden auf Initiative des Consiglio nazionale delle ricerche (CNR) gereinigt und können nun wieder ohne Bedenken zum Baden genutzt werden.

Märkte und Kultur

Vor dieser märchenhaften Kulisse findet im Juni das **Festival cusiano di Musica antica** statt, und zwischen Juli und August das renommierte **Or-**

ta Opera Festival. In den Monaten April und Juni verwandelt die große Blumenschau **Ortafiori** die Straßen und Plätze des Städtchens in ein Blütenmeer. Mittwochs wird ein malerischer **Markt** abgehalten, dessen Ursprung bis ins 13. Jh. zurückreicht.

Sehenswertes in Orta San Giulio und Umgebung

* Piazza Mario Motta

Das Zentrum der Stadt ist die gemütliche Piazza Mario Motta am Ufer des Sees, gegenüber der Insel San Giulio. Eine Seite des Platzes nimmt der gegen Ende des 16. Jh.s erbaute Palazzo della Comunità ein. Hier tagte lange Zeit der Rat der kleinen, unabhängigen Republik, die zwischen 1345 und 1753 über eine eigene Verfassung verfügte.

Santa Maria Assunta

Die Kirche Santa Maria Assunta von 1485 wurde im 18. Jh. wiederaufgebaut. Entsprechend barock wurde der Innenraum gestaltet. Man erreicht sie über eine **elegante, von Palästen gesäumte Treppe**.

* Sacro Monte di Orta

Von der Pfarrkirche steigt man hinauf zum Sacro Monte di Orta, wo sich auf 400 m Höhe zwischen Linden, Buchen und Pinien zwanzig Kapellen und ein Sanktuarium befinden. Der Bau wurde Ende des 16. Jh.s begonnen. In den Kapellen schildern Fresken und Terrakottaskulpturen der Renaissance und des Barock das Leben des **hl. Franziskus.**

** Isola di San Giulio

Schiffe oder auch die Boote der ortsansässigen Fährmänner bringen die Besucher zu der 400 m von Orta entfernten Insel San Giulio, deren steingedeckte Dächer von fern silbergrau schimmern. Vor dem bläulichen Hintergrund des Sees und der Berge heben sich der elegante romanische Glockenturm und der mächtige, die Ansicht bestimmende Palast ab. Einst galt die kleine Insel als gefährliches Schlangennest. Der hl. Julius verwandelte die Insel 390 n. Chr. in ein Zentrum der Christianisierung.

** Basilica ▶ di San Giulio

** Kanzel ▶

Die Basilica di San Giulio zählt zu den bedeutendsten romanischen Bauwerken des Piemont. Besonders eindrucksvoll ist ihr wunderbarer Turm aus dem 11. Jh. mit seinen Biforien und Triforien. Den Innenraum bekrönt ein oktogonaler Tambour, über den Seitenschiff hat sich das Matroneum erhalten, ein Bereich, der einst den Kirchenbesucherinnen zugewiesen war. Besonders sehenswert ist auch die mittelalterliche Kanzel aus schwarzem Marmor. Kunstvolle Reliefs zeigen die vier Evangelistensymbole sowie Fabelwesen. Ein gewundener Weg führt zum **Palazzo dei Vescovi** aus dem 19. Jh., der ein Kloster beherbergt. Die übrigen Gebäude der Insel dienten den Mönchen früher als Wohnungen. Heute nehmen sie die Gäste der Gemeinde auf. Die spirituelle und ruhige Atmosphäre der Insel lädt auch Urlauber zum Gebet und zur Meditation ein.

Die Insel San Giulio im See von Orta hütet einen Schatz: die schwarze Kanzel, das Werk eines unbekannten Meisters des Mittelalters.

Omegna

Das Städtchen Omegna liegt am Nordufer des Sees. Die von Palästen aus Mittelalter, Renaissance und Barock umstandene Piazza XXV. Aprile öffnet sich zum See. Das bedeutendste Baudenkmal des Ortes ist die romanische Collegiata di Sant'Ambrogio, die einen Flügelaltar aus dem 16. Jh. von Fermo Stella sowie einen prunkvollen Barockaltar bewahrt. Der nahe gelegene **Parco Rodari** ist nach einem berühmten Bürger der Stadt benannt. Gianni Rodari ist für seine Kinderbücher und wegweisenden pädagogischen Aktivitäten bekannt. Hier befindet sich auch das Kulturzentrum Forum.

Die Museen der Kleinindustrie

In der Gegend um den See von Orta haben sich Betriebe angesiedelt, von denen einige mittlerweile internationalen Ruf genießen. Im »Distretto dei casalinghi« sind die Niederlassungen von Alessi, Lagostina, Bialetti und Calderoni versammelt. Das Museo di Arte e Industria di Omegna erzählt die Erfolgsgeschichte des Designs von Haushaltswaren. In Quarna Sotto dokumentiert das Museo etnografico dello Strumento musicale a Fiato die hier einst blühende handwerkliche Produktion von Blasinstrumenten, wie Hörnern, Posaunen, Trompeten, Flöten und Klarinetten. Die traditionelle Holzverarbeitung ist das Thema des Museo della Tornitura del Legno.

*** Santuario della Madonna del Sasso**

Spektakulär liegt das Santuario della Madonna del Sasso (638 m) auf dem Gipfel des Granitmassivs gegenüber von Orta San Giulio. Von dort oben genießt man das Panorama über den See und den Monte Mottarone. Das Sanktuarium aus dem 17./18. Jh. birgt eine kostbare Pietà aus dem 16. Jh. von Fermo Stella und ein Holzkruzifix aus dem 17. Jh.

Miasino

Hinter Orta San Giulio liegt der hübsche Ort Miasino, wo sich einige Gebäude aus dem Barock erhalten haben: die Villa Nigra, die Pfarrkirche San Rocco und das Oratorium Santa Maria.

ORTA SAN GIULIO ERLEBEN

AUSKUNFT

Ufficio Informazioni
Via Circonvallazione
Tel. 0322 905614

ESSEN

▶ Fein & teuer

Villa Crespi
Via Fava 8/10, Tel. 0322 911902
www.hotelvillacrespi.it
Ruhetag: Di.
7. Jan. bis 7. Feb.
Elegantes Lokal in einer fantastischen Villa im maurischen Stil des 19. Jh.s. Nach dem Essen kann man sich in Traumsuiten zurückziehen, die an »Tausendundeine Nacht« erinnern.

▶ Erschwinglich

Sacro Monte
Via Sacro Monte 5, Tel. 0322 90220
Ruhetag: Di., Jan. (unterschiedlich)
Ehemaliges, stilvoll eingerichtetes Franziskanergebäude aus dem 17. Jh. mitten im Parco naturale del Sacro Monte. Klassische piemontesische Küche, die Speisekarte variiert saisonbedingt. Sie sollten reservieren.

ÜBERNACHTEN

▶ Luxus

San Rocco
Via Gippini 11, Tel. 0322 911977
www.hotelsanrocco.it
Elegantes Hotel mit Flair in den Gemäuern eines alten Klosters (17. Jh.). Wunderschöne Terrasse.

▶ Komfortabel

La Bussola
Via Panoramica 24
Tel. 0322 911913
www.orta.net/bussola
Schönes Hotel am Anfang der Fußgängerzone. Gutes Restaurant mit traditioneller Küche. Terrasse mit Ausblick.

▶ Günstig

Camping Cusio Lyons Edda
Via San Giovanni Bosco 5
Tel. 0322 90290
Geöffnet: 1. April bis 30. Nov.
(95 Zeltplätze)
Bar, Selbstbedienungsrestaurant, Schwimmbad. Freizeitangebot: u. a. Tischtennis und Tennis.

★ Val d'Ossola

KLcd

Provinz: Verbania

Die Val d'Ossola ist die nördlichste Region des Piemont, umgeben vom Lago Maggiore, der Valsesia und den Schweizer Kantonen Wallis und Tessin. Durch das Haupttal fließt der Toce, der im Lago Maggiore mündet. Die nördlichen Gebiete des Tals heißen Valle Antigorio und Valle Formazza.

Die Seitentäler

Die Seitentäler der Val d'Ossola heißen Anzasca, Bognanco, Divedro, Dèvero und Vigezzo, das sich östlich zum Lago Maggiore öffnet. Die Eisenbahnlinie von Sempione (mit einem 19,8 km langen Tunnel) und die parallel verlaufende Bundesstraße Sempione, die bis zum gleichnamigen Pass auf 2005 m führt, durchziehen das Tal und verbinden es mit der Valle del Rodano in der Schweiz und dem Genfer See.

Wintersport

Wintersportliebhaber finden im Gebiet von Ossola ideale Bedingungen und wundervolle Landschaften. Zu empfehlen sind die Anlagen und Pisten von Macugnaga, Domobianca, San Domenico Ciamporino und den Tälern von Vigezzo und Formazza sowie der Alpe Dèvero.

Sehenswertes in Val d'Ossola

Architektur und Reservate

Neben ausgezeichneten Sportmöglichkeiten findet man im Ossola-Tal auch hübsche Orte wie Santa Maria Maggiore (Val ▶ Vigezzo), Baceno und ▶ Macugnaga sowie zahlreiche romanische Kirchen. Außerdem erstrecken sich hier der größte Wildpark Italiens, der Parco nazionale della Val Grande (▶ Val Grande) und die Naturreservate Parco naturale dell'Alpe Veglia e dell'Alpe Dèvero.

Vogogna

In Vogogna (226 m) im niederen Ossola-Tal steht eine wunderschöne **Burg** der Visconti aus dem 14./15. Jh. auf den Ruinen einer wesentlich älteren Anlage. Der Platz davor bezaubert durch kleine, mittelalterliche Paläste wie den **Palazzo pretorio** aus dem 14. Jh.

Villadossola

★

◀ Chiesa di San Bartolomeo

7 km südlich von Domodossola trifft man auf Villadossola, wo man einen der schönsten romanischen Sakralbauten der Region bewundern kann. Die noch in weiten Teilen original erhaltene Chiesa di San Bartolomeo bewahrt Fresken des 14. und 15. Jh.s und eine sehenswerte Altartafel aus dem 16. Jh. Neben der Kirche erhebt sich monumental der siebenstöckige Turm. Unweit des Dorfes kann man eine weitere romanische Kirche besichtigen, das **Oratorio di Santa Maria Assunta**. Es steht auf Überresten eines Vorgängerbaus, der durch eine Flut zerstört wurde, und ist mit Fresken aus dem 12. und 13. Jh. geschmückt.

VAL D'OSSOLA

ÜBERNACHTEN

▶ **Komfortabel**

Pernice Bianca
Piana Cascata del Toce, Stafulstet
Tel. 0324 63200, www.pernicebianca.it
Intimes und ruhiges Hotel auf 1700 m Höhe. Die Langlaufpisten und der Wasserfall des Toce sind nicht weit entfernt.

★★ Parco naturale Alpe Veglia und Alpe Dèvero

Die weiten Flächen der Naturparks Alpe Veglia und Alpe Dèvero an der Schweizer Grenze erstrecken sich zwischen der Val Divedro und der Val Formazza. Die Berggipfel sind über 3000 m hoch. Das spektakuläre Bergpanorama der Alpe Veglia (1761 m) und Alpe Dèvero (1631 m) umschließt zwei weite, grüne Täler. Die unberührte Natur mit Seen, Flüssen und Wasserfällen bietet sich für kleinere Wanderungen an, wie z. B. zur **Cascata di Buscagna** (1 Std.) oder zum **Lago di Codelago** (etwas länger als 1 Std., 1846 m). Die Alpe Dèvero eignet sich außerdem zum Skifahren. Drei Sessellifte erreichen den Gipfel des Monte Cazzola, wo verschiedene Abfahrten beginnen. Drei Langlaufpisten gehören zu diesem kleinen Skigebiet. Ein schöner Spaziergang von etwa zwei Stunden ist der Weg vom Alpe Veglia zum **Lago d'Avino** (2246 m). Beide Ebenen sind im Frühsommer, wenn es überall blüht, außergewöhnlich reizvoll. Eine Besonderheit des Parks sind die reichen Mineralvorkommen: 127 Gesteinssorten wurden hier bisher katalogisiert.

Valle di Antrona

Die Valle di Antrona ist die zweite Abzweigung, auf die man stößt, wenn man der Val d'Ossola bergauf folgt. Villadossola liegt 16 km von der weiten Senke Antronapiana (902 m) entfernt. Am Beginn des Tals teilt sich die Straße. Nach Süden führt sie zum **Lago di Antrona** (700 m lang und 600 m breit), nach Norden zum künstlich angelegten **Lago Alpe dei Cavalli**. Vom Antrona-See aus kann man über reizvolle Wanderwege zum **Lago di Camplicciole** (1352 m) und zum Stausee von **Camposecco** (2325 m) spazieren. Vom Lago di Camplicciole aus erreicht man auch den Stausee von **Cingino** (2229 m).

Valle di Bognanco

In Domodossola beginnt das kurze Tal von Bognanco (14 km bis zur Spitze des Monte Rosso), wo man im 19. Jh. Quellen mit hohem Eisen- und Kohlensäuregehalt entdeckte. An diesen Quellen entstanden die **Terme di Bognanco**, die von Mai bis Oktober geöffnet sind.

Bagni di Crodo

Im Tal von Antigorio findet man 12,5 km von Domodossola entfernt die Bagni di Crodo (425 m). Diese Thermen werden von drei kalten Quellen gespeist, deren Mineralwasser für seine Heilkraft berühmt ist. In Flaschen abgefüllt wird es in die ganze Welt exportiert, im Ort setzt man es zu therapeutischen Zwecken ein.

Baceno

Baceno liegt an der Mündung der Val Dèvero im Tal von Antigorio (655 m). In einer nahe gelegenen Schlucht, durch die der Dèvero fließt, kann man die schönste Kirche im Gebiet von Ossola entdecken. Die Geschichte von San Gaudenzio reicht bis ins 10. Jh. zurück. Der Bau wurde zuerst im 12. Jh. und dann im 14. Jh. um zwei Seitenschiffe erweitert. Im 16. Jh. fügte man zwei weitere Seitenschiffe an und baute den Glockenturm. Trotz dieser zahlreichen Erweiterungen und Anbauten erscheint das Gebäude ungewöhnlich homogen, vor allem durch seine spitz zulaufende romanische Fassade mit doppeltem Treppenlauf. Der Innenraum ist vollständig mit Fresken der Novareser Schule des 16. Jh.s ausgemalt. Die Apsis schmückt ein außergewöhnliches Werk Schweizer Provenienz: das vergoldete und mit Intarsien gearbeitete Chorgestühl, das eine »Madonna mit Kind und Heiligen« zeigt (1526).

** ◄ San Gaudenzio

Der spektakuläre Wasserfall des Toce in der Valle Formazza.

Valle Antigorio heißt das schmale, gewundene und 30 km lange Tal des Toce zwischen Crevoladossola und Fracchie. Zu ihm gehören die Bagni di Crodo (mit Thermen) und Baceno (am Beginn der Val di Dèvero). Lässt man die beeindruckende Schlucht **Gola delle Casse** hinter sich, erreicht man die Mündung zur Conca di Formazza (1220 m), auch **Valle Formazza** genannt. In den verstreuten Vororten von Formazza finden sich zahlreiche Skilifte, die dieses Wintersportgebiet erschließen. Auf dem Gletscher von Sidel (3000 m) kann man auch im Sommer Ski fahren und sich auf den gefrorenen Seen vergnügen. Die Einwohner des Hochtals von Formazza stammen von den Walsern ab, deren Traditionen sich in Architektur, Sprache und Küche erhalten haben. Folgt man dem Tal bergauf, trifft man auf die Ebene von Canza, wo der 143 m hohe Wasserfall Cascata del Toce, auch als »La Frua« be-

Cascata ► del Toce kannt, ein atemberaubendes Spektakel bietet. Er ist jedoch nur im Sommer zu besichtigen. Die steil ansteigende Straße führt vorbei an einigen künstlichen Becken und erreicht schließlich den **Passo di San Giacomo** (2313 m) an der Grenze zur Schweiz.

Oulx

Ci

Provinz: Turin
Höhe: 1100 m ü. d. M.
Einwohnerzahl: 2423

Wenn man heute an Oulx denkt, kommen einem vor allem die wunderbaren Skigebiete der Via Lattea und des nahe gelegenen Sauze d'Oulx in den Sinn. Doch schon lange bevor die erste Piste eingerichtet wurde, zog die liebliche Ortschaft im Valle di Susa auf der Route des Monginevro Fremde an.

Geschichte

Früh schon bauten die Römer hier einen Marstempel, den die Langobarden zerstörten. 906 eroberten und plünderten die Sarazenen, die von der Provence aus bis hierher vorstießen, die Stadt. Im Mittelalter noch zu Frankreich gehörig, wurde Oulx erst relativ spät Teil des savoyischen Reichs.

Sehenswertes in Oulx und Umgebung

Hochstadt

In der hoch gelegenen Altstadt von Oulx haben sich einige schöne Wohnhäuser aus dem 16. und 17. Jh. erhalten, wie die interessante **Casa Des Ambrois**, außerdem die **Torre Delfinale** aus dem 12. Jh., die **Pfarrkirche Dell'Assunta** mit einer Kapelle aus dem 15. Jh. und zwei Altartafeln der Schule von Melezet.

Sauze d'Oulx

Nur 5 km trennen Oulx von Sauze d'Oulx, das nach den dort wachsenden **Weiden** benannt wurde. Das **Wintersportgebiet** gehört zu den beliebtesten des Piemont, weshalb man hier viele moderne Ferienunterkünfte findet. Erhalten hat sich in der Altstadt eine schöne Pfarrkirche aus dem 16. Jh. mit einem spitzen romanischen Glockenturm und einer Altartafel der berühmten Schule von Mezelet.

Skilifte bringen Besucher zu den Pisten von Sportinia (2137 m), einer Ebene zu Füßen des Monte Triplex. Sauze d'Oulx gehört gemeinsam mit Sestriere, Cesana, San Sicario und Claviere zur berühmten Via Lattea, einem der größten Skigebiete der Welt (400 km Piste, 91 Lifte).

? WUSSTEN SIE SCHON ...?

- Aus Cesana stammt die Familie des französischen Malers Paul Cézanne, der hier viel Zeit verbrachte.

Cesana Torinese

Cesana (1354 m) liegt in einer Ebene, deren zahlreiche Flussläufe sich zur Dora Riparia vereinen. Wenige Kilometer von der französischen Grenze und dem Monginevro entfernt, treffen sich hier die Straßen aus der Valle di Susa und der Val Chisone. Die Pfarrkirche San Giovanni Battista aus dem 12. Jh. beherrscht mit ihrer romanischen Fassade den Ort. Im Inneren verraten die prunkvollen Dekorationen Eingriffe aus dem 18. Jh. Von dem zu Füßen des Monte Chaberton (3130 m) gelegenen Ort aus kann man die Pisten der Monti della Luna, San Sicario und Claviere-Monginevro erreichen.

Claviere

Claviere (1760 m) an der italienisch-französischen Grenze war eines der ersten Skigebiete Italiens. Durch die Anlagen der Monti della Luna mit Cesana verbunden, gehört es zum Wintersportgebiet der Via Lattea. Neben Schlittschuhlauf und Ski gehören im Sommer Golf (9-Loch-Platz) und Reiten zu den sportlichen Angeboten.

OULX ERLEBEN

AUSKUNFT

Ufficio Informazioni
Piazza Assietta 8
Tel. 0122 858009
www.montagnedoc.it

Ufficio Informazioni
Sauze d'Oulx
Piazza Garambois 2
Tel. 0122 831596

ESSEN

▶ Erschwinglich

Les Clotes
Il Capricorno
Bei Case Sparse 21
Tel. 0122 850273
www.chaletilcapricorno.it
Ruhetag: 1. Mai bis 15. Juni; 15. Sept. bis 1. Dez.
Hotelrestaurant mit warmen und gastfreundlichen Räumlichkeiten. Lokale Küche mit kreativen Einfällen. Ausgefallenes Angebot an ersten Gängen und leckere gefüllte Pasta.

ÜBERNACHTEN

▶ Günstig

Gran Baita
Via Villaggio Alpino 21, Sauze d'Oulx
Tel. 0122 850183
www.granbaitasauze.it
Das Hotel liegt im Dorf in der Nähe der Lifte und hat einen schönen Garten. Hinreißender Blick auf die umliegenden Berge. Restaurant mit regionaler Küche.

Ovada

MI

Provinz: Alessandria
Einwohnerzahl: 12 010
Höhe: 186 m ü. d. M.

Wo Orba und Stura sich treffen und die Weinberge des Monferrato den Wäldern des Apennin Platz machen, liegt Ovada. In einem Netz enger Gassen entdeckt man eine große Kirche und die illusionistische Fassadenmalerei der Paläste.

Geschichte Für die Römer war Ovada ein Durchgangsort, eine Station zwischen der Ebene und dem Meer, wie auch der antike Name »Vada« verrät. 1277 begann die Herrschaft der Genueser, die mit Ausnahme kurzer Unterbrechungen bis 1814 andauerte.

Der hohe Monferrato Das Land der Weine, Wälder und der Burgen läuft im Süden in den kargen Gipfeln des ligurischen Apennin aus. Die »Castelli« tragen die Namen der Genueser Familien, die hier als kaiserliche Feudalherren herrschten, doch reicht ihre Geschichte oft viel weiter zurück. Die zahllosen Burgen im Gebiet von Ovada wurden häufig während der Renaissance umgestaltet. Erwähnt seien hier das neogotische **Castello Chiabrera** zwischen Orba und Bòrmida, die Burg **Malaspina di Cremolino**

OVADA ERLEBEN

ESSEN

▶ Erschwinglich

La Volpina
Strada Volpina 1, Tel. 0143 86008
www.immagine.com/volpina
Ruhetag: Mo., feiertags (Abend), Weihnachten, Juli bis Aug. (unterschiedlich)
Hübsche Villa aus dem 19. Jh.; delikate innovative Küche, die sich an der ligurischen und piemontesischen Tradition orientiert. Reservierung empfehlenswert.

ÜBERNACHTEN

▶ Günstig

Italia
Via San Paolo 54, Tel. 0143 86502
www.albergoitaliaovada.it
Ein altes, komplett renoviertes Gasthaus in der Dorfmitte. Hier findet man guten Komfort und liebevoll gepflegte Zimmer. Familienbetrieb mit guter Küche und freundlichem Service.

Villa Schella
Via Molare 8, Tel. 0143 80324
www.villaschella.com
Das in einem rustikalen Bauernhaus untergebrachte Hotel liegt mitten im Park. Im Hintergrund sieht man die Villa Schella, die Zimmer mit Charme.

aus dem 14. Jh. in Molare mit einer Zugbrücke, die im 10. Jh. erbaute Festung von **Carpeneto** römisch-antiken Ursprungs (»Castrum Carpani«) und das »Felsennest« von **Rocca Grimalda**. Zwischen Orba und Lemme sind außerdem das kostbar eingerichtete **Castello Pinelli-Gentile** sehenswert, die auf einem Felsvorsprung über dem Fluss Piota liegende Burg der **Spinola di Lerma** und die der **Spinola di Tassarolo**.

Im Sommer kann man zwei alte Feste nach Genueser Tradition besuchen: das Fest von **San Giovanni Battista** am 24. Juni und das **Fest der Annunziata** am 16. August. Bei diesen Feiern tragen die zwei Bruderschaften von Ovada Umhänge und Kapuzen (rot zu San Giovanni, blau zum Madonnenfest) und schultern Holzskulpturen (»Casse«) und große Kruzifixe (»Cristi«). Um diese schweren Statuen tragen zu können, müssen die Träger, die »Purtuei«, kräftig sein. An der Taille befestigte Tragegurte helfen ihnen dabei, das Gewicht zu halten und dem Rhythmus der Prozession zu folgen.

Ovada ist für seine Farinata di grano, einen lockeren Weizenfladen, bekannt.

Lokale Köstlichkeiten

Ovada rühmt sich einiger Leckerbissen, die man unbedingt probieren sollte: Dazu zählen der aus Mandeln, Zucker und Eiweiß zubereitete **Amaretto**, der **Biscotto della salute**, eine Art Zwieback nach Art des Genueser Lagaccio – diagonal geschnitten, leicht und knusprig, mit Anisaroma –, und die **Farinata di ceci**, eine Art Polenta aus Kichererbsen, ebenfalls ligurischen Ursprungs.

Sehenswertes in Ovada

Altstadt

Zwischen den Plätzen Garibaldi und San Domenico, der Via Cairoli und der Via San Paolo liegt die **Chiesa dell'Assunta** vom Ende des 18. Jh.s mit ihren zwei hohen Glockentürmen und der riesigen Kuppel, die das gesamte Stadtbild beherrscht. Besichtigen sollte man die **Loggia di San Sebastiano**, eine ehemalige romanische Pfarrkirche, und das **Oratorio di San Giovanni Battista** mit seiner kostbaren Einrichtung und einer Holzskulptur, welche die »Enthauptung des Täufers« zeigt. Der **Palazzo Spinola** besitzt einige Werke van Dycks und Luca Giordanos. Am Stadtrand sind außerdem das **Civico Museo naturalistico Giulio Maini** (Tel. 0143 81774) sowie der englische Landschaftsgarten der **Jugendstilvilla Gabrieli** sehenswert.

Val Pellice

DEk

Provinz: Turin

Die Val Pellice mit dem gleichnamigen Po-Zufluss beginnt wenige Kilometer südlich von Pinerolo und ist mit einer Ausdehnung von 28 km relativ klein. Dafür fällt seine historische Bedeutung umso stärker ins Gewicht. Wie die Val Germanasca, die Val Chisone und Teile der transalpinen Gebiete war das Tal Schauplatz des wechselhaften Schicksals der Waldenser, der größten protestantischen Gruppe Italiens.

Zentrum des antifaschistischen Widerstands

Von Torre Pellice gingen im letzten Jahrhundert viele politische Aktivitäten zur Verteidigung der Menschenrechte aus. Zudem war die Val Pellice zwischen 1943 und 1945 eines der Hauptgebiete des Partisanenkampfes.

Die Waldenser

Die Bewegung der Waldenser geht auf **Petrus Valdes** zurück, einen zur Armut bekehrten Kaufmann aus Lyon. Im 12 Jh. – einige Jahrhunder-

Wie in vergangenen Zeiten: Zwei Frauen in traditionellen Waldenser Trachten spinnen Wolle.

VAL PELLICE ERLEBEN

AUSKUNFT

Ufficio Informazioni
Via Repubblica 3, Torre Pellice
Tel. 0121 91875, www.valpellice.to.it

ESSEN

▶ Fein & teuer

Flipot
Corso Gramsci 17, Torre Pellice
Tel. 0121 91236
www.flipot.com
Ruhetag: Di., 24. Dez. bis 10. Jan., 15. bis 30. Juni
Sehr gutes Restaurant in einem alten, romantischen Gasthof. Speisekarte mit fantasievoll zubereiteten, traditionellen Rezepten aus den waadtländischen Bergen und den besten Spezialitäten der Region. Acht Zimmer stehen denen zur Verfügung, die über Nacht bleiben möchten.

ÜBERNACHTEN

▶ Günstig

Gilly
Corso Lombardini 1, Torre Pellice
Tel. 0121 932477
www.gillyhotel.it
Angenehmes und ruhiges, im Grünen gelegenes Hotel. Elegante und große Zimmer, gepflegter Garten zum Ausspannen.

te vor Luther – vermittelte er dem Volk das Evangelium in der Volkssprache. Diese Bewegung war jedoch schweren Verfolgungen ausgesetzt. Nur diejenigen, die sich in die Alpi Cozie und dort vor allem in das heute piemontesische Gebiet geflüchtet hatten, konnten sich retten. Doch selbst hier entgingen sie nicht dem grausamen Überfall am Ostersamstag 1655. Der Herzog von Savoyen ließ ihre Dörfer brandschatzen, die Erwachsenen töten und die Kinder rauben, um sie in katholischen Familien erziehen zu lassen. Diese so genannten **Pasque Piemontesi** (Piemonteser Ostern) bilden ein dunkles Kapitel in der Geschichte der Region. 30 Jahre später wurden die Überlebenden aus dem Piemont vertrieben und flüchteten in die Schweiz, kehrten drei Jahre später jedoch auf abenteuerlichen Wegen über die Alpen im Triumph zurück. Ihre Heimkehr, den **Glorioso rimpatrio**, verdankten sie einer empfindlichen Niederlage der savoyischen Armee. Erst 1848, nach abwechselnden Verfolgungen und Toleranzversprechen, gewährte das **Edikt von Carlo Alberto** ihnen die Religionsfreiheit.

Sehenswertes in Val Pellice

Torre Pellice und Bobbio Pellice

Der Hauptort im Tal ist **Torre Pellice**, das seinen Namen wahrscheinlich einem Turm zur Verteidigung gegen die Sarazenen aus dem 10. Jh. verdankt. Das **Museo valdese** (Öffnungszeiten: Do., Sa., So. 15.00–18.00 Uhr) dokumentiert mit zahlreichen Rekonstruktionen von

Wohnräumen und Möbeln die Geschichte der Waldenser und der umliegenden Täler. In der Via Beckwith befinden sich auch das Collegio valdese und gegenüber die Casa Valdese mit einer Bibliothek von über 60 000 Titeln. Hier steht auch der »Tempio«, ein Denkmal, das anlässlich der Religionsfreiheit Mitte des 19. Jh.s errichtet wurde. Nach 10 km erreicht man **Bobbio Pellice** (732 m), das sich zu Füßen der Punta Cornour (2868 m) aus mehreren kleineren Ortschaften zusammensetzt. Zwischen beiden Orten findet man in **Villar Pellice** das interessante **Ecomuseo di archeologia industriale**. Hier kann man auf drei Etagen eine Filzfabrik vom Beginn des 20. Jh.s mit den originalen Maschinen besichtigen (nach telefonischer Voranmeldung unter Tel. 0121 795589).

! *Baedeker* TIPP

Kunst und Gastronomie

In Torre Pellice hat mit der Galerie Tucci Russo ein wichtiges Zentrum für zeitgenössische Kunst eröffnet. Direkt nebenan befindet sich einer der »Tempel« der lokalen und nationalen Küche: Das Restaurant Flipot (Corso Gramsci 17, Tel. 0121 91236) ist das einzige in der Umgebung von Turin mit zwei Michelinsternen und bietet Gerichte der piemontesischen Küche auf hohem Niveau. Ganz in der Nähe ist die Crota dl'Ours, dort isst man weniger gehoben aber genauso gut.

Valle Angrogna

In Torre Pellice beginnt die schmale und waldreiche Valle Angrogna, die den Waldensern lange Zeit als Zufluchtsort diente. Anrührendes Zeugnis dieser Vergangenheit ist die »Ghieisa d'la tana«. In dieser Höhle feierten sie während der Verfolgung Gottesdienste. Außerdem befindet sich dort ihre älteste Kultstätte, der **Antico tempio valdese**, der mehrmals zerstört und wieder aufgebaut wurde.

Valle Pesio

GHmn

Provinz: Cuneo

Über Beinette oder Peveragno erreicht man von Cuneo aus die Valle Pesio. An der Chiusa di Pesio, zu Beginn des Tals, sind noch die Reste einer Festung zu sehen, die einst den Zugang bewachte. Unter dem mächtigen Gipfel des Marguareis (2651 m) folgt die Straße auf der linken Seite dem Lauf des Pesio.

Sehenswertes in der Valle Pesio

Certosa di Pesio

Die »Certosa di Pesio« auf 859 m Höhe war eines der wichtigsten Klöster des Piemont. Die Gebäude ordnen sich um einen mittelalterlichen **Kreuzgang**, den man im Laufe der Zeit wiederholt umgebaut hat. Eine Seite gibt die Sicht auf den Berg frei, während die anderen Seiten zu den Zellen der Mönche führen. Diese bestehen jeweils aus einem kleinen Raum, einem Portikus und einem kleinen Garten mit Brunnen. Zu besichtigen sind außerdem die im 18. Jh. prunkvoll ausgemalte **Cappella del Priore** und die im 17./18. Jh. mit Stuck und Fresken verzierte **Chiesa dell'Assunta**.

Parco naturale Alta Valle Pesio e Tànaro

Gleich hinter dem Kloster beginnt der Parco naturale Alta Valle Pesio e Tànaro. Sein besonderes Merkmal ist die alpine Felsenlandschaft mit über 150 km erforschter Grotten und Höhlen, die zum Teil beachtliche Tiefen erreichen. Die Natur konnte sich hier ungestört entfalten. So finden sich im Park selten gewordene Baumarten ebenso wie Blumen und Gräser alpiner und mediterraner Herkunft. Reich ist auch die Fauna mit Gämsen, Füchsen, Wölfen, Ziegen und zahlreichen Vögeln, darunter sogar Königsadler.

Terme di Lurisia

Die von acht Quellen gespeisten Thermen von Lurisia befinden sich im Tal des Lurisia, einem Zufluss des Ellero, auf einer Höhe von 700 m. Sie sind leicht von Mondovì aus zu erreichen. Das Wasser, das aus einem 600 m langen Tunnel strömt, ist radioaktiv und hat einen niedrigen Mineralgehalt. Daher eignet es sich hervorragend zu therapeutischen Zwecken oder als köstliches Mineralwasser. Im Winter führen hier verschiedene Skilifte zu den Pisten der Cima della Pigna.

Das Rifugio Garelli im Parco naturale Alta Valle Pesio e Tànaro.

Pinerolo

EFi

Provinz: Turin **Höhe:** 376 m ü. d. M.
Einwohnerzahl: 35 234

Aufgrund seiner strategischen Lage am Beginn der Val Chisone, die zum Monginevro führt, wurde Pinerolo im Lauf der Jahrhunderte mehrfach zur umkämpften Stadtfestung.

Das Nizza des Piemont

Pinerolo ist mit einem herrlichen Blick über die fruchtbare Po-Ebene und das Alpenpanorama gesegnet. Die Hügelkette im Norden schirmt es von den kalten Winden ab, so dass es den Beinamen »Nizza des Nordens« bekam. Im Mittelalter residierten hier die Acaia, eine Seitenlinie der Savoyer. In über zwei Jahrhunderten erblühte die Stadt, aus der zahlreiche berühmte Maler hervorgingen.

Ein Tor zwischen Italien und Frankreich

Von 1536 bis 1574, von 1630 bis 1696 und noch einmal während der napoleonischen Zeit war Pinerolo eine französische Bastion auf Piemonteser Territorium. Die vielen Kämpfe machten den Bau von Festungsanlagen und Wehrtürmen notwendig. Angesichts dieser Vergangenheit verwundert es nicht, dass hier die berühmte **Scuola militare di Cavalleria** ihren Sitz hatte. Zwischen 1849 und 1943 wurde in dieser Schule die militärische Aristokratie gedrillt. In Erinnerung an die ruhmreiche Vergangenheit veranstaltet man jedes Jahr im September den historischen **Concorso ippico internazionale**.

! *Baedeker* TIPP

Das Geheimnis der eisernen Maske

Der französische Philosoph Voltaire war der Erste, der eine bis dahin unbekannte Legende publik machte. Während seiner Gefangenschaft in der Bastille sei ein Häftling mit großem Respekt behandelt worden. Man zwang ihn jedoch, eine eiserne Maske zu tragen. Unter Androhung der Todesstrafe war es ihm verboten, seine Identität preiszugeben. Die Legende, die Alexandre Dumas zu einem Roman inspirierte, spielt auf die mögliche Existenz eines Zwillingsbruders von König Ludwig XIV. an – und damit auf die Gefährdung seiner Thronfolge. Bevor der Mann mit der eisernen Maske in der Bastille einsaß, verbrachte er lange Zeit in der Zitadelle von Pinerolo, damals eine französische Festung.
Am ersten Wochenende im Oktober wird diese geheimnisvolle Persönlichkeit in Pinerolo zum Leben erweckt. Ihr zu Ehren finden Tänze, Geschicklichkeitsspiele, Duelle, Paraden und ein Feuerwerk statt. Am Sonntag Abend wird in einer feierlichen Zeremonie schließlich die Identität desjenigen enthüllt, der während des historischen Spektakels den Gefangenen spielte.

Das schöne Chorgestühl im Dom von Pinerolo.

Spezialitäten und Feste

In der ersten Septemberwoche findet in Pinerolo regelmäßig die **Rassegna dell'Artigianato del Pinerolese** statt, wo man sich vor allem dem Wein, dem Essen und dem Kunsthandwerk widmet. Weitere gastronomische Highlights gibt es während eines Festes in der zweiten Maiwoche zu erleben. Eine typische Spezialität ist der **Panettone Galup**, eine flachere und üppigere Version des Mailänder Weihnachtskuchens.

Sehenswertes in Pinerolo

Piazza Vittorio Veneto

Das Zentrum von Pinerolo ist die von Bäumen bestandene Piazza Vittorio Veneto. Dort stehen das im 17. Jh. als Arsenal erbaute **Rathaus** und das im 18. Jh. von Bernardo Vittone geplante **Ex ricovero dei Catecumeni.** Im angrenzenden Viale Giolitti befinden sich die Gebäude der berühmten Kavallerieschule, die jetzt das **Museo nazionale dell'Arma di Cavalleria** beherbergen und die Geschichte der Schule dokumentieren. Sehenswert ist die Reithalle, eine der größten Europas (Öffnungszeiten: Di. bis Do. 9.00–11.30 und 14.00–16.00, Fr. bis So. 9.00–11.30 Uhr).

Duomo

Der Dom von Pinerolo stammt aus dem 11. Jh. Sein heutiges gotisches Erscheinungsbild geht auf das 15. Jh. zurück. Die Fassade krönt eine elegante Verzierung mit Fialen aus Terrakotta.

Blick auf die historische Altstadt von Pinerolo mit der Kirche San Maurizio.

Casa del Senato

Die schönste Straße der Stadt, die **Via Principi d'Acaja**, säumen zahlreiche mittelalterliche Gebäude. Das beeindruckendste unter ihnen ist die dreistöckige **Casa del Senato** aus dem 15. Jh. Die gotische **Chiesa di San Maurizio** aus der zweiten Hälfte des 15. Jh. thront am Ende der Straße erhaben auf der Hügelkuppe. Der romanische Kampanile gehört noch zum Vorgängerbau. Im Inneren des fünfschiffigen Kirchenraums schwingen sich schlanke Spitzbögen zu einem hohen Kreuzgratgewölbe hinauf.

Museo etnografico

Im Museo etnografico in der Via Brignone ist eine Abteilung der Holzverarbeitung gewidmet. Sie präsentiert in ansprechender Weise die Geschichte und verschiedene Techniken des Holzhandwerks (Öffnungszeiten: So. 10.30–12.00 und 15.30–18.00 Uhr).

Umgebung von Pinerolo

Unweit der Stadt, zwischen Pinerolo und San Pietro, befindet sich in der Val Lemina der Vogelpark Martinat. In dem 80 000 m^2 großen Naturparadies werden in der größten Voliere der Welt Hunderte von exotischen Vogelarten gehalten, darunter die größte **Schar von Papageien** in Italien und über 2000 Vögel aus allen Kontinenten (Besichtigung tgl., Tel. 0121 303204). Parco ornitologico Martinat

12 km südlich von Pinerolo erhebt sich in der Ebene die Rocca di Cavour. In diesem **Naturreservat** tritt eindrucksvoll Felsgestein zutage, das eine Höhe von 462 m erreicht (162 m höher als der Ort). Rocca di Cavour

Der kleine Ort Macello liegt 7 km östlich von Pinerolo und wird von einer Burg aus dem 15. Jh. dominiert. Folgt man der Straße nach Vigone, trifft man auf die **Cappella di Santa Maria della Stella** mit Fresken aus dem 15. Jh. von Aimone Duce aus Pinerolo. Macello ★ ◄ Fresken

Nach Vigone erreicht man nach 7 km in südlicher Richtung Villafranca Piemonte. Hier ist der gotische **Campanile di Santo Stefano** zu bewundern, der auf vier Etagen elegante Biforien zeigt und sich zu einer Spitze verjüngt. Auf der Straße nach Cavour erblickt man nach 2,5 km die **Cappella di Missione** aus dem 11. Jh. Die Apsisfresken von Aimone Duce entstanden im 15. Jh. (»Tugend- und Lasterzyklus«, »Hl. Erzengel Michael mit Heiligen«); damals wurde das Gebäude auch umgebaut. Villafranca Piemonte ★ ◄ Fresken

PINEROLO ERLEBEN

AUSKUNFT

ATL Valle di Susa e del Pinerolese
Viale Giolitti 7/9
Tel. 0121 794003
www.montagnedoc.it
pinerolo@montagnedoc.it

ESSEN

▶ Erschwinglich

Taverna degli Acaja
Corso Torino 106
Tel. 0121 794727
www.tavernadegliacaja.it
Ruhetag: So., Mo. (Mittag), Jan. (unterschiedlich), 1.–21. Aug.
Klassische piemontesische Küche. Zentral gelegen, gastfreundliches Ambiente mit einem kleinen, rustikalen Kamin. Sehr gute Fischgerichte.

ÜBERNACHTEN

▶ Günstig

Regina
Piazza Barbieri 22
Tel. 0121 322157
www.albergoregina.net
Kleines, familiengeführtes Hotel im Herzen des Städtchens. Einfache, aber mit allem notwendigen Komfort ausgestattete Zimmer.

Racconigi

Hk

Provinz: Cuneo
Einwohnerzahl: 9979
Höhe: 260 m ü. d. M.

Das prunkvolle Castello Reale der Savoyer mit seinem riesigen Park von 170 ha dominiert die kleine Stadt Racconigi. Die Entwicklung der anmutigen Altstadt mit ihren arkadengesäumten Straßen profitierte gleichermaßen vom Schloss wie auch vom fruchtbaren Ackerland zwischen Savigliano und Turin.

✶✶ Castello Reale

Der Entwurf von Guarini

Bevor das Schloss zur savoyischen Residenz wurde, diente es den Herzögen von Saluzzo als Festung. Unter den Savoyern verwandelte es sich dann in der zweiten Hälfte des 17. Jh.s in einen prunkvollen Herrschaftssitz. Der Entwurf des Modeneser Architekten **Guarino Guarini** ist nur teilweise ausgeführt worden, so etwa an der zum Park ausgerichtete Nordfassade. Die südliche Hauptfassade mit der hohen Vorhalle auf vier Säulen und Treppen geht auf **Giovanni Battista Borra** und eine hundert Jahre spätere Bauphase zurück.

Die Rolle von Pelagio Palagi

Carlo Alberto beauftragte den Architekten **Pelagio Palagi** (1775–1860) mit der Inneneinrichtung seiner Lieblingsresidenz. Unter Palagis Leitung arbeitete ein Heer von Handwerkern die Interieurs des Barock und des Rokoko im neoklassischem Stil um. Palagi achtete streng auf Details wie Leuchter, Fußböden, Möbel und Stuckdekorationen.

RACCONIGI ERLEBEN

ESSEN

▶ Preiswert

La Torre
Via Costa 17/a, Tel. 0172 811539
www.ristorantelatorre.info
Ruhetag: Mo. (Abend), Di., Juli (unterschiedlich)
Das Restaurant befindet sich in einem alten Gebäude in der Nähe der Residenz. Piemontesische Küche; die Speisekarte wechselt monatlich und umfasst auch Rezepte, die an die Festessen im Hause Savoyen erinnern.

ÜBERNACHTEN

▶ Günstig

Carlo Alberto
Via Umberto I 40/42
Tel. 0172 84885
www.hotel-carloalberto.it
Kleines, gemütliches Hotel in der Nähe der berühmten savoyischen Residenz. Im Restaurant werden typische regionale Gerichte serviert.

Auch heute noch bietet das Schloss mit seiner originalen Inneneinrichtung über einen Zeitraum von anderthalb Jahrhunderten einen einzigartigen Einblick in das Leben der königlichen Familie. Vittorio Emanuele II. traf heimlich seine Geliebte, die »Bela Rosin«; Umberto II. wurde hier geboren; Vittorio Emanuele III. und seine Gemahlin Elena hielten sich regelmäßig hier auf, um ein abgeschiedenes, fast bürgerlich-provinzielles Leben zu führen. Besonders interessant sind die Küchen, die mit wertvollen Utensilien zur Zubereitung und Konservierung der Mahlzeiten fast vollständig ausgestattet sind.

Ein Kriegsherr mit Sinn für Eleganz : Vittorio Amedeo III. in Racconigi.

Unter den kostbaren Interieurs beeindrucken vor allem die Pracht des **Salone da ballo** mit Stuck und Skulpturen, der Salone Diana, das chinesische Appartement sowie das **Gabinetto etrusco**, das Carlo Alberto als Arbeitszimmer diente. Zur reichen Sammlung des Schlosses gehören Gemälde von Jan Miel, Claudio Francesco Beaumont, Vittorio Amedeo Cignaroli, Louis-Michel van Loo sowie zahlreiche wundervolle Möbel (Öffnungszeiten: 8.30–18.30 Uhr, Mo. geschlossen).

Der Park

Hinter dem Schloss liegt der nach Entwürfen von Giovenale Boetto im 17. Jh. angelegte Park, den André Le Nôtre ein halbes Jahrhundert später erweiterte. Die romantische Gestaltung der Gartenanlage geht auf Carlo Alberto selbst zurück. Am Rand der großen Rasenfläche, die sich vor der Nordseite des Anwesens ausdehnt, ist die **Scuderia dei cavallini** mit der Cafeteria zu finden. Ein Brunnen betont die Mitte des Parks. Das wunderschöne Bauernhaus in neogotischem Stil, die Margherìa von Palagi, diente der Produktion und der Entwicklung landwirtschaftlicher Erzeugnisse. Kurios erscheinen die Storchennester auf den Kaminen des Schlosses – die Anwesenheit der Störche ist auf das nahe gelegene Vogelreservat der Lega Italiana Protezione Uccelli (LIPU) zurückzuführen (Öffnungszeiten: April bis Okt. 10.00–18.00 Uhr, Mo. geschlossen).

Revello

Hk

Provinz: Cuneo
Einwohnerzahl: 4074
Höhe: 351 m ü. d. M.

Die kleine, altehrwürdige Provinzstadt Revello liegt an der Talmündung des Po und am Fuße des Monte Bracco. Sie war die bevorzugte Residenz von Margherita di Foix, der französischen Gemahlin von Ludovico II. Herzog von Saluzzo. Gemeinsam mit ihrem Gemahl ließ sie einige der schönsten Denkmäler erbauen.

Sehenswertes in Revello und Umgebung

Cappella marchionale, Loggia pubblica

Vom **Palazzo marchionale** haben sich zwei Flügel des Arkadenhofes erhalten sowie die spätgotische **Cappella marchionale**, deren Fresken von verschiedenen Malern ausgeführt wurden, unter anderem von dem berühmten Hans Clemer. Die Gebäude sind heute Teil des Rathauses (Besichtigung während der Öffnungszeiten der Büros, Informationen unter Tel. 0175 257171). Auf der davor liegenden Piazza Denina stehen auch die **Loggia pubblica** und ein elegantes Haus, beide aus dem 15. Jh.

*** Collegiata dell'Assunta**

Die Hauptstraße führt direkt auf die Collegiata dell'Assunta zu, die gegen Ende des 15. Jh.s mit einem wunderschönen Marmorportal im Stil der Renaissance vollendet wurde. Den dreischiffigen Innenraum schließt eine polygonale Apsis ab. Der größte Schatz der Kirche sind ihre **Flügelaltäre**: das Polyptychon der hll. Petrus und Paulus von Hans Clemer, die »**Grablegung**« aus dem Jahr 1540 und die »**Hl. Dreifaltigkeit**«, beide von Pascale Oddone.

Rocca di Bramafam

Auf dem Hügel haben sich nur noch die Ruinen der Mitte des 17. Jh.s von den Franzosen zerstörten Festung von Bramafam erhalten. Die Umgebung von Revello besitzt wie das gesamte ehemalige Herzogtum von Saluzzo eine Vielzahl mittelalterlicher Burgen.

Envie und Barge

Im Dorf **Envie**, 3 km von Revello entfernt, liegt das **Castello dei Malabaila**, das im 19. Jh. im neogotischen Stil umgebaut wurde. 10 km weiter nördlich erreicht man **Barge**, ein hoch gelegenes »Felsennest« aus dem 12. Jh. Die schöne, barocke Pfarrkirche in der Ortsmitte errichtete Francesco Gallo, der Kampanile daneben stammt aus romanischer Zeit.

Bagnolo Piemonte

Auf dem Hauptplatz von Bagnolo Piemonte, 4 km nördlich von Barge, erhebt sich der achtgeschossige, **monumentale Kampanile** in romanisch-gotischem Stil mit eleganten Bögen und Biforien. Steigt man hinauf zum Vorort Villar, erblickt man das **Castello** der Grafen von Bagnolo aus dem 13. Jh.

Sanfront

Folgt man dem Po-Tal aufwärts, trifft man etwa 7,5 km von Revello auf Sanfront am Fuße einer Hochebene mit den Resten einer im 17. Jh. zerstörten Burg. Im Ort kann der Besucher unter den mittelalterlichen Arkaden der Via Mazzini wandeln und sich die Kirche San Martino aus dem 15. Jh., den Hauptplatz mit der schönen Markthalle aus dem 19. Jh.) sowie die Chiesa della Confraternita anschauen.

Roccaverano

KI

Provinz: Asti **Höhe:** 760 m ü. d. M.
Einwohnerzahl: 614

Roccaverano ist der höchstgelegene Ort des Asti, im Herzen der Alta Langa und nur einen Katzensprung von Ligurien entfernt: ein Ferienort in wunderbarer Hügellage.

Chiesa und Castello

Die wunderschöne, von Bramante beeinflusste **Pfarrkirche dell'Assunta** von 1509 befindet sich auf dem Hauptplatz, wo man auch eine **Burgruine** aus dem 13. Jh. und einen fast 36 m hohen Turm vorfindet.

Caprino DOP

In aller Welt berühmt wurde Roccaverano durch den Käse. Der **Robiola di Roccaverano** ist der einzige traditionelle italienische Ziegenkäse, der es mit den französischen »Chèvres« aufnehmen kann. Für den Geschmack der zahlreichen Sorten spielen die Wiesen, auf denen die Ziegen (einst ausschließlich Tiere einer hiesigen Rasse, die mittlerweile eher selten ist) weiden, eine wichtige Rolle. Das Gras zu wechseln, bedeutet immer auch, den Geschmack zu verändern.

! *Baedeker* TIPP

Ein wirklich besonderer Käse

Wer den echten Robiola aus Roccaverano probieren möchte, sollte sich an folgende Adressen wenden: Caseificio sociale di Roccaverano, Regione Tassito 17 (Tel. 0144 93068); Caseificio di Carlo Abrile, Via Ovrano 34 (Tel. 0144 950687); Buttiero & Dotta alla cascina Bulla, Frazione San Gerolamo (Tel. 0144 93183); Giuseppe Nervi, Regione Caramello (Tel. 0144 93155).

★ Roero

lk

Provinzen: Cuneo, Asti

Liebliche Weinberge, erhabene Burgen, und eine einzigartige Hügellandschaft, dazu weltberühmte Weine, saftige Früchte und eine bewegte Geschichte: Das Roero bietet die besten Voraussetzungen für einen erholsamen Urlaub.

Eigenwillige Hügellandschaft

Im Westen neigt sich das Roero in sanften Wellen zur Hochebene von Cuneo; in Richtung Osten, dicht am Tànaro, entspinnt sich hingegen ein Labyrinth steiler Hügelketten: die »Rocche«. Von den Gipfeln, den Weinbergen oder den alten Backsteintürmen aus reicht der Blick über die Turiner Ebene, die Gletscher der östlichen Alpen und die Höhen des ligurischen Apennin. Im Westen ragt die Spitze des Monviso empor, ewiger Herrscher des Piemonteser Horizonts.

Land mit Geschichte

Das Roero gehörte einst zu Asti oder »Astixium«, wie es im mittelalterlichen Latein hieß. Der Name geht auf die adlige Bankiersfamilie Roero aus Asti zurück, deren Ursprung vermutlich bis zu den Langobarden zurückreicht. Bereits im 12. Jh. beherrschten sie dieses Gebiet und sind noch heute hier ansässig. Alle Ortschaften – von Canale bis Sommariva Perno, von Pocapaglia bis Monteu Roero – haben eine lange Geschichte. Bevor die Römer Straßen und Städte anlegten, siedelten hier bereits **keltisch-ligurische Völker**. Während der unruhigen Feudalzeit entstanden die zahlreichen **Burgen** und Festungen, die im 17. und 18. Jh. fast alle in luxuriöse Residenzen umgestaltet wurden. Der Adel hatte das Schwert abgelegt und gegen die Perücken und Roben des savoyischen Hofes eingetauscht. Um die Anwesen herum entstanden Kirchen, Türme und Dörfer, die heute voller Leben sind. Geblieben ist eine beschauliche Atmosphäre, vor allem während der kurzen Wintertage oder an ruhigen Nachmittagen der Übergangszeit.

! *Baedeker* TIPP

Köstlichkeiten im Roero

Naschkatzen sollten in Canale bei der Konditorei Sacchero (Via Roma 29, Tel. 0173 95617) vorbeischauen, Weinliebhaber in der Enoteca regionale del Roero (Via Roma 5, Tel. 0173 978228, www.enotecadelroero.it, Mi. geschl.), die Produkte von rund 140 Weingütern anbietet, darunter Roero Arneis, Langhe Favorita, Barbera d'Alba, Passito d'Arneis.

Der sandige Boden des Roero bringt zahlreiche Köstlichkeiten hervor. Aus der wandlungsfähigen Nebbiolo-Rebe wird hier der **Roero Rosso DOC** gekeltert. Erstklassig sind die Weißweine **Roero Arneis DOC** und **Favorita**. Darüber hinaus ist Canale für seine **Pfirsiche** berühmt und Baldissero und Sommariva Perno für **Erdbeeren**. Die **Madernassa-Birne** wird um Canale, Castagnito und Guarene angebaut. Warm serviert oder eingekocht kommt ihr einzigartiger Geschmack mit hohem Zuckergehalt besonders gut zur Geltung.

Wein und Obst

★★ Sacra di San Michele

Fi

Provinz: Turin

Eines der interessantesten Architekturdenkmäler des mittelalterlichen Piemonts ist die Sacra di San Michele. Schon von weitem sichtbar, erhebt sie sich am Beginn des Susa-Tals vor dem blauen Alpenhimmel.

Hoch oben über dem Susa-Tal liegt die Sacra di San Michele.

Trutzige Festung

Die strategische Lage der Klosterfestung erlaubte seit jeher die Kontrolle über die Alpenpässe. Als Station auf der Via Francigena, dem Pilgerweg zwischen Nordeuropa und Rom, wurde sie zu einem Symbol des Christentums und einer eigenständigen Macht, denn zahlreiche Kirchenpfründe und Ländereien gehörten zum Besitz. Ihre berühmte Schule und die an Handschriften reiche Bibliothek machten das Kloster auch zu einem Zentrum der Kultur. Die riesige, zum Himmel emporragende Bergfestung scheint der Zeit und selbst der Natur zu trotzen, als ob die von Umberto Eco in seinem Roman »Der Name der Rose« beschriebene Welt hier noch lebendig wäre.

Geschichte

Viele Legenden umranken die Entstehung des Klosters. Wahrscheinlich begann man kurz vor 1000 n. Chr. mit dem Bau auf dem Berg Pirchiriano (962 m). Die Blütezeit des Klosters, das bald erweitert und befestigt wurde, hielt bis ins 14. Jh. an, als der savoyische Graf Verde die Festung unter seine Kontrolle brachte. In den folgenden Jahrhunderten kam es durch zahlreiche Belagerungen und Plünderungen zum Niedergang. Unter Carlo Alberto wurden im 19. Jh. Restaurierungsarbeiten vorgenommen, die sich über ein Jahrhundert hinzogen. Das Einfügen von Strebepfeilern und die Erneuerung der Kirchengewölbe ließen die einzigartige Architektur des Klosters wieder im alten Glanz erstrahlen.

SACRA DI SAN MICHELE

★★ Das bauliche Wahrzeichen des Piemonts, die Sacra di San Michele, wurde um das Jahr 1000 n. Chr. begründet und etablierte sich rasch als Station auf dem Pilgerweg nach Gargano. Durch seine strategisch günstige Lage auf dem Pirchiriano entwickelte sich die Festung darüber hinaus zu einem Zentrum der Macht.

Öffnungszeiten:
16. Oktober bis 15. März
Di. bis Sa. 9.30–12.30, 15.00–17.00; So. und Feiertage 9.30–12.00, 14.40–17.00 Uhr.
16. März bis 15. Oktober
Di. bis Sa. 9.30–12.30, 15.00–18.00; So. und Feiertage 9.30–12.00, 14.40–18.30 Uhr.
www.sacradisanmichele.com

1 Loggia dei Viretti
Die Loggia dei Viretti ist eine anmutige Säulenarkade, deren Kapitelle mit Friesen geschmückt sind.

2 Flügelaltar von Defendente Ferrari
Im alten Chor der Kirche, am Ende des Hauptschiffs, befindet sich ein kostbarer Flügelaltar von Defendente Ferrari, eines Meisters der piemontesischen Schule.

3 Scalone dei morti
Hat man das Eisentor (Porta di Ferro) hinter sich gelassen, erreicht man den Scalone dei morti – die Treppe der Toten, wo einst die Mönche beigesetzt wurden. Sie führt in die darüber liegende Kirche.

4 Torre della bell'Alda
Eine Legende erzählt von der schönen Alda, die sich auf der Flucht vor einem Soldaten von diesem Turm in die Tiefe stürzte und durch ein Wunder von Engeln gerettet wurde. Als sie ihr Schicksal jedoch herausforderte und erneut hinuntersprang, verlor sie ihr Leben.

5 Freitreppe unter den Strebebögen
Der Architekt Alfredo d'Andrade, der Ende des 19., Anfang des 20. Jh.s viele Schlösser im Piemont restaurierte, entwarf die große Freitreppe aus grünem Stein, die einen fabelhaften Ausblick über die Turiner Ebene bietet.

Von der Terrasse des Belvedere eröffnet sich ein zauberhaftes Panorama über die Valle di Susa, die Alpi Cozie und das Kloster im Vordergrund.

Die Gebäude des Klosters

Besichtigung des Klosters

Von der Straße aus Avigliana führt ein Weg hinauf zum Kloster, mit Blick auf das gewaltige Bauwerk mit Fremdenherberge und Kirche. Ist man durch das Eisentor eingetreten und vorbei an einem kleinen Turm, erreicht man eine Terrasse, wo sich ein wunderbares **Panorama** über die Landschaft, die Klostergebäude und die Apsis mit der romanischen Loggia dei Viretti eröffnet. Dieser Aussichtspunkt ist von den Ruinen des alten Klosters umgeben. Der fast beängstigende Abgrund, der sich auftut, ist mit der Legende der »schönen Alda« verbunden. Von Soldaten verfolgt, stürzte sie sich in die Tiefe, wurde aber von Engeln gerettet. Aus Eitelkeit – so sagt man – habe sie es noch einmal versucht. Doch dieses Mal stürzte sie auf den Felsen zu Tode.

* Scalone dei morti

Eine Treppe führt zum Eingang des mächtigen, direkt auf den Felsen errichteten Unterbaus, der von einem riesigen, 18 m hohen Pfeiler getragen wird. Danach steigt man den steilen Scalone dei morti hinauf, in dessen Seitennischen die Mönche beigesetzt wurden. Hier im »Bauch« der Festung bekommt man ein Gefühl für die Einzigartigkeit der gewaltigen Architektur, die den Berggipfel umschließt.

Porta dello Zodiaco

Am Ende der Treppe öffnet sich die Porta dello Zodiaco aus dem 12. Jh. Die Skulpturen mit den Tierkreiszeichen stammen von Nicolò, berühmt durch seine Werke in den Kathedralen von Ferrara und Verona. Auf der letzten Treppe erblickt man schon die massigen Pfeiler, die im Zuge der Restaurierungsarbeiten im 19./20. Jh hinzugefügt wurden. Vor dem Eingang zur Kirche eröffnet sich erneut ein **wunderbarer Blick** auf die Hügel Turins und den Rocciamelone.

** Chiesa di San Michele

Die Kirche **San Michele** wurde im 11. Jh. in romanischem Stil begonnen und im 13. Jh. gotisch vollendet. Das Portal stammt aus der ersten Bauphase, während sich der dreischiffige Innenraum zu einem Kreuzgratgewölbe emporschwingt. Den alten Chor schmücken ein Altarbild von Defendente Ferrari und Fresken aus dem 15./16. Jh. Das große Fenster zieren Hochreliefs aus dem 12. Jh. Im linken Seitenschiff befindet sich das gotische Grabmal des Abtes Guglielmo III. (Öffnungszeiten: 16. März bis 15. Okt. Di. bis Sa. 9.30–12.30 und 15.00–18.00, So. 9.30–12.00 und 14.40–18.00 Uhr, 16. Okt. bis 15. März bereits ab 17.00 Uhr geschlossen).

Die scheinbar uneinnehmbare Festung von Exilles beherrscht das Susa-Tal.

Salbertrand

Provinz: Turin
Einwohnerzahl: 441
Höhe: 1032 m ü. d. M.

Salbertrand gehörte bis 1713 zu Frankreich und war wie das nahe Exilles von Savoyern und Franzosen stets hart umkämpft. Das von Wiesen und dichten Wäldern umgebene Dorf beherbergt eine der schönsten gotischen Kirchen im Valle di Susa.

Sehenswertes in Salbertrand und Umgebung

Vor allem die Fassade der Pfarrkirche San Giovanni Battista beeindruckt den Betrachter, mit ihrer Vorhalle auf acht oktogonalen Säulen und dem Portal von Matteo Rode, einem berühmten Bildhauer aus Melezet. Das mit Fresken ausgemalte Innere des Kirchenbaus bewahrt auf dem Hauptaltar eine geschnitzte Tafel französischer Schule.

* Parrocchiale di San Giovanni Battista

Der Gran Bosco di Salbertrand ist ein Naturpark mit einer Ausdehnung von 3775 ha auf 1050–2692 m Höhe. In den Hochlagen bestehen die Wälder aus Nadelhölzern wie Zirbelkiefer, Lärche und Edeltanne. In den tieferen Lagen folgen Eschen, Linden, Birken und Erlen. Verschiedene Vogelarten wie Mäusebussard, Bergfasan, Rebhuhn und Königsadler sind hier anzutreffen. Wölfe, Hirsche, Gämsen und Rehe gehören ebenso zum Wildbestand.

* Gran Bosco di Salbertrand

✶ Forte di Exilles

Hoch oben über einer besonders engen Stelle des Susa-Tals liegt die Festung von Exilles. In dem zu französischer Zeit als Staatsgefängnis genutzten Bau soll der sagenumwobene Mann mit der eisernen Maske eingesessen haben, der auch eine Zeit in ▶Pinerolo verbrachte. Der heutige Zustand geht auf die Erweiterungen unter dem berühmten Vauban im 18. Jh. und dem savoyischen Baumeister Antonio Bertola zurück, deren Konstruktionen die Festung uneinnehmbar machten. Weitere Arbeiten erfolgten im zweiten Jahrzehnt des 19. Jh.s (Öffnungszeiten: Mai bis Sept. 10.30–18.30, Okt. bis April 10.30–14.30 Uhr, Mo. geschlossen).

✶ Saluzzo

FGI

Provinz: Cuneo
Höhe: 340 m ü. d. M.
Einwohnerzahl: 15 790

Saluzzo bezaubert mit Architektur, Kunst und seiner besonderen Atmosphäre. Es liegt auf einem Hochplateau über der Po-Ebene vor dem Hintergrund des märchenhaften Monviso, der immer wieder im Stadtbild aufscheint.

Geschichte

Seit dem 12. Jh. erstreckten sich die Territorien des **unabhängigen Herzogtums** Saluzzo von den Tälern Maira und Varaita bis zur Po-Ebene und zu den Grenzen des Pinerolese. Die kulturelle Blüte dieses eigenständigen Staates strahlte über das gesamte feudale Piemont aus. Unter dem 1504 verstorbenen **Ludovico II.** erreichte Saluzzo den Höhepunkt seiner wirtschaftlichen und kulturellen Entwicklung, doch schon 50 Jahre nach seinem Tod begünstigten innerfamiliäre Konflikte die französische Übernahme. Im 17. und 18. Jh. beanspruchten auch die Savoyer das Gebiet, bis zur endgültigen Annektierung durch das Königreich Sardinien im zweiten Jahrzehnt des 19. Jh.s.

Kunsthandwerk

Saluzzo ist ein blühendes Zentrum des Kunsthandwerks, für Schnitzarbeiten (Möbel) und Kunstschmiedeerzeugnisse. Im Mai findet die wichtige **Mostra internazionale di Antiquariato** statt, an der sich zahlreiche Restauratoren und Kunsttischler beteiligen. Im September folgt die **Mostra nazionale d'alto Artigianato artistico e tipico**.

Sehenswertes in Saluzzo

Kleine, elegante Hauptstadt

Die jahrhundertelange Präsenz eines unabhängigen Hofes und seiner Kultur ist am Stadtbild noch heute ablesbar. So zeugen zahlreiche Bauten aus dem Mittelalter und der Renaissance sowie die elegante

Naturschauspiel für Ästheten: Sonnenuntergang bei Saluzzo am Monviso.

Stadtanlage vom luxuriösen Leben des Hofes. Die mitunter ziemlich großen Höhenunterschiede wusste man geschickt auszunutzen, um Paläste, Kirchen und Plätze gekonnt in Szene zu setzen.

Rundgang

Der Rundgang beginnt im unteren Teil des Städtchens auf der Piazza Risorgimento, wo sich die Kathedrale befindet. Über die Via Volta und die Piazzetta dei Mondagli geht es hinauf zur Burg und weiter über die Via San Giovanni und die Casa Cavassa. Danach geht man hinunter zum Rathaus und zur Confraternita della Misericordia, um auf den zentralen Corso Italia zurückzukehren.

*** Cattedrale**

Die Kathedrale liegt an der Piazza Risorgimento am Beginn des Corso Italia, dem heutigen Stadtzentrum. Zur Zeit ihrer Erbauung Ende des 15. Jh.s lag sie noch außerhalb der Stadtmauern. Die Backsteinfassade wird durch Lisenen in drei Teile gegliedert, in denen sich jeweils Portale mit hohen Wimpergen öffnen.

Der typisch gotische Innenraum hat drei Schiffe, Kreuzgratgewölbe und eine Polygonalapsis. Von dieser mittelalterlichen Kulisse hebt sich der barocke **Hauptaltar** ab. Zu seiner Linken beherbergt die Cappella del Santissimo Sacramento eines der Meisterwerke von Hans Clemer, den Flügelaltar mit den Porträts der Saluzzo zu Füßen von Heiligen. Im Chorumgang ist ein **Chorgestühl aus Marmor** aus dem 16. Jh. zu bewundern, mit den Heiligen Peter und Paul sowie zwei Szenen aus dem Evangelium. Im rechten Seitenschiff ist eine beeindruckende »Grablegung«, aus Terrakottafiguren aus dem 16. Jh. zu besichtigen.

** ◀ Flügelaltar

! Baedeker TIPP

Aus Omas Küche

Der Bonet oder Bonnet ist ein Schokoladenpudding, eine der köstlichen Nachspeisen der piemontesischen Küche, die einen Italiener an zu Hause erinnern, an das Naschwerk aus Großmutters Küche. Zubereitet wird er aus Eiern, Zucker, Kakao und zerstoßenen Amarettini. Am besten genießt man ihn mit einem süßen Dessertwein.

Ganz in der Nähe befindet sich eine Tafel des Venezianers Sebastiano Ricci (»Anbetung der Hirten«) aus dem 18. Jh. sowie ein Flügelaltar des 16. Jh. mit der »Madonna zwischen Kosmas und Damian«.

** Salita al Castello

Durch die Porta Santa Maria gegenüber der Kathedrale betritt man die Altstadt. Sie ist eines der beiden erhaltenen Tore der Stadtmauer aus dem 14. Jh. Durch die Via Volta, auch Via dei Porti Scür (im örtlichen Dialekt für »Straße der dunklen Bögen«) genannt, erreicht man die Piazzetta dei Mondagli und die Salita al Castello. Hier stehen vor allem Gebäude aus dem 14. und 15. Jh., von denen viele Spitzarkaden sowie Freskenreste zeigen.

* Palazzo comunale

Eine Seite der Salita nimmt der gewaltige **Palazzo comunale** ein, mit herrlichen Fassadendekorationen in Terrakotta und den Fresken von 1601, welche den Übergang des Herzogtums an die Savoyer feiern. Schon von weitem erblickt man zudem die **Torre del comune** mit Loggia und polygonaler Spitze. Von diesem Stadtturm genießt man einen wunderbaren Blick über Stadt und Land (Öffnungszeiten: April bis Sept. Mi. bis So. 9.00–12.00 und 15.00–18.15, Okt. bis März Mi. bis So. 9.00–12.00 und 14.00–17.15 Uhr, Mo. und Di. n. V., Tel. 0175 46710). Seite an Seite mit dem Palazzo comunale liegt der **Palazzo delle Arti Liberali** mit Darstellungen der freien Künste, der mittelalterlichen artes liberales, in Grisaille-Technik.

Castello und Casa di Davide

Auf der Spitze der Salita liegt die **Burg**, auch Castiglia genannt. Der Torturm ist der einzige Teil aus dem 15. Jh., der sich erhalten hat. Im 19. Jh. stark verändert, dienten die Gebäude bis vor wenigen Jahren als Gefängnis. Die **Fontana della Drancia** stammt noch aus dem 18. Jh. Vom Castello führt die malerische Via Valoria wieder hinab. Auf halbem Weg trifft man auf die **Casa di Davide**, einen kleinen Palast aus dem 15./16. Jh., der nach den monochromen Fresken im schönen Innenhof benannt wurde.

Zur Salita al Castello zurückgekehrt, biegt man links in die von schönen Palazzi gesäumte Via San Giovanni ab, wo sich die gleichnamige Kirche befindet. Im 14. Jh. begonnen, wurde sie erst im 16. Jh. mit der großen Apsis vollendet, die als Grablege der Markgrafen dient. An dem kleinen, bezaubernden Platz fallen sogleich die schlichte gotische Backsteinfassade und der Kampanile mit seiner hohen Spitze ins Auge. Im Inneren führt eine Treppe hinunter ins Hauptschiff. An ihren Seiten liegen zwei Kapellen, die Pietro da Saluzzo im 15. Jh. mit Fresken ausschmückte. Der monumentale Barockaltar mit Holzintarsien im linken Seitenschiff stammt von den Brüdern Botto. Ihn ziert ein Gemälde von Pascale Oddone aus dem 16. Jh. Von besonderem kunsthistorischen Interesse ist die Cappella sepolcrale dei marchesi, die Grabkapelle der Herzöge, ein Beispiel reinster französischer Flamboyantgotik. Der gotische **Kreuzgang** mit seinen schönen Kapitellen flankiert die Kirche. Das Renaissanceportal von Matteo Sanmicheli gewährt Zugang zum **Kapitelsaal** mit dem Grabmal von Galeazzo Cavassa, einem weiteren Werk von Sanmicheli. Das angrenzende **Refektorium** birgt ein großformatiges Fresko aus dem 16. Jh. mit der Kreuzigung.

** Chiesa di San Giovanni

** ◀ Cappella sepolcrale dei marchesi

Der hl. Benedikt und Johannes der Täufer auf dem Fresko im Refektorium von San Giovanni.

Folgt man weiter der Via San Giovanni, erreicht man die Casa Cavassa, die seit dem 15. Jh. der mächtigen Familie Cavassa aus Carmagnola gehörte. Schon bald nach seinem Bau wurde der kleine Palazzo im Stil der Renaissance erneuert. Ablesen lässt sich dies an der **Fassade**, wo im ersten Geschoss Kreuzstockfenster zu sehen sind und darüber gotische Spitzbögen. Heute befindet sich in dem schmucken Palazzo das Stadtmuseum. Die zum Teil äußerste elegant ausgemalten **Innenräume** beherbergen kostbare Möbel aus dem 16. und 17. Jh. und einige bemerkenswerte Kunstwerke, wie die Tafel mit der Madonna della Misericordia. Hier befindet sich auch ein 1499 entstandenes Gemälde von Clemer: Es zeigt die Jungfrau, deren Mantel von Heiligen gehalten wird und zu deren Füßen Herzog Ludovico II. und Margherita di Foix knien. (Öffnungszeiten: Okt. bis März Mi. bis So. 9.00–12.15 und 14.00–17.15, April bis Sept. Mi. bis So. 9.00–12.15 und 15.00–18.15 Uhr, Di. n. V., Tel. 0175 41455).

** Casa Cavassa

** ◀ Madonna della Misericordia

Chiesa di San Bernardo An der Via San Giovanni liegt auch der kleine Platz mit der Kirche San Bernardo. Von dem Bau aus dem 15. Jh. hat sich nur der Glockenturm erhalten, dessen Spitze und Fialen mit Majolika verziert sind.

***** Cappella ▶ dell'Immacolata

Im Innenraum fällt vor allem die in reinem Rokokostil ausgeführte Cappella dell'Immacolata ins Auge – ein seltenes Beispiel für den Eingriff des 18. Jh. in ein mittelalterliches Gebäude Saluzzos.

Municipio Nachdem man am Belvedere mit seinem weiten Panorama vorbeispaziert ist, führt der Weg hinab zum Rathaus, vorbei an der Via Griselda. Francesco Gallo errichtete das Gebäude im 18. Jh. für die Jesuiten. Unter den prächtigen Innenräumen sind vor allem das Atrium und die große Treppe interessant.

SALUZZO ERLEBEN

AUSKUNFT

Ufficio Informazioni
Piazza Mondagli 5
Tel. 0175 46710
www.comune.saluzzo.it

ESSEN

▶ Erschwinglich

La Gargotta del Pellico
Piazzetta dei Mondagli 5
Tel. 0175 46833
www.lagargottadelpellico.it
Ruhetag: Di, Mi. (Mittag), unterschiedlich
Elegantes Restaurant direkt neben dem Haus von Silvio Pellico. Der Koch interpretiert mit großer Leidenschaft die regionale kulinarische Tradition. Hervorragende Antipasti. Aufmerksamer Service. Sie sollten lieber vorbestellen.

▶ Preiswert

Osteria dei Mondagli
Piazzetta dei Mondagli 1
Tel. 0175 46306
Ruhetag: Mi.
Rustikales, familiengeführtes Restaurant. Typische Hausmannskost mit lokalen Spezialitäten und hausgemachter Pasta. Im Sommer stehen die Tische draußen auf der zauberhaften Piazzetta.

ÜBERNACHTEN

▶ Komfortabel

Griselda
Corso XXVII Aprile 13
Tel. 0175 47484
www.hotelgriselda.it
Modernes Haus mitten im Städtchen. Großzügige, bequeme und gepflegte Zimmer in unterschiedlichen Klassen. Ohne Frühstück.

▶ Günstig

Astor
Piazza Garibaldi 39
Tel. 0175 45506
www.mtrade.com/astor
Ohne Frühstück. Mit Blick auf Domapsis, Altstadt und den Monviso. Edles, modernes Mobiliar.

Das Holzhandwerk zählt zu den Traditionen von Saluzzo.

Chiesa della Confraternita della Misericordia

Biegt man von der Via Palazzo di Città nach rechts in die mittelalterliche Via San Nicola ein, erreicht man die Kirche der Confraternita della Misericordia aus dem 18. Jh. Ihre wunderschöne Deckenmalerei öffnet sich in Scheinarchitekturen.

Umgebung von Saluzzo

Lagnasco

6 km östlich von Saluzzo trifft man auf Lagnasco, den Ort mit den drei **Castelli dei Tapparelli**. Dieser Gebäudekomplex entstand zwischen dem 14. und 16. Jh. Die Innenarchitektur gilt als eine der edelsten der Renaissance im Piemont. Besonders schön ist der große **Salone della Giustizia** im Westflügel ausgeschmückt.

** Castello della Manta

Unweit von Saluzzo liegt das Castello della Manta, eine im 15. Jh. zum Herrschaftssitz umgebaute Festung aus dem 14. Jh. Das von einem Park umgebene Anwesen ist im Besitz des Fondo per l'Ambiente Italiano (FAI) und wird vor allem wegen seiner **Fresken in der Sala Baronale** gerühmt. Sie wurden zu Beginn des 15. Jh. von einem unbekannten Maler ausgeführt, den man Meister der Manta nennt (zuvor wurden sie Giacomo Jaquerio zugeschrieben).
Die Fresken illustrieren die Gedichte des »Chevalier errant«, die Herzog Tommaso III. selbst verfasste. Sie sind Ausdruck der untergehenden, eleganten Hofkultur des Mittelalters. Achtzehn berühmte Per-

sönlichkeiten aus Geschichte und Mythologie (neun Helden und neun Heldinnen) werden mit ihrem wechselhaften Schicksal dargestellt. Der Jungbrunnen an der Fensterwand ist ein typisches Thema der spatgotischen Malerei. Die in einem amüsanten Realismus dargestellte Verwandlung von alten in junge Körper endet mit zarten Annäherungsversuchen (Öffnungszeiten: Okt. bis Dez. 10.00–13.00 und 14.00–17.00, Febr. bis Sept. 10.00–13.00 und 14.00–18.00 Uhr, Mo. geschlossen).

** Jungbrunnen ▶

Verzuolo

Südlich von Saluzzo (6 km), fast zu Beginn der Val Varaita, liegt inmitten von üppigen Obstplantagen Verzuolo. Zur mittelalterlichen Altstadt gehört die Pfarrkirche Santi Filippo e Giacomo aus dem 14. Jh. mit einem schönen, romanischen Kampanile. Dahinter steigt der Weg hinauf zu einem alten Park mit der **Burg** aus dem 13./14. Jh.

Costigliole Saluzzo

Am Beginn der Val Varaita liegt Costigliole Saluzzo auf einem Bergsporn. Auch hier erheben sich zwischen Obstbäumen drei Burgen: **Castel Rosso** (15. Jh., im 19. Jh. umgebaut, heute ein Hotel), das **Castellotto** (15.–17. Jh., Privatbesitz) und das mächtigste unter den dreien, das **Castello Reynaudi**, das im 17. Jh. auf einer älteren Festungsanlage errichtet wurde. In der unteren Altstadt sind außerdem zwei barocke Gebäude sehenswert: Der von Bernardo Vittone erbaute **Palazzo Giriodi**, in dem das Rathaus seinen Sitz hat, und der Palazzo La Tour. In Costigliole wird ein hervorragender Wein angebaut: Der Quagliano erhielt erst vor kurzem die Auszeichnung der Colline Saluzzesi DOC.

Savigliano

GI

Provinz: Cuneo **Höhe:** 320 m ü. d. M.
Einwohnerzahl: 19 110

Savigliano ist ein typisches Landstädtchen mit schöner Architektur und gemütlicher Atmosphäre. Touristen sind hier recht selten, weshalb man Gäste wie in früheren Zeiten äußerst zuvorkommend und herzlich behandelt. Der Rat lautet daher, Savigliano möglichst schnell zu besuchen, bevor dieser Zauber verloren geht.

Eine Stadt der Kunst im Schatten der Savoyer

Obwohl Savigliano bereits im 14. Jh. in den Machtbereich der Savoyer geraten war, entwickelte es sich eher gemächlich. Die zwischen dem 15. und 18. Jh. entstandenen Gebäude haben sich größtenteils gut erhalten. Durch den lokalen Maler und Stecher **Giovanni Antonio Molineri** (1577–1645) entwickelte sich in dem kleinen Städtchen eine eigene Malerschule.

Sehenswertes in Savigliano

Der Markt

Auf dem zentralen Platz von Savigliano wird zweimal wöchentlich ein malerischer **Markt** abgehalten. Wie in alten Zeiten geht man hier seinen Geschäften nach und trifft sich, was vor allem der neu eingerichteten Fußgängerzone zu verdanken ist.

Piazza Santorre di Santarosa

Die Piazza Santorre di Santarosa ist das städtische »Wohnzimmer«, ein lebendiger Mittelpunkt der Stadt. Sie stammt aus dem 12./13. Jh., als Savigliano noch eine freie Kommune war. Aus dieser Zeit datiert auch der Stadtturm, der im 17./18. Jh. sein heutiges Aussehen erhielt. Umgeben wird der Platz von mittelalterlichen Gebäuden: ursprünglich Turmhäuser, mit Spitzbogenfenstern und Dekorationen in Terrakotta. Auf die Renaissance gehen die Bögen und Loggien zurück sowie der **Triumphbogen**, der im 16. Jh. anlässlich des feierlichen Einzugs der Savoyer entstand. Das **Denkmal für Santorre di Santarosa** erinnert an die revolutionären Unruhen von 1821.

! *Baedeker* TIPP

Führungen
Die wichtigsten Sehenswürdigkeiten der Stadt können an folgenden Tagen auch mit Führungen besichtigt werden: Sa. und So. 10.00–12.30 und 14.30–18.00 Uhr, Treffpunkt am Ufficio turistico in der Piazza Santarosa (Tel. 0172 31162; Mo. bis Fr., Coop-Guide, Tel. 0172 717185).

Chiesa di Sant'Andrea

Hinter dem Triumphbogen betritt man die Via Sant'Andrea, die Hauptstraße des aristokratischen Viertels. Zur Rechten liegt die gleichnamige Klosterkirche, die bereits um 1000 n. Chr. entstand und im 17./18. Jh. erneuert wurde. Im fünfschiffigen Innenraum ist ein Fresko aus dem 14. Jh. erhalten, in der Cappella di San Nicola sogar eines aus dem 13. Jh., das eine **Madonna mit Engeln** zeigt. Den vierten Altar auf der rechten Seite schuf Filippo Juvara im 18. Jh.

* Palazzo Taffini d'Acceglio

Gegenüber erhebt sich der elegante Palazzo Taffini d'Acceglio aus dem 17. Jh., heute Sitz der Sparkasse. Der Ehrenhof ist von drei Loggien mit Doppelsäulen umgeben. Der ungewöhnlichste Raum ist der **Salone** mit einem Freskenzyklus, der auf fingierten Tapisserien Vittorio Amedeos I. Siege zeigt.

* Palazzo Muratori Cravetta

Biegt man links in die Via Jerusalem ein, trifft der Besucher auf einen weiteren prächtigen Palazzo. Der Palazzo Muratori Cravetta ist eines der wenigen Beispiele manieristischer Architektur im Piemont. Ercole Negro entwarf den Innenhof, in dem illusionistische Fresken Edelfrauen und Ritter an den Fenstern zeigen. Im Inneren kann man den Saal besichtigen, in dem Carlo Emanuele I. starb. Eine Kassettendecke mit Wappen und zahlreiche Grotesken schmücken diesen Raum.

! Baedeker TIPP

Unbedingt probieren
Das Fleisch aus der Umgebung ist hervorragend. Zumeist wird es mit der köstlichen Sauce »Bagnet Verd« serviert. Kosten sollte man auch die süße Spezialität »Arimondini«, Waffeln mit Maraschinocreme, mit Schokolade überzogen. Zum Aperitif trinkt man »Paulin«, den offiziellen Likör der Stadt.

Folgt man der Via Sant'Andrea und dann der Via Mazzini, erreicht man die mittelalterliche Kirche Santa Maria della Pieve, die im 18. Jh. runderneuert wurde. Sie bewahrt ein Fresko aus dem 14. Jh. sowie zahlreiche Werke der lokalen Malerschule.

Museo civico und Gipsoteca Davide Calandra

Im ehemaligen Kloster von San Francesco befindet sich das **Museo civico**, in dem neben archäologischen Funden auch Werke der Saviglianer Malerschule zu besichtigen sind, so das flämische »Jakob-Triptychon« und Gemälde von Lorenzo Delleani und Antonio Fontanesi aus dem 19. Jh. Fresken mit biblischen Szenen schmücken das Refektorium. In der Kirche San Francesco ist die **Glyptothek** mit vielen Werken des Turiner Bildhauers Davide Calandra (1856–1915) untergebracht. Die **Galleria Galateri** zur Linken der Kirche bewahrt die Gipssammlung des Bildhauers Annibale Galateri (1864–1949) (Öffnungszeiten: Sa. 15.00–18.30, So. 10.00–13.00 und 15.00–18.30 Uhr).

Confraternita dell'Assunta

Die Ansicht der Piazza Molineri wird von der klassizistischen Fassade der Confraternita dell'Assunta geprägt. Im elliptischen Innenraum bewundert man den Chor von Francesco Gallo und zahlreiche Skulpturen der lokalen Schule.

San Pietro dei Cassinesi

Die Fassade von San Pietro dei Cassinesi schmückt ein Portal aus dem 16. Jh. Die Kirche wurde bereits zwischen dem 6. und 8. Jh. erbaut und zuerst in romanischer Zeit und dann noch einmal im Barock erneu-

SAVIGLIANO ERLEBEN

ESSEN

▶ Erschwinglich

Granbaita
Via Cuneo 25, Tel. 0172 711500
www.granbaitahotel.it
Ruhetag: So. (Abend)
Gutes Restaurant mit einem großen Lokal. Im Winter sorgt ein Kamin für eine gemütliche Atmosphäre, im Sommer genießt man die laue Luft auf einer überdachten Terrasse.

ÜBERNACHTEN

▶ Günstig

Granbaita
Via Cuneo 25
Tel. 0172 711500
www.granbaitahotel.it
Modernes Hotel, wenige Minuten von der Autobahn und eine halbe Stunde von Turin entfernt. Das Restaurant im Haus gehört nicht zum Hotel.

ert. Im Innenraum finden sich zwei große Fresken von Molineri, das **»Martyrium von St. Peter«** und die **«Enthauptung von St. Paul«**, der **Flügelaltar** mit der »Thronenden Madonna« von Gandolfino da Roreto aus dem 16. Jh., Gemälde von Sebastiano Taricco und Jan Claret. Außerdem ist der elegante Kreuzgang aus der Renaissance zu besichtigen.

Umgebung von Savigliano

Scarnafigi

In Scarnafigi, 10 km nordwestlich von Savigliano gelegen, befindet sich eine Pfarrkirche mit Fresken von Jan Claret aus dem 17. Jh. Zum Ort gehört auch eine Burg aus derselben Zeit. Außerhalb des Dorfes stößt man auf die Cappella Santissima Trinità mit Fresken aus dem 15. Jh.

Cavallermaggiore

Im landwirtschaftlich und mittelalterlich geprägten Cavallermaggiore liegen einige sehenswerte Kirchen. Von Francesco Gallo stammt die **Confraternita di Santa Croce e di San Bernardino** aus dem 18. Jh. auf elliptischem Grundriss und mit einer von Scheinarchitekturen und Holzskulpturen geschmückten Kuppel. Die **Chiesa di Santa Maria della Pieve** in der arkadengesäumten Via Roma bewahrt Fresken aus dem 14. Jh. Die **Chiesa di Santa Teresa** aus dem 18. Jh. geht auf Benedetto Alfieri zurück. Die **Chiesa di San Rocco** ist ein Werk von Giovenale Boetto aus dem 17. Jh.

Serralunga d'Alba

JI

Provinz: Cuneo
Höhe: 414 m ü. d. M.
Einwohnerzahl: 480

Serralunga gehört zu den vielen Orten, die im Mittelalter auf einer Hügelkuppe um eine Burg herum entstanden. Niedrige Häuser und steile Pflasterstraßen begleiten den Ausblick über Hügelketten, Weinberge und die entfernten Alpen.

Sehenswertes in Serralunga d'Alba und Umgebung

Castello

Steil ragt die Burg der Falletti di Barolo in die Höhe. An der Stelle des heutigen Baus stand im frühen Mittelalter ein Turm, der 1340 abgerissen wurde (Führungen im Sommer 9.00–12.00 und 15.00–18.00, im Winter 10.00–12.00 und 14.00–17.00 Uhr).

Monforte d'Alba

Monforte liegt fast auf 500 m Höhe über den Weinbergen der Langa del Barolo, wo Barolo, Dolcetto, Nebbiolo und Barbera angebaut werden. Im Mittelalter lebten hier einst die Katharer, bevor man sie gewaltsam zwang, ihrem Glauben abzuschwören. Zu besichtigen sind

! *Baedeker* TIPP

Der Weinkeller im Castello

Die Enoteca regionale Cavour (Via Castello 5, Grinzane Cavour, Tel. 0173 262159, www.castellogrinzane.com, Di. geschl.) befindet sich in der mächtigen Burg auf den Hügeln der Langhe. Hier werden Weine und Grappa der besten Qualität angeboten. Zum Anwesen gehört auch ein Museum, das die bäuerliche Kultur im Albese dokumentiert.

der **Palazzo Scarampi**, der auf den Resten einer ehemaligen Burg steht, und die monumentale, **neogotische Pfarrkirche** vom Beginn des 20. Jh.

Grinzane Cavour

Grinzane verdankt den Beinamen »Cavour« seinem berühmtesten Sohn, dem Staatsmann **Camillo Benso Conte di Cavour**, dessen Familie hier weitläufige Ländereien besaß. In seiner Zeit als Bürgermeister zwischen 1832 und 1849 trieb Cavour die Modernisierung des traditionellen Weinanbaus voran. Die Altstadt von Grinzane gehört zu den elegantesten der Langa. Das schöne **Castello** aus Backstein beherbergt ein Museum mit den Privatgemächern des Grafen, einem wohlsortierten Weinkeller und einer Ausstellung über alte Handwerksberufe und bäuerliche Traditionen. Seit 1983 hat hier der **Premio letterario Grinzane Cavour** seinen Sitz, eine Institution, die jungen Leuten Literatur nahe bringen möchte.

Serravalle Scrivia

Ok

Provinz: Alessandria
Höhe: 225 m ü. d. M.
Einwohnerzahl: 5950

Durch die Valle Scrivia führen die zahlreichen Verkehrsverbindungen zwischen der Poebene und dem ligurischen Meer. Serravalle liegt genau dort, wo der Fluss Scrivia vom Apennin in die Ebene übergeht. Das Städtchen gehörte stets zu Genua, zuerst unter den Spinola, dann unter den Doria.

Sehenswertes in Serravalle Scrivia und Umgebung

Verborgene Schönheit

Inmitten des starken Auto- und Zugverkehrs ist es nicht so leicht, die Schönheit der Stadt für sich zu entdecken. Verschiedene Kunstwerke lohnen jedoch einen Besuch, so das **Oratorio dei Rossi,** erbaut im Stil Genueser Barock, und das **Oratorio dei Bianchi** vom Ende des 14. Jh. Die

Villa Caffarena ist ein typischer Landsitz des Genueser Großbürgertums vom Ende des 19. Jh.s. Sie beherbergt die städtische Bibliothek und Gemäldegalerie. Auch der Park ist öffentlich zugänglich. Die **Collegiata dei Santi Martino und Stefano** mit Elementen der Spätrenaissance und des Barock liegt am Fuß der von Napoleon zerstörten Burg.

Arquata Scrivia

Auch in Arquata Scrivia werden Genueser Villen und Wälder von Straßen und Schienen umgeben. Die Altstadt ist hier jedoch etwas abwechslungsreicher. An der **Via Interiore** liegen zahlreiche Häuser aus dem 15. Jh., einige von ihnen mit älteren, romanischen Portalen. Sehenswert sind außerdem die Palazzi **Grafogliati-Anfosso** und **Spinola**, die barocken Brunnen von 1598 und schließlich der hohe Turm aus dem 14. Jh., Überrest einer mittelalterlichen Burg.

Libarna

Plinius d. Ä. nannte Libarna eine edle Stadt der östlichen Alpen. Tatsächlich ist sie kulturhistorisch interessant, auch wenn man sie heute im Vorbeifahren kaum noch wahrnimmt. Denn hier finden sich keine herausragenden Sehenswürdigkeiten, sondern nur noch die **Überreste** eines antiken Zentrums. Vielleicht schon von den Ligurern bewohnt, war Libarna ein römischer Militärstützpunkt an der Via Postumia zwischen Genua und Piacenza. Später entwickelte sie sich zu einem lebendigen regionalen Zentrum mit klassischer, rechteckiger Stadtanlage. Das Forum, die Thermen, das Amphitheater und das Theater stammen aus der Zeit um 100 v. Chr. Die meisten Ausgrabungsfunde sind im Museo archeologico di Genova Pegli und im Museo di Antichità in Turin zu besichtigen. Informationen und Führungen im Ausgrabungsgebiet bietet die Associazione Itineraria Torino an (Tel. 011 4347954).

SERRAVALLE SCRIVIA ERLEBEN

ÜBERNACHTEN

▶ Komfortabel

La Bollina
Via Monterotondo 60
Tel. 0143 633517, www.labollina.it
Im Grünen am Fuße eines Hügels gelegen. Acht Zimmer sind im alten Herrenhaus untergebracht, wo sich auch das elegante Restaurant befindet. Weitere 32 Zimmer in einem Neubau mit Garten und Parkplatz.

SHOPPING

Serravalle Designer Outlet
Via della Moda 1
Tel. 0143 609000
www.mcarthurglen.it
Serravalle Designer Outlet besteht aus 180 Läden, die ebenso viele namhafte Marken führen. Ein Shoppingerlebnis ohne Verkehrsstress mit speziellen Angeboten unter dem Panorama der Hügel von Gavi.

★ Sestriere

Cj

Provinz: Turin
Einwohnerzahl: 836
Höhe: 2035 m ü. d. M.

Zwei hohe, moderne Hotelbauten ragen unübersehbar aus der Alpenlandschaft hervor und kündigen schon von weitem Sestriere an, das 2006 die olympischen Winterspiele ausrichtet. Drei Stadtteile (Borgata, Colle und Champlas du Col) verteilen sich auf einem bewaldeten Hügel zwischen der Val Chisone und dem Tal der Dora Riparia.

Königin des Skisports

Der Ausbau Sestrieres zu einem wichtigen Zentrum des Wintersports geht auf die 1930er-Jahre zurück, als die **Familie Agnelli** begann, Straßen, Hotels und Wintersporteinrichtungen anzulegen. Die ersten Seilbahnen auf dem Sises, Fraiteve und der Banchetta zogen sofort die italienische und auch die internationale Oberschicht an. Seit den 1950er-Jahren kamen immer mehr Skitouristen. Heute ist das Städtchen mit Hotels, Ferienwohnungen und Einkaufszentren überfüllt. Der Hügel gehört zum großen Skigebiet der Via Lattea (400 km Piste, von denen 80 durch 950 Kanonen mit Kunstschnee versorgt werden, und 92 Lifte), in dem man selbst nachts auf beleuchteten Pisten Ski fahren kann. Der Ort bietet auch Möglichkeiten zum Langlauf und Schlittschuhlauf sowie einen 18-Loch-Golf-Platz (der höchste Europas).

Sestriere, die Piemonteser Hauptstadt des Wintersports, bei Nacht.

SESTRIERE ERLEBEN

AUSKUNFT

Agenzia Turistica Locale delle valli di Susa e del Pinerolese
Piazza Fraiteve 1
Tel. 0122 755444
www.montagnedoc.it

ESSEN

▶ Erschwinglich

Du Grand Père
Via Forte Seguin 14
Champlas du Col, Tel. 0122 755970
Ruhetag: Di., Mai, Okt.
Große Deckenbalken und ein Kamin bestimmen das Ambiente dieser renovierten Berghütte. Typische regionale Gerichte nach alten Familienrezepten.

ÜBERNACHTEN

▶ Luxus

Grand Hotel Principi di Piemonte
Via Sauze 3/b, Tel. 0122 7941
Elegantes, mitten in einem Lärchenwald gelegenes Hotel, direkt an die Lifte angebunden. Im Sommer kann man hier Golf spielen. Restaurant mit Aussicht.

▶ Komfortabel

Miramonti
Via Cesana 3, Tel. 0122 755333
www.miramontisestriere.com
Hotel mit schönem Blick auf Skipisten, Berge und Golfplatz. Shuttle-Service zu den Skipisten.

Sezzadio

Mk

Provinz: Alessandria
Einwohnerzahl: 1366
Höhe: 127 m ü. d. M.

Der Legende nach wurde der erste Herrscher des Monferrato, Herzog Aleramo, in Sezzadio geboren, dort, wo der Fluss Bòrmida in die Ebene fließt. Bei klarer Sicht reicht der Blick vom Genueser Tobbio bis zum Pizzo d'Ormea und dem Monviso, vom Monte Rosa bis zu den Alpen der Lombardei.

Abbazia di Santa Giustina

Der langobardische König Liutprando ließ das Kloster Santa Giustina errichten, das zu den schönsten Bauwerken der Piemonteser Romanik zählt. 1030 wurde es im Auftrag des Herzog von Sezzadio Otberto vollständig erneuert. Das gleich nebenan erbaute Benediktinerkloster erlebte seine Blütezeit zwischen dem 12./13. und dem 15. Jh. Bemerkenswert sind die **Fresken** aus dem 14. und 15. Jh. in der Apsis und im Gewölbe sowie das **Fußbodenmosaik** in der Krypta. Eine Inschrift erinnert an den Erneuerer Otberto (11. Jh.). Bei Restaurierungsarbeiten wurden Fresken aus dem 10. und 11. Jh. freigelegt und Bauschmuck aus der zweiten Hälfte des 15. Jh.s in der Hauptapsis entdeckt.

Umgebung von Sezzadio

Cassine

Das hochgelegene, vor 1100 Jahren gegründete Cassine gilt als eine der schönsten mittelalterlichen Städte im Bòrmida-Tal. Unter den Gebäuden mit Backsteinfassaden fällt die im Stil der lombardischen Gotik erbaute und ausgemalte **Chiesa di San Francesco** vom Ende des 13. Jh.s auf. In Guglioglio, dem befestigten Stadtteil auf der Hügelkuppe, kann der Besucher den **Palazzo Zoppi** der Visconti besichtigen. Er wird von Fresken mit Jagd- und Spielszenen geschmückt.
Am ersten Wochenende im September erinnert die **Festa medievale** an den feierlichen Einzug von Gian Galeazzo Visconti. Das Fest lässt die damalige Zeit aufleben mit Empfängen in Klöstern und Pilgerstätten, Duellen zwischen Kavalieren, Armbrustschießen und einem Zug der Adligen.

Sordévolo

If

Provinz: Biella
Höhe: 630 m ü. d. M.
Einwohnerzahl: 1304

Sechs Kilometer von Biella entfernt liegt das Örtchen Sordévolo zwischen Obstbäumen und Wäldern inmitten einer grünen Ebene. Berühmt sind seine Passionsspiele, die den Tod und die Wiederauferstehung Christi vergegenwärtigen.

Sehenswertes in Sordévolo und Umgebung

* La Passione

Die Passionsspiele finden alle fünf Jahre an den Festtagen zwischen Juni und September statt (2010 ist der nächste Termin). 500 Personen, also das halbe Dorf, wirken daran mit. Dafür nutzt man ein natürliches Amphitheater auf einem Hügelabhang, wo Tausende Besucher Platz finden.

Santuario di Graglia

Anschauen sollte man sich auch das Heiligtum von Graglia. Man erreicht es, indem man der Straße folgt, die in der Valle dell'Elvo 11 km von Biella und 5 km von Sordévolo entfernt auf die Ausläufer der Colma di Mombarone zuführt. Auf 812 m Höhe, mit Ausblick über die Ebenen von Biella und Vercelli, liegt das der **Madonna von Loreto** geweihte Heiligtum, das zwischen der zweiten Hälfte des 17. und der ersten Hälfte des 18. Jh.s erbaut wurde.
Der Zentralbau auf dem Grundriss eines griechischen Kreuzes wird von einer gewaltigen, 38 m hohen Kuppel überfangen. Wesentliche Veränderungen gehen auf Bernardo Vittone zurück.

✶✶ Abbazia di Staffarda

Fk

Provinz: Cuneo

Das Kloster von Staffarda, eines der berühmtesten mittelalterlichen Bauwerke des Piemont, liegt im fruchtbaren Land von Saluzzo und ist wunderbar erhalten. Hinter seinen roten Mauern befand sich einst ein Zisterzienserkloster.

Geschichte

Das 1135 gegründete Kloster entwickelte sich rasch zu einem blühenden landwirtschaftlichen Zentrum. Unter dem Schutz der Herzöge von Saluzzo bestand es bis zur Plünderung durch französische Truppen Ende des 17. Jh.

Romanisch gotische Eleganz

✶

◀ Innenraum

Die Architektur weist sowohl romanische als auch gotische Elemente auf, die durch Restaurierungsarbeiten in altem Glanz erstrahlen. Die romanische Fassade der **Kirche** öffnet sich in drei großen Blendbögen unter einem gotischen Portikus. Der nüchterne Innenraum wird durch sich abwechselnde Bänder in Terrakotta und grauem Stein belebt. Die drei Schiffe laufen in halbrunden Apsiden aus. Kunstwerke aus ganz Europa gehören zum Kirchenschatz und verweisen auf die Internationalität des Hofes und seiner Kultur, darunter die **farbigen Holzskulpturen** deutscher Provenienz (»Kreuzigung«, »Maria und St. Johannes«) und die **hölzerne** Kanzel burgundischen Stils. Auf dem Hauptaltar ist das 1531 entstandene große **Polyptychon** des lokalen Meisters Pascale Oddone zu sehen. Die Tafel ist in einen geschnitzten, bemalten und vergoldeten Rahmen eingelassen. In der linken Apsis steht ein **Holzaltar** aus dem 16. Jh. Vom **Kloster** sind Teile des Kreuzganges aus dem 13. Jh. sowie der Kapitelsaal erhalten (Öffnungszeiten: Winter 9.00–12.30 und 14.00–17.00, Sommer 9.00–12.30 und 14.30–18.00 Uhr, Mo. geschlossen).

Der schöne Kreuzgang der Zisterzienserabtei Staffarda.

✶ Stresa

Provinz: Verbania
Einwohnerzahl: 4852

Höhe: 200 m ü. d. M.

Stresa erscheint wie ein Stück der Côte d'Azur, eingerahmt von den Alpen und dem Lago Maggiore. Von einer der schönsten Promenaden Italiens, dem Lungolago, genießt man den Blick auf die ▶ Borromäischen Inseln.

Sehenswertes in Stresa und Umgebung

✶✶ Lungolago

Die Seepromenade, die entlang des Borromäischen Golfes verläuft, bietet ein grandioses Panorama über die umliegenden Berge sowie viele kleine Dörfer inmitten der reichen Vegetation. An der Anlegestelle der Piazza Marconi legen die Boote zu den Inseln und Ortschaften ab. Eine Sehenswürdigkeit sind die großen Hotels mit ihren blühenden Parkanlagen, darunter das 1861 eingeweihte **Grand Hôtel des Iles Borromées**, über das Hemingway schrieb und das Rockefeller und d'Annunzio zu seinen Gästen zählte. Außergewöhnlichen Komfort und Atmosphäre bieten auch das **Regina Palace** und die **Villa Aminta**.

Villa Ducale

In der Villa Ducale, wo der Theologe, Philosoph und Reformer Antonio Rosmini (1797–1855) lebte und starb, richtete man ein Museum und das **Centro Studi rosminiani** ein, das über eine große Bibliothek verfügt. Gäste des Hauses waren u. a. Manzoni und Massimo d'Azeglio. In der zweiten Hälfte des 19. Jh.s hielt sich Elisabeth von Sachsen hier lange Zeit mit ihrer Tochter Margherita auf, der späteren Königin von Italien (Öffnungszeiten: 9.00–12.00 und 15.00–18.00 Uhr, Mo. geschlossen).

✶ Villa Pallavicino

Die Villa Pallavicino aus dem 19. Jh. und ihr **Park** liegen auf dem Lungolago von Stresa in Richtung von Belgirate. Die Pallavicino aus Genua ließen den Englischen Landschaftsgarten unter Berücksichtigung der natürlichen Umgebung anlegen: Alte Kastanien, Buchen, alle möglichen Ahorn-Arten, Platanen und majestätische Sequoien gehören zum Baumbestand. Wege mit kleinen Brücken, Wasserfällen und Grotten führen die Besucher durch die Anlage, in der mehr als 40 Tierarten zu den Attraktionen zählen. Besonders bewundert wird der Blumenpark mit Rosen, Magnolien, Azaleen und Rhododendren (Öffnungszeiten: tgl. von März bis Okt.).

✶✶ Mottarone

Der Monte Mottarone, zwischen Lago Maggiore und Lago d'Orta gelegen, ist ein außergewöhnlicher Aussichtspunkt in 1385 m Höhe. Von Stresa erreicht man ihn bequem über eine Straße oder die Seilbahn, die am **Giardino Botanico Alpinia** vorbeiführt. Das Panorama erstreckt

STRESA ERLEBEN

AUSKUNFT

ATL Distretto dei Laghi
Corso Italia 18, Tel. 0323 30416
www.distrettolaghi.it

ESSEN

▶ Erschwinglich

Piemontese
Via Mazzini 25, Tel. 0323 30235
www.ristorantepiemontese.com
Ruhetag: Mo., Nebensaison (Mo., So. abends); Dez. bis Jan. (unterschiedlich)
Lokal mit schöner Pergola und familiärer Gastfreundschaftlichkeit. Klassische piemontesische Küche.

Al Rustico
Someraro, Via degli Alpini 20
Tel. 0323 32172
Ruhetag: Mi., Jan. (unterschiedlich)
Romantisches Ambiente; traditionelle Küche und einige französische Gerichte. Abendessen bei Kerzenschein.

Eden
Mottarone, Tel. 0323 924873
www.edenmottarone.it
Ruhetag: Nebensaison (Di.); Nov.
Familiäre Gastfreundlichkeit und schönes Panorama. Piemontesische Küche und typische Berggerichte.

ÜBERNACHTEN

▶ Luxus

Villa Aminta
Statale Sempione Nord 123
Tel. 0323 933818
www.villa-aminta.it
Schönes, mit viel Klasse und großer Aufmerksamkeit für Details eingerichtetes Haus. Vom Restaurant und von einigen Zimmern aus genießt man das wundervolle Seepanorama.

▶ Komfortabel

La Palma
Corso Umberto I 33, Tel. 0323 32401
www.hlapalma.it
Elegantes, stilvolles Hotel direkt am Seeufer. Es bietet auch Appartements, einen Tagungsraum und gute Sportanlagen.

▶ Günstig

Du Parc
Via Gignous 1, Tel. 0323 30335
www.duparc.it
Die schöne Villa mit einem weitläufigen Blumengarten ist auf den See ausgerichtet. Elegantes und stilvolles Ambiente. Ohne Frühstück.

! Baedeker TIPP

Golf und Musik

Golfliebhaber finden in Stresa zwei wunderbare Plätze: den 18-Loch-Platz des Golf Club des Iles Borromées in Motta Rossa und den Golf Club Alpino, seit 1925 Ausrichter der Ersten Italienischen Open, mit herrlichen Ausblicken auf die Landschaft. Von Ende August bis Mitte September finden in Stresa die Settimane musicale statt, ein Musikfestival von internationalem Ruf.

sich von der Po-Ebene bis zu den Alpen und den sieben Seen (Maggiore, d'Orta, Mergozzo, Varese, Comabbio, Monate, Biandronno) sowie den Gipfeln des Monte Rosa.

Blick auf den Monte Rosa und den Mottarone.

Gignese Gignese erreicht man von Stresa aus über die Straße des Vergante, dem Hügelland zwischen Baveno und Meina. Berühmt ist sein faszinierendes **Museo dell'ombrello e del parasole**. Es veranschaulicht die Geschichte der lokalen Schirmmanufaktur, ein Handwerk, das durch Emigranten in die ganze Welt exportiert wurde (Öffnungszeiten: April bis Sept. Di. bis So. 10.00–12.00 und 15.00–18.00 Uhr und n. V., Tel. 0323 208064).

Massino Visconti Von Stresa führt die Straße in Richtung Carpugnino nach Massino Visconti; von Lesa aus orientiert man sich am Vergante. In dem kleinen Dorf (465 m ü. d. M.) kann man die **Chiesa di San Michele** mit einem romanischen Kampanile und Apsisfresken aus dem 14. Jh. sowie das mittelalterliche, später zur Residenz umgebaute **Castello Visconti** bewundern.

Belgirate Belgirate liegt am See, südlich von Stresa. Der Ort bezaubert durch alte Häuser mit charakteristischen Loggien und Villen mit üppigen Parkanlagen. Zu den berühmtesten gehören die **Villa Cairoli** und die **Villa Carlotta**. Belgirate war der erste Touristenort am Lago Maggiore. Die schöne Lage und das milde Klima wurden bereits von Stendhal geschätzt und beschrieben. Auch andere berühmte Dichter und Persönlichkeiten des italienischen Risorgimento hielten sich hier auf.

Valle Stura di Demonte

C-Fmn

Provinz: Cuneo

Das größte Tal im Gebiet von Cuneo erstreckt sich über 60 km von Borgo San Dalmazzo zum Colle della Maddalena (1996 m). Aufgrund der strategischen Lage führten Eindringlinge und Verteidiger hier über Jahrhunderte hinweg zahlreiche Kriege und hinterließen viele Festungen.

La strada di Napoleone

Von den Seitentälern aus erreicht man viele Gipfel der Alpi Marittime (südliche Seite des Tals) und der Alpi Cozie (nördliche Seite). Das Tal ist bis Vinadio breit und leicht abschüssig, um dann zwischen Pianche und der Gola delle Barricate steil und wild zu werden. Jenseits des Ponte delle Barricate liegt Bersezio auf 1624 m Höhe auf einer Hochebene. Nach dem letzten Ort, Argentera, erreicht man nach circa 7 km den **Colle della Maddalena** (oder dell'Argentera) auf 1996 m. Die heutige Straße, die nach Frankreich führt, wurde auf Befehl Napoleons gebaut, aber erst nach der Einigung Italiens fertig gestellt.

* ◀ Gola delle Barricate

Demonte

Der wichtigste Ort im Tal ist Demonte (780 m). Einst stand hier eine Festung der Savoyer, die im 18. Jh. bis auf einen Turm zerstört wurde. In der Altstadt kann man das barocke Oratorio di San Giovanni mit seinem schönen Schnitzaltar besichtigen sowie die Kirche von San Donato mit barocker Fassade. In Demonte beginnt das Arma-Tal, das tief in die Alpi Cozie bis zum Colle della Gardetta (2437 m) eindringt. Vor dem Pass verzweigt sich die Straße, führt zum Colle del Mulo (2527 m) und durch unberührte Natur hinab zu den Tälern Grana und Maira.

* ◀ Colle del Mulo

Die Festung von **Vinadio** (904 m) entstand unter Carlo Alberto 1834–1849. Neben der im 15. Jh. erbauten und ein Jahrhundert später erweiterten Pfarrkirche San Fiorenzo steht noch ein sehr schöner romanischer Kampanile. Der Ort bietet die Möglichkeit, eines der höchstgelegenen Heiligtümer Europas – das **Santuario di Sant'Anna** – zu erreichen (2010 m). Die Straße führt weiter zum **Colle della Lombarda** (2351 m), der zum französischen Tal von Tinée überleitet. Vom Vorort Pianche erreicht man auch die Thermalstation **Bagni di Vinadio** (1305 m) und den einsam gelegenen Ort **San Bernolfo** mit Holzhäusern.

▶ VALLE STURA DI DEMONTE

AUSKUNFT

Ufficio Informazioni
Piazza Spada 19, Demonte, Tel. 0171 955555

ÜBERNACHTEN

▶ **Günstig**

Camping Piscina Demonte
Bei Bagnolin, Tel. 338 2464353 / 0171 214889
www.campingdemonte.com
Geöffnet: 15. Juni bis 15. Sept.
Lebensmittelgeschäft, Bar, Sportplatz, Gemeinschaftsraum, Schwimmbad, gutes Freizeitangebot.

★ Susa

Di

Provinz: Turin
Einwohnerzahl: 6744
Höhe: 503 m ü. d. M.

Eingerahmt von schneebedeckten Alpengipfeln und wilden Flüssen, findet man in Susa römische Mauern und Bögen, romanische Kampanile und mittelalterliche Festungen: Kultur und Natur gehen hier eine geradezu verschwenderische Verbindung ein.

Geschichte

An den Passstraßen zum Moncenisio und Monginevro gelegen, nahm Susa eine viel umkämpfte strategische Position ein. Die Stadt wurde mehrmals zerstört und wieder aufgebaut. Die ältesten Siedlungszeugnisse finden sich in der Nähe der römischen Bögen, wo man ein System von kleinen, in den Fels geschlagenen Kanälen gefunden hat, die in Vertiefungen zusammenlaufen, den so genannten »Coppelle«. Sie stammen aus der späten Bronzezeit und dienten wahrscheinlich druidischen Ritualen. Im 1. Jh. v. Chr. ging Susa als **Hauptstadt** des keltisch-ligurischen Reiches zunächst eine Allianz mit den Römern ein, 63 n. Chr. wurde es Teil des römischen Imperiums. Im 10. Jh. eroberten die Sarazenen die Stadt, die erst 50 Jahre später ihre Unabhängigkeit wiedererlangte. 1047 brachte **Adelaide** von Susa das Territorium sowie die Mark Turin als Mitgift in ihre Ehe mit Oddone von Savoyen ein. Seitdem gehörte Susa zu Savoyen und zum Kern des subalpinen Staates, der auch »Vecchio Piemonte« (altes Piemont) genannt wird.

! *Baedeker* TIPP

Palio storico

In der letzten Juliwoche wird zum Gedenken an die Contessa Adelaide der historische Palio veranstaltet. Der Wettstreit der sechs Stadtviertel besteht aus Geschicklichkeitsspielen und Kraftproben sowie dem berühmten Sarazenenturnier. Zuvor findet ein Umzug in historischen Kostümen statt, ein nächtlicher Fackelzug sowie eine mittelalterliche Aufführung in der römischen Arena.

Sehenswertes in Susa

Borgo dei Nobili

Die interessantesten Sehenswürdigkeiten aus römischer und mittelalterlicher Zeit liegen alle dicht beieinander und lassen sich leicht innerhalb eines halben Tages besichtigen. Der Rundgang beginnt an der Piazza IV. Novembre an der Brücke über die Dora Riparia. Die Via Fratelli Vallero ist die Hauptstraße des mittelalterlichen Viertels Borgo dei Nobili. Der Name deutet an, dass sich hier im 12./13. Jh. viele savoyische Aristokraten des savoyischen Hofes niederließen. Ihre Palazzi zeigen an Fenstern und Portalen romanische und gotische Züge.

Chiesa di San Francesco

Für den Bau der »Chiesa di San Francesco« im 13. Jh. nutzte man Materialien des nahe gelegenen römischen Amphitheaters. Die romanisch-gotische Kirche hat eine einfache Fassade, deren Portal von einem Wimperg überfangen wird. Der dreischiffige Innenraum trägt ein Kreuzrippengewölbe und wird von einer schönen polygonalen Apsis abgeschlossen.

Anfiteatro romano

Die Ellipse des Amphitheaters aus dem 2. Jh. v. Chr. misst 45 x 47 m. Es fiel bereits der ersten Zerstörung von Susa auf Befehl Kaiser Konstantins zum Opfer, als Strafe für die Unterstützung seines Gegners Maxentius. Mehrmals überflutet, wurde es erst in der Mitte des 20. Jh.s wieder ausgegraben.

Castello

Die im 10. Jh. auf einer Anhöhe über der Stadt erbaute Burg schließt die Ruinen des Palastes von König Cottius ein. Sie diente den savoyischen Gouverneuren als Residenz. Die zwei Türme wurden in napoleonischer Zeit zum Teil zerstört. Heute nutzt das **Museo civico** die Burg für seine archäologischen, historischen und naturkundlichen Sammlungen (2005 renoviert, z. Z. noch geschlossen, Tel. 0122 622694).

Die San Giusto geweihte Kathedrale ist das wichtigste Denkmal von Susa. Sie wurde 1027 zuerst im romanischen Stil erbaut. Nach einem Einsturz erneuerte man in gotischer Zeit die Apsis, den oberen Teil der Fassade und das Hauptschiff. Der sechsgeschossige und mit Blendbögen verzierte Kampanile zählt zu den schönsten des Piemont. Eine wunderschöne Geburt Christi von Defendente Ferrari und ein **Flügelaltar von San Nicola** aus dem 15. Jh. sind im Innenraum zu bewundern. Im Baptisterium hat sich ein großes Taufbecken aus grünem Marmor erhalten. Am Ende des rechten Seitenschiffs, in dem sich auch die Holzskulptur der Adelaide aus dem 16. Jh. befindet, steht eine Kopie des berühmten **Trittico del Rocciamelone**, das

Das Hauptschiff der Kathedrale.

SUSA ERLEBEN

AUSKUNFT

Pro Loco
Corso Inghilterra 39
Tel. 0122 622470

ÜBERNACHTEN

▶ **Günstig**
Napoleon
Via Mazzini 44
Tel. 0122 622855
www.hotelnapoleon.it
1970 in der Innenstadt gebautes Hotel im Familienbetrieb. Ohne Frühstück.

einst bei Prozessionen auf den Berg getragen wurde. Das Original bewahrt heute das Diözesanmuseum. Ein außergewöhnliche schönes Beispiel für die Schnitzkunst des 14. Jh.s ist das Chorgestühl in der Apsis.

In der Kirche Santa Maria del Ponte an der Dora-Brücke wurde das Diözesanmuseum für sakrale Kunst eingerichtet. Es bewahrt den Kirchenschatz der Kathedrale, zu dem die Holzskulptur der **Madonna del Ponte** aus dem 12. Jh. und das **Trittico del Rocciamelone**, eine wertvolle Bronze flämischer Schule aus dem 16. Jh., gehören (Öffnungszeiten: Okt. bis Juni 14.30–18.00, Di. bis So. 9.30–12.00 und 15.30–19.00 Uhr, Mo. geschlossen).

* Porta Savoia

Die beeindruckende Porta Savoia gab es schon zu römischer Zeit. Sie war stets Teil der befestigten Stadtmauer und wurde mehrfach umgebaut, so etwa verringerte man 1789 die Höhe der Türme um 7 m. Diese schließen den Bogen und eine hohe Mauer mit Fenstergalerie ein.

* Arco di Augusto

Der Augustusbogen wurde 9 v. Chr. im Auftrag des König Cottius errichtet, um der Allianz mit dem römischen Kaiser Ausdruck zu verleihen. Der große Bogen ist in weißem Marmor aus Foresto ausgeführt. Ihn schmückt ein Relieffries mit der Zeremonie eines Tieropfers, dem verschiedene Personen, darunter Soldaten zu Pferde, beiwohnen.

Terme

Die erhaltenen, antiken Bögen werden Terme graziane genannt, weil man eine Zeit lang vermutete, dass sie Teil eines Aquäduktes waren. Wahrscheinlich gehörten sie aber zur Befestigungsanlage des Palastes von König Cottius.

Umgebung von Susa

* Abbazia di Novalesa

Folgt man der Val Cenischia in Richtung des Moncenisio, erreicht man 6 km von Susa entfernt eine Abzweigung, die zum Kloster von Novalesa führt. 726 gegründet, kam es zügig zu Reichtum und Macht. Die Ländereien, Güter und Kirchen lagen auf einem ausgedehnten Gebiet verteilt, das vom Genfer See über die Provence bis hin zur Po-

Ebene reichte. Der Einfall der Sarazenen im 10. Jh. verursachte schwere Schäden, weshalb das Kloster für einige Jahrzehnte aufgegeben wurde. Danach kam es jedoch für zweihundert Jahre zu einer erneuten Blütezeit, gefolgt von einem allmählichen Niedergang und der Auflösung im 19. Jh. Vor dreißig Jahren übergab man das Kloster Benediktinermönchen, die Gemeinde von Turin ließ Restaurierungsarbeiten vornehmen. Die heutigen Gebäude sind das Ergebnis verschiedener Bauphasen.

Den Mittelpunkt bilden die im 18. Jh. wiedererrichtete **Kirche** und der kleine **Kreuzgang** mit Arkaden auf zwei Seiten. Sehr interessant sind die **vier vereinzelten Kapellen** außerhalb der Kirche, von denen eine dem hl. Eldrado geweiht ist. Diese schmückt ein einzigartiger Freskenzyklus aus dem 12. Jh. mit Szenen aus dem Leben des hl. Eldrado und des hl. Nikolaus, der in der Po-Ebene seinesgleichen sucht. Der Stil zeigt byzantinische Einflüsse und ist in Zusammenhang mit der romanischen Kunst der Lombardei zu betrachten. In der Apsis ist Christus als Weltenherrscher zwischen zwei Erzengeln, dem hl. Eldrado und dem hl. Nikolaus, dargestellt (Führungen: Sa. bis So. 9.00–11.30 Uhr, Tel. 0122 653210).

** ◀ Freskenzyklus

Detail eines Freskos in der Cappella di Sant'Eldrado im Kloster von Novalesa.

Auf der linken Doraseite befindet sich 11 km von Susa in Richtung Turin ein Felssporn mit einer tiefen Schlucht, die man Orrido di Chianocco nennt. Ihr Mikroklima und der kalkhaltige Boden führen zu einer für die Alpen außergewöhnlichen Vegetation: So gedeiht hier ein einzigartiger Steineichenwald. In der auch landschaftlich sehr reizvollen Schlucht leben zudem Vogelarten wie Königsrabe, Bergschwalbe, Turmfalke, Sperber und Mäusebussard. Seit 1980 ist das Gebiet ein **Naturreservat**.

Orrido di Chianocco

Zwischen Susa und Bussoleno liegt ebenfalls am linken Doraufer der Orrido di Foresto. Die tiefe Schlucht durch die kalkigen Felsen am

Orrido di Foresto

Fuß des Rocciamelone wurde von einem Fluss gegraben. Hier wächst eine Wacholderart, die sonst nur am Mittelmeer zu finden ist – eine botanische Rarität. Einige monumentale Gebäude wie der Turiner Dom sind mit Marmor aus dieser Schlucht gebaut worden.

Monte Rocciamelone

Susa alla Riposa liegt auf 2200 m Höhe an den Ausläufern des Monte Rocciamelone. Von hier aus erreicht man in anderthalb Stunden Fußweg den Rifugio Ca' d'Asti (2854 m), von dem aus man in einer weiteren Stunde den Gipfel des Rocciamelone erreichen kann (3538 m). Kurz davor liegt eine Kapelle mit Hütte. Vom Berggipfel aus genießt man eines der schönsten Panoramen der Alpen über die Valle di Susa, den Monviso und die Vanoise.

** Panoramen ▶

Valle di Susa

B-Fi

Provinz: Turin

Die Valle di Susa, eines der größten Alpentäler des Piemont, erstreckt sich von den Moränen um Rivoli über die Pässe des Moncenisio und des Monginevro bis zum Fréjus. In der Vergangenheit war dieses Tal ein Durchgangsgebiet, das zahlreiche Invasionen erlebte. Heute ist es ein internationales Zentrum des Wintersports.

Internationale Verbindungen

Noch heute verbindet das Tal Frankreich mit Italien. Die internationale Zuglinie nach Modane und Paris führt durch den Fréjus-Tunnel und entlang der Turiner Autobahn. Auf beiden Seiten der Dora laufen bis Susa außerdem die Bundesstraßen des Moncenisio und des Monginevro. Neben der Val Chisone zählt das Susa-Tal zu den wichtigsten Wintersportgebieten Italiens. 2006 finden hier die olympischen Winterspiele statt (Sestriere, Bardonecchia, Cesana, Sauze d'Oulx).

Fahrt durch die Valle di Susa

Dora Riparia

Die Dora Riparia entspringt in der Nähe des Colle del Monginevro, wird von der Ripa gespeist und trifft in Oulx auf die Dora di Bardonecchia. Ein weiterer Zufluss ist die Cenischia in Susa.

Von Susa zum Moncenisio

Von Rivoli bis Susa ist das Tal weit, flach und mit Orten wie Avigliana, Sant'Ambrogio und Bussoleno dicht besiedelt. In Susa verzweigt es sich und führt auf der einen Seite zum Colle del Moncenisio (Valle Cenischia) und nach Frankreich, auf der anderen Seite nach Oulx. Hier teilt es sich erneut in Richtung von Bardonecchia und den Tunneln des Fréjus sowie nach Claviere, dem Colle del Monginevro und

Ob Paragliding oder Wintersport: Wer sich austoben will, ist in der Valle di Susa richtig.

dem französischen Briançon. Von Susa bis zur Grenze und weiter bis zum Colle del Moncenisio ist die Straße sehr steil und kurvenreich. Nach 17 km erreicht man die italienisch-französische Grenze und steigt, vorbei an dem wunderschönen **Stausee des Moncenisio**, auf den Gipfel in 2084 m Höhe.

Von Susa bis Oulx und Cesana

Das Haupttal zwischen Susa und Salbertrand ist eng und dicht bewaldetet. In der Nähe von Exilles wird es vom Bergsporn mit der mächtigen französischen Festung (seit 1713 savoyisch) fast verriegelt. Nach der Ortschaft ▶ Oulx und der weiten Mündung des Bardonecchia-Tals verengt es sich am Fuß des Chaberton in der wilden Schlucht von Sourbas, um sich dann wieder zur Ebene von Cesana zu öffnen. Hier hat man das Herz der »olympischen Berge« erreicht, denn die Anlagen von ▶ Sestriere, Claviere und des Monginevro liegen ganz in der Nähe. In Cesana führt die Straße weiter zur italienisch-französischen Grenze und dem Colle del Monginevro (1854 m). Eine Abzweigung führt die Valle della Ripa hinauf bis nach Sestriere (2035 m).

Die freskierten Kapellen

Zwischen dem 15. und 16. Jh. entstanden auf beiden Seiten der französischen Alpen und in der Valle di Susa Kirchen und Kapellen, die interessante Gemeinsamkeiten in der Gestaltung der Außen- und Innenwände zeigen. Die Fresken gehen auf zumeist unbekannte, **reisende Maler** zurück, die sich von Ort zu Ort bewegten und so ihren persönlichen Stil verbreiteten. Ein anonymer Künstler, den man **Meister von Ramats** nennt, hat Werke in den Kapellen von Santo Stefano in Giaglione und Sant'Andrea in Chiomonte hinterlassen. In **Jouvenceaux** (Kapelle von Sant'Antonio) und in **Melezet** (San Sisto) sind die

Darstellungen des jüngsten Gerichts äußerst sehenswert. Ein weiteres Beispiel sind die Fresken in **Millaures** in der Kapelle von Sant'Andrea und San Giacomo.

Valle Tànaro

IJmo

Provinz: Cuneo

Die Alpi Marittime reichen mit dem 2200 m hohen Monte Saccarello, dem südlichsten Gipfel des Piemont, bis an die ligurische Küste. In der felsigen und bewaldeten Ebene fließt der noch junge Tànaro, der zweitlängste piemontesische Fluss. Das Hochtal bietet sich für zahlreiche sportliche Aktivitäten an, z. B. Wandern, Klettern, Mountainbiking und im Winter natürlich Skifahren.

Sehenswertes in Valle Tànaro

Ceva und andere Städtchen

Ceva, einst Hauptstadt eines Herzogtums, hat ihren mittelalterlichen Charakter bewahrt, so etwa in der Via Marenco mit den niedrigen und dunklen Arkaden. **Nucetto** war bereits den Römern wegen seiner vielen Nussbäume als »Nucetis« bekannt. Auch **Bagnasco** geht auf eine römische Gründung zurück. Auf seinen Anhöhen stehen noch Mauern und Rundtürme einer mächtigen, 1555 zerstörten Burg. Das idyllische **Perlo** findet sich in einem kleinen Seitental zwischen Wiesen und Wäldern. Seine Altstadt mit dem charakteristischen Kampanile, der alten Backsteinkirche und der Turmruine liegt auf dem Hügel. Der antike Name von **Priola** war »Paetra Auriola«, vielleicht ein Hinweis auf Goldminen in den umliegenden Bergen. Heute findet man hier anstelle von Goldnuggets vor allem schmackhafte Pilze und Kastanien.

Garessio

Wahrscheinlich waren es nicht Feen, die Garessio gründeten, wie es die Legende will, sondern die Ligurer. Ihnen folgten Römer, sarazenische Piraten, Langobarden, die Feudalherren der Aleramo und der Savoyer. Diese Vergangenheit lässt sich an den Gebäuden des mittelalterlichen **Borgo Maggiore** ablesen, so etwa am Palazzo comunale, heute Sitz des Archivs und des Museums für Höhlenforschung, der Confraternita und dem Baptisterium von San Giovanni oder den Kirchen und dem Sanktuarium von Valsorda. Ebenfalls beachtenswert sind Bauschmuck und Portale der Häuser im Poggiolo, die Mineralwasserquellen von San Bernardo sowie die Brücke über den Tànaro, nach welcher der lebendige Ort benannt wurde. In den Bergen befindet sich außerdem ein weiteres Zeugnis der savoyischen Kirchengeschichte, die **Certosa-Castello di Casotto**.

VALLE TANARO ERLEBEN

AUSKUNFT

Ufficio Informazioni
Piazza Carrara 131
Garessio
Tel. 0174 805670 | 805611

ÜBERNACHTEN

▶ Komfortabel

Italia
Corso Paolini 28, Garessio
Tel. 0174 81027
Einfaches, aber angenehmes familiäres Hotel im Grünen.

Passionsspiel

Alle fünf Jahre führt die Confraternita di San Giovanni die **Kreuzabnahme Christi** als Passionsspiel auf. Dabei treten alle Personen der Heilsgeschichte auf: die Muttergottes und die römischen Soldaten, Engel mit den Marterwerkzeugen Nägel, Hammer und Dornenkrone, der Erzengel Raphael spricht den Prolog.

Ormea

Das antike Ormea verdankte seinen ursprünglichen Namen »Ulmeta« den dort wachsenden Ulmen. Gegen Ende des 19. Jh.s entwickelte es sich zu einem noblen Touristenort mit Villen der ligurischen Aristokratie, einem Grand Hôtel, in dem sich heute die Forstwirtschaftsschule befindet, und einem Casino. Unterhalb der Burgruine schlängeln sich die Gassen der herzförmigen Altstadt um den Herzogspalast, Häuser mit verzierten Portalen und schmiedeeisernen Balkonen und das **Museo della Cultura locale**. In der Kirche von San Martino befindet sich ein Fresko von 1397. Der romanische Glockenturm aus dem 10. Jh. birgt das antike Stadttor. Der tausendjährige Rundturm im Tal erinnert an die sarazenischen Räuber, deren Sprache auch Spuren im örtlichen Dialekt hinterlassen hat, eine kuriose Mischung aus ligurischen, piemontesischen, provenzalischen und arabischen Elementen. Hier isst man gerne Polenta saracena mit einer Sauce aus Porree und Milch und »Tultei«, große Ravioli mit Kartoffelfüllung, die man über dem Ofen röstet. Ein typisches Getränk ist der Ormeasco, ein ursprünglich ligurischer, aber mittlerweile hier beheimateter Wein.

Briga Alta

In der südlichsten Gemeinde des Piemonts befindet sich der große Wald **Bosco delle Navette**. Die Landschaft ist von seltener Schönheit und bietet außergewöhnliche Naturdenkmäler wie die Schlucht Orrido delle Fascette oder Tropfsteinhöhlen sowie die Bergdörfer Carnino, Upega und Piaggia. Ein Teil des Gemeindelandes liegt im **Parco naturale regionale Alta Valle Pesio e Tànaro**. Briga Alta ist einer der wenigen Orte, in denen die provenzalische Sprache noch lebendig ist.

★★ Torino · Turin

GHi

Landeshauptstadt
Einwohnerzahl: 857 433
Höhe: 239 m ü. d. M.

Betrachtet man Turin von einem der Aussichtspunkte in den Hügeln, beeindrucken das dicht geknüpfte Straßennetz und das Alpenpanorama mit dem Gipfel des Monviso. Das barocke Stadtbild wird durch die vielen, insgesamt 17 km langen Arkaden und von wunderbaren Alleen geprägt.

Die savoyischen Residenzen

Die größtenteils restaurierten savoyischen Residenzen sind die architektonischen Glanzstücke Turins: der **Palazzo Reale** und der **Palazzo Madama**, das **Castello del Valentino** und der **Palazzo Carignano**, die suburbanen Herrschaftssitze von **Rivoli**, **Venaria Reale**, **Stupinigi** und **Racconigi**.

Kunst in Hülle und Fülle

Für Kunstliebhaber gibt es drei Adressen ersten Ranges: das **Museo egizio**, die **Galleria sabauda** und das **Museo del Cinema**. Moderne und zeitgenössische Kunst wird in der **Galleria d'Arte moderna**, dem **Castello di Rivoli** und der **Fondazione Sandretto** präsentiert.

Savoir Vivre

Neben den vielen Sehenswürdigkeiten locken auch zahlreiche elegante Boutiquen, Trödelläden, Cafés und Restaurants mit den traditionellen »Dehors« zum Bummeln durch Turin.

Geschichte

Das römische Turin

Auf heutigem Turiner Gebiet gab es schon im 3. Jh. v. Chr. die keltisch-ligurische Siedlung **Taurasia**, Hauptstadt des Volkes der Tauriner. 28 v. Chr. entstand die römische Kolonie **Augusta Taurinorum**, die rasch den Status des »Municipium« erlangte. Um den Palazzo Reale sind einige Zeugnisse aus dieser Zeit erhalten, darunter die **Porta Palatina** und das **Teatro romano** aus dem 1. Jh. n. Chr. sowie zwei Türme der **Porta Praetoria**, die vom Palazzo Madama vereinnahmt wurden. Via Porta Palatina und Via Garibaldi konnten als die zwei Hauptachsen der antiken Stadt, Cardus und Decumanus, identifiziert werden. Das Forum befand sich auf der Piazza Palazzo di Città, Stadtzentrum bis heute.

Das kleine mittelalterliche Zentrum

In der Mitte des 11. Jh.s heiratete **Herzogin Adelaide**, Erbin der Mark Turin, Oddone von Savoyen, Sohn des Begründers der savoyischen Dynastie Umberto Biancamano. Als Witwe regierte sie lange Zeit die Mark Turin und Savoyen. Nach ihrem Tod erhoben die **Savoyer** Anspruch auf die Stadt. Doch konnten sie sich, obwohl sie die Hügel des Piemont kontrollierten, nicht durchsetzen. In dieser unsicheren Zeit konstituierte sich Turin als Kommune. Die wirtschaftliche Entwicklung kam jedoch nicht in Schwung, im 13. Jh. zählte die Stadt 4000 Einwohner. Unter **Amedeo VIII. von Savoyen** wurde Turin 1418 Hauptstadt der vereinigten piemontesischen Provinzen. In den Kriegswirren des 14. und 15. Jh.s und während zahlreicher Invasionen mussten die Savoyer immer wieder französischen Einfluss dulden.

Die erfundene Hauptstadt

Nachdem Turin als römische Gründung sich im Verlauf der Jahrhunderte nur langsam zu einer Provinzstadt entwickelt hatte, wurde sie am Ende des 16. Jh.s als Hauptstadt neu »erfunden«. Durch den **Vertrag von Cateau-Cambrésis** (1559) erhielt Emanuele Filiberto von Savoyen die Herrschaft über das Herzogtum zurück. 1563 entzog man Chambéry zugunsten von Turin den Status der Hauptstadt. Der neue savoyische Staat bedurfte einer repräsentativen Hauptstadt, die mit den anderen europäischen Städten konkurrieren konnte. Als Modell diente dafür die »Idealstadt« der Renaissance mit breiten, geraden Straßen, über die man den Verkehr leiten konnte, und großen Plätzen für ehrwürdige Denkmäler.

Das moderne Turin nimmt Gestalt an

Fast unmittelbar nach der Ernennung zur Hauptstadt begann man mit dem Bau der Festungsanlagen und der Zitadelle – wahre Wunder der Militärarchitektur. Unter **Carlo Emanuele I.** (1580–1630) setzte sich die Stadterweiterung fort. Der Architekt Ascanio Vitozzi gestaltete die Piazza Castello neu und begann mit dem Bau der Contrada Nuova, der heutigen Via Roma. Das Stadtzentrum erhielt allmählich sein barockes Aussehen. Unter der Regentschaft der Witwe Vittorio Amedeos I., **Maria Cristina di Francia** oder Madama Reale, kam es zu einer regen Bautätigkeit. Ihr Architekt Carlo di Castellamonte entwarf die neue Piazza Reale, die spätere Piazza San Carlo, nach Pariser Vorbild. Herzog **Carlo Emanuele II.** setzte das Werk Maria Cristinas mit dem Architekten Amedeo di Castellamonte fort. Mit Blick auf die Stadtausdehnung in Richtung des Flusses gestaltete man die Nuova Contrada di Po, heute Via Po, zu einem glanzvollen Boulevard von europäischem Rang. **Guarino Guarini** ergänzte das von den Castellamonte geprägte Stadtbild mit originellen Bauten, wie der Kirche von San Lorenzo, der Cappella della Sindone und dem Palazzo Carignano.

Hauptstadt des Königreichs Sardinien

In den ersten Jahren des 18. Jh.s kehrte die französische Bedrohung zurück. Nach einer langen Belagerung schlugen die austro-piemontesischen Truppen unter **Vittorio Amedeo II.** und **Eugenio di Savoia** die Franzosen. In Turin begann ein Jahrhundert ungestörter Expansion. In der Zeit, als es Hauptstadt des Königreiches Sardinien war, entstanden neue, von **Filippo Juvara** entworfene Gebäude: die Basilika von Superga, Fassade und Treppenhaus des Palazzo Madama, die Palazzina von Stupinigi sowie die Militärviertel. Der Architekt gilt zu Recht als einer der »Schöpfer« der Stadt. 1800 eroberte **Napoleon** Turin und machte es zur Hauptstadt der neuen Region Po. Zu jener Zeit riss man die Stadtmauern ab, an deren Stelle man breite Alleen anlegte. Mit der Wiedereinsetzung von **Vittorio Emanuele I.** und **Carlo Felice** führte man einige der alten städtebaulichen Projekte fort, darunter die Anlage des Borgo Nuovo, der Piazza Vittorio und der Piazza Carlo Felice sowie der Bau der Chiesa della Gran Madre.

Hauptstadt Italiens

Unter **Carlo Alberto** und dann unter **Vittorio Emanuele II.** war Turin das Zentrum des Risorgimento und Schauplatz patriotischer Verschwörungen, der Unabhängigkeitskriege und komplizierter diplomatischer Verhandlungen. Diese wurden vor allem von **Camillo Benso Conte di Cavour** (1810–1861) vorangetrieben und trugen maßgeblich zur Konstituierung des neuen Staates bei. 1861 rief man das **Königreich Italien** aus, dessen Regierung 1865 zuerst Florenz und danach Rom zur Hauptstadt machte. Nach einigen Jahren der Stagnation begann Turin sich schließlich industriell und kulturell zu erneuern.

FIAT und das Wirtschaftswunder

1899 entstanden die FIAT-Werke. Die politischen Aktionen der dort entstandenen Arbeiterbewegung fanden ihren Höhepunkt in den Fabrikbesetzungen während der Aufstände von 1919. Spätestens seit dem Bau der **Fabriken von Lingotto** und **Mirafiori** zählte Turin zu den Hauptstädten der internationalen Großindustrie. Durch das Wirtschaftswunder in den 50er-Jahren kam es zu einer **Einwanderungswelle** aus Süditalien. In den 60er-Jahren wohnten mehr als 1 200 000 Menschen in der Stadt. Die bis in die 30er-Jahre hinein wohl durchdachte Stadterweiterung verlor sich nun in der Bauspekulation.

Gegenwart und Zukunft

In den 90er-Jahren des 20. Jh.s kam es in Turin zu zahlreichen Veränderungen und Umbrüchen. Die Industrie verlor ihre dominante Rolle und der Umzug vieler Betriebe nach Mailand, Rom oder sogar Bologna ließ die Einwohnerzahlen in der Innenstadt sinken. Dafür konnten neue Arbeitsfelder in den Bereichen **Forschung, Industriedesign** und **Kultur** erschlossen werden, so etwa durch die Erweiterung des international renommierten Polytechnikums sowie in der **Tourismus- und Filmbranche**. Mit Blick auf die olympischen Winterspiele 2006 kam es außerdem zu großangelegten städtebaulichen Umstrukturierungen, insbesondere durch Arbeiten an der Untergrundbahn und den Eisenbahnstrecken, die man zum Teil unter die Erde verlegte. Erst vor kurzem entstand eine neue, 7 km lange Freifläche im Stadtzentrum (la Spina). Turin ist wieder dabei, sich neu zu erfinden.

Große Ereignisse

Die neue Ausstellungsfläche von Lingotto bietet Platz für zahlreiche Veranstaltungen, wie die italienische Buchmesse **Fiera internazionale**

del Libro im Mai, den **Salone del Gusto** im Oktober (alle zwei Jahre: 2006, 2008, ...) und den **Salone del Vino** (Mitte November), der Gourmets aus ganz Europa anlockt. Im ehemaligen Zoologischen Garten des Parco Michelotti findet die **Experimenta** statt. Sie bringt den Jugendlichen die Wissenschaft spielerisch nah. Auch die Biennale **Big** ist der Kreativität der jungen Leute gewidmet. Die neue Schokoladenmesse mit Festcharakter **CioccolaTo** hat die Eurochocolate abgelöst.

◀ Zentrum für Musik und Film

Turin versteht sich auch als eine Hauptstadt der Musik und richtet jedes Jahr im September in Kirchen, Klöstern und städtischen Sälen das Festival klassischer und zeitgenössischer Musik **Settembre Musica** aus. Seit einigen Jahren haben sich zudem einige Filmfestivals etabliert: das **Torino Film Festival** in den Sälen von Lingotto ist nach Venedig das größte Italiens (Mitte November); das Frauenfilmfestival **Festival internazionale cinema delle donne** (Anfang März); das **Festival internazionale di film con tematiche omosessuali** gehört zu den wichtigsten Festivals des homosexuellen Films weltweit (zweite Aprilhälfte). Von November bis Ende Januar wird die Innenstadt von den fantasievollen Beleuchtungen und leuchtenden Installationen der **»Luci d'Artista«** erhellt. Gut besucht werden jeden zweiten Sonntag auch der Antiquitätenmarkt **Gran Balôn** (hinter der Porta Palazzo) und der Flohmarkt. Hinzu kommt jeden ersten Sonntag des Monats der **Mercato del Libro ritrovato** für antiquarische Bücher und alte Drucke auf der Piazza Carlo Felice.

Die Vergabe der 20. Olympischen Winterspiele an Turin hat den städtischen Wandel ins Rollen gebracht.

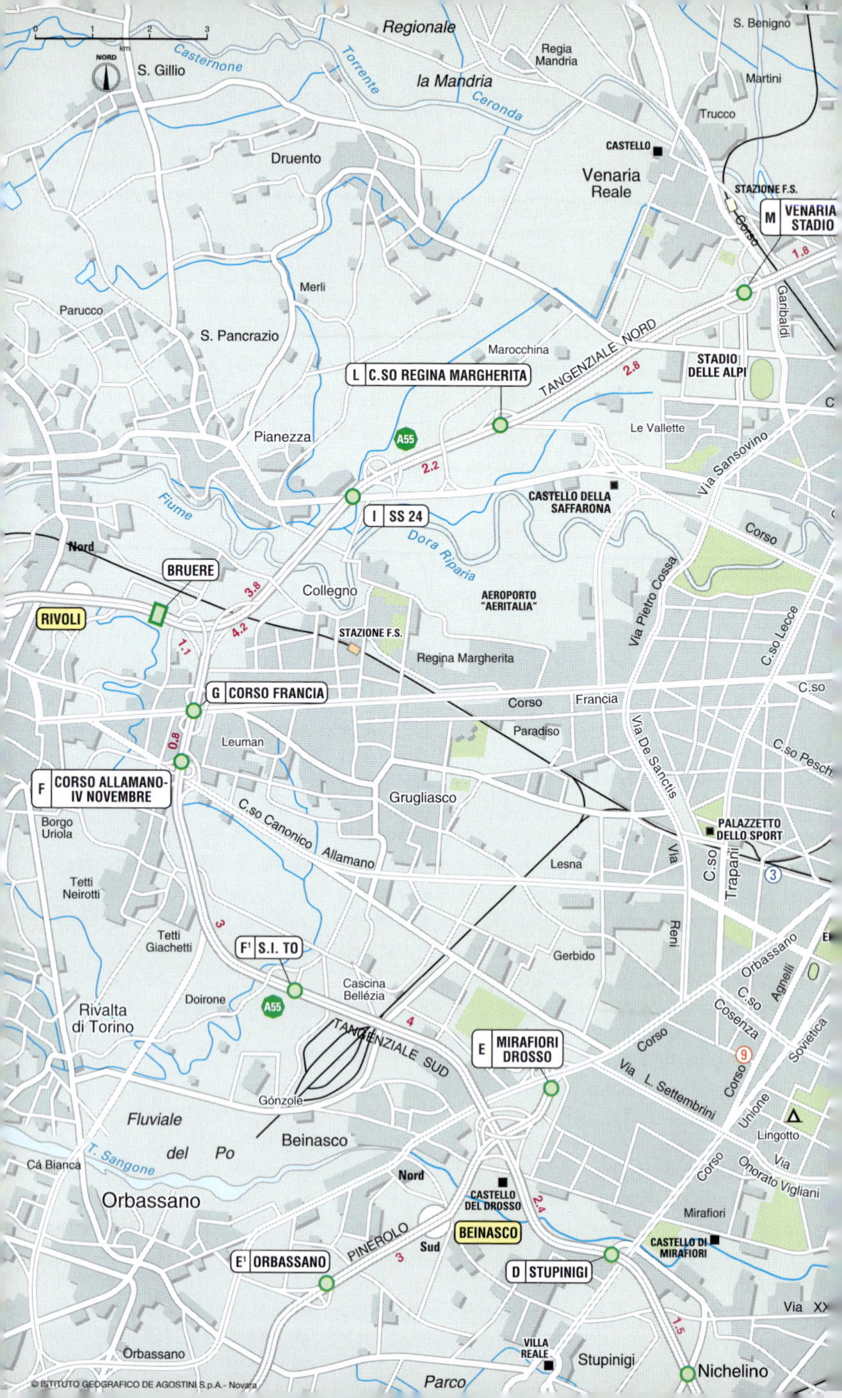

0 1 2 3 km
NORD
Regionale
la Mandria
Regia Mandria
S. Benigno
Martini
Trucco
S. Gillio
Casternone
Torrente
Ceronda
Druento
CASTELLO
Venaria Reale
STAZIONE F.S.
M VENARIA STADIO
Corso Garibaldi
1.8
Merli
Parucco
S. Pancrazio
Marocchina
TANGENZIALE NORD
2.8
STADIO DELLE ALPI
L C.SO REGINA MARGHERITA
A55
Pianezza
Le Vallette
2.2
Via Sansovino
I SS 24
CASTELLO DELLA SAFFARONA
Fiume
Dora Riparia
Nord
BRUERE
Collegno
3.8
AEROPORTO "AERITALIA"
Via Pietro Cossa
C.so Lecce
RIVOLI
4.2
STAZIONE F.S.
1.1
Regina Margherita
G CORSO FRANCIA
Corso Francia
C.so
Paradiso
Leuman
0.8
C.so Pesch
F CORSO ALLAMANO-IV NOVEMBRE
Grugliasco
Via De Sanctis
Borgo Uriola
C.so Canonico Allamano
PALAZZETTO DELLO SPORT
Lesna
Via
C.so Trapani
Tetti Neirotti
Reni
Tetti Giachetti
F[1] S.I. TO
Gerbido
Orbassano
C.so Agnelli
Cascina Bellézia
Doirone
A55
Rivalta di Torino
4
TANGENZIALE SUD
E MIRAFIORI DROSSO
Corso
Via L. Settembrini
Cosenza
Corso Unione Sovietica
Lingotto
Gónzole
Fluviale del Po
Beinasco
T. Sangone
Cá Bianca
Nord
CASTELLO DEL DROSSO
Via Onorato Vigliani
Orbassano
Mirafiori
2.4
PINEROLO
BEINASCO
Sud
CASTELLO DI MIRAFIORI
E[1] ORBASSANO
3
D STUPINIGI
Via XX
1.5
VILLA REALE
Stupinigi
Orbassano
Parco
Nichelino

Essen

- ② Mongreno
- ③ Porticciolo
- ④ Mare Nostrum
- ⑥ Monferrato
- ⑦ Perbacco
- ⑩ Taverna delle Rose
- ⑪ Trômlin

Übernachten

- ② Le Meridien Lingotto
- ③ Executive Hotel Residence
- ⑥ Luxor
- ⑧ Valentino du Parc
- ⑨ Giada
- ⑩ Montevecchio

TURIN ERLEBEN

AUSKUNFT

Ufficio Informazioni
FS Stazione Porta Susa
Tel. 011 6655087
www.ferroviedellostato.it
Caselle Flughafen, Tel. 011 5676361 / 2

Turismo Torino
Via Maria Vittoria 19, Tel. 011 8185011
www.turismotorino.org

VERKEHR

Flughafen
www.aeroportoditorino.it
Città di Torino Caselle,
18 km nordwestlich vom Zentrum,
Bus zur Stazione Porta Nuova

Bahn
Hauptbahnhof: Stazione Porta Susa
Piazza XVIII Dicembre

Straßenbahn
Linienplan bei ATM, Porta Nuova,
Tickets in Tabacchi-Geschäften

Parken
www.comune.torino.it/gtt/parcheggi

ESSEN

▶ Fein & teuer

① *Del Cambio*
Piazza Carignano 2, Tel. 011 546690
www.thi.it
Ruhetag: So., Aug. (unterschiedlich)
Das historische Restaurant geht auf das Jahr 1757 zurück. Sehr elegante Räumlichkeiten. Der Chef bietet traditionelle Gerichte der piemontesischen Küche an. Spezialitäten des Hauses sind Fleisch, Pilze und Trüffel.

② *Locanda Mongreno*
Strada Comunale Mongreno 50
Tel. 011 8980417
Ruhetag: Mo., Di. bis So. (Mittag), Jan.; Sept. (unterschiedlich)
Zwei romantische, pastellfarbene kleine Räume mit gedämpftem Licht, in denen Sie wunderbar zubereitete Kreationen speisen können. Spezialität des Hauses sind Desserts.

③ *Porticciolo*
Via Barletta 58, Tel. 011 321601
www.ilporticciolo.net
Ruhetag: Mo., Sa. (Mittag), Aug., 1.–7. Jan.
Empfehlenswert sind insbesondere die Fischgerichte, die je nach Angebot auf dem Fischmarkt täglich wechseln. Sie sollten vorbestellen.

▶ Erschwinglich

④ *Mare Nostrum*
Via Matteo Pescatore 16
Tel. 011 8394543
www.ristorantemarenostrum.it
Ruhetag: So., Mo. bis Sa. (Mittag), Aug. (unterschiedlich)
Wie schon der Name erraten lässt, wird hier Fisch aufgetischt. Er ist frisch, von hoher Qualität und wird mit viel Esprit nach den Grundregeln der mediterranen Küche zubereitet. Ausgesprochen freundlicher Service.

⑤ *Gennaro Esposito*
Piazza Statuto 9, Tel. 011 535905
Ruhetag: So., Sa. (Mittag); unterschiedl.
Pizza und andere Gerichte sind durch und durch neapolitanisch. Empfehlenswert sind der »misto mare

affumicato«, die Fusilli nach Amalfiart und die »pastiera«.

⑥ ***Monferrato***
Via Monferrato 6, Tel. 011 8190661
Ruhetag: Sa. (Mittag), So.
Klassische italienische Gerichte, zu denen exzellente piemontesische Weine serviert werden. In der richtigen Saison sollten Sie den »bue grasso di Carrù« und die weißen Trüffel kosten.

⑦ ***Perbacco***
Via Mazzini 31, Tel. 011 882110
Ruhetag: Mo. bis Sa. (Mittag), So., Aug.
Modernes Ambiente mit angenehmer Atmosphäre. Nur abends, dafür bis spät in die Nacht geöffnet. Traditionelle und regionale Küche mit Fleisch- und Fischgerichten.

⑧ ***Micamale***
Via Corte d'Appello 13, Tel. 011 4362288
www.ristorantemicamale.com
Ruhetag: Sa. (Mittag), So., 13.–20. Aug. (unterschiedlich)
In einem historischen Palazzo im belebten »römischen Viereck«. Leichte Küche mit hochwertigen saisonalen Produkten. Im Sommer stehen die Tische draußen auf einem kleinen Platz.

⑨ ***Alla Buca di San Francesco***
Via San Francesco da Paola 27
Tel. 011 8125950
Ruhetag: Mo. (Mittag), Fr., unterschiedl.
Typisches Lokal in der Nähe des Bahnhofs Porta Nuova; solide Familientradition. Gute piemontesische Küche.

⑩ ***Taverna delle Rose***
Via Massena 24, Tel. 011 538345
Ruhetag: Sa. (Mittag), So., Aug.
Ein altmodischer Saal von 1800, gedämpftes Licht und Duftkerzen. Piemontesische Küche mit Schwerpunkt auf saisonalen Produkten.

⑪ ***Trômlin***
Via alla Parrocchia 7
Tel. 011 6613050
Ruhetag: werktags (Mittag); 16.–28. Aug.
Angenehmes, familiengeführtes Lokal auf den Hügeln mit rustikaler Einrichtung. Die Küche orientiert sich an der regionalen Tradition.

▶ Preiswert
⑫ ***Vineria Tre Galli***
Via Sant'Agostino, Tel. 011 5216027
www.3galli.com
Ruhetag: So., Aug.
Das auf zwei Stockwerke verteilte Lokal ist mit alten Tischen und Stühlen eingerichtet. Auf der Karte stehen Weine aus der ganzen Welt und piemontesische Gerichte. Regelmäßig finden kulinarische Themenabende statt.

ÜBERNACHTEN

▶ Luxus
① ***City***
Via Juvara 25, Tel. 011 540546
www.bestwestern.it
In der Nähe der Porta Susa gelegen, ist das Hotel von der Autobahn und der Umgehungsstraße aus einfach zu erreichen. Moderne Zimmer und Luxussuiten. Ohne Frühstück.

② ***Le Meridien Lingotto***
Via Nizza 262, Tel. 011 6642000
www.lemeridian-lingotto.it
Dieses Hotel befindet sich in der

ehemaligen Fiat-Fabrik Lingotto, die vom Stararchitekten Renzo Piano neu gestaltet wurde. Das Restaurant Torpedo erinnert an das historische Automobil. Traumhafter Garten, ultramoderne Zimmer und direkter Zugang zum Kongresszentrum und zur Messe.

▶ Komfortabel

③ ***Executive Hotel Residence***
Via Nizza 28, Tel. 011 6507707
www.gtgroup.it
Ausgesprochen modernes Hotel im Herzen Turins mit schalldichten Zimmern und höchstem Komfort. Hervorragend ausgestattete Tagungsräume. Ohne Frühstück.

④ ***Artuà***
Via Brofferio 3
Tel. 011 5175301
www.hotelartua.it
Winziges Hotel in der Innenstadt in den oberen Stockwerken eines Palazzo aus dem 19. Jh. mit einem prachtvollen Treppenaufgang. Ruhiges und familiäres Ambiente, Zimmer mit allem Komfort. Ohne Frühstück.

⑤ ***Astoria***
Via XX Settembre 4
Tel. 011 5620653
www.astoriahotel.it
Gebäude aus dem 19. Jh., nur 100 m vom Bahnhof Porta Nuova entfernt. Freundliche Atmosphäre, angenehmer Innengarten und gut ausgestattete Zimmer. Ohne Frühstück.

⑥ ***Luxor***
Corso Stati Uniti 7
Tel. 011 5620777
www.hoteluxor.it
Modernes, gut ausgestattetes Hotel in der Nähe von Torino Esposizioni. Empfehlenswert sind die schönen Suiten mit Balkon und wunderbarer Aussicht auf die Stadt. Ohne Frühstück.

⑦ ***Nazionale***
Piazza CLN 254, Tel. 011 5611280
www.hotelnazionale.com
Ein Bau aus den 1920er-Jahren gleich in der Nähe der Piazza San Carlo mit Blick auf die Stadt. Geräumige und angenehme Zimmer.

⑧ ***Valentino du Parc***
Via Giotto 16, Tel. 011 673932
www.hotelvalentino.it
Ruhig gelegenes, modernes Hotel in der Nähe des Parco del Valentino. Ohne Frühstück.

▶ Günstig

⑨ ***Giada***
Via Barbera 6, Tel. 011 3489383
www.hotelgiada.torino.it
In der Umgebung von Mirafiori, nahe Autobahn und Umgehungsstraße. Kleiner Garten. Aufmerksamer, freundlicher Service. Ohne Frühstück.

⑩ ***Montevecchio***
Via Montevecchio 13, Tel. 011 5620023
www.hotelmontevecchio.com
Modernes Hotel in der Nähe des Bahnhofs Porta Nuova und der Haltestelle des Busses, der zum Flughafen Caselle fährt. Ohne Frühstück.

⑪ ***Statuto***
Via Principi d'Acaja 17
Tel. 011 4344638
Familiengeführtes Hotel in der Nähe der Porta Susa. Angenehm und gastfreundlich; einfache, aber komfortable Zimmer. Ohne Frühstück.

Piazza Castello und Umgebung

Erste Route

Dieser erste Rundgang führt durch das Herz des mittelalterlichen Turins, streift die romanischen Gebäude und die ersten savoyischen Residenzen. Am Rand des Stadtkerns finden sich die kühnen Architekturen Antonellis aus dem 19. Jh., darunter das Wahrzeichen Turins, die Mole Antonelliana.

**** Piazza Castello**

Seit Jahrhunderten ist die fast 40 000 m² große Piazza Castello das Zentrum Turins, vom dem aus alle städtebaulichen Erweiterungen ausgingen. Hier stand die römische »Porta Praetoria«, später Teil einer mittelalterlichen Burg. Diese wiederum wurde im 17. Jh. zum Palazzo Madama umgebaut, der die Mitte des Platzes einnimmt. Die Anlage des heute zum Teil verkehrsberuhigten Platzes geht auf Ascanio Vitozzi zurück. 1584 ließ er die Gebäude an der Burg abreißen. Den gewonnenen Raum schmückte er an der Westseite mit Arkaden, die ein Wahrzeichen Turins wurden. Die angrenzende **Piazzetta Reale** mit den beiden Dioskuren wird von dem Gitterwerk Pelagio Palagis umgeben. Hier befinden sich der Palazzo Reale aus dem 17. Jh., die Kirche von San Lorenzo und das königliche Zeughaus. Zur Piazza Castello gehört auch das Teatro Regio und die Torre Littoria, ein in den 30er-Jahren des 20. Jh.s erbauter Turm.

**** Palazzo Madama**

Der Palazzo Madama versinnbildlicht die über zweitausendjährige Geschichte Turins, da sein Mauerwerk sowohl Teile des antiken Stadttores als auch der darauf errichteten mittelalterlichen Burg enthält. Nach der Erweiterung im 15. Jh. durch die Savoyer wurde das Anwesen im 17. Jh. zur **Residenz von Madama Reale**, Maria Cristina, Witwe Vittorio Amedeos I. Die zweite Madama Reale, Maria Giovanna Battista von Savoyen-Nemours, Gemahlin von Carlo Emanuele II., ließ den Palast weiter ausbauen und verschönern. Im 18. Jh. kam schließlich die prächtige Marmorfassade mit dem beeindruckenden Treppenhaus von Filippo Juvara hinzu. Von den vier Backsteintürmen hinter der barocken Fassade sind zwei aus römischer Zeit und zwei aus dem 15. Jh. Sie verdeutlichen die Ausmaße des Schlosses, das dem Platz seinen Namen gab. Zu den repräsentativen Sälen gehört auch der Salone degli Svizzeri, in dem einst der subalpine Senat tagte.

** ◀ Marmorfassade

** ◀ Treppenhaus

**** Museo civico d'Arte antica**

Im Palazzo Madama befindet sich das Museo civico d'Arte antica mit seiner umfangreichen kunstgewerblichen Sammlung. Sie umfasst Werke vom Mittelalter bis ins 19. Jh., darunter das berühmte Stundenbuch »Les très riches heures du Duc de Berry«, ein Werk Jan van Eycks und seiner Schule aus dem 15. Jh., die Madonnenskulptur von Tino da Camaino und ein geschnitztes Altarantependium aus Cour-

Turin Orientierung

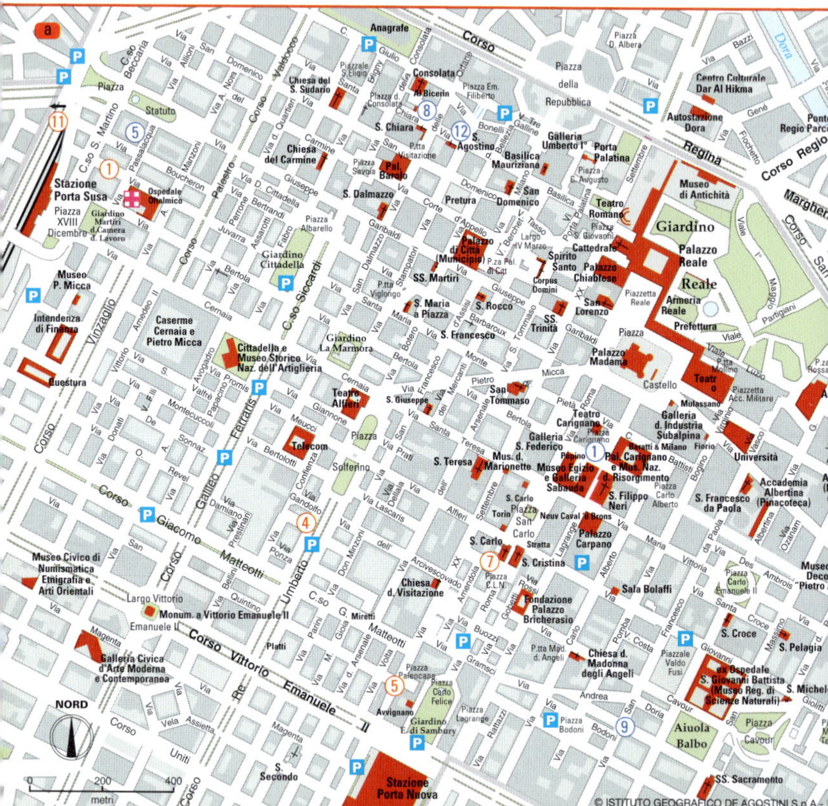

Essen
① Del Cambio
⑤ Gennaro Esposito
⑧ Savoia
⑨ Alla Buca di San Francesco
⑫ Vineria Tre Galli

Übernachten
① City
④ Artuà
⑤ Astoria
⑦ Nazionale
⑪ Statuto

★ Dreifaltigkeit ▶

★★ Glasfenster des Königs ▶

mayeur aus dem 13. Jh. Zu den herausragenden piemontesischen Werken gehören zwei Tafeln mit der **Vita von St. Peter** von Giacomo Jaquerio, die Thronende Madonna (Madonna Tucker) von Martino Spanzotti, die Dreifaltigkeit von Antoine de Lonhy und das **Chorgestühl** aus der Abtei von Staffarda. Besonders kostbar sind die Glasfenster des Königs aus der Abtei von Saint-Denis, Paris. Zur Sammlung gehört auch der berühmte Schatz von Desana, mit Objekten in Gold und Silber aus spätantiker und ostgotischer Zeit.

Die Kirche San Lorenzo ist ein Werk Guarino Guarinis (1624–1683). Auf oktogonalem Grundriss mit konvexen Seiten wird sie von einer spektakulären lichtdurchfluteten Kuppel überfangen. Sie besteht aus einem Geflecht von Bögen mit einem weiteren Oktogon, auf dem der Tambour ruht. Die fantastische Verbindung von Architektur, Skulptur und Malerei ist eine der Meisterleistungen des Barock. Der prunkvolle Hauptaltar geht ebenfalls auf einen Entwurf Guarinis zurück.

** San Lorenzo

Der Palazzo Reale nimmt die südliche Seite der Piazzetta Reale ein. Das quadratische Gebäude mit zentralem Ehrenhof entstand in der Mitte des 17. Jh.s, die Gestaltung der Innenräume zog sich über weitere 200 Jahre hin. Der Flame Jan Miel und der Lothringer Claude Dauphin freskierten das Gewölbe des repräsentativen Empfangssaals. 1668 begann Guarini mit dem Bau der Cappella della Sindone, die heutzutage allerdings nur vom Dom aus zugänglich ist. Der Ostflügel mit der Galleria del Daniel, benannt nach dem Maler des Gewölbes Daniel Seyter, wurde im letzten Jahrzehnt des 17. Jh. angebaut. Die schwierige Aufgabe, das erste mit dem zweiten Geschoss zu verbinden, löste 1720 Filippo Juvara mit seiner mehrläufigen Scala delle Forbici. Das Gabinetto delle Lacche cinesi ist ein weiteres seiner viel bewunderten Werke. Mitte des 18. Jh.s arrangierte Benedetto Alfieri die Inneneinrichtung zahlreicher Räume. Die große Sala da ballo wurde unter Carlo Alberto in der Mitte des 19. Jh.s von Pelagio Palagi ausgeführt. Besonders monumental ist die **Sala del Trono** mit vergoldeten Intarsien (Öffnungszeiten: Di. bis So. 8.30–19.30 Uhr).

** Palazzo Reale

* ◀ Galleria del Daniel und Scala delle Forbici

* ◀ Gabinetto delle Lacche cinesi und Sala da ballo

Hinter dem arkadengesäumten Innenhof liegen die königlichen Gärten, die der französische Hofarchitekt und Planer von Versailles, André Le Nôtre, schuf. Im Zentrum befindet sich ein großer **Brunnen** mit einer Gruppe **Nereiden und Tritonen**. Zahllose Skulpturen bevölkern den Park mit seinen kunstvollen Teppichbeeten und langen Alleen.

* Giardini reali

Der Erdgeschossflügel an der Piazzetta Reale beherbergt die königliche Bibliothek. Pelagio Palagi entwarf den länglichen Saal, der in zwei Absiden ausläuft, ebenso die Buchregale. 185 000 Titel und circa 5000 Manuskripte, Inkunabeln, Drucke und Zeichnungen zählen zum Bestand, darunter 13 Blätter von Leonardo da Vinci, so das berühmte Selbstporträt (Zutritt nur für Bibliotheksbenutzer).

Biblioteca reale

Im ersten Geschoss des Gebäudes befindet sich die Armeria reale, die ebenfalls unter Carlo Alberto entstand. Sie zählt weltweit zu den wichtigsten Sammlungen von Waffen und Rüstungen. Ausgestellt werden die Stücke in der prächtigen, von Filippo Juvara entworfenen und von Benedetto Alfieri vollendeten Galleria Beaumont. Der Name

* Armeria reale

★ Galleria ► Beaumont

geht auf den Hofmaler Claudio Francesco Beaumont zurück, der die Decke mit den »Taten des Äneas« schmückte. In der **Rotonda**, die zuerst als Theater und später als Tanzsaal genutzt wurde, sind Waffen des 17.–20. Jh.s zu sehen, darunter auch die Sammlung von Carlo Alberto (Öffnungszeiten: Di. bis Do. 13.30–19.00, Mi., Fr., Sa. 9.00–14.00 Uhr, aktuelle Informationen zu Öffnungszeiten Tel. 011 5184358).

Teatro Regio

Im Gegensatz zu anderen Gebäuden der Piazza Castello wirkt die Fassade des Teatro Regio eher geschlossen. Benedetto Alfieri entwarf das erste Haus, das 1740 eingeweiht wurde. Damals galt es wegen seiner hervorragenden Akustik als einer der modernsten Theaterbauten Europas. Die Premieren von »Manon Lescaut« und der »Bohème« von Puccini haben hier stattgefunden. Ein Feuer zerstörte 1936 das Gebäude. Das moderne **Nuovo Teatro Regio** von Carlo Mollino wurde 1973 eingeweiht. 1800 Besucher finden in dem Saal unter dem großen Kronleuchter Platz. Die Fassade aus Glas und Metall verbirgt sich hinter den Arkaden aus dem 18. Jh.

★ **Archivio di Stato**

1731 schuf Filippo Juvara das Gebäude zwischen dem Palazzo delle Segreterie di Stato und dem Teatro regio, das von Beginn an für das Staatsarchiv bestimmt war. Es ist in der westlichen Architekturgeschichte eines der ältesten Beispiele seiner Art. In wunderbaren Regalen aus massivem Nussholz reihen sich über eine Strecke von 16 km Dokumente aneinander, die Auskunft über 1100 Jahre Geschichte geben. Neben dem Staatsarchiv liegt, mit Eingang in der Via Giuseppe Verdi, die **Cavallerizza**, einst eine der schönsten Reithallen Europas. Heute finden hier Aufführungen des Teatro stabile di Torino statt.

★ **Duomo**

Ein enger Durchgang mit Bögen verbindet die Piazzetta Reale mit der Piazza San Giovanni. Dort befindet sich der Johannes dem Täufer geweihte Dom, die **einzige Architektur der Renaissance** in Turin. Der dreischiffige Kirchenbau bildet im Grundriss ein lateinisches Kreuz. Auf der Innenseite der Fassade befindet sich das **Grabmal** der **Anna de Créquy** aus dem 16. Jh. Die zweite Kapelle auf der rechten Seite schmückt der **Flügelaltar der Compagnia dei Calzolai** von Martino Spanzotti und Defendente Ferrari. Im rechten Quergebäude befindet sich die **Cappella del Crocifisso**, die mit einem Altar von Ignazio und Filippo Collino sowie Marmorskulpturen von Pierre Legros ausgestattet ist.

★★ Cappella ► della Sindone

Hinter dem Chor liegt eines der bedeutendsten Kunstwerke und Heiligtümer Turins, die Cappella della Sindone. Das Werk Guarino Guarinis von 1694 ist 63 m hoch und misst 18 m im Durchmesser. Die Wände des Rundbaus sind vollständig mit schwarzem Marmor ausgekleidet, welche die Wirkung des von oben beleuchteten Altars mit vergoldeten Skulpturen noch steigern. Hier wird die **Sacra Sindone** verehrt,

An der weiten Piazza Castello residierten einst die Savoyer. Heute trifft man sich hier zum Einkaufen und Ausgehen.

die als Grabtuch Christi gilt. Der Tabernakel mit der kostbaren Reliquie, seit dem Mittelalter im Besitz der Savoyer, befindet sich vorübergehend im Dom. Die durch den Brand von 1997 schwer beschädigte Kapelle kann nicht besichtigt werden, da die Bauarbeiten an der Capella Guarini, die sie im alten Glanz erstrahlen lassen werden, noch bis 2010 andauern. Dann ist auch eine neue Ausstellung des Grabtuchs geplant. In der Krypta der Kirche SS. Sudario, welche in der Via San Domenico 28 steht, befindet sich das **Museo della Sindone**.

Teatro romano und Porta Palatina

Das **römische Theater** befindet sich auf der Via XX Settembre seitlich des Doms. Es geht auf das 1. Jh. n. Chr. zurück und misst 120 m im Durchmesser. Auf der derselben Straße erhebt sich auch die **Porta Palatina**, eines der wichtigsten antiken Denkmäler Turins. Die zwei großen, 16-seitigen Backsteintürme waren einst durch ein rechteckiges Gebäude verbunden, von dem nur eine hohe Mauer mit vier Bögen erhalten ist. Zu sehen sind außerdem ein Teil der römischen Pflasterung und die Statuen von Cäsar und Augustus.

Museo di Antichità

Von der Via XX Settembre biegt man in den Corso Regina Margherita, wo in der Nr. 105 das Museo di Antichità eingerichtet wurde. In der ehemaligen Orangerie des Palazzo Reale befinden sich die archäologischen Sammlungen von der Frühgeschichte bis in die römische Zeit. Die ausgestellten Stücke stammen vorwiegend aus dem Piemont, von den Grabungen in »Augusta Taurinorum«, der nahe gelegenen römischen Stadt »Industria« (Monteu da Po), Marengo bei

Bekannt von der 2-Cent-Münze: Turmspitze der Mole Antonelliana.

Alessandria, Alba, Libarna bei ▶ Serravalle Scrivia und Susa. Zu den berühmtesten Stücken zählen die **Büste des Lucius Verus** (2. Jh. n. Chr.), die zum so genannten Schatz von Marengo gehört, sowie die Statuette der **verschleierten Tänzerin** aus »Industria«. Außerdem zeigt das Museum eine etruskische Sammlung, römische Gläser sowie zypriotische und griechische Vasen (Öffnungszeiten: Di. bis Do. 8.30–19.30 Uhr).

Vom Museo di Antichità biegt man nach rechts in den **Corso San Maurizio**, der sich entlang der königlichen Gärten erstreckt. Hier findet man einige der Gebäude von Alessandro Antonelli aus dem 19. Jh. In Turin war er der erste Architekt, der die Neuerungen der Ingenieurskunst nutzte. An der Ecke Corso San Maurizio und Via Giulia di Barolo steht seine so genannte **Fetta di polenta**, die eine Kunstgalerie beherbergt. Das Haus entstand nach einer Wette auf einem trapezförmigen Grundstück des Architekten. Es ist 27 m lang, aber auf einer Seite lediglich 5 m und auf der anderen sogar nur 70 cm breit. Die fünf Geschosse des Gebäudes werden im Inneren durch eine enge Wendeltreppe erschlossen. Die Möbel gelangten mit Hilfe einer Drahtseilwinde durch die Fenster in die Innenräume.

** Mole Antonelliana

Antonellis berühmtestes Bauwerk und zugleich **Wahrzeichen von Turin** ist die Mole Antonelliana. Das Backsteingebäude wurde 1863 von der jüdischen Gemeinde in Auftrag gegeben, um der von Carlo Alberto erlassenen Religionsfreiheit feierlichen Ausdruck zu verleihen. Auf einem mächtigen, quadratischen Unterbau erhebt sich die Kuppel mit ihrer schlanken Turmspitze. Die Höhe beträgt insgesamt 167 m. Für die Statik der Backsteinmauern entwickelte Antonelli eine den Stahlbauten ähnliche Technik und erlangte für die Zeit verblüffende Ergebnisse. Die Kuppelschale besteht aus zwei jeweils 12 cm dünnen Mauern, deren Zwischenraum weniger als 2 m misst. Eisenanker und eine Bogenkonstruktion halten sie zusammen. Aus Sicherheitsgründen wurden im Inneren der Kuppel Betonzüge eingefügt, was die spektakuläre Ansicht etwas verstellt. Ein Wolkenbruch zerstörte 1953 Teile der Turmspitze, die in Stahl und mit einer Verkleidung aus Backstein wiedererrichtet wurde. Ein Aufzug führt bis auf die Höhe des Tempelchens auf der Kuppel, von wo man ein wunderbares Panorama über die Stadt, die Berge und die umliegenden Hügel genießt.

* Panorama ▶

Die Mole Antonelliana beherbergt seit 2000 das Museo nazionale del Cinema, das sich schnell zu einem der attraktivsten Museen Italiens entwickelte. Es bietet einen Parcours durch die Welt des Films, der auf vergnügliche und interaktive Weise sowohl Cineasten als auch Familien anspricht. Die erste Station ist der **Archäologie des Films** gewidmet (Lochkameras, Schattentheater, optische Geräte jeder Art). Die Sektion **Macchina del Cinema** veranschaulicht die einzelnen Phasen einer Filmproduktion. Die Filmplakate der **Galleria dei Manifesti** sind als Spirale im Inneren der Mole angebracht. Das Herz des Museums befindet sich in der **Aula des Tempels**. Die zehn kranzförmig angelegten Nischen bieten Einblicke in verschiedene Genres und beliebte Themen des Films. Bequeme Sitzgelegenheiten in der Mitte des Raumes erlauben den Besuchern, zwei Dokumentationen über den Stummfilm und die Geschichte des italienischen Kinos auf Riesenleinwänden zu verfolgen (Öffnungszeiten: Di. bis So. 9.00–20.00, Sa. 9.00–23.00 Uhr). ★★ Museo nazionale del Cinema

Via Po und der Borgo Nuovo

Der Rundgang verläuft entlang der Via Po und in den Vierteln zwischen Via Po, Via Roma und Corso Vittorio Emanuele II. Dieses Gebiet entstand während der beiden groß angelegten Stadterweiterungen zwischen dem Ende des 17. und dem Beginn des 19. Jh.s. Hier findet man zahlreiche schöne Plätze, englische Gärten, Museen, Kirchen, elegante Geschäfte, Cafes und historische Lokale. An jeder Ecke stößt man auf die Zeugnisse des Risorgimento, nicht nur im Museo nazionale, sondern auch auf den Plätzen mit ihren vielen Denkmälern. Zweite Route

Die Arkaden der Via Po wurden ursprünglich errichtet, damit der Hof auch bei Regen trockenen Fußes den Po erreichen konnte. Amedeo di Castellamonte entwarf 1673 den Straßenprospekt. Auf Wunsch des Herzogs wurden alle Häuser mit drei Geschossen errichtet, so dass sich eine einheitliche Fassade von 750 m Länge ergibt. Im 19. Jh. verband man die Straße mit der weiten Piazza Vittorio Veneto, die sich zur Brücke und der Kirche Gran Madre di Dio auf der anderen Po-Seite öffnet. In der Hausnummer 8 der Via Po, an der Ecke zur Via Bogino, traf man sich bereits im 19. Jh. im **Caffè Florio**, das noch heute ein äußerst angenehmes Café mit Eisdiele ist. Biegt man in die Via Bogino ein, so trifft man auf zwei sehr schöne Palazzi aus dem 17. Jh.: **Palazzo Graneri** und Palazzo Balbo di Vinadio. Ersterer beherbergt den Circolo degli Artisti. Seinem beeindruckenden Säulenportal folgen ein schöner Innenhof und ein großer neoklassischer Saal im ersten Stock. Auf der Via Po Nr. 17 befindet sich der Palazzo dell'Università, ein Werk des 18. Jh.s von Michelangelo Garove. Im zweigeschossigen Logenhof stehen die Statuen von Vittorio Amedeo II. und Carlo Emanuele III. Die schlichte Fassade der Via Po

★ ◄ Palazzo dell'Università

Kirche von San Francesco di Paola an der Hausnummer 16 ist der einzige Teil in dieser Straße ohne Arkaden. Der Hauptaltar geht auf einen Entwurf von Amedeo di Castellamonte zurück. Die Gemälde stammen von Charles Dauphin, die erste Kapelle auf der linken Seite von Juvara.

Accademia Albertina

In der Seitenstraße Via Accademia Nr. 6 befindet sich die im 17. Jh. gegründete Kunstakademie Accademia Albertina di Belle Arti. Hier unterrichteten berühmte Künstler wie Francesco Beaumont, Vincenzo Vela, Alessandro Antonelli, Antonio Fontanesi und Felice Casorati. Die dazugehörige **Gemäldegalerie** umfasst Werke vom 15.–18. Jh. (Öffnungszeiten: Di. bis So. 9.00–13.00 und 15.00–19.00 Uhr).

* Museo Accorsi

Die Nr. 55 der Via Po mit seinem kürzlich restaurierten, schönen Innenhof beherbergt das Museo di Arti decorative – Fondazione Pietro Accorsi, das den Nachlass des Antiquars Pietro Accorsi ausstellt. Das Museum präsentiert die detailliert rekonstruierte Innenansicht eines **herrschaftlichen Anwesens aus dem 18. Jh.** Zu den Glanzstücken der Sammlung zählen Werke von Pietro Piffetti, einem der größten Kunsttischler des 18. Jh.s (Öffnungszeiten: Di. bis So. 10.00–20.00, Do. 10.00–23.00 Uhr).

* Piazza Vittorio Veneto

Giuseppe Frizzi entwarf 1825 die 35 000 m^2 große Piazza Vittorio Veneto, um die Via Po mit der Brücke und dem auf der anderen Seite des Flusses entstandenen Stadtviertel zu verbinden. Die Arkaden überspielen die Abschüssigkeit des Terrains und bieten eine geradezu theatralische Perspektive auf Fluss und Hügel. Durch die geschickte Beleuchtung der Palazzi und kunstvoll bekrönte Laternen wirken der Platz und die Via Po bei Nacht besonders stimmungsvoll.

Murazzi del Po

Vor der im Auftrag Napoleons ausgeführten Brücke Vittorio Emanuele I. sieht man die Flussdämme der Murazzi del Po, die in derselben Zeit erbaut wurden wie der Platz. Unter den Bögen haben zahlreiche, gut besuchte Musiklokale eröffnet. Hier trifft sich die Turiner Szene, die **Movida torinese**.

* Chiesa della Gran Madre di Dio

Auf der anderen Seite des Po bietet die Kirche della Gran Madre di Dio mit ihrer breiten Treppe einen schönen Anblick. Das Gebäude, das an den römischen Pantheon erinnert, wurde anlässlich der Rückkehr zur Monarchie nach der napoleonischen Zeit errichtet. Die Statuen Fides und Religio flankieren die Treppe. Der Kelch in der Hand von Fides soll auf den heiligen Gral anspielen, der, so die Legende, auf dem Gelände der Kirche vergraben wurde.

Piazza Maria Teresa

Die Piazza Maria Teresa und die angrenzende Via della Rocca, eine der schönsten Straßen Turins, gehören zum **Borgo Nuovo**, der im Zuge der

Stadterweiterung des 19. Jh.s entstand. Der begrünte und von kleinen Palazzi und Villen umgebene Platz ist wirklich eine bezaubernde Ecke.

Die **Piazza Cavour** und die angrenzende **Aiuola Balbo** entstanden an der Stelle der unter Napoleon zerstörten Festungsanlagen. Wunderschöne Gärten mit begrünten Hügeln laden zur Erholung ein und erinnern an die Parks in London. Umgeben wird der Platz von kleineren Bauten des 19. Jh.s.

* Piazza Cavour

Das Ex Ospedale Maggiore di San Giovanni an der **Aiuola Balbo** wurde ab 1680 von Amedeo di Castellamonte erbaut. Die dreigeschossige, Fassade mit Backsteinsichtwerk liegt an der Via Giolitti. Auf den Seitenstraßen ist das Gebäude nur zwei Stockwerke hoch, was die dreiteilige Fassadendekoration jedoch kaschiert. Beachtenswert sind das Treppenhaus sowie die Apotheke zur Linken des Eingangs. Derzeit sind im Gebäude universitäre Einrichtungen und Museen untergebracht, darunter das naturwissenschaftliche Museo regionale di Scienze naturali in der spektakulären Vierung des ehemaligen Krankenhauses (Öffnungszeiten: tgl. außer Di. 10.00–18.00 Uhr).

* Ex Ospedale Maggiore di San Giovanni

Die Turiner nennen die **Piazza Carlo Emanuele II.** liebevoll Piazza Carlina. Die schöne Anlage mit dem Denkmal für Camillo Cavour wird von stattlichen Palazzi gesäumt, darunter dem **Palazzo Guarene**, dessen Fassade Filippo Juvara entwarf. Die Carabinieri residieren im **Ex collegio delle Province**, 1737 von Bernardo Vittone erbaut. Amedeo di Castellamonte entwarf den **Palazzo Coardi di Carpeneto** mit einem eleganten Innenhof. Auf Juvara geht auch die **Chiesa di Santa Croce** mit ihrem elliptischen Grundriss zurück. In ihrem Innern befinden sich Gemälde von Beaumont und Moncalvo.

Der Becher in der Hand der Fides soll auf den Heiligen Gral anspielen.

Die Straßen Carlo Alberto, Mazzini, San Francesco di Paola und dei Mille rahmen die romantische Piazza Bodoni aus dem 19. Jh. ein. Ihre Mitte beherrscht das Reiterstandbild des Generals Alfonso La Marmora. Außerdem befindet sich hier das **Conservatorio musicale Giuseppe Verdi**, das über einen Konzertsaal mit hervorragender Akustik verfügt. Die von Antonelli entworfene klassizistische Fassade des **Palazzo Rossi di Montelera** bildet das elegante Prospekt für die Arkaden der Via Pomba. Der Eingang befindet sich im Corso Vittorio Emanuele II.

* Piazza Bodoni

Via Lagrange

In der Via Lagrange 39 findet man das kuriose **Haus ohne Fenster** von Antonelli. Die Fassaden zur Via Lagrange und zur Via Andrea Doria werden von Balkongeländern gegliedert, im Innenhof malte man Fenster an die Außenwände. An der Ecke zur Via Cavour liegt der **Palazzo Cavour**, in dem der Staatsmann geboren wurde und starb.

* Palazzo Bricherasio

In Via Lagrange Nr. 20 befindet sich der Palazzo Bricherasio mit seinem großen Treppenhaus. In einem seiner beiden Säle wurde im Juli 1899 der Gründungsvertrag von FIAT unterzeichnet. Die Fondazione Palazzo Bricherasio veranstaltet internationale Ausstellungen mit Werken von großen Meistern der modernen Kunst (Öffnungszeiten: Di., Mi. 9.00–10.00, Do. bis So. 9.00–22.00 Uhr).

Via Maria Vittoria

Folgt man der Via Carlo Alberto in Richtung Via Po, trifft man bei Haus Nr. 16 auf den Palazzo Birago di Borgaro. Juvara entwarf diesen Palast mit einem schönen, segelgewölbten Atrium und einem Innenhof, der eine reizvolle Tiefenperspektive bietet. Kurz danach kreuzt man die **Via Maria Vittoria** mit ihren hübschen Wohnbauten. An der Hausnummer 12 befindet sich der **Palazzo Dal Pozzo della Cisterna**, Sitz der Provinzverwaltung. Nr. 4 nimmt der 1684 erbaute **Palazzo Asinari di San Marzano** ein, auch Palazzo Carpano genannt. Das eindrucksvolle Atrium ruht auf gedrehten Säulen, die an das Werk Guarinis erinnern, und rahmt den Blick in den Innenhof.

Chiesa di San Filippo Neri

Eine der größten Kirchen der Stadt, die Chiesa di San Filippo Neri, liegt an der Ecke zwischen der Via Maria Vittoria und Via Lagrange. Am Bau waren Guarini, Michelangelo Garove und Juvara beteiligt. Er wurde allerdings erst 1832 mit der klassizistischen Fassade vollendet. Der einschiffige Innenraum mit halbrunden Fenstern verrät deutlich den Einfluss Juvaras. Besonders schön ist der **Hauptaltar mit gedrehten Säulen**, den Antonio Bertola Ende des 18. Jh.s schuf. Seitlich der Kirche befindet sich das von Juvara entworfene **Oratorio di San Filippo**. Es beherbergt das MIAO, ein internationales Museum des Kunstgewerbes.

* Piazza Carignano

An der Piazza Carignano lassen sich mehrere Bauten Guarino Guarinis bewundern, und zwar der Palazzo Carignano und der Palazzo dell'Accademia delle Scienze. Gegenüber dem Palazzo Carignano entstand 1787 in den Mauern des Palazzo Morelli das **Teatro Carignano**, das ein durch zwei Brände zerstörtes Theater von Benedetto Alfieri ersetzte. Die Logen des Saales bilden die klassische Hufeisenform. Seitlich des Theaters befindet sich seit Mitte des 18. Jh.s das **Ristorante del Cambio**. Es verdankt seinen Ruhm nicht nur der wundervollen Einrichtung und der guten Küche, sondern auch einem seiner Dauergäste, dem Conte di Cavour, der hier 15 Jahre lang regelmäßig einkehrte. Neben dem Cambio trifft man auf eine weitere Institution des kulinarischen Turin: die 1884 von einem Neapolitaner eröffnete Eisdiele Pepino. Auf der gegenüberliegenden Seite des Platzes, an der Ecke zwischen der Via Accademia delle Scienze und Via Cesare Battisti, liegt die Libreria Luxembourg, eine der besten Buchhandlungen Turins.

Palazzo dell'Accademia delle Scienze

1679 entwarf Guarini den strengen Palazzo dell'Accademia delle Scienze für das Jesuitenkolleg. Vittorio Amedeo III. überließ 1783 den linken Flügel der Akademie der Wissenschaften, die sich schon bald einen internationalen Ruf erwarb. Die Akademie verfügt über eine Bibliothek mit 300 000 Titeln. Seit 1824 beherbergt der Palazzo auch das Ägyptische Museum und seit 1865 die Galleria sabauda.

✶✶ Museo Egizio

Das Turiner **Ägyptische Museum** ist nach dem in Kairo das zweitgrößte der Welt. Im Erdgeschoss empfängt der spektakuläre Saal mit den großen Statuen aus Ammon und Karnak, woher die meisten Stücke der Sammlung Drovetti stammen, die Besucher. Die Aufstellung orientiert sich an der ursprünglichen Anordnung in den Tempeln. Zu bewundern sind: **zwei Sphingen** aus Sandstein mit den Zügen von Amenhotep III.; **der knieende Amenhotep** aus rosafarbenem Granit, der Gottheit ein Geschenk darbietend; **Thutmose III.** aus schwarzem Por-

Die großen Statuen verschiedener Gottheiten und Pharaonen gehören zu den schönsten Stücken des Museo Egizio.

★★ Ramses II ▶ phyr; Ramses II. in schwarzem Basalt (vielleicht die schönste, mit Sicherheit aber die berühmteste Statue des Museums); Ramses II. in rosafarbenem Granit zwischen dem Gott Ammon und der Göttin Mut; ein großer Kopf von **Thutmose I.** in farbigem Sandstein; die Kolossalstatue von **Sethi II.** in quarzhaltigen Sandstein. Es folgt der Felsentempel von Ellesija (1450 v. Chr.), der im Museum mit Vestibül, Cella und zahlreichen Reliefs wieder aufgebaut wurde.

★ Felsentempel ▶ von Ellesija

In den übrigen Sälen sind die Ausstellungsstücke so angeordnet, dass man einen guten Eindruck vom Alltagsleben der alten Ägypter erhält. Den Totenkult illustrieren Sarkophage, Mumien und Totenbücher. Außerdem sind bemerkenswert: ein Gemälde von 3500 v. Chr.; das **Grabmal eines Unbekannten mit Beigaben** aus dem alten Reich; die Kapelle des Malers Maia (1300 v. Chr.); das **Grabmal des Architekten Kha und seiner Frau Mirit** (1400 v. Chr.); die **Mensa isiaca** aus dem 1. Jh. n. Chr., eine Kopie eines älteren Bronzealtars. Darüber hinaus sind auch einige Papyrusrollen der Sammlung zu sehen. Seit 2006 existiert ein neuer Saal mit einer Reihe von Statuen. Dieser Teil der Ausstellung heißt »Riflessi di Pietra« (Reflexionen aus Stein) und wurde vom oscarpremierten Bühnenbildner Dante Ferretti realisiert (Öffnungszeiten: Di. bis So. 8.30–19.30 Uhr).

★ Weitere ▶ Höhepunkte im Museo Egizio

★★ **Galleria Sabauda**

Die Sammlung der Galleria Sabauda wurde 1832 begründet, als Carlo Alberto die Gemälde aus den verschiedenen savoyischen Residenzen im Palazzo Madama zusammenführte, um sie der Öffentlichkeit zugänglich zu machen. Vittorio Emanuele II. schenkte sie dem Staat und 1865 brachte man sie in der Akademie der Wissenschaften unter. In den folgenden Jahren wuchs die Sammlung an und man baute das Museum weiter aus.

★ Die drei Erzengel ▶ und Tobiolo und Madonna von Beato Angelico

Auf zwei Etagen der Galerie finden mehr als 700 Gemälde verteilt auf sieben Abteilungen Platz. Zu den herausragenden Werken der italienischen Malerei zählen: **Drei Erzengel und Tobias** von Filippino Lippi, **Erzengel Raphael und Tobias** von Antonio und Piero del Pollaiolo, eine **Madonna von Beato Angelico**, die **Predigt des hl. Ambrosius** von Bergognone, eine **Madonna von Giovanni Bellini** und eine **Anbetung der Hirten** von Savoldo. Unter den Werken der flämischen und holländischen Malerei sowie der Sammlung von Eugen von Savoyen zählen die **Stigmata des hl. Franziskus** von Jan van Eyck, die **Passion Christi** von Hans Memling und die **zehn Schlachten** von Jan Huchtenburg zu den Highlights. Zur Abteilung der Piemonteser Malerei gehören die **Kreuzigung** von Gaudenzio Ferrari, die **Madonna mit Heiligen** von Martino Spanzotti, Werke von Bernardino Lanino, Defendente Ferrari und Macrino d'Alba. In den ehemaligen Sammlungen von Emanuele Filiberto und Carlo Emanuele I. (1559–1630) sind insbesondere sehenswert: **Heimsuchung** und der **Gläubige in Anbetung** von Rogier van der Weyden, **Madonna mit Heiligen** von Andrea Mantegna, die **Rettung des Mose aus dem Nil** von Paolo Veronese, der **Verlorene Sohn** von Guercino, die **Heimsuchung Deiani-**

Der Palazzo Carignano, eines der Meisterwerke Guarinis, war Schauplatz wichtiger Ereignisse der piemontesischen und italienischen Geschichte.

ras durch die Furien von Rubens; in den Sammlungen von Vittorio Amedeo I. bis Vittorio Amedeo II.: **Reiterbildnis des Prinzen Tommaso Carignano** und das **Portrait der Kinder von Charles I. von England**, beide von van Dyck, und das **Colosseum und Forum Romanum** des Vedutenmalers Gaspard Van Wittel; in den Sammlungen von Carlo Emanuele III. bis Carlo Felice (1730–1831): **zwei Turiner Veduten** von Bernardo Bellotto; in der Sammlung Gualino: **Mars und Venus** von Veronese, **Madonna mit Heiligen** von Taddeo di Bartolo. (Öffnungszeiten: Di. bis So. 8.30–19.30 Uhr).

** Palazzo Carignano

Neben der Cappella della Sindone ist der Palazzo Carignano das **Meisterwerk von Guarino Guarini**. Ein besonderes Merkmal des Gebäudes ist die sinnlich geschwungene Fassade, mit der im Innenhof eine elliptische Form korrespondiert. In diesem Rund richtete man den Ehrensaal ein, der im 19. Jh. zum Senatssaal für die subalpine Regierung umgebaut wurde. Guarini gestaltete die Fassade mit Backstein, um das Gebäude mit seinem üppigen Schwung und den Dekorationen nicht überladen wirken zu lassen. Hier wurden Carlo Alberto und Vittorio Emanuele II. geboren, und am 6. Mai 1848 trat hier zum ersten Mal das Abgeordnetenhaus des subalpinen Parlamentes zusammen. Außerdem war es der **Sitz des ersten italienischen Parlamentes**. Um die Abgeordneten aus ganz Italien aufnehmen zu können, erweiterte man den Bau in Richtung der Piazza Carlo Alberto. Nach Abschluss der Arbeiten war der Sitz der italienischen Hauptstadt jedoch bereits umgezogen. Heute beherbergt der Palazzo Carignano das Museo nazionale del Risorgimento italiano.

! *Baedeker* TIPP

Leidenschaft für Antiquariate?

Die Via Maria Vittoria ist die Straße der Antiquariate. Weitere finden sich auch in der näheren Umgebung, so in der Via Cavour, Via Andrea Doria, Via Principe Amedeo oder der Via della Rocca. Die Liebhaber alter Bücher und Drucke sollten die Libreria antiquaria Pregliasco (Via Accademia Albertina 3 bis) und die Galleria Gilibert (Galleria Subalpina) besuchen.

✶ Museo del Risorgimento

Das Museum des italienischen Risorgimento nimmt die ganze erste Etage des Palazzo Carignano ein (sowohl den Teil aus dem 17. Jh. als auch den aus dem 19. Jh.). In 27 Sälen sind Gemälde, Statuen, Drucke, Fotografien, Waffen, Fahnen und Uniformen chronologisch angeordnet, von der Schlacht bei Turin 1706 bis zum Zweiten Weltkrieg. Am Eingang stehen Kutschen von Garibaldi und Camillo Cavour. Unter den vielen Gemälden stechen die 108 in Tempera gemalten Bilder von Carlo Bossoli hervor, die **Szenen des zweiten Unabhängigkeitskrieges** zeigen. Der spektakulärste Raum ist der Saal des subalpinen Parlamentes, einst der Festsaal des Palastes. Die **Galleria della Resistenza** dokumentiert den antifaschistischen Partisanenkampf. Interessant ist auch der **Saal des italienischen Parlamentes**, den man 1872 vollendete, aber nie nutzte. Da Turin die erste Hauptstadt Italiens war, finden 2011 viele der geplanten Veranstaltungen zu den Feierlichkeiten zum hundertfünfzigjährigen Jubiläum der Italienischen Einheit in Turin statt (Öffnungszeiten: Di. bis So. 9.00–19.00 Uhr).

✶ Saal des ► subalpinen Parlamentes

Piazza Carlo Alberto

Die Biblioteca nazionale und der Palazzo Carignano (eine Erweiterung aus dem 19. Jh.) prägen die Ansicht der Piazza Carlo Alberto. Die **Nationalbibliothek** wurde in den 1960er-Jahren erbaut, unter Verwendung der Fassade des im Zweiten Weltkrieg weitgehend zerstörten Marstalls des Prinzen Carignano. In der Mitte des Platzes steht das **Reiterstandbild Carlo Albertos** von Carlo Marocchetti.

Galleria Subalpina

Die Galleria del Romano oder Galleria Subalpina verbindet die Piazza Carlo Alberto mit der Piazza Castello. Wie die geschlossenen Pariser Passagen hat auch diese ein **Dach aus Glas und Eisen**. Im Inneren funkeln der Marmor und die Schaufenster der luxuriösen Geschäfte. Am Eingang der Piazza Castello liegen die **zwei berühmten historischen Cafés** Mulassano und Baratti & Milano.

Via Roma und die Viali

Dritte Route

Dieser längere Rundgang führt durch den schönsten Teil des »geplanten« Turins: durch die in den 30er-Jahren des 20. Jh.s rekonstruierte Via Roma, die zu einer lebendigen Promenade wurde; durch die berühmten Viali, die an der Stelle der alten Festungsanlagen entstanden und durch die Via Pietro Micca, die um 1900 von Piazza Castello zu dem neuen Viertel führte, das auf den Überresten der zerstörten Zitadelle entstand.

★ Via Roma

Der heutige Zustand der Via Roma geht auf die 30er-Jahre des 20. Jh.s zurück. Damals riss man die alte Straße ab, um Platz für eine neue Hauptverkehrsader zu schaffen. Unter ihren eleganten Arkaden befinden sich zahlreiche Geschäfte, Bars, Cafes und Kinos. Die Architektur von Giuseppe Pagano zwischen der Piazza Castello und der Piazza San Carlo lehnt sich an den traditionellen Turiner Barockstil an. Der zweite Teil von Marcello Piacentini zwischen Piazza San Carlo und Piazza Carlo Felice ist wesentlich monumentaler, aber auch kühler. Dort befindet sich die Galleria San Federico an der Via Santa Teresa mit dem Kino Lux, einem der letzten alten Kinopaläste. Auch die **Torre Littoria** (87 m) auf dem Gebäude der Via Viotti Nr. 1 an der Ecke zur Piazza Castello stammt aus den 30er-Jahren des 20. Jh.s.

Die lebendige Via Roma mit ihren vielen Geschäften lädt zum Flanieren ein.

★★ Piazza San Carlo

★ ◄ Kirche von Santa Cristina

★★ ◄ Reiterstandbild von Emanuele Filiberto

Das Meisterwerk von Carlo di Castellamonte, die Piazza San Carlo, wurde zwischen 1640 und 1650 erbaut, und diente dem Hof zur Repräsentation. Der »königliche Platz« ist eines der schönsten Beispiele des Turiner Städtebaus, für den größere Gesamtanlagen typisch sind. Die vollkommen symmetrischen Längsseiten des rechteckigen Platzes werden von Arkaden gesäumt. Die Kirchen von Santa Cristina und San Carlo schließen die nördliche Schmalseite ab und verleihen dem Platz seinen vielgerühmten »Wohnzimmercharakter«. Die Kirche von Santa Cristina wurde 1639 von Carlo di Castellamonte erbaut. Die leicht konkav eingezogene Fassade mit doppelter Säulenordnung und vier Statuen führte Filippo Juvara 80 Jahre später aus. Mit dem Bau der Kirche von **San Carlo** hatte man bereits 20 Jahre früher begonnen. Ihre Fassade, die Motive Juvaras erkennen lässt, stammt allerdings aus dem 19. Jh. Auf der Platzmitte erhebt sich das Reiterstandbild von Emanuele Filiberto, der nach der Schlacht von San Quintino (1557) sein Schwert in die Scheide zurückführt. Die Skulptur von Carlo Marocchetti (im Volksmund »Bronzepferd« genannt) wurde 1838 enthüllt und gilt als eine der schönsten ihrer Zeit. Unter den vielen Adelspalästen am Platz ist der **Palazzo Solaro del Borgo** besonders bemerkenswert. Teile des Gebäudes

Die Piazza San Carlo aus dem 17. Jh. mit dem Reiterstandbild von Emanuele Filiberto ist ein eindrucksvolles Beispiel barocker Stadtplanung.

und seiner Dekoration gehen auf Benedetto Alfieri zurück, der ihn im 18. Jh. umbaute. Seit 1839 hat dort die Accademia Filarmonica ihren Sitz. Der prächtige Konzertsaal aus dem 19. Jh. stammt von Giuseppe Maria Talucchi. Unter den Arkaden der Piazza San Carlo liegen einige der schönsten Lokale der Stadt: das **Caffè San Carlo**, das **Caffè Torino** und die **Confetteria Stratta**, deren Bonbons mit Obstgelee berühmt sind.

Chiesa di Santa Teresa

Ein kurzer Abstecher in die Via Santa Teresa führt zur gleichnamigen Kirche aus dem 17./18. Jh. Zu dieser gehören zwei schöne, von Juvara entworfene Kapellen: die Cappella della Sacra Famiglia und die Cappella di San Giuseppe mit prächtigem Altar. In der Apsis kann man die **Vision der hl. Theresa** von Moncalvo aus dem 17. Jh. bewundern.

* Altar ▶

* Piazza Carlo Felice

Die Via Roma endet im Süden an der Piazza Carlo Felice mit der eklektischen **Fassade des Bahnhofs von Porta Nuova** im Hintergrund. Der Platz wurde Mitte des 19. Jh.s symmetrisch mit Gebäuden und Arkaden angelegt. Im Zentrum entwarf der Franzose Barillet einen Garten mit exotischen Pflanzen, in dem auch ein Brunnen, der an das erste Turiner Aquädukt erinnert, und das Denkmal für den Schriftsteller Edmondo de Amicis (1846–1908) stehen.

Die Viali

Vom Bahnhof Porta Nuova läuft man unter den Arkaden des **Corso Vittorio Emanuele II** in westlicher Richtung und trifft zunächst auf den breiten **Corso Re Umberto**, dessen Baumalleen in das Viertel della Crocetta mit eleganten Bürgerhäusern führen. Im Corso Vittorio Emanuele II Nr. 72 findet man das entzückende **Caffè Platti**, zu dessen Stammgästen der Gründer der FIAT-Werke Giovanni Agnelli (1866–1945), der Verleger Luigi Einaudi (1874–1961) und der Schriftsteller Cesare Pavese (1908–1950) gehörten. Der nächste Viale ist der **Corso Galileo Ferraris**, der dem Corso Re Umberto gleicht. Auf der Kreuzung steht das **Denkmal für Vittorio Emanuele II.**, eine auf vier dorischen Säulen in 39 m Höhe errichtete Statue. Parallel zum Corso Vittorio Emanuele II verläuft der **Corso Stati Uniti**, auf dem einst Aristokraten spazieren fuhren. Heute ist er gemeinsam mit dem Corso Montevecchio und dem Corso Duca d'Aosta Teil eines grünen Viertels mit Villen aus dem 19. und 20. Jh. Folgt man dem Corso Vittorio Emanuele II, trifft man auf die Kreuzung mit dem Corso Vinzaglio, der wie Corso Duca degli Abruzzi, Corso IV Novembre und Corso Giovanni Agnelli zu den **FIAT-Mirafiori-Fabriken** führt.

* **Galleria d'Arte moderna (GAM)**

Die städtische Galerie für moderne und zeitgenössische Kunst (GAM) befindet sich Ecke Via Magenta und Corso Galileo Ferraris. Sie ist in einem modernen Gebäude der 50er-Jahre untergebracht. Zu ihren Kunstschätzen zählen circa 20 000 Werke der Malerei, Skulptur, Zeichnung und Druckgrafik vom Ende des 18. Jh.s bis in die Gegenwart, von denen 600 präsentiert werden. Die Sammlungen dokumentieren vor allem die italienische Kunst, wichtige Beispiele aus anderen Ländern sind aber auch vertreten.
Der Rundgang beginnt in der zweiten Etage mit den Werken des 18. und 19. Jh.s. Im ersten Stockwerk sind die Sammlungen des 20. Jh.s, bis in die 60er-Jahre, zu sehen. Die internationale zeitgenössische Kunst nimmt das Erdgeschoss ein. Private Schenkungen haben dem Museum immer wieder starke Impulse gegeben.
Die **Sammlung des 19. Jh.s** bietet einen Überblick über die Piemonteser Malerei. Besonders zahlreich sind die Werke von **Antonio Fontanesi** (»Aprile«, »La quiete«, »Le nubi«). Die Galerie besitzt auch einige wenige, aber bedeutende Gemälde aus anderen Regionen Italiens, wie »L'edera« von **Tranquillo Cremona**, »Bildnis der Carolina Zucchi« von Francesco Hayez, »Gotine rosse« von Giovanni Fattori. Der **Divisionismus** ist mit Bildern von **Pellizza da Volpedo** präsent (»Lo specchio della vita«) und von Angelo Morbelli (»Natale al Pio Albergo Trivulzio«). Zur Sammlung **italienischer Bildhauerei des 19. Jh.s** zählen Werke von Vincenzo Vela, Pietro Canonica, Edoardo Rubino, Davide Calandra, Leonardo Bistolfi und Medardo Rosso. Unter den Avantgarden des 20. Jh.s ist der **Futurismus** mit Umberto Boccioni (»Notturno in periferia«), Gino Severini (»Nord-Sud«) und Giacomo Balla (»Compenetrazioni iridescenti«) besonders gut vertreten. Zu den **auswärtigen Künstlern** dieser Epoche zählen Otto Dix (»Der Fischer Fritz Müller aus Pieschen«), **Amedeo Modigliani** (»Ragazza rossa«), **Paul Klee** (»Turbato«), Marc Chagall (»Dans mon pays«) und Pablo Picasso (»Natura morta con melone«). Von besonderer Bedeutung sind auch die Gemälde von **Felice Casorati**, der ab 1918 in Turin eine eigene Schule begründete

und an der Accademia Albertina unterrichtete (»Ragazza con scodella«, »Daphne a Pavarolo«, »La donna e l'armatura«). Außerdem vertreten sind Giorgio Morandi, Filippo De Pisis, Carlo Carrà, Giorgio De Chirico, Mario Sironi, Alberto Burri, Lucio Fontana, Mario Mafai sowie der Gruppo dei Sei di Torino. Weiterhin sind künstlerische Bewegungen und Tendenzen wie die **Arte povera** dokumentiert (Pistoletto, Kounellis, Anselmo, Paolini, Penone, Merz) und Werke von Louise Nevelson, Andy Warhol und Jean Arp ausgestellt (Öffnungszeiten: Di. bis So. 9.00–19.00 Uhr).

Museo della Fotografia

Die italienische Stiftung für Fotografie und das Museum für historische und zeitgenössische Fotografie haben ihren Sitz in der Via Avogardo 4, gegenüber der GAM auf dem Corso Vittorio Emanuele. Die Stiftung hat eine eigene Sammlung und eine didaktische Abteilung eingerichtet. Außerdem veranstaltet sie die **Biennale internazionale di Fotografia e Fotodiffusione** und besitzt eine über 1000 Titel umfassende Bibliothek (Öffnungszeiten: Di. bis Fr. 15.00–19.00, Sa., So. 10.00–19.00 Uhr, Aug. geschlossen).

Museo Pietro Micca

Der Eingang zum Museo Pietro Micca befindet sich hinter dem Wolkenkratzer der RAI in der Via Guicciardini. Hier kann man Teile des unterirdischen **Tunnelsystems** erforschen, das in der Schlacht von Turin 1706 der Verteidigung diente. Der Held der Stadt Pietro Micca sprengte sich darin in die Luft, um eindringende französische Truppen aufzuhalten (Öffnungszeiten: Di. bis So. 9.00–10.00 Uhr).

*** Mastio della cittadella**

Biegt man vom Corso Vittorio nach rechts in den Corso Galileo Ferraris ein und folgt ihm bis zur Via Cernaia, trifft man auf den Torbau der Zitadelle. Er ist das einzige Überbleibsel der grandiosen fünfeckigen Festung, die Emanuele Filiberto im 16. Jh. errichten ließ. Das Gebäude beherbergt das **Museo nazionale dell'Artiglieria**, eine interessante Sammlung von Kanonen, Handfeuerwaffen sowie Uniformen und Ausstattungen des piemontesisch-italienischen Heeres (Öffnungszeiten: Di., Do. und So., 10.30–12.30, 14.00–18.30 Uhr).

Via Cernaia

* Piazza ▶ Solferino

In der weiten, arkadengesäumten **Via Cernaia** trifft man auf die Gärten La Marmora. Auf der anderen Seite öffnet sich die **Piazza Solferino**, die den Corso Re Umberto zu verlängern scheint. Die Baumreihen umschließen das Reiterstandbild des Ferdinando Herzog von Genua. Bemerkenswert ist die Gestaltung des verletzten, fallenden Pferdes. Dem **Angelica-Brunnen** (1930) gegenüber liegt das Teatro Alfieri aus dem 19. Jh.

Via Pietro Micca

Die Via Pietro Micca verbindet die Piazza Solferino mit der Piazza Castello. Die Anlage der Straße geht größtenteils auf den Architekten Carlo Ceppi zurück, der im letzten Jahrzehnt des 19. Jh.s viele der eklektischen Gebäude mit Arkaden auf der Nordseite errichtete.

»Luci d'artista« in der Via Pietro Micca, einer der elegantesten Straßen der Stadt

TORINO BY NIGHT

Es gab Zeiten, in denen war Turin für Nachtschwärmer nicht besonders attraktiv. In den letzten Jahren aber ist das Nachtleben mächtig in Schwung gekommen.

Turin hat sich in den letzten Jahren zunehmend vom Image einer reinen Arbeitsstadt befreit: Ausgehen ist in Mode gekommen. Überall sind reizvolle Musiklokale, Weinsalons, Bars, Pubs und Brasserien entstanden. Besonderer Beliebtheit erfreuen sich zwei Stadtviertel: Die **Murazzi** am Po und das **Quadrilatero romano** mit der Via Borgo Roma und dem »Balôn«. In den neuen **Docks Dora** (Via Valprato) in der Nähe des alten Bahnhofs Dora gibt es House-Partys, Live Sets und Installationen. Die Schnelligkeit, mit der sich die Szene entwickelt, erschwert es, immer auf dem neuesten Stand zu sein. Trotzdem gibt es einige etablierte Adressen im Turiner Nachtleben.

Die Murazzi

Die Murazzi sind alte Flussdämme, die seit einiger Zeit zum Kneipenbummel einladen. Dabei verbindet sich das Vergnügen mit der schönen Aussicht über den Fluss und die Hügel. Hier sollte man mindestens im **The Beach** und im **JamClub** eine Pause einlegen.

Das Quadrilatero romano

In den engen Gassen des Quadrilatero reihen sich Restaurants und Bars dicht an dicht. Wenn im Sommer die Tische draußen stehen, fühlt man sich an das römische Trastevere erinnert. Den Mittelpunkt bildet die **Piazza Emanuele Filiberto** an der Porta Palazzo. Gut schmeckt es auch in der Vineria Tre Galli, im Pastis, Otium, Bàcaro und den Cantine Barbaroux.

Hiroshima mon Amour und Enolibreria

Das Club **Hiroshima mon Amour** hat schon allerhand musikalische Trends miterlebt. Vor kurzem ist er in neue Räume in die Via Bossoli 83 umgezogen, wo nun in drei Sälen Konzerte und Tanzveranstaltungen stattfinden. Ein wahres Prachtstück ist die **Enolibreria Diwan Café** (Via Baretti 15) im Viertel San Salvario. Dort kann man Wein trinken, lesen, Musik hören oder einer Buchpräsentation lauschen. Einen Katzensprung von der Piazza Vittorio Veneto entfernt liegt das **Amantes** (Via Principe Amedeo 38), eine gelungene Mischung aus Kunstgalerie und Bar mit einer reichen Häppchen-Auswahl. Die Gegend um die Piazza Statuto ist bis spät in die Nacht durch zahlreiche Lokale und Restaurants belebt. Edler ist das **Cafè Procope** (Via Juvara 15) hinter der Piazza Statuto.

Das mittelalterliche und das volkstümliche Turin

Vierte Route Dieser Rundgang führt durch das antike Quadrilatero romano, auf dem das mittelalterliche Turin entstand. Nach Jahren der Vernachlässigung ist es vor kurzem saniert worden. Es grenzt an die eher volkstümlichen Viertel der Porta Palazzo, des Großmarktes und des Balôn, wo sich viele Neuturiner afrikanischer und asiatischer Herkunft angesiedelt haben. In diesen Vierteln finden sich auch die großen religiösen Institutionen der Salesaner, das Cottolengo und seit neuestem auch das Arsenale della Pace sowie die Kirchen der Consolata und Maria Ausiliatrice.

*** Via Garibaldi** Schon in römischer Zeit war die heutige Via Garibaldi eine Handelsstraße, die nach Frankreich führte. Wie in anderen Städten folgt auch hier die Aufteilung der Gebäude sozialen Kriterien. Je weiter man nach oben steigt, desto kleiner werden die Wohnungen. Die bequemen Appartements im ersten Stock, das so genannte Piano nobile für die Reicheren, nimmt den größten Raum ein. Die kurze Straße, deren Häuser eine einheitliche Höhe aufweisen (5 Etagen), ist heute eine charmante Fußgängerzone mit Geschäften, Cafés und Kirchen.

*** Chiesa della Santissima Trinità** Von der Piazza Castello aus erreicht man die Kirche der Santissima Trinità, die Ascanio Vitozzi als Rundbau gegen Ende des 16. Jh.s entwarf. Die Fresken in der Kuppel stammen aus dem 19. Jh., während die Wanddekorationen und der linke Seitenaltar auf Filippo Juvara zurückgehen.

Chiesa del Corpus Domini In der parallel verlaufenden, arkadengesäumten **Via Palazzo di Città**, die das Rathaus mit der Piazza Castello verbindet, liegt die **Kirche des Corpus Domini**, ebenfalls von Ascanio Vitozzi erbaut (1603). Für die Dekoration des Innenraums verwendete Benedetto Alfieri dunkelroten und schwarzen Marmor. Der Tabernakel des Hauptaltars ist ein Werk von Bernardo Vittone.

Palazzo di Città Auf der arkadengesäumten Piazza Palazzo di Città – ein weiteres Werk von Benedetto Alfieri – kann man das **Denkmal des Conte Verde** von Pelagio Palagi (1832) bewundern. Der Palazzo di Città wurde in der Mitte des 17. Jh.s erbaut und im folgenden Jahrhundert erweitert. Die äußerst repräsentative Inneneinrichtung hat sich weitgehend erhalten. Auf seiner rechten Seite erhebt sich der unvollendete Stadtturm aus dem 18. Jh.

*** Chiesa di San Domenico** Der **einzige gotische Kirchenbau** Turins, die Kirche von San Domenico, liegt an der Ecke der Via Milano und Via San Domenico. Die Bauarbeiten begannen im 13. Jh., zogen sich aber bis ins 15. Jh. hinein. Das

Portal wird von einem hohen Wimperg überfangen, über dem sich die Fensterrose öffnet. Die Pfeiler des dreischiffigen Innenraums tragen ein Kreuzgratgewölbe. In der Kapelle des Santo Rosario verehrt man die **Madonna del Rosario** von Guercino. In der Cappella delle Grazie sind seltene **Fresken** aus dem 14. Jh. erhalten, die dem so genannten Meister von San Domenico zugeschrieben werden. An dem kleinen Platz hinter der Apsis befinden sich drei Häuser, unter deren Balkons der ersten Etage merkwürdige Tierköpfe angebracht wurden. Das Haus mit den Hundeköpfen beherbergt die berühmte **regia farmacia Anglesio**, eine der ältesten Apotheken Turins aus dem 16. Jh. Gegenüber auf der Via Milano befindet sich die **Basilika Mauriziana** aus dem 17. Jh., ein Zentralbau mit oktogonalem Grundriss.

Das Werk von Titanen: Ein Denkmal erinnert an den Bau des Fréjus-Tunnels.

Folgt man der Via Garibaldi in Richtung der Piazza Statuto, trifft man an der Nr. 25 auf die **Chiesa dei Santi Martiri**, die Pellegrino Tibaldi 1527 im Auftrag der Jesuiten erbaute. Die Kirche ist einschiffig mit vier in Marmor und Stuck dekorierten Seitenkapellen. Der Hauptaltar wurde von Filippo Juvara entworfen. Der Eingang auf der rechten Seite der Fassade führt in die **Cappella dei Banchieri e dei Mercanti**, ein vollkommenes Beispiel für den Turiner Barock im 17. Jh. Das Gewölbe wurde von Legnanino (1694–1697) freskiert. Die Wände schmücken Gemälde von Carlone und Andrea Pozzo, der auch die Altartafel mit der »Anbetung der Könige« schuf. Im Haus Nr. 26 befindet sich hinter der Fassade aus dem 18. Jh. die **Farmacia chimica Tullio Bosio**, eine weitere Apotheke. Biegt man nach links in die Via Stampatori ein, findet man die **Chiesa Santa Maria di Piazza**, ein architektonisches Juwel des 18. Jh.s von Bernardo Vittone. Grundriss und Kuppel zeigen elliptische Formen.

* **Piazza Statuto**

Die Via Garibaldi mündet auf der weiten, monumentalen Piazza Statuto, die in der zweiten Hälfte des 19. Jh.s angelegt wurde. Wie die Plätze della Repubblica, Carlo Felice und Vittorio Veneto ist sie auf drei Seiten von Arkaden umgeben. Die vierte Seite bildet hingegen eine der großen Ausfallstraßen der Stadt, die ebenfalls nach Frankreich führt. In der Mitte des Platzes befindet sich ein **Garten** mit dem einzigartigen Denkmal für den Tunnelbau durch den Fréjus. Die Pyramide aus Granitfelsen wird von Titanen erklommen und vom Genius der Wissenschaft bekrönt.

✶ Quartieri militari

Am Ende der linken Parallelstraße der Via Garibaldi, Via del Carmine, kurz vor der Piazza Statuto, befinden sich die Militärquartiere. Von Filippo Juvara entworfen, gelten sie als **die schönsten Kasernen Europas**. Zwei Flügel mit hohen Arkaden sind erhalten, die bis zum Corso Valdocco reichen. In ihnen wurde das **Istituto storico della Resistenza** und **Archivio cinematografico della Resistenza** eingerichtet, das unter anderem zahlreiche Filmdokumente des italienischen Widerstandes besitzt. Paolo Gobetti trug in jahrelanger Arbeit dieses Archiv zusammen.

✶ Chiesa del Carmine

Die Chiesa del Carmine gehört zu den bedeutendsten Schöpfungen Filippo Juvaras. In dem einschiffigen, tonnengewölbten Innenraum öffnen sich zu jeder Seite drei Kapellen. Die Fenster in den darüber liegenden Galerien beleuchten das Hauptschiff, die Kapellen erhalten ihr Licht durch ovale Öffnungen. Die Inszenierung des Lichts und der Architektur sind die bedeutenden Merkmale dieser Kirche.

Piazza Savoia

Die Piazza Savoia steht im Mittelpunkt dieses Viertels aus dem 18. Jh., das sich um die Via del Carmine entwickelt hat. Die Gebäude zeigen die für Turin typische einheitliche Gestaltung.

✶ Palazzo Paesana di Saluzzo

In der Via della Consolata Nr. 1 befindet sich der **Palazzo Paesana di Saluzzo**, ein Werk aus dem 18. Jh. von Gian Giacomo Plantery. Er gilt als der schönste Adelspalast von Turin. In unmittelbarer Nachbarschaft steht der **Palazzo Martini di Cigala** von Juvara (Nr. 3).

Palazzo Barolo

Der beeindruckende Palazzo Falletti di Barolo befindet sich in der Via delle Orfane. Er wurde zwischen 1692 und 1720 erbaut. **Silvio Pellico** (1789–1854), Autor des Buches »Meine Gefängnisse«, lebte hier nach der Befreiung aus dem österreichischen »Spielberg« bis zu seinem Tod. In den Jahren des Risorgimento hatte er mit seinen antiösterreichischen Positionen die öffentliche Diskussion angefacht. Im Piano nobile befinden sich der Ehrensaal sowie Räume, in denen die Ausstattungen von Benedetto Alfieri erhalten sind (Öffnungszeiten: Mo. und Mi. 10.00–12.00 und 15.00–17.00, Fr. 10.00–12.00 Uhr).

✶ Piazza della Consolata

Die **Piazza della Consolata** gehört mit ihrem besonderen Flair zu den beliebtesten Plätzen des alten Turin. Gegenüber vom historischen Lokal Al Bicerin liegt die **Chiesa della Consolata**. Dieses Heiligtum ist der Schutzmadonna von Turin geweiht. Die Jahresfeier am 20. Juni begeht man mit einer feierlichen Prozession, die traditionell vom Kerzenschein in den Fenstern beleuchtet wird. Guarino Guarini integrierte 1679 den Vorgängerbau Sant'Andrea, von dem der romanische Kampanile erhalten geblieben ist, in das Vestibül der neuen Kirche. Der einschiffige, von einer großen Kuppel überragte Bau wurde mit einer sechseckigen Apsis von Filippo Juvara erweitert. Dem Hauptschiff sind vier elliptische Kapellen, jede mit einer eigenen Kuppel, angegliedert. 1729 entwarf Juvara zudem den wunderschönen Hauptaltar in vielfarbigem Marmor, auf dem das wundertätige Bild der Madonna präsentiert wird. Der verschwenderisch mit Marmor und Stuck dekorierte Innenraum birgt neben zahlreichen anderen Kunstwerken die knienden **Statuen der Königinnen Maria Teresa und Maria Adelaide** von Vincenzo Vela (1861). Bemerkenswert sind auch die Votivbilder in der Galerie, die von kleinen und großen Dramen des Turiner Alltagslebens erzählen. In der Via Giulio 22, zwischen der Via della Consolata und dem Corso Regina Margherita, befindet sich auch das enorme Gebäude das **Ex manicomio provinciale**, eine ehemalige Nervenheilanstalt vom Beginn des 19. Jh.s. Heute sind hier das Einwohnermeldeamt und andere Büros der Kommunalverwaltung untergebracht.

** ◀ Chiesa della Consolata

! *Baedeker* TIPP

Schlemmen nach Turiner Art

Nach dem Besuch der Consolata sollte man sich auf der Piazza ein kulinarisches Päuschen gönnen, denn hier locken diverse Versuchungen. Im berühmten Al Bicerin wird der Turiner »bicchierino« zubereitet, die »kleine Tasse« mit Schokolade, Kaffee und Milch. In der Nachbarschaft kann man im Il Bàcaro in behaglicher Atmosphäre hervorragende venezianische Küche genießen. Für einen Aperitif mit typischen Turiner Appetithappen, die schon mal eine vollständige Mahlzeit ersetzen können, empfiehlt sich das Albero di Vino.

Piazza Emanuele Filiberto

Hinter der Porta Palazzo, zwischen der Via delle Orfane, der Via Sant'Agostino und Via Bellezia, liegt die Piazza Emanuele Filiberto, das **Herz des Nachtlebens** im Quadrilatero romano. Auf dem lange vernachlässigten Platz wimmelt es heutzutage nur so von Lokalen, in denen man seinen Aperitif trinkt, kulinarische Spezialitäten kostet oder sich mit Freunden trifft. Einer der besten Orte, um das junge Turin kennen zu lernen.

Piazza della Repubblica

Die auch **Porta Palazzo** genannte Piazza della Repubblica von 1814 ist ein weiter, achteckiger Platz auf dem der **größte Markt der Stadt** abgehalten wird. In dem Gewirr italienischer Dialekte und nordafrikanischer, asiatischer und lateinamerikanischer Sprachen ist man dem volkstümlichen Turin ganz nah. Das einst dem Verfall preisgegebene Viertel wird nun mit Hilfe des **Projektes »The Gate«** saniert. Dazu gehört auch der Entwurf Massimiliano Fuksas' für einen fünfeckigen Pavillon für den Kleidermarkt, der ein Viertel des großen Platzes einnehmen soll.

Borgo Dora Zwischen der Dora und der Piazza della Repubblica liegen die engen Gassen des Borgo Dora. Jeden zweiten Sonntag im Monat findet hier der **Mercato del Balôn** statt. In dem von anonymen Bauten der 60er-Jahre zum Teil entstellten Viertel wurden einige Gebäude und Innenhöfe restauriert. Der Borgo Dora ist mittlerweile ein mondäner Szenetreffpunkt, wo sich die neuen afrikanischen und maghrebinischen Lokale großer Beliebtheit erfreuen. Der **Canale dei Molassi**, ein in den 40er-Jahren des 20. Jh.s zugeschütteter Kanal, ist einer der Hauptanziehungspunkte. Handwerker, Restaurants, Antiquare und Trödelhändler bevölkern die Straße und die neue Piazza del Maglio. Das Viertel grenzt an den riesigen Komplex der Piccola casa della Divina Provvidenza, besser bekannt als **Cottolengo**. Der Name geht zurück auf den Kanoniker Giuseppe Cottolengo (1786–1842), der hier ein Zentrum mit Krankenhäusern, Schulen, Laboratorien und Waisenhäusern schuf. Tausende von Menschen leben hier von der Wohlfahrt.

Chiesa di Maria Ausiliatrice Neben der Chiesa di Maria Ausiliatrice befindet auf dem gleichnamigen Platz ein Denkmal für San Giovanni Bosco. Als Vorbild für den Kirchenbau diente San Giorgio in Venedig. Die majestätische Tempelfront wird von einer großen Kuppel mit Madonnenstatue überragt. Eine zweite Kuppel kam 1935 hinzu. San Giovanni Bosco gehört zu den Turiner »Santi locali« – wohltätige Einrichtungen aus dem 19. Jh. zur Verbesserung der Lebensumstände der Stadtbevölkerung. Hier widmete man sich vor allem der Erziehung armer und verwaister Kinder. Die nun auf der ganzen Welt tätige **Opera salesiana** ging daraus hervor.

Docks Dora Die Lagerräume der Docks Dora (Via Valprato 68) gehörten zu einem Industriekomplex des frühen 20. Jh.s in der Nähe des Bahnhofs Dora. Hier entstanden Ateliers, Architekturbüros und Szenelokale. Gemeinsam mit dem Quadrilatero romano, dem Borgo Dora und den Murazzi del Po gehören die Docks Dora heute zu den besten Adressen des Turiner Nachtlebens.

Der Po

Fünfte Route Diese Route, die man auch gut mit dem Fahrrad zurücklegen kann, führt durch die grünen Parks entlang des Po-Ufers. Das Auto bietet sich für die etwas längere Strecke Torino Esposizioni-Italia ’61 an.

**** Parco del Valentino** Der Parco del Valentino zwischen Poufer, Corso Vittorio Emanuele II und Corso Dante bzw. zwischen den Brücken Umberto I und Isabella, ist der berühmteste Park Turins. Ursprünglich gehörte er den Savoyern. 1864 verwandelte der französische Architekt Barillet ihn in einen Englischen Garten, in dem sich auch einige Sehenswürdigkeiten befinden, wie das Castello del Valentino, der Borgo medievale, Torino Esposizioni oder die Fontana dei Dodici Mesi, der Brunnen der zwölf Monate.

Das **Castello del Valentino** entstand Mitte des 17. Jh.s nach Entwürfen von Carlo di Castellamonte an den Ufern des Po. Madama Reale Maria Cristina hatte das Schloss in Auftrag gegeben, das zu ihrer bevorzugten Residenz wurde. In der Architektur verschmelzen Formen des italienischen Barock mit dem französischen Schlossbau des 17. Jh.s. Die Hauptfassade auf dem Corso Massimo d'Azeglio bildet mit drei Flügeln einen majestätischen Ehrenhof. Das von zwei Ecktürmen flankierte Hauptgebäude öffnet sich unter einer Eingangsarkade und einer darüber liegenden Loggia. Die Fassade zum Fluss wurde ganz in Backstein gehalten. Heute beherbergt das Schloss die **Fakultät für Architektur. Das Gebäude ist** nicht zu besichtigen.

** Castello del Valentino

Carlo di Castellamonte errichtete das Castello del Valentino nach dem Vorbild französischer Schlossbauten.

Auf Initiative des Architekten Alfredo d'Andrade entstand anlässlich der Ausstellung von 1884 der Borgo medievale mit Nachbauten mittelalterlicher Gebäude. Historiker, Künstler und Schriftsteller rekonstruierten eine feudale Burg (Modell stand die Burg Fénis im Aosta-Tal) mit dazugehörigem Dorf. Dabei orientierte man sich an verschiedenen im Piemont erhaltenen Gebäuden. In der Sala Baronale wurden z.B. die Fresken des Castello della Manta reproduziert. Entlang der Flusspromenade trifft man auf der rechten Seite auch auf die monumentale Fontana dei Dodici Mesi, die Carlo Ceppi für die Ausstellung von 1898 erbaute. Dabei nutzte er gekonnt die Neigung des Geländes aus. Am Ende der Allee befindet sich das **Denkmal für den Grafen d'Aosta** von Davide Calandra. Dahinter liegen der **Giardino roccioso** und der **Giardino delle rose** (Felsen- und Rosengarten). Auf dem Areal **Torino Esposizioni** finden Messen und Ausstellungen statt. Mittelpunkt ist die 10 000 m² große Halle, die Pier Lugi Nervi 1948–1950 erbaute.

Borgo medievale

* ◀ Fontana dei Dodici Mesi

Folgt man dem Po-Ufer am Krankenhauskomplex delle Molinette vorbei, so erreicht man das große, geschwungene Gebäude des Museo dell'Automobile Carlo Biscaretti di Ruffia. In dem 1960 eröffneten Au-

* Museo dell'Automobile

tomobilmuseum sind zahlreiche berühmte und historische Wagen zu besichtigen, darunter der **mit Dampf betriebene Landau**, 1854 im Turiner Arsenal konstruiert; das **erste FIAT-Auto** mit Frontmotor von 1901; die Prinetti e Stucchi, 1899 nach Entwürfen von Ettore Bugatti in Mailand gebaut; die berühmte **Itala** – das Auto, mit dem Prinz Scipione Borghese in Begleitung des Mechanikers Ettore Guizzardi und des Journalisten Luigi Barzini 1907 das sagenumwobene Rennen Paris-Peking gewannen (16 000 km in 44 Tagen); zwei **Isotta Fraschini** aus den 20er-Jahren, von denen eine in Billy Wilders »Sunset Boulevard« zu sehen ist (Öffnungszeiten: Di. bis So. 10.00–18.30 Uhr, z. Z. wird das Museum renoviert; ein reduzierter Teil der Ausstellung ist in **Torino Esposizioni** zu sehen).

✶ **Lingotto**

Über den Corso Spezia und die Via Nizza erreicht man Lingotto, das große **ehemalige FIAT-Werk**. Es wurde nach dem Ersten Weltkrieg gebaut und 1923 eröffnet. Es dehnt sich über eine Fläche von mehr als 273 000 m² aus und gilt als eines der Meisterwerke der Industriearchitektur am Beginn des 20. Jh.s. Besonderes Merkmal des fünfgeschossigen Hauptgebäudes, das der Ingenieur Matté Trucco entwarf, ist die Teststrecke mit Steilkurven auf dem Dach (1 km lang und 24 m breit). Gemeinsam mit den Rampen, die das Treppenhaus ersetzen, ist sie zum Wahrzeichen der Lingotto-Werke geworden. Hier wurden zwischen den Weltkriegen die berühmten FIAT-Autos Topolino und Balilla gebaut. Nach der Schließung 1983 beauftragte man Renzo Piano mit der Neugestaltung und es entstand ein multifunktionaler Komplex mit großen Ausstellungsflächen – die **Fiera del Libro** und der **Salone del Gusto** finden hier statt –, einem **Auditorium** mit hervorragender Akustik, endlosen Galerien mit Geschäften, einem großen Hotel, einem Gewächshaus und einem Multiplex-Kino. Auf dem Dach haben die große **Bolla di vetro** für Kongresse und der **Scrigno** Platz gefunden, der eine Pinakothek beherbergt. Hier werden 25 Meisterwerke von Canaletto bis Matisse, von Balla bis Picasso ausgestellt, die Giovanni und Marella Agnelli der Stadt Turin schenkten.

(Randnotizen: ✶ Rampen ▶; ✶✶ Pinakothek ▶)

Italia '61

Auf dem Corso Unità d'Italia am Po-Ufer errichtete man anlässlich des 100. Jahrestages der Einheit Italiens die Ausstellungshallen Italia '61. Dazu gehört u.a. der **Palazzo a Vela**, restauriert von Gae Aulenti, mit seiner scheinbar schwerelosen Dachkonstruktion aus Glas und Beton, die sich nur auf drei Punkte stützt und dabei eine Fläche von 15 000 m² überspannt. Ein wahres Meisterwerk zeitgenössischer Architektur ist der Palazzo del Lavoro (oder **Palazzo BIT**) von Pier Luigi Nervi in Beton, Glas und Stahl. 16 riesige, 25 m hohe, pilzförmige Pfeiler tragen seine Decke. Die Gebäude sollen auch für die olympischen Winterspiele 2006 genutzt werden.

(Randnotiz: ✶ Palazzo del Lavoro ▶)

Die Hügel von Turin

Sechste Route

Diese Tour führt auf vielen Wegen über die Turiner Hügel und erschließt den Reichtum der Parks, Gärten und Villen, die seit dem 17. Jh. hier erbaut wurden. Wenige Städte Europas haben den Vorzug einer dem Stadtzentrum so nahe gelegenen, unberührten Natur.

* Corso Giovanni Lanza

Die Route beginnt mit dem Corso Giovanni Lanza, der – wie auch seine Seitenstraßen – von zahlreichen Jugendstilhäusern inmitten blühender Gärten gesäumt wird. Das außergewöhnlichste Gebäude ist die **Villa Scott** von 1902 in der Nr. 57, ein Werk von Pietro Fenoglio.

* Monte dei Cappuccini

* ◀Chiesa di Santa Maria del Monte

Der Monte dei Cappuccini ist eine bewaldete Anhöhe in der Nähe des Stadtzentrums und des Po. Er ist hoch genug, um einen herrlichen **Ausblick** über die Stadt zu bieten. Auf seiner Anhöhe steht die Chiesa di Santa Maria del Monte, mit deren Bau Carlo Emanuele I. Ende des 16. Jh.s. Ascanio Vitozzi beauftragte. Sie bildet eine der charakteristischen Silhouetten des Turiner Panoramas. Zur Rechten der Kirche befindet sich das Kapuzinerkloster, von dem ein Teil das **Museo nazionale della Montagna »Duca degli Abruzzi«** beherbergt. Es ist der Natur, den Traditionen und der Kultur der Bergwelt gewidmet (Öffnungszeiten: tgl. 9.00–19.00 Uhr).

* Villa della Regina

Ascanio Vitozzi erbaute in der ersten Hälfte des 17. Jh.s die **Villa della Regina,** die Filippo Juvara zusammen mit dem Park noch einmal umbaute. Ein Brunnen sowie eine geschwungene, doppelläufige Treppe sind dem Bau vorgelagert. Der Mittelteil wird zusätzlich von einer Doppelloggia und einem Belvedere mit Statuen akzentuiert. Heute ist die Villa della Regina Teil des Weltkulturerbes der UNESCO.

** Superga

Auf einem der höchsten Hügel (669 m) erhebt sich die **Basilika von Superga**, von wo aus sich ein eindrucksvoller Blick über Turin und die Berge bietet. Der Bau geht auf ein Gelübde Vittorio Amedeos II. zurück. Während er die Position seiner Truppen von der Anhöhe aus beobachtete, rief er den Schutz der Madonna an und gelobte, im Falle eines Sieges eine Kirche zu erbauen. Der von Filippo Juvara errichtete und 1731 eingeweihte Kirchenbau ist zur Straße nach Frankreich ausgerichtet und bildet eine Achse mit dem Castello di Rivoli. Drei Treppen führen zur Vorhalle mit Balustraden. Ihnen zur Seite erheben sich in perfekter Symmetrie zwei Glockentürme. Der Rundbau mit Kapellen wird im Inneren von Gemälden und Skulpturen geschmückt sowie von einer 75 m hohen **Kuppel** gekrönt. Im Kellergeschoss befindet sich die Grablege der Savoyer.

BASILICA DI SUPERGA

★★ Den zweithöchsten Hügel Turins krönt die majestätische Basilika von Superga – eines der wichtigsten Bauwerke des 18. Jh.s im Piemont. Federführender Architekt war der in der Region vielbeschäftigte Filippo Juvara, der das Gotteshaus 1731 fertig stellte. Am 4. Mai 1949 stürzte hier ein Flugzeug mit der Fußballmannschaft des »grande« AC Torino an Bord ab. Hinter der Basilika erinnert eine Gedenktafel an das Unglück.

Öffnungszeiten:
9.00–12.00, 15.00–17.00 Uhr (von April bis Oktober bis 18.00 Uhr geöffnet).

Dem Eingang zur Basilika ist eine Vorhalle mit korinthischen Säulen vorgelagert.

3 Laterne
Die Laterne auf der Spitze der Kuppel wird auf 75 m Höhe von einem Kreuz bekrönt.

4 Hügel
Um einen geeigneten Bauplatz für die Basilika zu schaffen, musste die Kuppe des Hügels von Superga eingeebnet werden. Er ist heute rund 40 m tiefer als vor dem Bau des Gotteshauses.

1 Krypta
In der Krypta sind savoyische Prinzen und Könige von Vittorio Amedeo II. bis Carlo Alberto begraben.

2 Kloster
Hinter der Kirche erstreckt sich das große, ebenfalls von Filippo Juvara entworfene Kloster für die Kongregation der Ordensgeistlichen, das später aufgelöst wurde. Heute wird das Ordensgebäude von der Gemeinschaft der Frati Servi di Maria bewohnt.

Blick in den prunkvollen Innenraum.

! *Baedeker* TIPP

Eine Schwindel erregende Reise
Statt mit dem Auto kann man Superga auch bequem mit der Drahtseilbahn erreichen (alle 30 Min.). Sie überbrückt einen Höhenunterschied von 400 m und bringt die Besucher über Schwindel erregende Abgründe bis wenige Meter vor die Kirche. Die Station in der Stadt befindet sich in der Borgata Sassi, auf der Piazza Gustavo Modena.

Die Panoramastraße **Strada panoramica di Superga** verläuft auf dem Hügelkamm von Superga über Pino Torinese bis zum Colle della Maddalena. Sie führt durch dichte Wälder, die zum Besitz der Provinz Turin gehören und unter Natur- und Landschaftsschutz stehen.

Colle della Maddalena
✶✶
Panorama ▶

Auf dem Gipfel des Colle della Maddalena (715 m) steht der Faro della Vittoria, 1928 von Edoardo Rubino errichtet. Die Bronzestatue ist mit 18,5 m eine der größten der Welt. Der Platz bietet ein fantastisches Panorama über die Alpen und die Turiner Ebene. Der Parco della Rimembranza von 1925 erinnert an die Gefallenen des Ersten Weltkrieges, 5000 Bäume wachsen hier, weitere 15 000 von 400 verschiedenen Arten gehören zum »Arboretum Taurinense«.

La Spina

Siebte Route

Mit der so genannten Spina nimmt ein neuer Weg durch Turin Form an. Die Straße, die sich bisher auf die Viertel Crocetta und San Paolo beschränkt, wird die Stadt diagonal durchziehen und dabei an einer ganzen Reihe neuer städtebaulicher, architektonischer und künstlerischer Projekte vorbeiführen, die das Turin von morgen charakterisieren.

La spina centrale

Der Viale della Spina ist die neue Verkehrsachse Turins, die durch den Neubau eines Eisenbahntunnels entstand. Sie erstreckt sich von dem neuen Bahnhof Zappata im Süden bis hin zu den verlassenen Industriearealen im Norden. Nach ihrer Vollendung wird die Stadt einen neuen, 7 km langen »Grand Boulevard« haben. Für eine Seite der Allee sind elf Kunstwerke vorgesehen. Auf dem ersten fertig gestellten Abschnitt von Corso Ferrucci bis zum Largo Orbassano kann man bereits den **Brunnen** von Mario Merz und den **Garten** von Giuseppe Penone bewundern. An der Spina werden auch der Palazzo della Regione, das Polytechnikum und der Bahnhof von Susa neu entstehen. In der Nähe der Dora wurde bereits ein Technik- und Umweltpark – der **Environment Park** – angelegt, nach Entwürfen von Emilio Ambasz und Benedetto Camerana.

Im neuen Turiner Sitz der Stiftung Sandretto Re Rebaudengo (Via Modane 16) hinter dem Viale della Spina, in der Nähe des Corso Lione, sind regelmäßig Ausstellungen mit Werken von Avantgardekünstlern zu sehen (Öffnungszeiten: Di. bis So. 11.00–19.00, Do. 11.00–23.00 Uhr).

Fondazione Sandretto Re Rebaudengo

Umgebung von Torino

> ! *Baedeker* TIPP
>
> **Chiesa del Santo Volto**
>
> Die Chiesa del Santo Volto, 2006 geweiht, erhebt sich im ehemaligen Werksgelände der Fiat-Stahlwerke. Vom Tessiner Architekten Mario Botta entworfen ist sie ein gelungen Beispiel für die moderne Kirchenarchitektur. Ihr Grundriss ist der eines Getriebes, zur Erinnerung an die industrielle Vergangenheit des Areals.

Chieri liegt auf den Ausläufern der Turiner Hügel. Die Tuchproduktion verhalf der Stadt im Mittelalter zu Wohlstand. Seit 1418 gehörte sie zum Territorium der Savoyer. Wichtigste Sehenswürdigkeit ist der Dom, den man im 15. Jh. an der Stelle einer älteren Kirche errichtete. Die gotische Backsteinfassade schmückt ein Wimperg über dem Portal. Im dreischiffigen Innenraum mit Kreuzgratgewölbe sind das oktogonale Baptisterium mit Fresken aus dem 15. Jh. zu bewundern, eine einzigartige **Marmorikone** von Matteo Sanmicheli im rechten Querhaus und das mit Schnitzwerk verzierte Chorgestühl aus dem 15. Jh. In der Nähe befindet sich der Palazzo Tana, ebenfalls aus dem 15. Jh., der früher zu den prächtigsten Residenzen Chieris gehörte. Auf der Hauptstraße Via Vittorio Emanuele II, auf der sich auch einige mittelalterliche Häuser befinden, steht ein monumentaler Triumphbogen, 1580 nach dem Entwurf von Pellegrino Tibaldi erbaut.

Chieri

*

◀ Dom

In Pessione, 5 km von Chieri entfernt, kann man das **Museo Martini di Storia dell'Enologia** besuchen. Lando Rossi di Montelera gründete 1961 dieses Weinmuseum, das sich in den Kellern eines kleinen Palazzo aus dem späten 18. Jh. befindet. Es zählt zu den ersten Niederlassungen der Likörfabrik Martini & Rossi und dokumentiert mit über 600 Ausstellungsstücken 2000 Jahre Weingeschichte (Öffnungszeiten: Di. bis Fr. 14.00–17.00, Sa., So. 9.00–12.00 und 14.00–17.00 Uhr).

Pessione

In Moncalieri (60 000 Einwohner), mittlerweile ein Vorort von Turin, ist der mittelalterliche Stadtkern auf dem Hügel erhalten geblieben. An der schönen Piazza liegen Gebäude mit Arkaden und die im Stil der lombardischen Gotik erbaute Kirche Santa Maria della Scala. Sie bewahrt ein sehr schönes **geschnitztes Chorgestühl** aus dem 18. Jh. und eine farbig gefasste **»Pietà« aus Terrakotta.** Den höchsten Punkt der Altstadt nimmt das Castello mit vier Eckpavillons ein. Die einstige Burg wurde im 17. Jh. von Carlo di Castellamonte und danach von Filippo Juvara und Benedetto Alfieri im 18. Jh. zu einem wahren Königspalast umgebaut (Öffnungszeiten: Do. bis So. 8.30–19.30 Uhr).

Moncalieri

*

◀ Kirche von Santa Maria della Scala

** Stupinigi

Folgt man in Turin dem Corso Unione Sovietica in südlicher Richtung, vorbei an den FIAT-Werken von Mirafiori, erreicht man nach wenigen Kilometern die Palazzina di caccia di Stupinigi. Vittorio Amedeo II. beauftragte den vielbeschäftigten Künstler Filippo Juvara im 18. Jh. mit dem Bau eines Jagdschlosses. Der Architekt schuf einen repräsentativen Palast, der zu den schönsten der suburbanen Residenzen der Savoyer gehört. Im Zentrum des sternförmigen Grundrisses liegt ein großer Saal, von dem aus vier Flügel abgehen. Auf dem Dach steht die Skulptur eines gewaltigen Hirsches aus Bronze und Kupfer.

Museo d'Arte e d'Ammobiliamento ▶

Das Gebäude beherbergt zur Zeit das Museo d'Arte e d'Ammobiliamento, eine hochkarätige Sammlung von Gemälden und Einrichtungsgegenständen. Zu diesen gehören kostbare Möbel des 18. Jh.s von Pietro Piffetti und Giuseppe Maria Bonzanigo, darunter ein blau-weiß lackierter Schrank. Die **Sala degli Scudieri ist mit** »Szenen der Hirschjagd« von Vittorio Amedeo Cignaroli (1778) geschmückt. Der wohl prächtigste Saal ist der Salone centrale mit dem großen Fresko »Triumph der Diana« und einem Kronleuchter aus Kristall und Bronze. Umgeben wird die Palazzina von einem 1700 ha großen **Park**.

** Salone centrale ▶

Rivoli

Der breite und 12 km lange **Corso Francia** verbindet die Turiner Piazza Statuto mit Rivoli. Entlang dieser Prachtstraße in der Nähe der Piazza Bernini entstanden zu Beginn des 20. Jh.s zahlreiche **Jugendstilgebäude** von Pietro Fenoglio, darunter die kleine Villa Raby in der Nr. 8 und die Casa La Fleur, Via Principi d'Acaja 11. Hinter der Piazza Rivoli liegt auf der rechten Seite eine der repräsentativsten Villen Turins aus dem 18. Jh.: die **Villa Sartirana** oder **Tesoriera** mit ihrem wunderschönen Park. Nach einigen Kilometern trifft man auf das einzigartige **Quartiere Leumann**, das ab 1875 für die Arbeiter und Angestellten einer nahe gelegenen Baumwollfabrik unter Berücksichtigung der modernsten architektonischen und städtebaulichen Errungenschaften entstand. Das kleine, mittelalterliche Zentrum von **Rivoli** liegt auf der Anhöhe einer Moräne (Haus des Conte Verde aus dem 14. Jh.) und wird vom mächtigen **Castello** der Savoyer dominiert. Von hier aus genießt man einen herrlichen Blick über die Turiner Ebene und die Hügel. Das Schloss ist ein unvollendetes Bauwerk von Filippo Juvara, der mit der Erneuerung einer von den Franzosen zerstörten Festung beauftragt worden war. In den 70er- und 80er-Jahren des 20. Jh.s wurden Teile der Originalsubstanz restauriert und das Museo d'Arte contemporanea eingerichtet. Die zeitgenössische Kunst kontrastiert hier spannungsreich mit den vor langer Zeit freskierten Sälen. Der ständigen Sammlung werden

* Museo d'Arte contemporanea ▶

Jagdschloss de Luxe: Der lichtdurchflutete Festsaal in der Palazzina di caccia di Stupinigi ist ein Meisterwerk Filippo Juvaras. →

Ein architektonisches Meisterwerk: die Galleria di Diana.

kontinuierlich neue Stücke zugefügt. Außerdem finden zahlreiche Ausstellungen von Werken einzelner Künstler, nationaler und internationaler Gruppen statt, insbesondere seit die so genannte »Manica Lunga« als Fläche genutzt werden kann (Öffnungszeiten: Di. bis Fr. 10.00–17.00, Sa., So. 10.00–19.00 Uhr).

* **Venaria Reale**

10 km nördlich von Turin, in Richtung der Valle di Lanzo liegt der Palast von Venaria Reale, eine der größten savoyischen Residenzen. Diese wurde zwischen 1659 und 1675 nach Entwürfen von Amedeo di Castellamonte erbaut und im nachfolgenden Jahrhundert von Michelangelo Garove, Filippo Juvara und Benedetto Alfieri entscheidend verändert. Der prächtige Herrschaftssitz war einst Schauplatz von Festen und Jagdgesellschaften. Seit einigen Jahren werden Restaurierungsarbeiten vorgenommen, um ein Museum einzurichten sowie Ausstellungen und Kongresse veranstalten zu können. Vom Innenhof gelangt man in den **Salone di Diana**, in dem an der Decke Freskenreste aus dem 17. Jh. von Jan Miel erhalten sind. Vollständig restauriert wurde bereits die Galleria di Diana. Juvara schuf diese elegante Galerie mit großen Fenstern und schlichtem Stuckwerk in blassem Ockerweiß. Die Kirche von Sant'Uberto, der spektakuläre Marstall (140 m lang) und die Orangerie sind ebenfalls Werke Juvaras (Öffnungszeiten: Di. bis Do., Sa. und So. 9.00–11.30 und 14.30–18.00 Uhr, an anderen Tagen n. V., Tel. 011 496272). Die zugehörige Siedlung wird von einheitlichen Gebäuden charakterisiert sowie von einem elliptischen Platz, an dem die Pfarrkirche Santa Maria liegt.

** Galleria di Diana ▶

La Mandria

Zum Herrschaftssitz von Venaria Reale gehörte auch das Landgut della Mandria, das heute als Naturpark genutzt wird, mit einer Ausdehnung von 6500 ha. Hier wurden die **königlichen Herden** (ital. mandria) gezüchtet, Pferde also, die für die Jagd und das Heer bestimmt waren. König Vittorio Emanuele II. jagte hier im 19. Jh. und nutzte die **Palazzina Reale** aus dem 18. Jh. als Residenz. Die Besichtigung folgt einem festgelegten Rundgang über kleine Wege, vorbei an der Bizzarria, einer wirklich ungewöhnlichen Jagdhütte, oder der Meierei Rubianetta. Für Besucher, die lieber radeln als wandern, gibt es am Eingang einen Fahrradverleih (Öffnungszeiten: Febr., März 8.00–18.00, April bis Sept. 8.00–20.00, Okt. bis Jan. 8.00–17.00 Uhr).

UMGEBUNG VON TURIN ERLEBEN

ESSEN

▶ Fein & teuer

Combal Zero
Piazza Mafalda di Savoia, Rivoli
Tel. 011 956522, www.combal.org
Ruhetag: Mo. bis Di., 22. Dez. bis 2. Jan., Aug. (unterschiedlich)
Eindrucksvolles Restaurant im Museo d'Arte contemporanea des Schlosses mit Glaswänden, die den Blick auf die Rivoli-Ebene frei geben. Traditionelle Speisekarte. Bestellen Sie das »Menù creativo«.

▶ Erschwinglich

San Domenico
Via San Domenico 2/b, Chieri
Tel. 011 9411864
web.tiscali.it/chieri/sandomenico
Ruhetag: So. (Abend), Mo., Aug.
Elegantes Restaurant mit innovativer Küche mitten in der Innenstadt in einem Gebäude aus dem 15. Jh. Bestellen Sie das »Menù dell'arte«.

Bastian Contrario
Strada Moncalvo 102, Moncalieri
Tel. 011 6968388
www.ristorantebastiancontrario.it
Ruhetag: Mo. bis Sa. (Mittag), So., Jan. bis Aug. (unterschiedlich)
Elegantes Restaurant mit festem Menü. Besonders gut sind die verschiedenen Antipasti, die täglich frisch zubereitet werden.

Da Baston
Corso Susa 14, Rivoli, Tel. 011 9580398
Ruhetag: So., Aug.
Die drei Brüder, die das Lokal führen, stammen aus Venetien. Wunderbare Fischgerichte. Reservieren sinnvoll.

ÜBERNACHTEN

▶ Günstig

Poker
Via Leopardi 12, Borgo San Pietro
Tel. 011 6068392
Kleines, ruhiges Hotel in unmittelbarer Nähe der Umgehungsstraße und der Autobahn. Gepflegte, moderne Zimmer. Ohne Frühstück.

Park Hotel
Viale Fasano 34, Chieri
Tel. 011 9478394
www.businessvillage.it/parkhotel
Kleines, einfaches, klassisches Hotel.

Tortona

Oj

Provinz: Alessandria
Einwohnerzahl: 26 600
Höhe: 122 m ü. d. M.

Tortona liegt inmitten von Weizenfeldern an den Ausläufern des ligurisch-piemontesischen Apennin. Schon in der Antike war die Stadt ein wichtiger Verkehrsknotenpunkt.

Römische Festung

Bereits im 5. Jh. v. Chr. gab es auf dem Hügel eine ligurische Siedlung. Um 120 v. Chr. entstand die reiche römische Stadt **Derthona**, die im Gegensatz zu anderen Städten dank der römischen Festung, dem »Castrum«, und ihrer Lage, die gut zu verteidigen war, nicht unterging. Zum Verhängnis wurde ihr im 12. Jh. allerdings die Allianz mit Mailand. Nach einer denkwürdigen Belagerung ließ Friedrich Barbarossa die Stadt im April 1155 zerstören. Mit Hilfe der Mailänder baute man sie wieder auf. 1162 fiel sie erneut in die Hände des Kaisers, der ihr diesmal jedoch das Privileg der Münzprägung zugestand. Bis zum Vertrag von Wien, in dem Tortona 1738 den Savoyern zuerkannt wurde, war sie Teil des Herzogtums Mailand. 1773 plante Vittorio Amedeo III., an diesem Ort eine Festung zu errichten. Nach der Vereinigung Italiens entwickelte sich hier ein lebendiges Industriezentrum.

! *Baedeker* TIPP

Tortona musikalisch

Jedes Jahr im Herbst findet in den schönsten Kirchen Tortonas und im Kloster von Rivalta Scrivia ein Musikfestival statt, das Lorenzo Perosi gewidmet ist, dem Komponisten zeitgenössischer Kirchenmusik, der 1955 starb.

Sehenswertes in Tortona

Via Emilia

Die römische Straße **Aemilia Scauri** führte in der Antike in die Provence. Heutzutage durchmisst die Via Emilia mit ihren Arkaden aus dem 19. Jh. durch das Stadtzentrum und öffnet sich auf die Piazza Duomo und die Piazza Arzano. Hier liegen auch der **Dom** aus dem 16. Jh. mit seiner klassizistischen Fassade von 1880 und der 1940 im Stil des 15. Jh.s rekonstruierte **Palazzo Guidobono**, in dem sich das **Museo civico e archeologico** befindet. Es birgt Ausstellungsstücke von der Frühgeschichte bis ins Hochmittelalter, Hunderte von Werken der lokalen Malerschule sowie Skulpturen, Drucke, Münzen, Waffen und vieles mehr. Eine weitere Sehenswürdigkeit der Stadt ist das **Teatro civico**, dessen Innenraum Friese und Stuckwerk zieren.

Die äußeren Bezirke

Südlich des Stadtzentrums erhebt sich der von der savoyischen Festung noch erhaltene **Turm** auf dem Hügel, auf dem sich schon die prähistorische ligurische Burg befand. In der Ebene ist die 12 m hohe, vergoldete Statue des **Santuario della Madonna della Guardia** gut sichtbar. Interessant ist auch das **Museo della Bicicletta**, ein Fahrradmuseum, das man in der Cantina sociale hinter den Bahngleisen findet (Informationen Tel. 0131 861265).

Umgebung von Tortona

Valle Scrivia

Durch die Valle Scrivia führt nicht nur eine Verkehrsverbindung zwischen der Ebene und dem Meer, sie ist auch ein geschichtsträchtiges Gebiet und die Heimat vieler Champions des Radrennsports.
In der schönen Ortschaft **Castelnuovo Scrivia** haben sich mit dem Palazzo pretorio und der Pfarrkirche von Santi Pietro e Paolo zwei – bis auf kleinere Eingriffe – mittelalterliche Gebäude erhalten. In **Sale** sollte man es nicht versäumen, die Kirche dei Santi Maria e Siro aus dem 11. Jh. mit Fresken aus dem 15. und 16. Jh. zu besichtigen. Neben der Autobahn Mailand–Genua liegt das Zisterzienserkloster **Abbazia di Santa Maria di Rivalta**, ein edles gotisches Gebäude aus dem 12./13. Jh. In der Gegend von **Villalvernia** wird demnächst das Naturreservat dello Scrivia entstehen.

TORTONA ERLEBEN

ESSEN

▶ Erschwinglich

Cavallino San Marziano
Corso Romita 83
Tel. 0131 862308
www.cavallinotortona.it
Ruhetag: Feb. (unterschiedlich), Aug. (unterschiedlich)
Elegantes Jugendstil-Lokal mit einer Küche, die Tradition mit Innovation zu verbinden weiß. Es empfiehlt sich, vorzubestellen. Das Haus verfügt auch über einige Zimmer.

Montecarlo
Via Villaromagnano 17
Mombisaggio-Torre Calderai
Tel. 0131 889114
Ruhetag: Di., Aug. (unterschiedlich)
In diesem reizvoll zwischen Hügeln gelegenen Restaurant werden traditionelle piemontesische Gerichte und gute Weine serviert. Es hat einen hübschen Garten und zwei große Festsäle.

ÜBERNACHTEN

▶ Günstig

Villa Giulia
Statale per Alessandria 7/a
Tel. 0131 862396
www.villagiulia-hotel.com
Wundervolle Villa in einem ehemaligen Bauernhaus. Vermietet nur wenige, elegante Zimmer. Ohne Frühstück.

Vittoria
Corso Romita 57, Tel. 0131 861325
Kleines, zentral gelegenes, klassisches Hotel in der Nähe des Bahnhofs. Ohne Frühstück.

Castellanìa

Castellanìa befindet sich auf einem seitlichen Hügelkamm. Es ist die Heimat von Fausto Coppi (1919–1960), der zweimal die Tour de France und fünfmal den Giro d'Italia gewann. Ein monumentales Grabmal erinnert hier an ihn und seinen im Alter von 28 Jahren verstorbenen Bruder Serse, der ebenfalls Radrennfahrer war. Das Geburtshaus der Coppi wurde als Museum hergerichtet. Möbel, Erinnerungsstücke und Fotografien sind hier ausgestellt (Öffnungszeiten: Sa. 14.00–19.00, So. 9.00–19.00 Uhr).

Trivero

JKe

Provinz: Biella
Einwohnerzahl: 7302
Höhe: 675 m ü. d. M.

Trivero ist eine Hauptstadt der Woll- und Tuchproduktion im Biellese und die Heimat des Marktführers für Herrenbekleidung: Ermenegildo Zegna. Der Industrielle finanzierte hier eine der schönsten Panoramastraßen der Voralpen.

** Panoramica Zegna

In den 30er-Jahren des 20. Jh.s plante und finanzierte der Industrielle Ermenegildo Zegna die Panoramastraße, die Trivero mit Andrate verbindet und noch heute seinen Namen trägt. Die Anpflanzung tausender Tannen, Rhododendren und Hortensien vor allem zwischen Trivero und Rosazza verwandelte den Berg in einen Garten. Entlang der 26 km langen Panoramica Zegna findet man verschiedene Routen zum Wandern, Biken oder für den Skilanglauf, die jeweils von einem Lehrpfad begleitet werden. Von Trivero steigt die Straße zwischen den Rhododendren bis hinauf nach Bielmonte (1517 m), wo sich Wintersportanlagen befinden. Die Abfahrt führt vorbei am Pass von Bocchetta Sèssera (1382 m), Campiglia Cervo (775 m) und Rosazza (882 m).

! *Baedeker* TIPP

Fabrikverkauf

Das Biellese bietet hervorragende Einkaufsmöglichkeiten für Bekleidung. Eines der berühmtesten Outlets ist das Geschäft von Ermenegildo Zegna in Trivero. Außer an Sonntagen und Montag Vormittag kann man hier Stoffe, Anzüge und Strickwaren für Damen und Herren sowie Lederbekleidung erstehen.

Rosazza

Rosazza ist eine der malerischsten Ortschaften auf der Panoramica Zegna. Zu ihrer landschaftlichen Schönheit gesellen sich kulturelle Sehenswürdigkeiten, wie die **Pfarrkirche dei Santi Pietro e Giorgio**, ein wahrer Kunstschatz.

Die Alm von Corte Vecchia ist eine der wenigen Orte im Val Grande, an dem noch Herden weiden. Den Großteil hat sich die Wildnis zurückerobert.

Val Grande (Nationalpark)

LMc

Provinz: Verbania

Der Nationalpark der Val Grande zwischen der Val d'Ossola, der Val Vigezzo und dem Lago Maggiore ist für seine wilde Schönheit bekannt. In keinem Schutzgebiet Europas, so heißt es, hat sich die Natur so unberührt erhalten wie hier.

Die Wildnis

Der zwischen 1992 und 1993 gegründete Park hat eine Flächenausdehnung von 15 000 ha und berührt zwischen Verbano und der Val d'Ossola das Gebiet von 13 Kommunen. Folgt man den gut ausgeschilderten Wanderrouten, kann man tief in die Natur eintauchen und die Stille und die dichten Wälder genießen. Im Park wachsen vor allem Kastanien, Buchen und Erlen. Man kann Gämsen, Rehe, Marder, Murmeltiere und Adler beobachten. Das kleine Bergdorf Cicogna ist die »Hauptstadt« des Gebiets. In seiner unmittelbaren Nähe finden sich auch die Steinbrüche von Candoglia, wo der Marmor für den Mailänder Dom gewonnen wurde.

Valsesia

I-Kde

Provinz: Vercelli

Die Valsesia umschließt die dicht besiedelten Gebiete im Tal ebenso wie die prunkvolle Architektur des Sacro Monte di Varallo; die bei begeisterten Raftingsportlern äußerst beliebten Stromschnellen des Sesia wie die Ortschaften der Walser. Seit Jahrhunderten schon ist die Gegend ein kleine Welt für sich, die sich von den höchsten Alpengipfeln bis zu den Reisfeldern der Po-Ebene erstreckt.

Sport Die reißenden Gewässer des Sesia bieten sich insbesondere in der Gegend von **Scopello** für Fahrten im Schlauchboot, Kanu oder Kajak an. 2002 wurden hier sogar »Wildwater Championships« ausgetragen, die Weltmeisterschaften für Kanu und Kajak. Auch Skifahrern werden alle Wünsche erfüllt: vom Snowboard bis zum Telemark, vom Alpin- bis zum Sommerski. **Alagna** gehört zum Gebiet des Monterosaski, das sich über die gesamte Südseite des Monte Rosa erstreckt bis hin zu den Tälern von Gressoney und Ayas im Aosta-Tal. Ein weiteres, sehr beliebtes Skigebiet sind die **Alpe di Mera**, die man mit dem Auto oder direkt im Sessellift von Scopello aus erreichen kann.

Naturparks In den höheren Lagen des Tals dehnt sich der höchste Naturpark Europas aus, der **Parco naturale Alta Valsesia**, vom Alpenkamm bis zum Monte Rosa. Zwischen Grignasco und Borgosesia befindet sich der **Parco naturale Monte Fenera** (z. T. auf dem Gebiet der Provinz von Nova-

VALSESIA ERLEBEN

AUSKUNFT

Ufficio Informazioni
Via Mera 3, Scopello
Tel. 0163 731011
www.atlvalsesiavercelli.it

ÜBERNACHTEN

▶ **Günstig**

Sport Hotel Camparient
Alpe di Mera, Scopello
Tel. 0163 78002
www.alpedimera.com
Das Hotel in Familienbesitz liegt auf der Hochebene der Alpe di Mera und ist nur per Schneepflug oder Sessellift erreichbar. Im Winter ein Paradies für Skifahrer; im Sommer kann man Tennis und Golf spielen.

Camping La Genziana
Via Fonderia 7, Scopello
Tel. 0163 71300, www.lagenziana.eu
Geöffnet: 1. Jan bis 31. Dez.
Rasen, mittlerer Baumwuchs. Bar, Parkplatz, Bocciabahn, Gemeinschaftsraum, Kinderspielplatz. Freizeitangebot: u.a. Kanu fahren, Ski und Tischtennis.

ra), in dessen zahlreichen Höhlen und Felsengrotten man frühgeschichtliche Funde entdeckt hat.

Auf den Gewässern des Sesia kommen Wildwasserfahrer auf ihre Kosten.

Am Fuße des Monte Rosa lebt seit circa 700 Jahren die deutsch sprechende **Volksgruppe der Walser** aus dem Wallis, die ihre eigene Kultur in der Sprache, ihren Traditionen und vor allem in der Architektur bewahrt hat. Besonders schön kann man die harmonische Verbindung von Holz und Stein an ihren Häusern um Alagna in **Rima** und **Rimella** beobachten.
Zum traditionellen Handwerk, das bis heute gepflegt wird, zählen die »Puncett« genannte **Spitzenmanufaktur**, die Bearbeitung des **Specksteins**, **Kunstschmieden** und **Weberei**. In Fobello ist ein interessantes Museum dem Puncett gewidmet.

Gaudenzio Ferrari

Das künstlerische Glanzstück des Tals befindet sich auf dem **Sacro Monte di Varallo**, einem hohen Felsen, 150 m über der Ortschaft. Hier vereint sich Religiosität mit Kunst aus dem 16. und 17. Jh. (siehe auch ▶ Varallo, S. 349). In der Valsesia und insbesondere auf dem Sacro Monte sowie in Varallo sind einige Meisterwerke des Valsesianers Gaudenzio Ferrari erhalten geblieben, einem der bedeutendsten Maler der Renaissance aus dem Piemont.

Val Varaita

C–Fk1

Provinz: Cuneo

Die wichtigsten Sehenswürdigkeiten der Val Varaita sind ihre unberührten Wälder. Der Varaita-Fluss grub dieses grüne Tal zwischen den alpinen Ausläufern des Monviso im Norden und denen des Pelvo d'Elva im Süden. Je mehr man an Höhe gewinnt, desto majestätischer wird die Landschaft.

Wälder und Alpenlandschaften

Das Tal verläuft von Piasco bis Bellino fast gerade in westöstlicher Richtung. Die weite und ebene Talsohle ist reich an Obstplantagen. In der Umgebung von Casteldelfino wachsen im **Bosco d'Alevé** auf einer Fläche von 817 ha Zirbelkiefern – so dicht wie sonst nirgendwo in Europa.

Orte in der Val Varaita

Venasca Im wichtigsten Marktort des Tals, Venasca, befindet sich eine große barocke Pfarrkirche mit geschwungener Fassade und einem Innenraum auf oktogonalem Grundriss. Im Dorf werden Holz und Stein verarbeitet. Das Zentrum der lokalen Kunsttischlerei liegt in Brossasco, 3 km von Monte di Venasca entfernt.

Casteldelfino Am Scheitelpunkt zwischen den Tälern von Bellino und Chianale liegt Casteldelfino. Bis zur Übernahme durch die Savoyer zu Beginn des 18. Jh.s gehörte es wie das ganze Tal zu Frankreich. Bis heute erhielten sich die Traditionen und die provenzalische Sprache. Zum Ort gehört die Kirche Santa Margherita mit einem Portal aus dem 15. Jh., das Statuen und Tierfiguren zieren.

Pontechianale Pontechianale ist im Winter wie im Sommer ein beliebter Ferienort auf 1800 m Höhe, in dem sich viele Häuser mit typischen Gneisdächern erhalten haben. Durch den Staudamm entstand der 1800 m lange und 400 m breite **Lago di Castello**. Die letzten 10 km auf der Strecke von Chianale bis zum Colle dell'Agnello sind sehr steil. Die Straße wird von kleinen Hochebenen unter steilen Felswänden gesäumt und bietet atemberaubende Ausblicke auf die **Landschaften** des Hochgebirges.

! *Baedeker* TIPP

Provenzalisches Mittelalter

Das Espaci Occitan in Dronero organisiert gemeinsam mit der Berggemeinde Val Varaita Führungen zu den Kirchen in den provenzalisch geprägten Tälern (Maira, Varaita, Grana, Po) und den schönsten Orten des Musikfestivals Mistà. Dabei kann man den alten Balladen der Troubadours lauschen.

* Varallo

Ke

Provinz: Vercelli
Einwohnerzahl: 7795
Höhe: 450 m ü. d. M.

Varallo liegt im Windschatten einer Anhöhe, auf der sich der Sacro Monte erhebt. Obgleich es nur eine kleine Ortschaft ist, bewahrt es doch Meisterwerke der Architektur, der Malerei und Bildhauerei, die sich im Piemont nur mit denen Turins vergleichen lassen.

Die kleine Hauptstadt der Valsesia 1217 wurde Varallo Hauptstadt der Gemeinden im Tal von Valsesia. Trotz zahlreicher Plünderungen und Fremdherrschaft gelang es der Kommune, sich ausreichend Wohlstand und Selbstständigkeit zu sichern und den Bau des Sacro Monte zu bewältigen.

Die Skulpturengruppen in den Kapellen des Sacro Monte erzählen anschaulich und lebensnah Geschichten aus dem Leben Jesu.

Sehenswertes in Varallo

Die Collegiata di San Gaudenzio erhebt sich in beherrschender Lage auf den mittelalterlichen Fundamenten eines Felsens. Sie wurde im 18. Jh. über einem Vorgängerbau errichtet und wird von einem Arkadengang umgeben. Der einschiffige Innenraum ist mit Gemälden und Fresken reich geschmückt. In der Apsis zeigt der Flügelaltar von Gaudenzio Ferrari die mystische Hochzeit der hl. Katherina, eine Pietà und die Heiligen Johannes der Täufer, Petrus, Gaudenzio und Markus.

Collegiata di San Gaudenzio

*
◀ Flügelaltar

Der **Palazzo dei Musei** (Via Maio Nr. 25) beherbergt die Gemäldegalerie und das Museo di Storia naturale Pietro Calderini. Die Sammlung umfasst kostbare Werke von Gaudenzio Ferrari, Tanzio da Varallo und Daniele Crespi sowie die dramatische Holzskulpturengruppe vom Sacro Monte (Öffnungszeiten: Okt. bis Mai n.V., Tel. 0163 51424).

Gemäldegalerie

Die Kirche von Santa Maria delle Grazie, erbaut Ende des 15. Jh.s, bewahrt auf seiner Lettnerwand zwischen Chor und Hauptschiff einen außergewöhnlichen und umfangreichen Freskenzyklus (1513) von Gaudenzio Ferrari. Thema dieser einzigartig schönen Fresken sind das **Leben und die Passion Christi**. Die dramatischste Szene, die **Kreuzigung**, nimmt die zentrale Position ein.

*
Chiesa di Santa Maria delle Grazie

**
◀ Kreuzigung

Die Bauten des Sacro Monte di Varallo wurden 1481 begonnen, brachen aber bald ab und wurden ab 1517 bis weit ins 17. Jh. fortgeführt. Der Sacro Monte zählt zu den berühmten und wichtigen Heiligtümern Italiens, auch aufgrund der vielen hochkarätigen Kunstwerke

**
Sacro Monte

aller Gattungen, die hier zu bewundern sind. Am Anfang der Gründung stand die Idee, die heiligen Orte Palästinas nachzubilden. Im Folgenden entwickelte sich der Sacro Monte zu einem Zentrum der katholischen Gegenreformation. Während die protestantische Kirche auf der Schlichtheit der Kirchen beharrte, bediente sich die katholische Kirche der Kunst und ihrer theatralischen Inszenierung, um die Massen von ihrer Botschaft zu überzeugen. Die Idee des Sacro Monte ist schon an sich spektakulär. Der Aufstieg zum Gipfel wird von verschiedenen Stationen der christlichen Erlösung begleitet, die durch Szenen des Lebens und der Passion Christi vermittelt werden. An jeder Station befindet sich eine Kapelle, in denen Fresken und Statuen eine Episode des Evangeliums lebensnah darstellen.

✶ Cappella della ▶ Crocifissione

Das monumentale Werk geht zu weiten Teilen auf Gaudenzio Ferrari zurück, der hier als Architekt, Bildhauer und Maler tätig war. Zu seinen schönsten Werken gehören die Cappella dei Re Magi und die Cappella della Crocifissione. Insgesamt gibt es **44 Kapellen** mit über 600 Statuen und zahllosen Fresken.

Umgebung von Varallo

✶ Cappella della Madonna di Loreto

Entlang der Straße nach Civiasco und dem Lago d'Orta findet man 1,5 km von Varallo entfernt zwischen den Bäumen einer engen Schlucht die Kapelle der Madonna di Loreto aus dem 16. Jh. Ihre üppige Freskendekoration, die auch die eleganten Renaissancearkaden

VARALLO ERLEBEN

AUSKUNFT

ATL Valsesia e Vercelli
Corso Roma 38, Tel. 0163 564404
www.turismovalsesiavercelli.it

ESSEN

▶ Erschwinglich

Osteria del Muntisel
Via Fiume 1, Tel. 0163 52155
Ruhetag: Mo., Winter (Mo. bis Di.), unterschiedlich
Eindrucksvolles Ambiente; traditionelle Gerichte aus der Region und gelungene Neukreationen, aber auch hausgemachte Wurstwaren und erlesene Käse.

▶ Preiswert

La Valdigoja
Parone, Tel. 348 3410900
www.agriturismovaldigoja.com
Agriturismo mitten im Wald; 19 ha Land mit Gemüseanbau und Tierzucht.

ÜBERNACHTEN

▶ Günstig

Italia
Corso Roma 6, Tel. 0163 51106
www.albergoitalia.net
Das alte Kloster diente bereits im 19. Jh. als Hotel, in dem Könige abstiegen. Mit schönem Garten und Spuren aus den prachtvollen Zeiten der Belle Epoque.

des Außenbaus schmücken, fällt sofort ins Auge. Die Qualität der Malerei besticht durch die Lebendigkeit der Farbe und die einheitliche Ausführung. Bemerkenswert sind die Anbetung des Kindes von Gaudenzio Ferrari, von dem auch die schöne Gruppe von Terrakottaskulpturen (»Madonna«) auf dem Altar stammt, und die **Jungfrau Maria mit den Aposteln** von Andrea Solario.

* ◀ Anbetung des Kindes

Verbania

Md

Provinzhauptstadt
Einwohnerzahl: 30 200
Höhe: 197 m ü. d. M.

Verbania besteht aus zwei historischen Siedlungen. Auf der Anhöhe mit wunderbarer Aussicht liegen Pallanza und die Gärten der Villa Taranto. Zwischen dem Seeufer und dem Strom des San Bernardino erstreckt sich Intra, das als Gewerbegebiet und Handelsplatz Bedeutung erlangte.

Sehenswertes in Verbania

Lungolago

Außer dem wunderschönen Panorama kann man entlang der Seepromenade auch einige Sehenswürdigkeiten bewundern, wie die **Casa De Latti** aus dem 14. Jh. oder die **Villa del Kursaal** mit ihrem Park. Schön ist auch der Blick auf die (nicht zu besichtigende) Insel **Isoletta di San Giovanni** mit dem **Palazzo Borromeo**, der lange Zeit Arturo Toscanini als Sommerresidenz diente.

Museo del Paesaggio

Das Museo storico e artistico del Verbano e del Paesaggio im Palazzo Dugnani aus dem 18. Jh. bewahrt vor allem Gemälde der piemontesischen und lombardischen Schule des 19. und 20. Jh.s. Außerdem gehören die Gipsothek des Bildhauers Paolo Troubetzkoy (1866–1938) und einige Skulpturen von Arturo Martini zur Sammlung des Museums (Öffnungszeiten: Apr. bis Okt. 10.00–12.00 und 15.30–18.30 Uhr, Mo. geschl.).

Die Gärten der Villa Taranto

Ein Viertel der Punta della Castagnola in Pallanza bedeckt der Park der Villa Taranto, die größte und jüngste Gartenanlage des Borromeischen Golfes. Der schottische Kapitän **Neil Mac Eacharn** kaufte die 1875 erbaute Villa und ließ den Park zwischen 1931 und 1935 mit unzähligen exotischen Pflanzen in einer traditionellen englischen Gartenanlage bepflanzen. Er taufte das Anwesen zur Erinnerung an einen seiner Vorfahren, der von Napoleon zum Grafen von Taranto ernannt worden war. Später gingen die Gärten in den Besitz des italienischen Staats über, seit 1952 sind sie der Öffentlichkeit zugänglich.

Verbania Orientierung

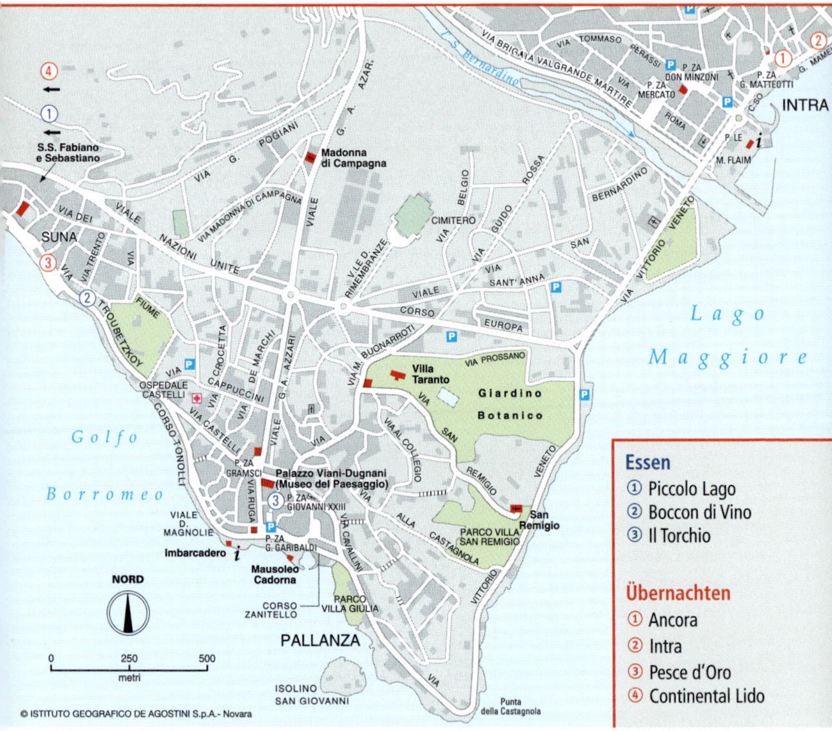

Man schätzt, dass heutzutage **20 000 Pflanzenarten** dort wachsen. Zu den botanischen Raritäten gehören eine »Metasequoia« aus den königlichen Gärten Kiews, die Himalaja-Fichte »Picea spinulosa« und die »Victoria amazonica«, eine der größten Seerosen der Welt. Einzigartig ist im Frühling die **Tulpenblüte,** im Sommer die **Dahlienblüte** (Öffnungszeiten: April bis Okt. 8.30–19.30 Uhr).

* Villa San Remigio

Wie die Kirche liegt auch die Villa San Remigio auf den Ausläufern des Castagnola. Die Besitzer ließen sie zu Beginn des 20. Jh.s erbauen, um eine romantische Verbindung von Natur und Architektur zu erschaffen, wie sie auch andere Villen am See auszeichnet. Der Park ist mit Rasenterrassen und exotischen Pflanzen abwechslungsreich gestaltet und darf als Paradebeispiel der damaligen Gartenkunst gelten. Vom mittelalterlichen Garten spaziert man zum Obsthain, vom Garten der Letizia zum Giardino dei Sospiri (Seufzer), in dessen Mit-

VERBANIA ERLEBEN

AUSKUNFT

Ufficio Informazioni
Corso Zanitello 6/8, Pallanza
Tel. 0323 503249

ESSEN

▶ Fein & teuer

① *Piccolo Lago*
Via Turati 87, Fondotoce
Tel. 0323 586792, www.piccololago.it
Ruhetag: Mo., Juni bis Sept. (Mai); unterschiedlich
Lokal mit Atmosphäre und schöner Veranda, die auf den kleinen See von Mergozzo blickt. Weitgehend traditionelle Küche mit neuen Kreationen.

▶ Erschwinglich

② *Boccon di Vino*
Via Troubetzkoy 86, Suna
Tel. 0323 504039
Ruhetag: So.; Mo. (Abend); Juli (unterschiedlich); Lokal mit Holztischen, Steinwänden und schöner Aussicht auf die Uferpromenade von Suna.

▶ Preiswert

③ *Il Torchio*
Via Manzoni 20, Pallanza
Tel. 0323 675267, www.iltorchio.net
Ruhetag: Mi.
Gepflegtes, gastfreundliches Restaurant. Speisekarte mit regionalen Gerichten und interessanten kulinarischen Neukombinationen.

ÜBERNACHTEN

▶ Komfortabel

① *Ancora*
Corso Mameli 65, Intra
Tel. 0323 53951, www.hotelancora.it
Das Hotel vermietet neben eleganten Zimmern auch einige Wohnungen. Der gewölbte Saal aus dem 16. Jh. ist in einen prachtvollen Tagungsraum umgewandelt worden. Ohne Frühstück.

② *Intra*
Corso Mameli 133, Intra
Tel. 0323 581393
Ruhig gelegenes Hotel in unmittelbarer Nähe zum See. Geschmackvoll und mit Liebe zum Detail eingerichtete Zimmer. Man kann im Restaurant des Hotel Miralago speisen. Ohne Frühstück.

▶ Günstig

③ *Pesce d'Oro*
Via Troubetzkoy 136, Suna
Tel. 0323 504445
www.hotelpescedoro.it
Gut restauriertes altes Kloster, nur wenige Meter vom See entfernt. Einfache, aber komfortable Zimmer.

④ *Camping Continental Lido*
Via 42 Martiri 156, Fondotoce
Tel. 0323 496300
www.campingcontinental.com
Geöffnet: 23. März bis 22. Sept.
Lebensmittelgeschäft, Restaurant und Selbstbedienungsrestaurant, Solarium, Kinderspielplatz, Parkplatz.
Freizeitangebote: Beach-Volleyball, Tennis- und Windsurfkurse. Außerdem kann man Fahrräder, Wohnwagen und Zelte mieten.

Der Lago Maggiore in einer Perspektive von der Villa San Remigio aus.

te sich ein mosaikartiges Halbrund mit sieben von mythologischen Göttern geschmückten Nischen befindet (der Garten kann nur n. V. besichtigt werden, Tel. 0323 503249).

Die Kirche der Madonna di Campagna befindet sich circa einen Kilometer von der Seepromenade entfernt. Vom mittelalterlichen Kirchenbau ist der romanische Glockenturm erhalten. Das übrige Erscheinungsbild ist im Stil der Renaissance gehalten. Auf dem eleganten, oktogonalen Tambour, der mit kleinen Doppelloggien verziert ist, sitzt eine fragile Laterne. Das Innere schmücken Glasfenster aus der Renaissance sowie Fresken des 16. Jh.s von Bernardino Lanino und Gemälde von Camillo Procaccini.

Umgebung von Verbania

Lago di Mergozzo Der einsame und ruhige See von Mergozzo – **ein Anglerparadies** – war ursprünglich mit dem Lago Maggiore verbunden. Das vom Toce während einer Flut mitgeführte Geröll teilte die Gewässer jedoch. Der Fluss macht einen großen Bogen um den Monte Orfano, der den See überragt, bevor er im Lago Maggiore mündet. Auf der gegenüberliegenden Seite befindet sich das Dorf **Montorfano** mit der kleinen romanischen Kirche von San Giovanni.

Candoglia 2 km von Mergozzo entfernt findet man die berühmten **Marmorbrüche** von Candoglia, wo man über Jahrhunderte die Blöcke für den Bau des Mailänder Doms gewann. Sie wurden auf dem Toce eingeschifft und über den Lago Maggiore und den Naviglio Grande nach Mailand transportiert.

★ Vercelli

Lh

Provinzhauptstadt
Einwohnerzahl: 49 167
Höhe: 130 m ü. d. M.

Weithin sichtbar ragen die hohen, gotischen Kirchtürme von Sant'Andrea über Vercelli auf, das von Reisfeldern umgeben ist. Der Bau der mächtigen Basilika markierte den Beginn einer langen, eher lombardisch als piemontesisch geprägten Stadtgeschichte, die von blühendem Handel und künstlerischem Ehrgeiz geprägt war.

Geschichte

Schon in der römischen Antike war Vercelli ein wichtiges »Municipium« (**Vercellae**). Diese Vormachtstellung konnte in christlicher Zeit durch die Gründung des ersten Bischofssitzes im Piemont durch Eusebius erhalten werden. Ab 1100 gehörte die freie und blühende Kommune zur **Lega lombarda**. Zeugnis dieser Blütezeit ist die Basilika von Sant'Andrea, einer der größten mittelalterlichen Kirchenbauten Italiens. Im 13. Jh. wurde ein »Studium« eingerichtet, die erste Universität im Piemont. Zwischen dem 12. und 14. Jh. erhielt Vercelli das Erscheinungsbild, das es noch heute prägt. Jedes Jahr im Oktober findet im Stadttheater der **Premio internazionale Viotti** statt, ein überwiegend dem Gesang und Klavier gewidmetes Musikfestival.

Sehenswertes in Vercelli

✶✶ Basilica di Sant'Andrea

Die Basilica di Sant'Andrea, bedeutendste Sehenswürdigkeit der Stadt, ist zugleich eines der wichtigsten **Beispiele gotischer Architektur in Italien**. Das Gebäude, das den Reichtum und die Größe Vercellis im Mittelalter bezeugt, wurde ab 1219 in nur acht Jahren errichtet. Deutlich sind die französischen Einflüsse in den Ausmaßen der Kirche, die für Italien eher ungewöhnlich sind. Bauschmuck und Gestaltung der Fassade zeigen emilianische und lombardische Merkmale wie Zeltdach, Arkadengalerien und Backsteine. Die Fassade wurde elegant in sich abwechselnden Farben und Materialien gestaltet: Der grünliche Stein aus Varallo setzt sich vom weißen Marmor der Zwerggalerien ab sowie vom roten Veroneser Marmor der Portale. In der Mitte öffnet sich die große Fensterrose. Zwei hohe, schlanke Glockentürme mit Mono-, Bi- und Triforien flankieren den Bau. Die Lünetten schmücken Skulpturen, die man der Antelami-Werkstatt zuschreibt, darunter befindet sich auch ein Martyrium des hl. Andreas aus dem 13. Jh. Die Zwerggalerie setzt sich am Außenbau des Hauptschiffes und des rechten Querhauses fort. Das Motiv findet sich auch auf dem oktogonalen Tambour wieder, und zwar außen wie auch innen. Die gebänderten Pfeiler des dreischiffigen Innenraums tragen ein Kreuzrippengewölbe. Die schönste Ansicht von Sant'Andrea bietet sich vom Kreuzgang aus, der zur Linken der Fassade liegt. Er wird vollständig von Arkaden auf romanischen Säulenbündeln umgeben. Von hier aus kann man auch den Kapitelsaal betreten, dessen Kreuzrippengewölbe sich auf vier kräftige Säulen stützt. Kreuzgang, Kapitelsaal, Sakristei und Sprechzimmer sind alles, was vom Kloster geblieben ist, das sich einst neben der Kirche befand.

✶ ◀ Fassade

✶ ◀ Innenraum

✶ ◀ Kreuzgang

Ospedale Maggiore

Gegenüber der Kirche erstreckt sich die elegante Spitzbogenarkade des Ospedale Maggiore oder Ospedale di Sant'Andrea, das gemeinsam mit der Basilika entstand. Diesem Pilgerhospiz gliederten sich im Verlauf der Zeit weitere Gebäude an.

Cattedrale di Sant'Eusebio Von Sant'Andrea gelangt man über zwei baumbestandene Plätze hinweg zur Kathedrale von Sant'Eusebio. Das kühle, majestätische Gebäude wurde zwischen dem Ende des 16. und der Mitte des 19. Jh.s erbaut. Der romanische Kampanile gehörte ursprünglich zu einem Vorgängerbau, welcher der großen, von Pellegrino Tibaldi im 16. Jh. entworfenen Kirche weichen musste. Von diesem Projekt wurden allerdings nur Teile (Apsis und Chor) ausgeführt. Das übrige Gebäude mit der monumentalen Vorhalle stammt aus dem 18. Jh., die dominierende Kuppel wurde im 19. Jh. aufgesetzt. Im dreischiffigen Innenraum ist die prunkvolle **Cappella del Beato Amedeo,** die man gegen Ende des 17. Jh.s am rechten Querhaus anbaute, besonders sehenswert. Der oktogonale Rundbau ist mit farbigem Marmor ausgekleidet und wird von einer Kuppel gekrönt. Seitlich, in der Nähe des Chores, ist ein Kruzifix in Blattsilber aus dem 11. Jh. zu bewundern.

* ▶ Kruzifix

Castello Auf der Piazza Amedeo IX liegt das Castello der Visconti mit Ecktürmen aus dem 15. Jh. In späterer Zeit wurde es unter den Savoyern mehrmals umgebaut und als Residenz genutzt. Heute beherbergt es den Palazzo della Giustizia, den Justizpalast.

Piazza Cavour Das Zentrum des mittelalterlichen Vercelli ist die Piazza Cavour, die von Häusern mit Arkaden aus dem 15. Jh. umgeben wird. Zum Teil zeigen diese noch Spitzbögen sowie sehr schöne Dekorationen in Terrakotta. Darüber erhebt sich der oktogonale Turm, die **Torre dell'Angelo** und in der Seitenstraße Via Gioberti die **Torre del Comune** aus dem 13. Jh.

Museo Leone Biegt man auf der Piazza Cavour in die Via Verdi ein, so erreicht man das von Camillo Leone gegründete Museo Leone. Der Notar hinterließ dem Istituto di Belle Arti seine Sammlung mit archäologischen Stücken sowie Gemälden und Skulpturen. Das Museum befindet sich in zwei miteinander verbundenen Gebäuden: dem Palazzo Alciati aus dem 16. Jh. (mit einem schönen, zweigeschossigen Arkadenhof) und dem barocken Palazzo Langosco (mit reich verzierten Decken). Es dokumentiert die Geschichte und Kultur im Vercellese von der Frühgeschichte an. Außerdem gehören griechisch-römische, etruskische und mittelalterliche Stücke zur Sammlung (Öffnungszeiten: Di. bis Do. 15.00–17.30, Sa. 15.00–18.00, So. 10.00–12.00 und 15.00–18.00 Uhr).

* **Museo Francesco Borgogna** Das Museo Francesco Borgogna beherbergt den Nachlass des Mäzens Antonio Borgogna, dessen beachtliche Sammlung Gemälde der italienischen Renaissance ebenso wie Werke flämischer, niederländischer und deutscher Herkunft des 15.–17. Jh.s umfasst. Hinzu kamen zahlreiche Arbeiten der Piemonteser Schule aus der Sammlung Leo-

Vercelli *Orientierung*

ne, die das Istituto di Belle Arti von Vercelli dem Museum überließ. So entstand ein Überblick über die piemontesische Malerei, der nur von der Turiner Galleria sabauda übertroffen wird. Zudem sind Fresken aus zerstörten Kirchen des Vercellese ausgestellt. Der Besuch des Museo Borgogna bietet die für Italien seltene Gelegenheit, ein **»Haus-Museum«** zu besichtigen, und ist daher von doppeltem Interesse. Die erstklassige Qualität insbesondere der Piemonteser Werke wird mit Sicherheit selbst Kenner der italienischen Malerei überraschen. Unter den Werken der italienischen Schule sind die Davide Ghirlandaio (15. Jh.) zugeschriebene »Betende Madonna mit Johannes dem Täufer« besonders sehenswert wie auch die liebliche »Hl. Familie mit Engel und Johannes d.T.« des Vercellesen Sodoma (Anfang 16. Jh.), eine »**Sacra Conversazione mit Stifter**« von Jacopo Palma d. Ä., eine sinnliche Darstellung von »**Äneas am Hof der Dido**« aus dem Umkreis des Bramantino und die Tizian zugeschriebene Grablegung. Aus der Sammlung der Piemonteser Schule verdienen zwei Werke von Girolamo Giovenone und Defendente Ferrari besondere Aufmerksamkeit (»**Geburt Christi**«, »**Thronende Jungfrau Maria mit Heiligen**«) sowie der sich durch nordische Eleganz auszeichnende Flügelaltar von Defendente Ferrari (Öffnungszeiten: Di. bis Fr. 15.00–17.30, Sa. und So. 10.00–12.30 Uhr).

* ◀ Wichtige Werke

* ◀ Flügelaltar

Chiese di Santa Chiara und San Giuliano

Wendet man sich am Corso della Libertà nach links, erreicht man einen monumentalen Gebäudekomplex, zu dem der kleine Kreuzgang aus dem 15. Jh., die **ehemalige Kirche Santa Chiara** von Bernardo Vittone und ein klassizistischer Bau gehören. Die Kirche zeigt einen sechsseitigen, konvex eingezogenen Grundriss sowie im Inneren Stuckdekorationen. Biegt man am Corso della Libertà hingegen rechts ab, erreicht man die romanische **Kirche San Giuliano**, die im Barock umgestaltet wurde. Sie bewahrt eine »Grablegung«, eines der besten Gemälde von Bernardino Lanino (1547).

Fast gegenüber von San Giuliano liegt der **Palazzo Centori** aus dem 15. Jh. mit Terrakottaverzierungen an der Fassade und einem wunderschönen, zweigeschossigen **Arkadenhof**. Folgt man dem lebendigen Corso della Libertà und biegt nach links, trifft man auf die Piazza del Municipio mit dem klassizistischen Rathaus und der **Kirche von San Paolo**. Vom später umgestalteten Bau aus dem 13. Jh. hat sich der romanisch-gotische Kampanile erhalten. Im Inneren bewundert man die »Madonna della Grazia« von Bernardino Lanino.

Detail der Geburt Christi von Gaudenzio Ferrari in der Kirche von San Cristoforo.

Ganz in der Nähe befindet sich die Kirche von San Cristoforo, deren dreischiffiger Innenraum den Freskenzyklus von Gaudenzio Ferrari birgt. Er gehört zu den schönsten und bedeutendesten Schöpfungen dieser Art in Norditalien. In der Cappella della Maddalena sieht man die **»Kreuzigung« und den »Tod der Heiligen«**, in der Cappella dell'Assunta die **»Himmelfahrt« und die »Hl. drei Könige«**, in der Apsis die Tafel der **»Madonna degli aranci«**, die als eines der Meisterwerke von Gaudenzio Ferrari gilt.

Umgebung von Vercelli

Quinto Vercellese

Auf der Straße nach Biella trifft man circa 8 km von Vercelli entfernt auf Quinto Vercellese, wo sich das **Castello Avogadro** erhebt. Die Burg hat einen quadratischen Grundriss mit Rundtürmen und zinnenbekrönten Mauern. Um sie herum entstand im 15. Jh. eine kleine Ansiedlung. Die eigentliche Sehenswürdigkeit von Quinto ist aber die **Parrocchiale dei Santi Nazario e Celso**, die in drei verschiedenen Epochen erbaut wurde. Besonders deutlich wird dies im Innenraum, dessen tonnengewölbtes Hauptschiff noch vor 1000

VERCELLI ERLEBEN

AUSKUNFT

Ufficio Informazioni
Viale Garibaldi 90
Tel. 0161 58002
www.turismovalsesiavercelli.it

ESSEN

▶ Erschwinglich

① ***Giardinetto***
Via Sereno 3, Tel. 0161 257230
www.hrgiardinetto.com
Ruhetag: Mo., Aug.
Gepflegtes, angenehmes Hotel in der Nähe der Innenstadt. Gute, traditionelle Küche, freundlicher Service und ein schöner Innengarten.

② ***Il Paiolo***
Viale Garibaldi 72, Tel. 0161 250577
Ruhetag: Do.,
20. Juli bis 20. Aug. (unterschiedlich)
Das mit Antiquitäten eingerichtete, zentral gelegene Lokal in einem Gebäude aus dem 19. Jh. serviert piemontesische Spezialitäten und Weine.

▶ Preiswert

③ ***Pasticceria Follis***
Corso Libertà 164, Tel. 0161 251191
In dieser alten Konditorei, die seit mehr als 100 Jahren besteht, backt man köstliche »Bicciolani« – so heißen die verlockenden Zimtkekse aus Vercelli.

ÜBERNACHTEN

▶ Günstig

① ***Giardinetto***
Via Sereno 3
Tel. 0161 257230
Wenige Zimmer in einem hübschen Gebäude (spätes 19. Jh.) mit nettem Innengarten. Das Restaurant ist für seine gute traditionelle Küche bekannt.

② ***Modo***
Piazza Medaglie d'Oro 21
Tel. 0161 217300
Das moderne, komfortabel ausgestattete Hotel liegt außerhalb, ist aber gut mit der Innenstadt verbunden.

n. Chr. erbaut wurde, während das linke Seitenschiff mit zwei Bögen auf einem niedrigen Pfeiler aus romanischer Zeit stammt und das rechte, ebenfalls mit zwei Bögen, gotisch ist. Die Seitenschiffe sind wie die Apsis vollständig mit **Fresken** bedeckt, die durch ihre Vielfältigkeit und Schönheit überraschen. Sie stammen aus dem 15. und 16. Jh. und können sämtlich auf Novareser und Vercelleser Werkstätten zurückgeführt werden.

Parco naturale Lame del Sesia

Der Naturpark Lame del Sesia umfasst entlang der Ufer des Sesia eine Fläche von 830 ha. Der hier vorherrschende Wald besteht aus Weiden, Pappeln, Eschen, Ahorn und Buchen und bildet einen landschaftlichen Kontrast zu den angrenzenden Reisfeldern. Er beherbergt auch eine reiche Vogelwelt mit über 165 Arten, darunter circa 70 Nestbauer wie Grau-, Rot- und Silberreiher.

Vezzolano (Abbazia)

Provinz: Asti

Um 1000 n. Chr. entstanden im Monferrato vielerorts Klöster, um die sich bald kleine Siedlungen bildeten. Das romantisch zwischen Akazienwäldchen, Weinbergen und Granatapfelbäumen gelegene Vezzolano ist einer dieser Orte.

Sehenswertes in Vezzolano und Umgebung

Abbazia di Santa Maria di Vezzolano

Die Abtei von Santa Maria di Vezzolano ist ein wahres Schmuckstück. Sie wurde wahrscheinlich an der Stelle einer langobardischen Kapelle 1095 im romanisch-gotischen Stil errichtet. Der Außenbau ist mit sich abwechselnden Bändern aus Backstein und Sandstein gestaltet, die Fassade schmücken farbige Keramikmedaillons. Der Innenraum wird von einem Lettner, einem »Jubé«, unterteilt, der mit farbigen Reliefs verziert ist. Die im 14. Jh. entstandenen **Fresken** im Kreuzgang zählen zu den interessantesten ihrer Art im Piemont. Vezzolano war über Jahrhunderte eine reiche und mächtige Abtei, die direkt dem Vatikan unterstand (für die Besichtigung beim Pförtner klingeln, der nebenan wohnt. Öffnungszeiten: tgl. 9.00–12.30 und 15.00–18.00 Uhr, Tel. 011 9920607).

Albugnano

Das »Dach des Monferrato« erhebt sich mit seinen schönen Herrenhäusern aus dem 18. Jh. und der romanischen Kirche von San Pietro auf 550 m Höhe genau über Vezzolano. In Albugnano stellt man die knusprigen Weißbrotstangen **Grissini rubatà** (»gefallene Grissini«) her, die zum Frühstück hervorragend schmecken, sowie den **Vino Albugnano DOC** aus der Nebbiolo-Traube.

Santuario di Don Bosco

Ungefähr 10 km südlich von Albugnano liegt der Hügel, auf dem 1815 San Giovanni Bosco geboren wurde. Ein Museum dokumentiert das Leben des Heiligen. Außerdem befinden sich dort die Häuser seiner Familie, das volkskundliche **Museo della Vita contadina** (Öffnungszeiten: April bis Okt. 10.00–12.00 und 14.30–17.30 Uhr, im Sommer bis 18.30 Uhr) und das Santuario di Maria Ausiliatrice. Zum mächtigen **Tempio di Don Bosco** gehört eine Unterkirche mit zahlreichen Gemälden, Statuen und einer Reliquie des Heiligen, während die mit duftenden Holzpaneelen ausgekleidete Oberkirche zeitgenössische Sakralkunst schmückt. Zu dieser gehören 14 Stationen der »Via Lucis« aus Holz, die den Gläubigen zur Meditation einladen und ihm die Freude der christlichen Erlösung nahe bringen wollen. Das **Museo etnologico missionario** dokumentiert die weltweite Arbeit der Salesanier (Öffnungszeiten: April bis Okt. 10.00–12.00 und 14.30–17.30 Uhr, im Sommer bis 18.30 Uhr). Im 5 km entfernten **Castelnuovo Don Bosco** wird der gleichnamige Malvasia DOC angebaut.

★ Vicoforte

Im

Provinz: Cuneo

Auf einem Hügel gelegen, bietet das reizende Städtchen Vicoforte einen herrlichen Ausblick. Am Fuß der Anhöhe befindet sich das Santuario di Vicoforte aus dem 17./18. Jh., das von der größten elliptischen Kuppel der Welt (37,15 x 24,80 m) bekrönt wird.

★★ Santuario di Vicoforte

Die Arbeit von drei Jahrhunderten

Die komplizierte, über 300-jährige Baugeschichte des Santuario di Vicoforte spiegelt sich im uneinheitlichen Erscheinungsbild des Außenbaus wieder. Den Hauptbau ziert eine prächtige Kuppel, vier schmale Glockentürme akzentuieren den Bau. Im Halbrund um das Heiligtum befinden sich eine Reihe niedriger Gebäude mit Arkaden.

★★ ◀ Kuppel

Die Arbeiten begannen 1596 nach den Entwürfen von Ascanio Vitozzi, Francesco Gallo setzte 1701 Tambour und Kuppel ein. Letztere wird von acht Strebepfeilern getragen, die auf acht Pfeilern des von Vitozzi errichteten Unterbaus ruhen.

★ Innenraum

Ein Atrium führt in den atemberaubenden Innenraum, der durch die monumentale Größe der Ellipse und der riesigen Kuppel beeindruckt. In der Mitte des Heiligtums befindet sich der kleine Marmortempel des Pilone nach einem Entwurf von Francesco Gallo, von dem auch der Tabernakel aus Marmor und Silber stammt, der das Bildnis der Madonna aus dem 15. Jh. einschließt.

Vier Kapellen öffnen sich zum zentralen Kuppelraum. Zur Rechten befindet sich die **Cappella di San Benedetto** mit dem Grabmal von Margherita, der Tochter Carlo Emanueles I., und den Gewölbefresken von Sebastiano Taricco (1683). Die linke **Cappella di San Bernardo** bewahrt das Grabmal des Grafen Carlo Emanuele I., ein Werk aus dem späten 18. Jh. von Filippo und Ignazio Collino. Seitlich des Heiligtums befindet sich das ebenfalls von Vitozzi um einen großen Renaissancekreuzgang erbaute **Zisterzienserkloster**.

Die imposante elliptische Kuppel von Vicoforte.

Val Vigezzo

LMc

Provinz: Verbania

Wer im Urlaub Stille sucht, wird die Val Vigezzo schätzen. Ihre Gipfel übersteigen selten 2400 m und sind deshalb nicht ganz so spektakulär wie in anderen Tälern im Gebiet von Ossola. Die Gegend bietet jedoch liebliche Landschaften und gut erhaltene kleine Dörfer inmitten grüner Wiesen und Tannenwälder.

Sehenswertes im Val Vigezzo

Centovalli

Durch das Vigezzo-Tal führt die Vigezzina genannte **Panorama-Eisenbahnstrecke**, die Domodossola mit Locarno am Lago Maggiore verbindet. Zwischen dem See und der Schweizer Grenze wird das Tal Centovalli genannt. Eine Abzweigung aus dem Ossola-Tal verläuft bis nach Trontano, wo man die **Fassade** der romanischen Pfarrkirche bewundern kann.

✶ Santa Maria Maggiore

Der Hauptort Santa Maria Maggiore (816 m) ist für seine mehr als 20 km langen Skilanglaufstrecken berühmt. In Craveggia befindet sich die Skistation La Piana (1725 m) mit zwei Sesselliften und einem Skilift, die man von Prestinone aus mit der Umlaufbahn erreichen kann. Ein weiterer Lift gehört zur Gemeinde von Malesco. In Santa Maria Maggiore ist die Pfarrkirche dell'Assunta aus dem 18. Jh. mit romanischem Kampanile des Vorgängerbaus zu besichtigen. Dem Ka-

SANTA MARIA MAGGIORE ERLEBEN

AUSKUNFT

Ufficio Informazioni
Piazza Risorgimento 5, Tel. 0324 95091
www.comune.santamariamaggiore.vb.it

ESSEN

▶ Erschwinglich

Le Colonne
Via Benefattori 7, Tel. 0324 94893
www.parks.it/ris/le.colonne
Kleines, gemütliches Restaurant, dessen Name von drei Steinsäulen aus dem 14. Jh. rührt. Der Chef tischt lokale Spezialitäten, hausgemachte Pasta und Fischgerichte auf.

ÜBERNACHTEN

▶ Günstig

Miramonti
Piazzale Diaz 3, Tel. 0324 95013
www.almiramonti.com
Rustikales Chalet im Grünen, mit einem traumhaften Blick auf den Monte Rosa. Einfache, aber gemütlich eingerichtete Zimmer und familiäre Atmosphäre.

minfeger ist das kuriose **Museo dello Spazzacamino** gewidmet, das im Park einer Villa eingerichtet wurde (Öffnungszeiten: Juli, Aug., Di. bis Sa. 15.30–18.30, So. bis Mo. auch 10.00–12.00 Uhr). Hinter Santa Maria Maggiore (2,5 km) erreicht man **Malesco**, wo sich wenige Kilometer südlich einer der Zugänge zum Nationalpark der Val Grande befindet.

Lago Viverone

Jg

Provinzen: Turin, Vercelli

Der See von Viverone liegt inmitten niedriger Hügel, am Fuß der faszinierenden Serra d'Ivrea, in einer grünen Landschaft mit Wäldern, Wiesen und Äckern.

Schwimmen

Im 3,5 km langen, 2,7 km breiten und 50 m tiefen Lago di Viverone kann man schwimmen, deshalb bevölkern in der schönen Jahreszeit Badegäste und Segler den Lido di Anzasco. An den Seeufern hat man zahlreiche Überreste von Pfahlbauten aus der Bronzezeit sowie Gebrauchsgegenstände und Keramiken gefunden.

Magnano

★

◀ Chiesa di San Secondo

Steigt man von Torrazzo die steilen Flanken der Sierra hinab, gelangt man nach Magnano, wo sich eine der schönsten Piemonteser Schutzhütten aus dem 14. Jh. befindet. In der Nähe der Siedlung liegt die Chiesa di San Secondo. Die herrliche romanische Kultstätte hat einen dreischiffigen Innenraum sowie einen Kampanile mit Turmspitze.

LAGO VIVERONE ERLEBEN

ÜBERNACHTEN

▶ Günstig

Marina
Bei Comuna 10, Tel. 0161 987577
www.hotelmarinaviverone.it
Seit 40 Jahren im Familienbesitz; ideal zum Erholen. Das Restaurant blickt auf den See.

Camping La Rocca
Viale Lungolago 35
Tel. 0161 98416, www.la-rocca.org
Geöffnet: 1. April bis 30. Sept.
Gute Beschattung. Bar, Restaurant, Schwimmbad und Kinderspielplatz, eigener Parkplatz. Freizeitangebot: Kanu fahren, Tennis und Segeln.

REGISTER

a

b

c

d

e

f

g

VERZEICHNIS DER KARTEN & GRAFISCHEN DARSTELLUNGEN

BILDNACHWEIS

Fotos: Servizi Editoriali Iconografici De Agostini; Archivio Fotografico della città di Torino (15, 25, 34, 319, 327, 330, 333, 339); R. Carnovalini (107, 132); Realy Easy Star (6a, 50, 57, 102, 184, 198, 248, 251, 269, 277, 279, 281, 290, 293, 299, 320, 323, 329, 335, 348, 353, 355, 371); Archivio Buysschaert&Malerba, Milano (111, 200); Archivio Buysschaert&Malerba, Milano/Goodshoot (41, 58, 69c, 81a, 81b, 85, 91, 124, 174, 225, 252, 303); Archivio Buysschaert&Malerba, Milano/Iconotec (128, 288); Archivio Buysschaert&Malerba, Milano/Photodisc (48, 130, 143, 205, 257, 258, 289, 361, 370)

IMPRESSUM

Diese Ausgabe wurde von Iniziative Speciali De Agostini
für den Karl Baedeker Verlag realisiert
in Zusammenarbeit und mit Unterstützung der Region Piemont

Iniziative Speciali
Direktor: Paolo Andreoni

Corso della Vittoria 91
28100 Novara - Italien
Tel. 0039 0321 424 831
Fax 0039 0321 424 940
e-mail: iniziative.speciali@deagostini.it
www.deagostini.it

Titel der Originalausgabe: Piemonte
Texte: Luciano Martinengo, Gian Antonio Dall'Aglio, Roberta Ferraris
Übersetzung: Bruno Franceschini, Ilaria Hoppe, Bintang Buchservice GmbH, Berlin (www.bintang-berlin.de)
Deutsches Lektorat: Verlagsbüro Wais & Partner, Stuttgart
Gestaltung und Layout: Buysschaert&Malerba
Aktualisierung 2008: Rubber Band, Torino
Kartografie: Istituto Geografico De Agostini S.p.A., Novara
3D-Illustrationen: Guido Rosa

Umschlagsfoto: Weinberge in Montferrat (Servizi Editoriali Iconografici De Agostini)

Druck: DEAPRINTING – Officine Grafiche Novara 1901 SpA – Novara 2006

LIEBE LESERINNEN, LIEBE LESER,

ein herzliches Dankeschön, dass Sie sich für einen Baedeker Allianz Reiseführer entschieden haben. Er wird Sie zuverlässig auf Ihrer Reise begleiten und Sie nicht im Stich lassen.
Natürlich beschreibt er die wichtigen Sehenswürdigkeiten, aber er empfiehlt auch interessante Veranstaltungen, nennt Hotels für den gro en und kleinen Geldbeutel, gibt Tipps für Restaurants, Shopping und für vieles mehr, was eine Reise zum Erlebnis macht. Dafür haben die Autoren und die Redaktion Sorge getragen. Sie sind für Sie regelmä ig ins Piemont gereist und haben all ihre Erfahrungen und Kenntnisse in diesen Reiseführer gepackt.

Trotzdem: Die Erfahrung zeigt, dass Fehler und Änderungen nach Drucklegung, für die der Verlag keine Haftung übernehmen kann, nicht ausgeschlossen werden können. Für Kritik, Berichtigungen und Verbesserungsvorschläge sind wir Ihnen außerordentlich dankbar. Schreiben Sie uns, mailen Sie uns oder rufen Sie an:

▶ **Verlag Karl Baedeker GmbH**
Redaktion
Postfach 3162
D-73751 Ostfildern
Tel. (0711) 4502-262, Fax -343
E-Mail: info@baedeker.com

Besuchen Sie uns auch im Internet unter www. baedeker.com. Hier finden Sie jeden Monat den aktuellen Reisetipp der Redaktion und das gesamte Verlagsprogramm. Hier können Sie auch lesen, wer Karl Baedeker war und wie er seinen ersten Reiseführer geschrieben hat. Mit seinen über 175 Jahren ist der Karl Baedeker Verlag der älteste Reiseführer-Verlag der Welt.

www.baedeker.com

ZU GEWINNEN: STADTREISE NACH LONDON

Unter allen Einsendungen verlost der Verlag am Jahresende – unter Ausschluss des Rechtswegs – eine Städtekurzreise für zwei Personen nach London.
Freuen Sie sich auf ein spannendes Wochenende in London. Natürlich ist ein Baedeker Allianz Reiseführer London auch dabei